财富管理原理与实务

许 坤 主编

西南财经大学出版社
中国·成都

图书在版编目(CIP)数据

财富管理原理与实务/许坤主编.--成都:西南财经大学出版社,2025.8.--ISBN 978-7-5504-6872-6

Ⅰ.F830.593

中国国家版本馆 CIP 数据核字第 2025LH6760 号

财富管理原理与实务

许坤　主编

责任编辑:李特军

责任校对:李建蓉

封面设计:墨创文化

责任印制:朱曼丽

出版发行	西南财经大学出版社(四川省成都市光华村街 55 号)
网　　址	http://cbs.swufe.edu.cn
电子邮件	bookcj@swufe.edu.cn
邮政编码	610074
电　　话	028-87353785
照　　排	四川胜翔数码印务设计有限公司
印　　刷	郫县犀浦印刷厂
成品尺寸	185 mm×260 mm
印　　张	18.875
字　　数	457 千字
版　　次	2025 年 8 月第 1 版
印　　次	2025 年 8 月第 1 次印刷
印　　数	1— 2000 册
书　　号	ISBN 978-7-5504-6872-6
定　　价	45.00 元

前言

Preface

财富管理最早起源于保险业。财富管理是一种综合的金融服务，是指专业理财师或财富管理机构收集客户家庭和财务信息，基于宏观经济和微观家庭预期，针对客户理财目标制定理财方案并及时执行、监控和调整，满足客户不同人生阶段的财务需求。根据定义，财富管理涉及金融、会计、保险、法律、税收等多个课程内容，而这些内容又分布于不同的专业，因此人们需要一本涵盖多个知识点的系统性教材。本教材以金融、财务的基础知识贯穿全书，在介绍基本的财富管理技能的基础上，重点讲解了家庭财富管理中的投资规划、房产规划、子女教育金规划、退休规划、遗产规划和保险规划。

客户从事财富管理活动，首先需要掌握基本的金融知识和专业的技能，其中以货币时间价值及金融计算器的使用为基础。我们要知道货币有时间价值，不同时间点的货币不能直接做加减法，需要借助金融计算器通过计算现金流得到金融资产价格或到期收益率。我们还应了解和掌握股票、债券、基金等不同金融投资类产品之间的区别，知道不同金融产品所具有的收益率、风险等特征。其次，我们需要学会编制家庭的财务报表，包括家庭资产负债表、收支储蓄表、现金流量表，并能对家庭财务报表进行分析。

在具备了基本的金融知识和技能后，我们再针对家庭生命周期关键节点的重要支出大事件，重点开展专业性的财富管理规划。这主要包括投资规划、房产规划、子女教育金规划、退休规划、遗产规划和风险管理。投资规划是贯彻家庭始终的一项重要的财富管理规划，它基于基本的投资理论，目标是构建与家庭不同阶段风险匹配的投资组合。买房是我们走出校园参加工作后面对的第一项重大支出，房产规划告诉我们什么时候买房比较划算，及采用什么样的融资安排。紧随住房问题之后，是娶妻生子，组建真正意义上自己的家庭，但孩子是一个风险产品，我们又将面临子女教育问题。子女教育金规划将提前锁定子女的教育资金，把货币财富转化为知识财富，未雨绸缪，即使将来家庭发生重大变故也不会影响子女教育。待孩子慢慢长大，我们也将进入暮年，退休规划将保障我们拥有一个高质量的晚年生活，它是财富在工作期间和退休期间的跨期配置。最后，在这个家庭即将消失之前，我们还要做好财富的传承问题，懂得法律规定，做好遗嘱计划。在这个过程中，我们还需要针对我们的财产和人身开展风险管理，提供保险保障。

通过这本书的学习，你将从财富管理的门外汉成长为财富管理专家，可以帮助家庭和朋友实施财务诊断，针对一个理财事件或家庭生命周期制定财富管理规划方案。

本书由许坤负责编写，其他参编人员有张慈琳、刘滏、刘明昊、唐耀、李飞龙、陈骏凯、陆锋、郭佳诺、张瑶、陈锡联、邵东旭、薛寒忆、李晨和窦子谦。本书属于初次出版，其中难免会有不足之处，请各位读者批评指正。

许坤

2024 年 6 月于光华楼

目录 CONTENTS

第一章

为什么要学习财富管理

学习要点及目标

- 了解财富管理的起源与发展历程。
- 掌握财富管理的内在含义。
- 重点掌握财富管理的主要内容。
- 了解财富管理的学习方法。

核心概念

财富管理　理财供给　理财需求

引导案例

生活中与理财相关的那些事儿

每次在研究生面试的时候，当问到学生为何会选择金融这个专业时，很多学生的回答是对炒股很感兴趣，炒股可以赚更多的钱。因为通过新闻媒体报道，或一些人物传记，他们觉得炒股是一件轻松且容易的事，是一个非常不错且值得一试的投资行为。但是股票投资真的是一件很容易的事情吗？人们真的可以通过它实现一夜暴富吗？又有多少人真的可以做到只赚不赔？股票投资是财富管理的全部吗？

每次我和别人聊天的时候当别人知道我在做金融教学和研究工作时，他们都会让我推荐股票。那我就会反过来请教他们一个问题：如果可以通过股票投资赚钱，那为何我还在从事金融理论研究工作？为什么大部分时候我们感觉朋友推荐的股票是不靠谱的？为什么不可以通过小道消息或内幕交易获利？除了股票之外，我们就没有其他金融产品可投资了吗？为什么我们也没有捷径去致富？在投资过程中，我们有什么原则可以遵循吗？

案例导学

财富管理是我们日常生活中非常重要的事情。可以说，我们的很多行为和选择都与财富管理密切相关。但是，我们可能要问，到底什么是财富管理，为什么需要进行财富管理，仅仅是因为它很重要吗？财富管理就是炒股、投资、财富分配和传承吗？财富管理是我们每个人都必须要面对的吗？难道学习了财富管理，掌握了财富管理的基本理论和技能之后，我们就掌握了一门生财之道，实现了财富自由吗？为了回答这些问题，我们需要更加深入地理解财富管理。

第一节 财富管理的定义

2021 年 12 月，中国人民银行发布《金融从业规范 财富管理》（简称《标准》），对财富管理做出如下界定：贯穿于人的整个生命周期，在财富的创造、保有和传承过程中，通过一系列金融与非金融的规划与服务，构建个人、家庭、家族与企业的系统性安排，实现财富创造、保护、传承、再创造的良性循环。客户和财富管理从业人员之间的关系，可以类比于家庭与家庭私人医生之间的关系，客户和财富管理从业人员彼此基于信任建立长期的合作关系，财富管理从业人员帮助客户针对财富管理进行诊断、分析和提出解决方案。财富管理是针对客户一生而不是某个阶段的规划，它的服务范围十分广阔，包括个人生命周期每个阶段的资产和负债分析、现金预算和管理、个人风险管理与保险规划、个人税务筹划、投资规划、子女教育规划、住房规划、退休计划及遗产规划等方面。财富管理过程是基于宏观和客户信息（包括现有和预测信息）做出的最优规划方案，但宏观和客户信息会随着时间发生变化，故而财富管理也要相应做出调整。

在客户分类方面，《标准》根据客户金融资产规模情况，划分为：

（1）社会公众：金融资产规模在 60 万元人民币以下的自然人。

（2）富裕人士：金融资产规模达 60 万元（含）至 600 万元人民币的自然人。

（3）高净值人士：金融资产规模达 600 万元（含）至 3 000 万元人民币的自然人。

（4）超高净值人士：金融资产规模达 3 000 万元（含）人民币以上或个人名下金融资产规模达 2 亿元（含）人民币以上的自然人。

在从业者职业级别方面，《标准》根据财富管理从业人员所服务客户的金融资产规模及所提供服务的不同，划分为个人理财师、理财规划师、私人银行家、家族财富传承师。

（1）个人理财师：服务社会公众的财富管理从业人员，能根据客户的不同理财需求提供相应的理财产品。

（2）理财规划师：服务富裕人士的财富管理从业人员，在个人理财师的基础上，能为客户提供符合生命周期需求的财富管理方案。

（3）私人银行家：服务高净值人士的财富管理从业人员，在个人理财师以及理财规划师的基础上，能为客户提供财富保全、财富移转及其他非金融服务。

（4）家族财富传承师：服务超高净值人士的财富管理从业人员，在个人理财师、理财规划师以及私人银行家的基础上，能为客户提供家族企业治理等方面的金融与非金融服务。

第二节 财富管理的起源与发展

一、初创期

美国的财富管理业诞生于20世纪20年代。1924年，曼彻斯特投资信托公司发行第一只共同基金，标志着公募基金行业的开端，受托管理客户资产有了第一款产品。

1929年10月，美国爆发经济危机，股价接连下跌，出现银行挤兑和股市大灾难，这使许多客户的资产面临巨大的贬值危机。由于社会未发展出一套保护委托人与受托人权利义务的法律体系，大萧条促成政府对财富管理业的重新审视。1940年，美国颁布《投资公司法》与《投资顾问法》奠定了投资顾问业务的法律与制度基础。其中《投资公司法》定义了“投资顾问”：以获取报酬为目的，直接或通过出版物形式提供证券价值分析或买卖证券等投资建议的任何人；或者以获取报酬为目的并作为特定商业活动的一部分，发表或提供证券分析意见或报告的任何人。美国证监会（SEC）建立了以资产管理、证券投资建议、理财规划服务提供方为投资顾问进行统一监管的格局，为投资顾问业务的发展奠定了法律与制度基础。

第二次世界大战（简称“二战”）结束之后，世界经济开始复苏，人们的财富也开始慢慢增长，越来越多的人积累了可观的财富。同时，金融机构和市场日益齐备，基金、信托等金融机构日益壮大，期权、期货等金融衍生产品日益复杂。美国财富管理业务模型由20世纪70年代初开启佣金自由化，由最初的基于传统经纪的通道服务模式，转为基于产品营销的卖方投顾模式，又逐步发展到“以客户为中心、不同细分市场上业务模式各有不同”的买方投顾模式。在二战结束后的三十年间，由于《格拉斯·斯蒂尔法》对分业经营的严格限制，经纪商收取佣金、基金收取管理费。

1969年，理财团体机构国际财务计划协会（International Association for Financial Planning，IAFP）在美国创立，这是美国理财业发展史上的一个重要里程碑，对财富管理的发展具有重要意义。1971年，嘉信理财成立，尝试通过压低佣金费占领市场份额。至此，经纪商单纯为客户提供开户、资金存取、交易场地、交易工具以及连接交易所的“经纪业务牌照”的通道类业务式微，各经纪商走上了转型之路。

二、扩张期

1975年，先锋基金成立，为美国证监会批准发行的基金和交易型开放式指数基金（ETF）产品持有发行者股权的基金公司，投资者间接持有基金公司的股权，凭借独特的组织架构以及低费率的管理成本，拉开基金管理费率持续走低的序幕。1975年，美国证监会规定禁止固定佣金制，开启佣金自由化时代，低佣金逼迫传统卖方转型。同时，市场参与者机构化加快，主动投资难以战胜基准，基金产品指数化与工具化。

因《格拉斯·斯蒂尔法》限制银行从事包含证券、保险业务的综合金融服务，并禁止设立从事证券业的子公司。在混业经营受限的情况下，银行系开展以理财服务为主的财富管理业务。20 世纪 90 年代，银行开始尝试混业经营。得益于强大的渠道优势和健全的产品线，银行从单纯的信贷支持、理财产品销售，逐步扩充至投资咨询、资产管理、家庭顾问与生活化服务、财产继承与税务安排等，形成“精细化、客户化、高端化”的多品类、综合化财富管理业务。

1993 年，第一只 ETF 基金（标普 500，SPY）创建。1995 年，嘉信推出网上股票交易，技术对行业生态的塑造日渐显著。到了 20 世纪末，美国的财富管理市场已经初步成型并且日益发展壮大，逐渐在其他国家得到推广。

三、成熟期

21 世纪初，财富管理业的业态高度细分，不同细分市场衍生出不同的业务模式。客户拥有的财富量、财富来源方式、所处的人生阶段等诸多差异性，使得客户对财富管理的需求侧重点不同。此时，根据客户财富拥有量不同的核心要素，将客户划分为超高净值客户、高净值客户、富裕客户和一般大众客户等。因此，财富管理行业也逐步进入一个相对成熟稳定的发展时期。

针对超高与高净值客户，除由传统家族办公室和私人银行提供外，国际投资银行也越来越重视财富管理领域。2010 年，美国颁布了《多德·弗兰克法案》，严格限制了投资银行的自营业务。在此环境下，各大投资银行纷纷转型，为了寻找一种拥有资本占用低、稳定性强、利润率高、抗周期强等特征的业务，投资银行大量介入针对超高与高净值客户的财富管理业务。业务线齐全、产品品类丰富、可投资各类市场、投资顾问队伍专业度高、兼有资管与投行类产品，易于满足客户资产配置的需求。

针对富裕人群，财富管理服务主要由独立投资顾问提供。20 世纪 90 年代，计算机与互联网技术普及与发展，独立投资顾问（IRAs）兴起。独立投资顾问独立于银行、券商、保险等传统金融机构，借助于以全托资产管理平台（TAMP）模式为代表的一站式服务平台，作为第三方专业人员为客户提供专属投资顾问服务，主要服务对象为广大的富裕人群。一般与客户建立长期信任关系，收入以客户服务费或受托管理费为主，最大程度上保障与客户利益一致。

针对一般大众客户，财富管理业务主要由“智能投顾”提供。2007 年，Betterment 公司成立，标志着智能投顾加入财富管理市场。由于一般大众客户持有的财富有限且对费用相对敏感，如果采用传统的人与人沟通模式成本较高。智能投顾是指科技与投资顾问相结合，借助算法和量化模型，基于客户投资目标与风险偏好生成投资方案①。

① 资料来源：https://zhuanlan.zhihu.com/p/141077695.

四、中国财富管理的发展历程

日益富裕的家庭和社会主义制度市场经济体制建设是中国财富管理发展的物质基础。改革开放以来，随着市场经济建设的不断推进，中国的经济总量不断上升，居民的可支配收入也在稳步提升，同时金融体系的改革也在不断向市场化方向推进。中国完成了国有银行的股份制改革，商业银行成为自主经营、自负盈亏的机构，银行理财破冰。1998 年，中国工商银行在上海、浙江、天津等地开展个人金融理财业务试点。1999 年，中国建设银行在北京、上海等 10 座城市建立个人金融理财业务中心。2001 年，中国农业银行推出“金钥匙”金融超市，为客户提供“一站式”理财服务。这为我国财富管理市场的形成、发展和壮大提供了重要的基础。

此时，中国基金业务迎来全新发展。1998 年，中国第一只证券投资基金——基金开元与基金金泰诞生。2001 年，中国第一只开放式基金“华安创新”诞生。2003 年，首只货币市场基金诞生。2004 年，中国首个阳光私募产品出现，开启了私募基金阳光化的模式。2012 年，中国证券投资基金业协会成立，中国私募基金机构进入正规化发展阶段。

2012 年，原银监会、证监会等陆续颁布《保险资金投资有关金融产品的通知》《基金管理公司特定客户资产管理业务试点办法》等资产管理政策，适度放宽了资产管理机构投资领域限制，理财、信托、券商资管、基金子公司、保险资管等资管机构互相连接。

2019 年 10 月，中国证监会发布《关于做好公开募集证券投资基金投资顾问业务试点工作的通知》，基金投顾业务试点开始。试点机构从最初的 5 家增加到近 60 家，涵盖银行、券商、基金公司及其子公司、第三方销售等多类型机构。

2023 年 7 月，中国证监会发布公募基金费率改革工作方案，支持公募基金管理人及其他行业机构合理调降基金费率。主要包括：①降低主动权益类基金费率水平；②规范公募基金销售环节收费；③完善公募基金行业费率披露机制；④推出更多浮动费率产品。基金费率改革与盈利水平降低促使财富管理业从卖方向买方转型。

第三节　中国财富管理发展的内在逻辑

本节主要从供给侧和需求侧两个方面阐述中国财富管理发展的内在逻辑。

一、财富管理的供给

中国财富管理市场的供给主体主要是商业银行（银行理财子公司）、证券公司、保险公司、信托公司、基金公司、期货公司及第三方财富管理机构等。

（一）银行理财

银行拥有丰富的客户资源，银行理财产品规模长期位居第一。截至 2024 年年底，我国银行理财市场存续规模达到 29.95 万亿元，全年累计新发理财产品 3.08 万只，募集资金 67.31 万亿元。27 家银行理财公司和 4 家外方控股的合资理财公司获批筹建，其中 31 家已获批开业（见表 1-1）。

表 1-1　银行理财公司情况

批注时间	机构数量/个	机构名称
2019 年	11	工银理财、农银理财、中银理财、建信理财、交银理财、中邮理财、招银理财、光大理财、兴银理财、宁银理财、杭银理财
2020 年	9	信银理财、平安理财、华夏理财、徽银理财、南银理财、苏银理财、青银理财、渝农商理财、汇华理财
2021 年	2	广银理财、贝莱德建信理财
2022 年	8	浦银理财、上银理财、民生理财、恒丰理财、渤银理财、北银理财、施罗德交银理财和高盛工银理财
2023 年	1	法巴农银理财

（二）信托公司

截至 2024 年二季度末，我国全行业信托资产规模余额 27 万亿元。整体上看，市场对融资类信托和通道信托的需求较大，信托业在 2008—2017 年经历了高速发展阶段。但受 2018 年“资管新规”和房地产管控、去通道、去嵌套等政策因素影响，信托业进入转型发展阶段。以资产证券化信托、家族信托、保险金信托为代表的服务信托为信托业财富管理指明了新的发展方向。

（三）券商资管

截至 2024 年年底，证券行业资管业务规模为 5.47 万亿元。已有华安证券、中信证券、国联证券、国信证券、申万宏源、中金公司、中信建投、中信证券、东兴证券等 30 家券商申请设立资管子公司。此外，还有 3 家券商公司正在申请成立资管子公司，其中已有 11 家券商设立的资管子公司取得公募牌照。

二、财富管理市场的需求

（一）居民财富总量的增长

图 1-1 和图 1-2 表明，我国经济的总产出和居民人均可支配收入不断增长，高净值人群在崛起。2024 年中国个人可投资资产 1 千万元以上的高净值人群规模已超过 300 万人，2022—2024 年年均复合增长率达到 8.4%。中国高净值人群人均持有可投资资产约 4 500 万元，共持有可投资资产约 101 万亿元。2024 年，全球十亿美金企业家人数再创历史新高，达到 3 442 人，中国以 823 位十亿美金企业家蝉联第一。

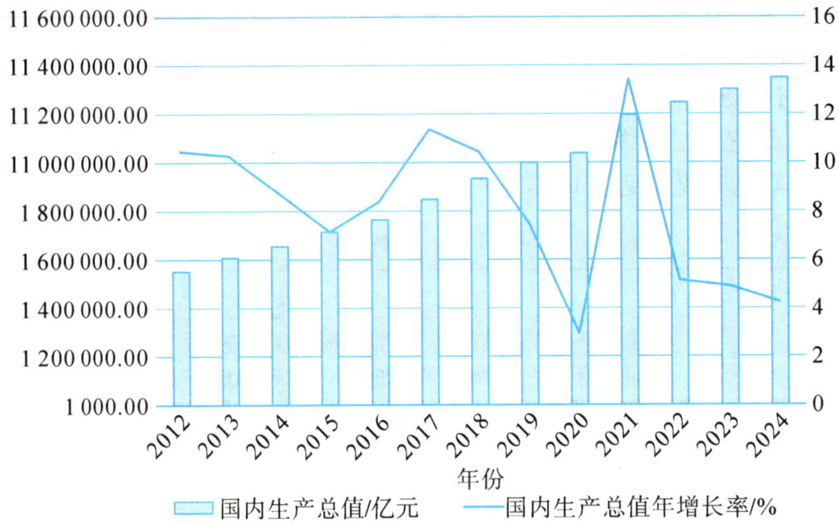

图 1-1　国民经济总产出 2012—2024 年情况

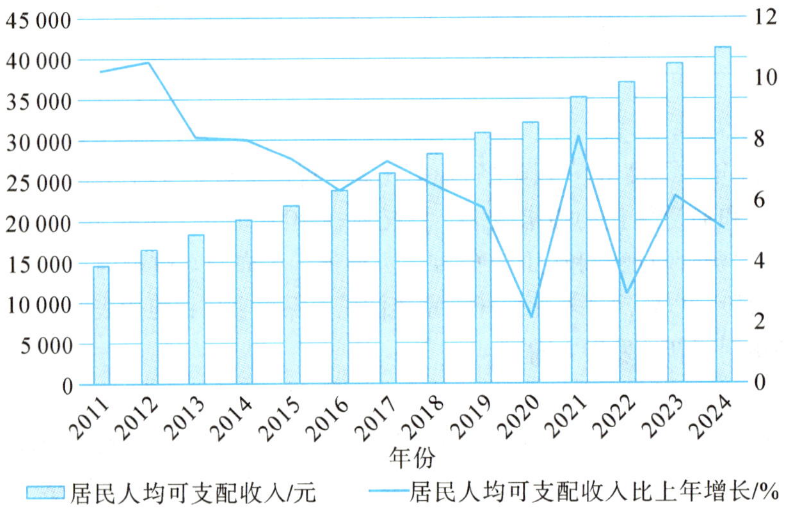

图 1-2　居民人均可支配收入 2011—2024 年情况

（二）家庭收支不均衡

在家庭的收入上，从地区看，经济发展水平不同，家庭收入不同；从家庭的角度看，每个家庭的收支时点、总量不一致。当家庭刚刚组建的时候，其面临的支出远大于收入，诸如购房、买车、结婚等支出，此时工资收入并不高；当家庭进入中期阶段，子女教育、换房等支出增加，但此时家庭收入处于快速增长且达到峰值，工作岗位进入管理层，覆盖支出后尚有剩余；当家庭进入后期阶段，退休规划、健康支出等增加，此时家庭收入开始下降，尚可以覆盖支出。最后家庭进入养老期，主要依靠理财支付生活开支。纵观家庭的生命周期，家庭支出和收入不匹配，其需要财富管理实现收支平衡。家庭收支曲线见图 1-3。

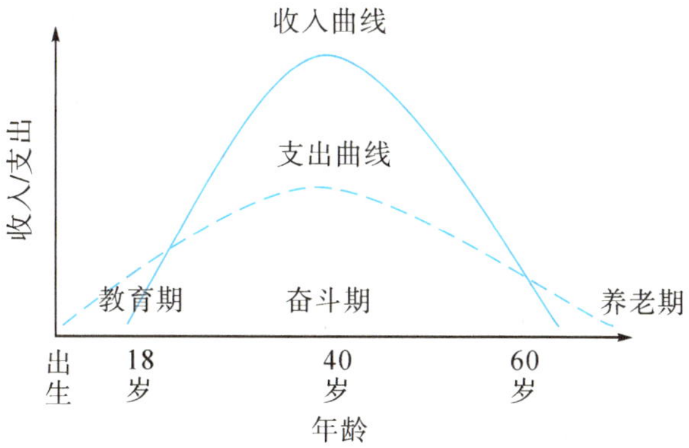

图 1-3　家庭收支曲线

第四节　财富管理的学习方法

我们在学习财富管理的过程之中，要注意以下几个方面：

1. 财富管理的学习是一个系统而漫长的过程

首先，我们要注重培养自己的金融基础能力，掌握财富管理方面的基本知识，比如，了解市场上的供给需求，了解什么是金融市场，各种银行、券商等金融机构在金融市场中分别扮演什么角色。其次，我们可以研究金融市场中的各种工具，如债券、股票、期权、期货等。学习这些金融工具有助于我们更好地去投资。要达到这一目的，我们可以多看看经典的金融学方面的教材。这些经典书籍有利于学习者建立一个系统的金融知识框架，从而更好地理解当今社会发生的经济学现象，并更好地对自己的财产进行高效合理的配置。关于经典书籍，首选的就是大多数人都会推荐的格里高利·曼昆的《经济学原理》。曼昆的《经济学原理》不像其他专业书籍那么生涩难懂。它是以一种讲故事的形式通俗易懂地讲述经济学的知识，是金融专业的入门书籍。这本书从各种案例或经济事件入手，引导读者从经济视角来理解问题。读了这本书后，我们可以有经济思维的基本感觉。同时这本书几乎不要求数学功底，所以非常适合初学者。另外还有米什金的《货币金融学》、曼昆的《宏观经济学》等。

2. 学习财富管理要讲究方法

财富管理是金融学中一个方向，并且是一门交叉学科，涵盖了宏微观经济学、投资理财、财务管理、会计学甚至心理学等多重学科。因此我们平时要注重积累相关的基础知识，并在生活中敢于尝试。对大部分人来说，其可能有一点胆小，不愿意尝试负债。这是人抗拒风险的本性。但是要知道良性负债也是理财投资的一种，其有利于我们优化资产配置。且财富管理都是有风险的，因此，我们要有敢于挑战尝试的精神，一味规避风险反而不能取得可观的理财收入。当然，我们必须以科学、理性的态度来对待理财。

理性理财，不盲目追求收益率。对于一些人来说，他们理财可能追求周期短，收益过得去就行。但是即使是短期的收益，也不能忽视风险的存在。而且，短期理财也并不是完全无风险的。因此，我们一定要慎重做出每一个选择，合理分配资金。做投资的前提是要全面客观地了解这个理财项目，合理评估自己的风险承受能力。

3. 尽量开阔自己的眼界

收入包括工资收入及投资收入，因此，我们要想赚取更多的收入，要从工资和投资两个方面入手。很多人只是埋头努力工作，认为努力工作是唯一的收入来源。但是，努力工作不代表工资会涨。因此，人们一定要同时重视工资和投资这两方面的收入。投资是有风险的，可能有回报也可能没有回报，回报可能高也可能低。然而，虽然理财有风险，但我们也不能完全忽视这个收入来源，而是要根据自己的风险承受能力，选择适合自己的财富管理产品。因此，要想获得较高的收入，我们应当尽可能地开阔自己的视野，重视理财投资，学会通过财富管理投资来提高自己的收入。

除此之外，读者可以浏览一些相关的财经类网站或者杂志，阅读财经新闻，并尝试用自己所学的金融知识和理论去解释这些财经类现象。比较经典的期刊有《第一财经周刊》《21 世纪经济报道》等。这些经典的金融期刊比较适合反复阅读，因为不同于现在的互联网快消文化，它们的每一个基本概念、每一条专家评论或者每一篇行业分析都是经济学者字字斟酌出来的，都是精华内容。国内比较知名的财经新闻网站有和讯网、东方财富网、腾讯、新浪财经频道等。国外财经类网站有华尔街日报、金融时报、路透财经等。另外还有一些政府官网可以时常关注一下，如中国人民银行官网、国家统计局官网等。财经类的网站很多，信息量也是巨大的。读者要想从碎片化的新闻中提炼出有效信息，首先要注意量的积累。新闻不需要细嚼慢咽，只需了解重要资讯，所以首先你阅读量得上去，否则就别提理解运用了。最后最重要的一点就是理论结合实际，在实践中去学习和成长，从简单投资开始，例如可以选择用自己闲置的资金去投资一些股票、基金、债券等，从而以实现资产的保值增值。

本章小结

（1）本章首先介绍了财富管理的起源。财富管理最初起源于美国的保险业。美国理财业的发展经历了初创期、扩张期、成熟稳定期三个阶段。随着我国市场经济的发展及国民收入分配体制的改革和完善，我国居民的家庭收入和个人收入逐渐增加。这对我国财富管理市场的发展产生了巨大的推动力。

（2）财富管理业务近年来发展趋势良好。从理财机构看，银行、证券公司、信托公司等多种机构都推出了各自的理财产品。

（3）随着我国经济的发展及国民收入分配体制的改革和完善，我国居民的家庭收入和个人收入逐渐增加，财富管理也成了人们普遍关注的对象。中国金融市场逐渐开放，海外的金融机构积极进入中国市场，加剧了财富管理行业的竞争。因此，促进我国财富管理市场的健康有效发展，完善我国的财富管理市场体制，对发展我国经济具有重要的意义。

（4）2021 年 12 月，中国人民银行发布《金融从业规范 财富管理》，对财富管理做出如下界定：贯穿于人的整个生命周期，在财富的创造、保有和传承过程中，通过一系列金融与非金融的规划与服务，构建个人、家庭、家族与企业的系统性安排，实现财富创造、保护、传承、再创造的良性循环。

思考讨论题

1. 财富管理的定义？
2. 请回答有哪些金融机构向市场提供财富管理产品。
3. 为什么要注重财富管理？
4. 如何学好财富管理这门课？

第二章

财富管理的基础知识

学习要点及目标

- 理解货币的时间价值。
- 掌握多笔现金流的现值、终值、年金的计算方法。
- 掌握不规则现金流的净现值、内部回报率的计算方法。
- 掌握有效年利率的计算方法。
- 掌握金融计算器的使用方法。

核心概念

现值　终值　利率　年金　净现值　内部回报率　有效年利率　等额本金　等额本息

引导案例

你身边可能有这样一些朋友，有的朋友省吃俭用尽量筹齐钱全款买房。当你告诉他们为何不采用贷款按揭的方式买房时，他们会告诉你那样太划不来了，因为要支付给银行利息，他们觉得身上有贷款，自己就要活不下去了，宁愿省吃俭用降低生活质量，也不会去银行按揭买房。结果是，他们的工资收入远远赶不上房价的上涨速度，他们依然还在租房，依然还在看房，能够选择的户型和地段空间越来越少，依然保持着一个较低的生活质量。有的朋友很早就通过银行按揭或找亲戚朋友借了钱，住进了自己买的大房子里面，或者通过卖掉原来的小房子换成了新的大房子，他们不怕身上有债务，相反他们觉得就是要利用金融杠杆，撬动更多的资金，从而实现自身的利益最大化。

案例导学

这个案例告诉了我们关于财富管理的基本原理。财富管理就是要善于运用金融杠杆，基于未来可预期的现金流，做出投资决策。例如，当经济正在经历通货膨胀时，我们往往更愿意去举债，因为实际承担的利率较低，而且通胀使得货币贬值，未来支付的货币价值更低，从而有利于债务人。所以，这部分可以解释在我国经济高增长时期，一部分人通过举债实现了财富的增长。在本章，我们将要学习货币的时间价值，掌握财富管理的基本概念，理解金融产品背后的金融原理，以有助于我们做出投资决策。

第一节　货币时间价值

一、定义

货币时间价值是指当前所持有的一定数量的货币，比未来获得的等量货币具有更高的价值。从这个定义本身来看，若以时间为自变量（t），以货币的价值（v）为因变量，那么二者关系可表达为 $v=f(t,\ \cdots)$，其中 $\frac{\partial v}{\partial t}<0$，说明随着时间的增加，货币的价值在减小。货币之所以具有时间价值，主要是因为：货币可以满足当前消费或用于投资（未来消费），如果消费者放弃当期消费，则其必然获得一定的补偿，表现为当前货币数量在未来的增加，如果货币数量没有增加而是保持不变，则其会选择当前消费，这说明相同货币数量的当期价值高于未来价值。

二、有关术语

根据货币时间价值的定义，货币时间价值（见图 2-1）主要涉及四个专业术语：

一是现值（present value，PV），即货币的当前价值，也可以说是一段时期内货币的初始价值。我们经常听到的现值概念有当前价格、现在价格等。例如，A 公司股票的当前价格为 5.55，这个价格就是一个现值的概念。

二是终值（future value，FV），即未来某个时间点的价值，也可以说是一段时期内货币的期末价值。我们经常听到的终值概念有明（后）年、期末、几年（月）之后等。例如，5 年后我有一笔 500 万元的收入，这个 500 万元就是一个终值的概念。

三是时间（t），表示终值和现值之间的时间区间。单位可以是年、月、日、天等。例如 5 年前，我在银行存了一笔钱，今天取出，则时间为 5 年。

四是利率（r），表示时间区间的利率，通常用年化的到期收益率表示。例如今天存入银行 100 元，一年后可以得到 102 元，则利率为 2%。

现值和终值的单位相同，以货币为单位，称之为现金流，有单笔和多笔的区别。单笔现金流表现为现金的一次流入与流出；多笔现金流表现为现金的多次流入与流出。现值与终值之间的关系通过时间、利率相连，四者之间的变化关系为简单的资产定价问题，已知其中 3 个变量，可求出未知的第 4 个变量值。

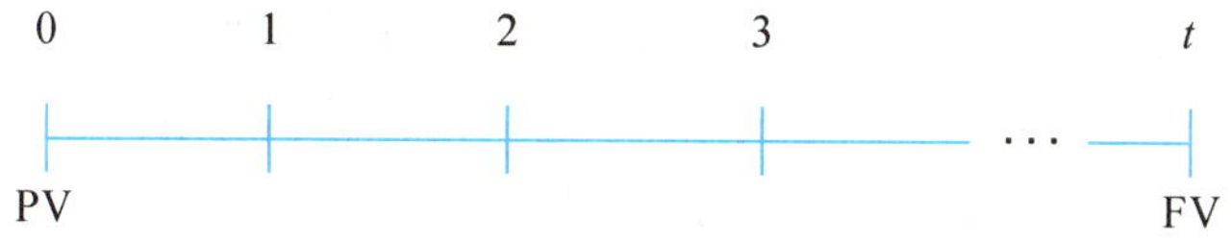

图 2-1　货币时间价值

三、单期单笔现金流的终值和现值

（一）终值（FV）

单期，即只考察一期，$t=1$。简单地说，终值计算的是现在的一笔钱在将来的本利和。

假设你现在准备拿出10 000元购买银行保本型理财产品，已知该理财产品的年收益率是5%，那么一年后，你将得到多少。

已知：PV = 10 000，$t=1$，$r=5\%$

求：FV。

解：一年后你所得货币总量，即终值（FV）= 本金（PV）+利息。

本金（PV）：10 000

利息：10 000×5%

终值（FV）：10 000+10 000×5% = 10 000（1+5%）

通过这个例子，我们可以一般化终值公式：

$$FV = PV(1+r) \tag{2.1}$$

单期终值公式告诉我们，若已知现值（PV）和利率（r），则可以求出单期终值（FV）。

（二）现值（PV）

简单地说，现值计算则是将来一笔钱相当于现在的多少钱。

观察（1）式，我们发现，若已知终值（FV）和利率（r），则可以求出单期现值（PV）。

$$PV = \frac{FV}{1+r} \tag{2.2}$$

假设你投资银行理财产品想在1年后获得10 300元，该理财产品年收益率是4.5%，那么你在当前的投资额是多少？

已知：FV = 10 300，$r=4.5\%$。

求：PV。

解：$PV = \frac{FV}{1+r} = \frac{10\ 300}{1+4.5\%}$

四、多期单笔现金流的终值和现值

多期和单期不同，表现在时间上就不再是一期，而是两期或两期以上。当时间大于或等于两期时，利息是否产生利息是我们需要考虑的。若利息不再产生利息，仅在本金上计算利息，对本金所产生的利息不再计算利息，即单利；若利息因再投资而产生利息，则是对本金及其产生的利息一并计息，即复利，俗称利滚利。

（一）多期单利情况

假如你在当前时期做了一笔 10 000 元（PV）、t 年期、5%年利率的投资，那么 t 年后，终值是多少？

第 1 年年末 $FV_1 = 10\,000+10\,000\times5\% = 10\,000\ (1+5\%)$

第 2 年年末 $FV_2 = 10\,000+10\,000\times5\%+10\,000\times5\% = 10\,000\ (1+2\times5\%)$

第 3 年年末 $FV_3 = 10\,000+10\,000\times5\%+10\,000\times5\%+10\,000\times5\% = 10\,000\ (1+3\times5\%)$

……

第 t 年年末 $FV_n = 10\,000+10\,000\times5\%+10\,000\times5\%+\cdots = 10\,000\ (1+t\times5\%)$

……

因此，计算多期单利的终值公式为：

$$FV=PV\ (1+t\times r) \tag{2.3}$$

多期单利终值公式告诉我们，若已知现值（PV）、时间（t）和利率（r），则可以求出多期单利终值（FV）。

那么，若已知终值（FV）、时间（t）和利率（r），则可以求出多期单利现值（PV）为：

$$FV=\frac{FV}{1+t\times r} \tag{2.4}$$

（二）多期复利情况

仍然以上题为例，复利的情况如下：

第 1 年末　$FV_1 = 10\,000+10\,000\times5\% = 10\,000\ (1+5\%)$

第 2 年末　$FV_2 = 10\,000\times\ (1+5\%)\ +10\,000\times\ (1+5\%)\ \times5\% = 10\,000\ (1+5\%)^2$

第 3 年末　$FV_3 = 10\,000\ (1+5\%)\ +10\,000\ (1+5\%)\ \times5\% = 10\,000\ (1+5\%)^3$

……

第 t 年末 $FV = 10\,000\ (1+5\%)^t$

……

因此，计算多期复利的终值公式为：

$$FV=PV\ (1+r)^t \tag{2.5}$$

多期复利终值公式告诉我们，若已知现值（PV）、时间（t）和利率（r），则可以求出多期复利终值（FV）。

那么，若已知终值（FV）、时间（t）和利率（r），则可以求出多期复利现值（PV）为：

$$PV=\frac{FV}{(1+r)^t} \tag{2.6}$$

（三）单利和复利的区别

单利和复利的计息方式不同，其对终值和现值的计算结果影响巨大。单利终值与时间之间呈现线性函数关系，而复利终值与时间之间呈现指数函数关系，当 $t\geqslant 1$ 时，指数函数变化速度要大于线性函数，即时间越长，单利与复利计算的终值、现值差别越大。

以下实例为单利和复利分别计算时“利滚利”的演示结果。

若现值（PV）为 100 元，年利率为 3%，求 3 年后的终值。如按单利计算，终值为 109 元，如按复利计算，终值为 161.05 元（见表 2-1）。

表 2-1 复利和单利的比较

t	PV	单利/元	复利/元	总利息	FV
第 1 年	100	3	0	3	103
第 2 年	103	3	0.09	3.09	106.09
第 3 年	106.09	3	0.18	3.18	109.27
	总计	9	0.27	9.27	

【例 2-1】假设你去银行存钱，约定一年自动转存，那么这是一个单利还是复利的计息方式？假定现在银行一年期存款利率为 3.25%，你计划存入 10 000 元，问 2 年后，本息和是多少？（分别计算单利和复利情况）

【解析】约定自动转存，说明这是一个复利的计算方式。在现实财富管理活动中，如果没有做特殊的说明，一般都是按照复利计息。

已知：PV = 10 000，r = 3.25%。

求：FV。

单利计息：$PV = PV(1+t\times r) = 10\ 000\times(1+2\times 3.25\%) = 10\ 650$（元）

复利计息：$FV = PV(1+r)^t = 10\ 000\times(1+3.25\%)^2 \approx 10\ 660.56$（元）

复利与单利之间的差：$10\ 660.56 - 10\ 650 = 10.56$（元）

第二节 多笔规则现金流

一、年金

年金（annuity）是指时间间隔相等、资金流大小相等、方向相同、不间断的多笔现金流。一般来说，年金，即每年的现金流，也有货币时间价值。因此，年金终值和现值的计算通常采用复利形式。

按照每笔现金流发生的时间点不同，年金可划分为期末年金和期初年金。

（一）期末年金

期末年金是指在整个时期内每笔现金流发生在期末（见图 2-2）。这种情况一般可表述为“先付出资金，后取得回报；或先获得资金，后分期偿还”的情形，例如工资收入、利息收入、红利收入、投资回报、房贷摊还、信用卡还款等。

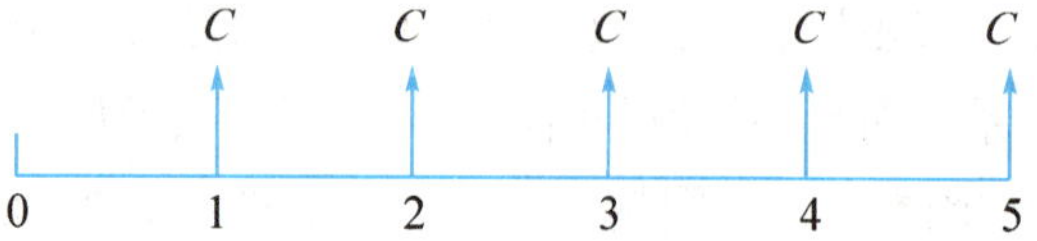

图 2-2 期末年金示意图

（二）期初年金

期初年金是指在整个时期内每笔现金流发生在期初（见图 2-3）。这种情况一般可表述为“先交付费用，后享受服务”的情形，例如房租、教育金支出（学费）、养老金支出、保费的缴纳、生活费的支出等。

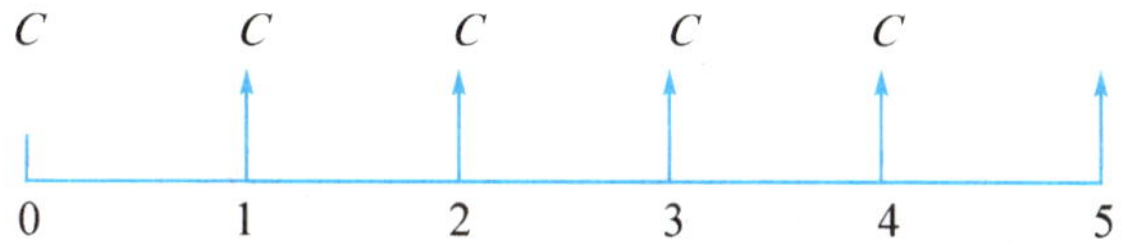

图 2-3　期初年金示意图

（三）如何识别

如何判断一个年金是期末年金还是期初年金，主要基于分析对象的现金流是发生在期初还是期末。比如我们面对的问题是分析为子女准备教育金问题，如果是前期准备阶段，此时子女并未上学，只是通过储蓄或购买理财产品攒教育金，即每年存一笔钱或买一些理财产品，那这是一个典型的期末年金；如果是子女已入学，开始使用教育金，即每年取出部分教育金用于缴纳学费，那这就是一个典型的期初年金。

二、普通年金

普通年金是指在有限的期限内，有规则的多笔现金流所构成的年金。

普通年金每次现金的流入或者流出是一个固定不变的值，即现金流的增速为 0，$\frac{C_{t+1}-C_t}{C_t}=\frac{\Delta C}{C_t}=0$。分析现值、终值、时间和利率四个变量要知，其实际上是年金为 0 的特殊情况，仅有发生在当期与未来某个时点流向相反的单笔现金流。若现值的现金流方向为流入，则终值的现金流方向一定为流出，例如到期一次性还本付息；若现值的现金流方向为流出，则终值的现金流方向一定为流入，例如银行一次性存款到期的本息和。

年金强调期间内每期都会有现金的流入或流出。若现值为 0，则年金的现金流方向与终值方向相反，且终值一定为非 0，例如每年储蓄攒养老钱；若终值为 0，则年金的现金流方向与现值方向相反，且现值一定为非 0，例如贷款买房。若现值、终值和年金都非 0，则年金的现金流方向一定与现值或终值其中的一个相同。在财富管理中，现金流有流入，就有流出；有流出，就有流入，两者是对应关系。

（1）现值

多笔现金流现值的求解思路与单笔现金流现值的求解思路相同，不同之处在于年金的现值是多笔现金流贴现到 0 时刻的现值之和。

期末年金的现值：每期期末现金流贴现到 0 时刻的现值之和（见图 2-4）。

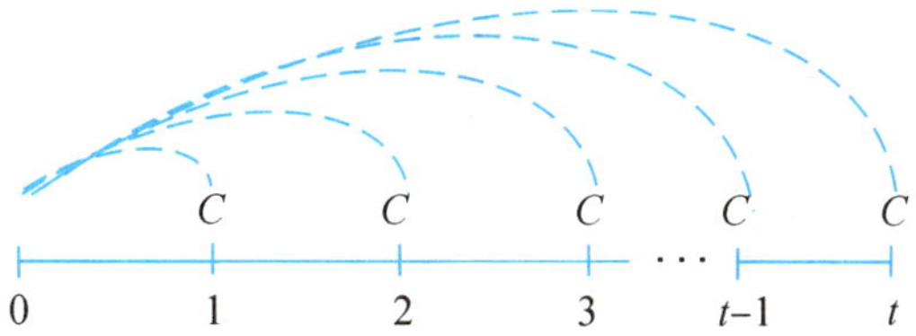

图 2-4　期末年金的现值

计算公式可表示为

$$PV_{期末}=\frac{C}{1+r}+\frac{C}{(1+r)^2}+\frac{C}{(1+r)^3}+\cdots++\frac{C}{(1+r)^t}$$

等式右边求和，多项式为等比数列，根据等比数列求和公式，整理：

$$PV_{期末}=\frac{C}{r}\left[1-\frac{1}{(1+r)^t}\right]$$

期初年金的现值：每期期初现金流贴现到0时刻的现值之和（见图2-5）。

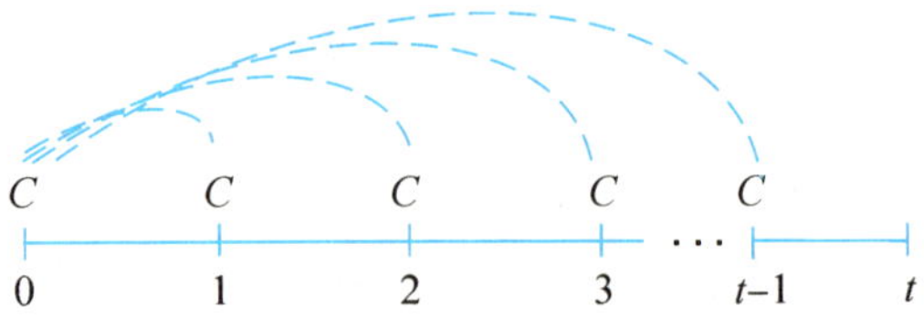

图2-5　期初年金的现值

计算公式可表示为

$$PV_{期初}=C+\frac{C}{1+r}+\frac{C}{(1+r)^2}+\cdots+\frac{C}{(1+r)^{t-1}}$$

同理，等式右边求和，多项式为等比数列，根据等比数列求和公式，整理：

$$PV_{期初}=\frac{C}{r}\left[1-\frac{1}{(1+r)^t}\right]\times(1+r)$$

期末与期初年金现值的区别为 $PV_{期初}=PV_{期末}\times(1+r)$，说明在现金流大小相同的情况下，期初年金比期末年金多 $PV_{期末}\times r$。如果我们把图2-4的每期 C 往前挪一期，刚好就是图2-5的期初年金。

【例2-2】如果你使用4S店的贷款买车方案，采用了一项为期3年的购车贷款计划，以后每年的今日支付6万元，贷款的利率为6%，按年计息。那么你能买的汽车价格是多少？如果采用首付3成，那么你能买的汽车价格是多少？如果按月计息和支付，以后每月的今日支付5 000元，那么你能买的汽车价格是多少？

【解析】首次支付发生在下一年（月），以后每期都这样，由此判断是一个期末年金；在年金的题目中，一定要注意现金流的时间与利率时间区间一致，计息的次数也是与现金流、利率对应；题目中给的利率都是年化的利率，考虑到不同区间计息会产生复利，题目中出现月、日等时间概念，则对应的利率和时间都应以月、日为单位；题目需要求解的购买汽车的价格，显然是一个现值的概念。

已知：$r=6\%$，$C=60\ 000$ 元/年或5 000元/月，$N=3$ 年或36个月。

求：PV。

解：(1) $PV_{期末}=\frac{C}{r}\left[1-\frac{1}{(1+r)^t}\right]=\frac{60\ 000}{6\%}\left[1-\frac{1}{(1+6\%)^3}\right]\approx 160\ 380.72$（元）

(2) $P=\frac{160\ 380.72}{1-0.3}\approx 229\ 115.31$（元）

(3) $PV_{期末}=\frac{C}{r}\left[1-\frac{1}{(1+r)^t}\right]=\frac{60\ 000}{\frac{6\%}{12}}\left[1-\frac{1}{\left(1+\frac{6\%}{12}\right)^{3\times12}}\right]\approx164\ 355.08$（元）

发散思路：如果告诉了其他 3 个变量，我们可以根据公式 $PV_{期末}=\frac{C}{r}\left[1-\frac{1}{(1+r)^t}\right]$ 或 $PV_{期初}=\frac{C}{r}\left[1-\frac{1}{(1+r)^t}\right]\times(1+r)$，求出第 4 个变量。

（2）终值

多笔现金流终值的求解思路与单笔现金流终值的求解思路相同，不同之处在于年金的终值是多笔现金流贴现到 t 时刻的终值之和。

期末年金的终值：每期期末现金流贴现到 t 时刻的终值之和（见图 2-6）。

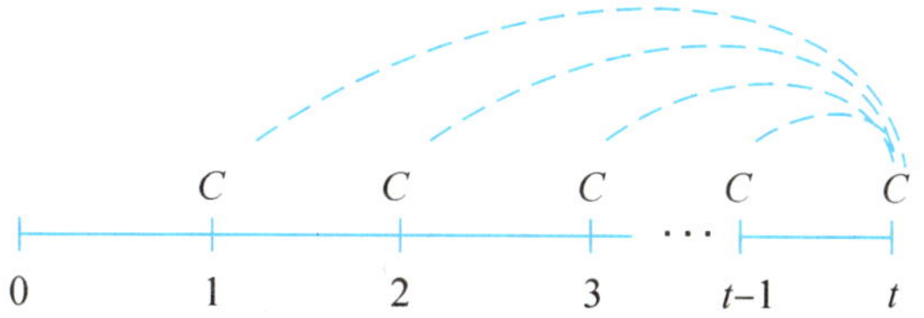

图 2-6　期末年金终值

计算公式可表示为

$FV_{期末}=C\times(1+r)^{t-1}+C\times(1+r)^{t-2}+C\times(1+r)^{t-3}\cdots+C$

根据 $PV_{期末}=\frac{C}{r}\left[1-\frac{1}{(1+r)^t}\right]$，$FV=PV(1+r)^t$，整理：

$$FV_{期末}=\frac{C}{r}\left[1-\frac{1}{(1+r)^t}\right]\times(1+r)^t=\frac{C}{r}[(1+r)^t-1]$$

期初年金的终值：每期期初现金流贴现到 t 时刻的终值之和（见图 2-7）。

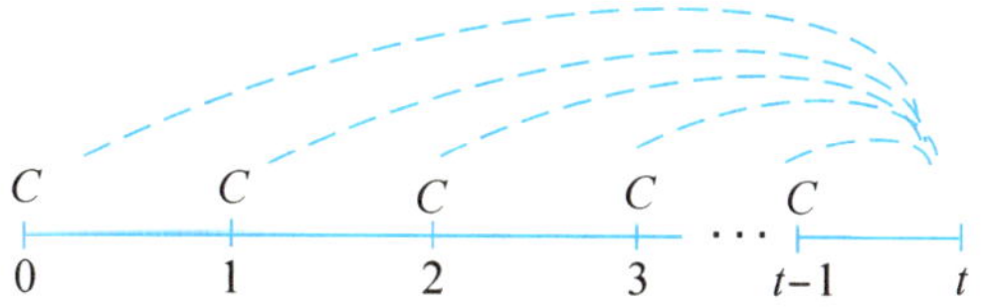

图 2-7　期初年金终值

计算公式可表示为

$FV_{期初}=C\times(1+r)^t+C\times(1+r)^{t-1}+C\times(1+r)^{t-2}+\cdots+C\times(1+r)$

根据 $PV_{期初}=\frac{C}{r}\left[1-\frac{1}{(1+r)^t}\right](1+r)$，$FV=PV(1+r)^t$，整理：

$$FV_{期初}=\frac{C}{r}\left[1-\frac{1}{(1+r)^t}\right]\times(1+r)^t\times(1+r)=\frac{C}{r}[(1+r)^t-1]\times(1+r)$$

期末与期初年金终值的区别为 $FV_{期初}=FV_{期末}\times(1+r)$，说明在现金流大小相同的情况下，期初年金比期末年金多 $FV_{期末}\times r$。如果我们把图 2-6 的每期 C 往前挪一期，刚好就是图 2-7 的期初年金。

【例 2-3】一个 40 岁的中年人，想在 65 岁退休时攒一笔钱用于退休后的生活，假设工作期间的投资回报率为 6%，他计划以后 25 年中每年投资 3 万元，请问在退休那年他账上有多少钱？如果题目改为从今往后的 25 年中每年投资 3 万元，结果又如何？如果题目改为每月投资 2 500 元，结果又如何？

【解析】以后 25 年，表示第一笔现金流是从下一年的今日开始投资，这是期末年金；从今往后，表示第一笔现金流是从今日开始投资，这是期初年金。其他题意解读请参考前一例题。

已知：$r=6\%$，$C=30\ 000$ 元/年或 2 500 元/月，$N=25$ 年或 25×12 月。

求：FV。

(1) $\text{FV}_{\text{期末}}=\frac{C}{r}[(1+r)^t-1]=\frac{30\ 000}{6\%}[(1+6\%)^{25}-1]\approx 1\ 645\ 935.36$（元）

(2) $\text{FV}_{\text{期初}}=\frac{C}{r}[(1+r)^t-1]\times(1+r)=\frac{30\ 000}{6\%}[(1+6\%)^{25}-1]\times(1+6\%)\approx$ $1\ 744\ 691.48$（元）

(3) $\text{FV}_{\text{期末}}=\frac{C}{r}[(1+r)^t-1]\approx\frac{30\ 000/12}{6\%/12}[(1+6\%/12)^{25\times12}-1]=1\ 732\ 484.91$（元）

三、永续年金

永续年金是普通年金的特殊形式，即无到期日的年金，时间趋向于无穷大。无到期日，则说明无终值的概念，也无时间因素，这样变量由原来的现值、终值、时间、利率和年金，简化为现值、利率与年金之间的关系。永续年金分为期初永续年金和期末永续年金（见图 2-8 和图 2-9）。

$$\underset{\lim t\to+\infty}{\text{PV}_{\text{期末}}}=\lim_{t\to+\infty}\left\{\frac{C}{r}\left[1-\frac{1}{(1+r)^t}\right]\right\}=\frac{C}{r}$$

$$\underset{\lim t\to+\infty}{\text{PV}_{\text{期初}}}=\lim_{t\to+\infty}\left\{\frac{C}{r}\left[1-\frac{1}{(1+r)^t}\right]\times(1+r)\right\}=\frac{C}{r}\times(1+r)$$

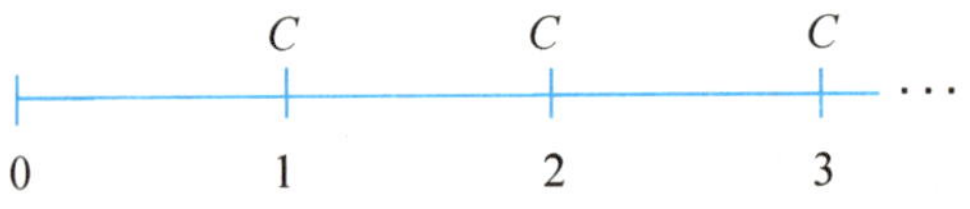

图 2-8　期末永续年金

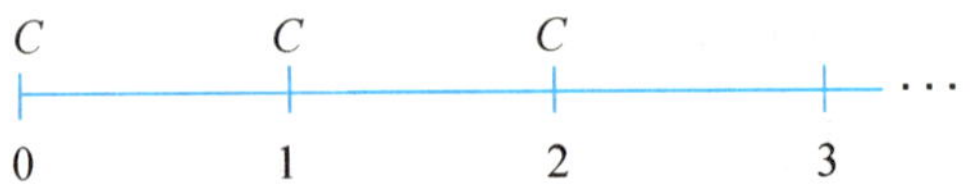

图 2-9　期初永续年金

永续年金有两种金融产品对应：一个是永续债券。该债券没有到期日，无须还本，只需要定期支付利息，发行主体可以避免还本带来的资金压力，但持有者面临巨大的信用违约风险，所以对发行主体评级有较高的要求，发行主体一般为政府及其机构。另一个是股票。从理论上说，股票无到期日，每次支付的股息可以看作一种无到期日的年金。

【例 2-4】一国政府拟发行面值为 100 元，息票率为 8%的国债，该国债可以继承，每年付息但不归还本金。如果当前市场投资组合的回报率为 5%（即资金的机会成本），则该债券的合理发行价格是多少？如果改为半年付息一次，则价格又是多少？

【解析】一般债券通常具备五个要素，即发行主体、票面金额、息票率、到期日和付息方式。发行主体包括政府、企业、金融机构等，分别对应国债、企业债和金融债；票面金额为债券的面值，通常为 100 元、500 元等，根据习惯，不同国家有不同的票面金额；息票率为计息的利率，通过息票率与票面金额的乘积，可以得到每次支付的利息，即年金；到期日为债券退出市场流通，发行者赎回的日期，此题属于无到期日的特殊情况；付息方式为年付息次数，通常为一年付息一次，或半年付息一次。

已知：$C=100\times8\%$，$r=5\%$。

求：PV。

解：(1) $\mathrm{PV}=\dfrac{C}{r}=\dfrac{8}{5\%}=160$（元）

(2) $\mathrm{PV}=\dfrac{C}{r}=\dfrac{8/2}{5\%/2}=160$（元）

四、增长型年金

增长型年金是指在有限的期限内，金额不等但增长率相同的多笔现金流构成的年金。

增长型年金的每次现金的流入或者流出增速不再为 0，而是一个非 0 的常数，即 $\dfrac{C_{t+1}-C_t}{C_t}=\dfrac{\Delta C}{C_t}=$ 常数。日常生活中，我们经常会碰到每次支付现金流按照一定增速变化的情况。例如，要想维持一个稳定的退休生活质量，养老金的支付随着物价上涨每期都会增加；出国留学的学费也可能随着物价上涨而增加。

（一）现值

增长型年金现值的求解思路与普通年金现金流现值的求解思路相同，不同之处在于增长型年金的现值是每期金额不同但增速相同的现金流贴现到 0 时刻的现值之和。

期末增长型年金的现值：每期期末现金流贴现到 0 时刻的现值之和（见图 2-10）。

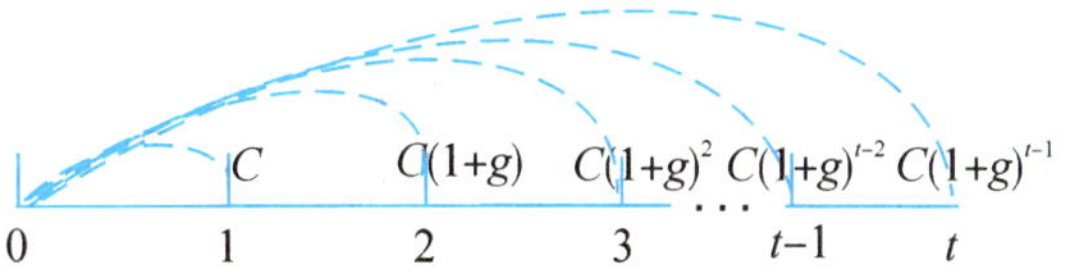

图 2-10　期末增长型年金的现值

计算公式可表示为

$$PV_{期末}=C+\frac{C\times(1+g)}{(1+r)}+\frac{C\times(1+g)^2}{(1+r)^2}+\cdots++\frac{C\times(1+g)^{t-1}}{(1+r)^{t-1}}$$

当 $r=g$ 时，等式右边从第二项开始每项都可以约分为 $\frac{C}{1+r}$，整理：

$$PV_{期末}=\frac{C}{1+r}\times t$$

当 $r\neq g$ 时，等式右边求和，多项式为等比数列，根据等比数列求和公式，整理：

$$PV_{期末}=\frac{C}{r-g}\left[1-\left(\frac{1+g}{1+r}\right)^t\right]$$

期初增长型年金的现值：每期期初现金流贴现到 0 时刻的现值之和（见图 2-11）。

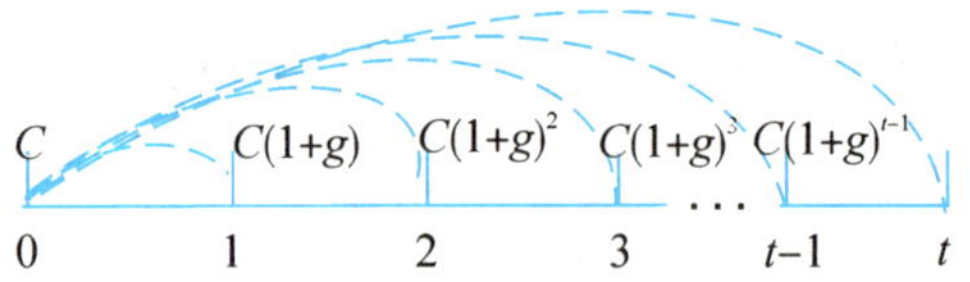

图 2-11　期初增长型年金的现值

计算公式可表示为

$$PV_{期初}=C+\frac{C\times(1+g)}{(1+r)}+\frac{C\times(1+g)^2}{(1+r)^2}+\cdots+\frac{C\times(1+g)^{t-1}}{(1+r)^{t-1}}$$

当 $r=g$ 时，等式右边从第二项开始每项都可以约分为 C，整理：

$$PV_{期初}=C\times t$$

当 $r\neq g$ 时，等式右边求和，多项式为等比数列，根据等比数列求和公式，整理：

$$PV_{期初}=\frac{C(1+r)}{r-g}\left[1-\left(\frac{1+g}{1+r}\right)^t\right]$$

与普通年金一致，期末与期初增长型年金现值的关系为：$PV_{期初}=PV_{期末}\times(1+r)$。

【例 2-5】一项为你提供 30 年的养老计划，第一年为 36 000 元，以后每年增长 2%，年初支付。如果贴现率为 6%，这项计划的现值为多少？如果改为年底支付，情况又如何？如果改为月初支付，情况又将如何？

【解析】这是一道典型的养老计划求现值的题目。与普通年金题目不同，本题中每期支付的金额在按照 2%的速度增长。

已知：$N=30$ 年，$C=36\ 000$ 元/年或 3 000 元/月，$r=6\%$，$g=2\%$。

求：PV。

解：（1）$PV_{期初}=\frac{C(1+r)}{r-g}\left[1-\left(\frac{1+g}{1+r}\right)^t\right]=\frac{36\ 000(1+6\%)}{6\%-2\%}\left[1-\left(\frac{1+2\%}{1+6\%}\right)^{30}\right]=$ 653 130.91（元）

（2）$PV_{期末}=\frac{C}{r-g}\left[1-\left(\frac{1+g}{1+r}\right)^t\right]=\frac{36\ 000}{6\%-2\%}\left[1-\left(\frac{1+2\%}{1+6\%}\right)^{30}\right]=616\ 161.24$（元）

（3）$PV_{期末}=\frac{C(1+r)}{r-g}\left[1-\left(\frac{1+g}{1+r}\right)^t\right]$

$$=\frac{\frac{36\ 000}{12}\times\left(1+\frac{6\%}{12}\right)}{\frac{6\%}{12}-\frac{2\%}{12}}\left[1-\left(\frac{1+2\%/12}{1+6\%/12}\right)^{30\times12}\right]\approx 630\ 981.87\text{（元）}$$

（二）终值

增长型年金终值的求解思路与普通年金终值的求解思路相同，增长型年金的终值是每期金额不同但增速相同的现金流贴现到 t 时刻的终值之和。

期末增长型年金的终值：每期期末现金流贴现到 t 时刻的现值之和（见图 2-12）。

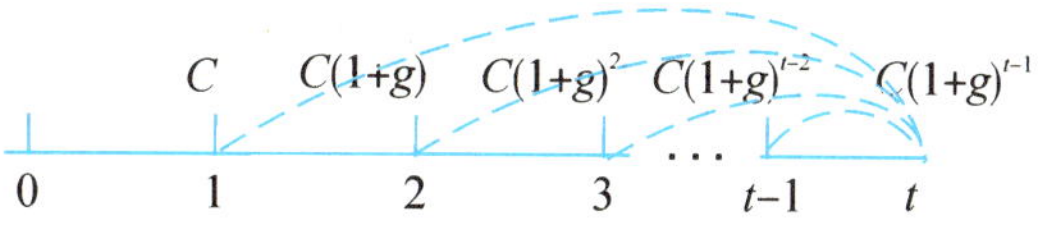

图 2-12 期末增长型年金的现值

计算公式可表示为

$$FV_{期末}=C\times(1+r)^{t-1}+C\times(1+g)(1+r)^{t-2}+C\times(1+g)^2(1+r)^{t-3}\cdots+C\times(1+g)^{t-1}$$

当 $r=g$ 时，等式右边从第二项开始每项都可以合并为 $(1+r)^{t-1}$，整理：

$$FV_{期末}=C(1+r)^{t-1}\times t$$

当 $r\neq g$ 时，等式右边可以提取 $(1+r)^t$，剩下的部分刚好为增长型期末年金的现值求和多项式，整理：

$$FV_{期末}=\frac{C(1+r)^t}{r-g}\left[1-\left(\frac{1+g}{1+r}\right)^t\right]$$

期初增长型年金的终值：每期期初现金流贴现到 t 时刻的终值之和（见图 2-13）。

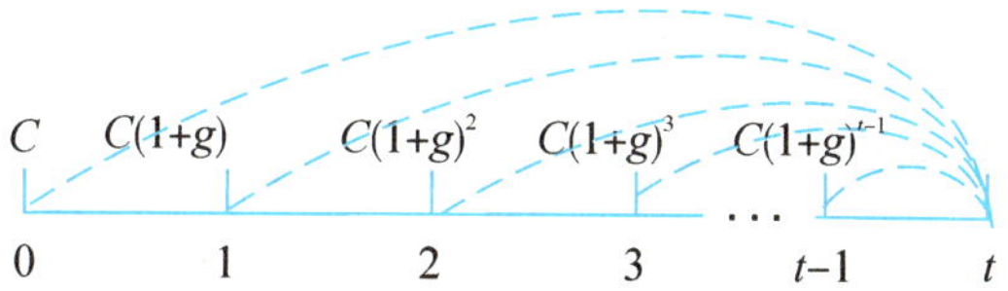

图 2-13 期初增长型年金的终值

计算公式可表示为

$$FV_{期初}=C\times(1+r)^t+C\times(1+g)(1+r)^{t-1}+C\times(1+g)^2(1+r)^{t-2}\cdots+C\times(1+g)^{t-1}(1+r)$$

当 $r=g$ 时，等式右边从第二项开始每项都可以合并为 $(1+r)^t$，整理：

$$FV_{期初}=C(1+r)^t\times t$$

当 $r\neq g$ 时，等式右边可以提取 $(1+r)^t$，剩下的部分刚好为增长型期初年金的现值，求和多项式，整理：

$$FV_{期初}=\frac{C(1+r)^{t+1}}{r-g}\left[1-\left(\frac{1+g}{1+r}\right)^t\right]$$

与普通年金一致，期末与期初增长型年金终值的关系为 $FV_{期初}=FV_{期末}\times(1+r)$。

【例 2-6】父母计划为皮德 5 年后来中国留学准备留学基金。他们计划每年年末从家庭收入中拿出 20%购买理财产品，假设理财产品收益率为 3%。目前家庭的收入为 10 万元，假设工资的增长率为 5%。那么 5 年后他们可以为皮德积累多少钱？如果是每年年初，则结果又为多少钱？

已知：$N=5$，$C=10\times20\%=2$（万元），$r=3\%$ ，$g=5\%$。

求：FV。

$$FV_{期末}=\frac{C(1+r)^t}{r-g}\left[1-\left(\frac{1+g}{1+r}\right)^t\right]=\frac{2(1+3\%)^5}{3\%-5\%}\left[1-\left(\frac{1+5\%}{1+3\%}\right)^5\right]\approx 11.70\text{（万元）}$$

$$FV_{期初}=\frac{C(1+r)^{t+1}}{r-g}\left[1-\left(\frac{1+g}{1+r}\right)^t\right]=\frac{2(1+3\%)^6}{3\%-5\%}\left[1-\left(\frac{1+5\%}{1+3\%}\right)^5\right]\approx 12.05\text{（万元）}$$

五、增长型永续年金

增长型永续年金是增长型年金的特殊形式，即无到期日的增长型年金，时间趋向于无穷大。与普通的永续年金一样，增长型永续年金无到期日，则说明无终值的概念，也无时间因素，变量由原来的现值、终值、时间、年金增长率、利率和年金，简化为现值、年金增长率、利率与年金之间的关系，其中现值与年金同属一个量纲，年金增长率与利率同属于一个量纲。

当 $t\rightarrow\infty$ 时，存在三种情况：

第一种情况：$r=g$，无论是期初还是期末增长型年金，其现值都将为无穷大。

$$\lim_{t\to\infty}PV_{期末}=\lim_{t\to\infty}\frac{C}{1+r}\times t=\infty$$

$$\lim_{t\to\infty}PV_{期初}=\lim_{t\to\infty}C\times t=\infty$$

第二种情况：$r<g$，即年金的增长率大于利率，说明现金流的增速高于贴现率，无论是期初还是期末增长型年金，其现值也将是无穷大。从现值多项式求和公式看，等比数列是发散的，其值也趋向于无穷大。

$$\lim_{t\to\infty}PV_{期末}=\lim_{t\to\infty}\frac{C}{r-g}\left[1-\left(\frac{1+g}{1+r}\right)^t\right]=\infty$$

$$\lim_{t\to\infty}PV_{期初}=\lim_{t\to\infty}\frac{C(1+r)}{r-g}\left[1-\left(\frac{1+g}{1+r}\right)^t\right]=\infty$$

第三种情况：$r>g$，即年金的增长率小于利率，说明现金流的增速低于贴现率，从现值多项式求和公式看，等比数列是收敛的，此时：

$$\lim_{t\to\infty}PV_{期末}=\lim_{t\to\infty}\frac{C}{r-g}\left[1-\left(\frac{1+g}{1+r}\right)^t\right]=\frac{C}{r-g}$$

$$\lim_{t\to\infty}PV_{期初}=\lim_{t\to\infty}\frac{C(1+r)}{r-g}\left[1-\left(\frac{1+g}{1+r}\right)^t\right]=\frac{C(1+r)}{r-g}$$

综合三种情况，第一种和第二种情况在现实中比较少见，第三种情况较为常见。

【例 2-7】预计某只股票从明年开始分配股利 0.2 元，以后每年增长 2%且保持不变，假定现在市场利率为 5%，则该股票的合理价格是多少？如果是今年分配股利 0.2 元，则结果又会如何？

$$PV_{期末}=\frac{C}{r-g}=\frac{0.2}{5\%-2\%}\approx 6.66（元）$$

$$PV_{期初}=\frac{C}{r-g}(1+r)=\frac{0.2}{5\%-2\%}(1+5\%)\approx 7.00（元）$$

多笔现金流的不同年金特征见表 2-2。

表 2-2　多笔现金流的不同年金特征

年金特征	现金流		时间		
	大小	方向	间隔	间断	期限
普通年金	相同	相同	相同	否	有
永续年金	相同	相同	相同	否	无
增长型年金	不同	相同	相同	否	有
增长型永续年金	相同	相同	相同	否	无

第三节　不规则的现金流：净现值和内部回报率

当多笔现金流增速不为 0，或现金流的方向和间隔不同时，我们称多笔现金流为不规则的现金流。针对不规则的现金流，我们只能对每笔现金流进行处理，之后再求和。不规范的现金流在我们日常生活中很常见。例如一份保险合同，要求投保人在 5 年内每年缴纳 1 万元保费，10 年后一次性返还；又例如开发某个项目，初始投资 10 万元，项目后期 2 年每年产生的收益为 5 万元，但由于某种原因又追加投资 5 万元，其后 3 年每年产生的收益为 3 万元并到期；等等。此外，针对不同的 A、B 项目，其可能产生相同的现金流，但现金流的先后顺序不同，那么投资哪个项目更优？针对不规则的现金流，人们往往想到的答案是这个项目值不值得去投资及如何与其他项目做比较，判断的标准通常有两个指标：一个指标为在给定回报率要求情况下预期未来各期产生的收益现值是否可以覆盖成本的现值，即净现值；一个指标为预期未来各期产生的收益现值刚好覆盖成本现值时的回报率是否大于资金的机会成本，即内部回报率。

一、净现值

净现值（NPV）指所有流入与流出现金流的现值之和，所谓“净”是指所有预期未来的流入现金流现值之和与所有流出现金流现值之和的差。如果项目的 NPV > 0，说明在给定回报率要求的情况下，流入的现金流现值之和大于流出的现金流现值之和，项目产生净的现金流入，项目盈利，可投资。如果项目的 NPV < 0，说明在给定回报率要求的情况下，流入的现金流现值之和小于流出的现金流现值之和，项目产生净的现金流出，项目亏损，不可投资。如果项目的 NPV = 0，说明在给定回报率要求的情况下，流出与流入的现金流的现值之和相等，项目盈亏平衡，可做可不做。

NPV 可用公式表述为

$$\mathrm{NPV} = C_0 + \frac{C_1}{1+r} + \frac{C_2}{(1+r)^2} + \cdots \frac{C_T}{(1+r)^T} = \sum_{t=0}^{T} \frac{C_t}{(1+r)^t}$$

说明：

该公式未包含现金流的方向，现金流出时，为负值；现金流入时，为正值。

该公式从 C_0 开始，C_0 一般为初始的投资，为负值；期间 C_t 也可以为负值，表示追加投资。

NPV>0 表示该项目在 r 的回报率要求下是可行的；NPV<0 表示该项目在 r 的回报率要求下不可行。

NPV 与 r 呈反向关系，即 $\frac{\partial \mathrm{NPV}}{\partial r} < 0$，要求的回报率越高，项目净现值越小；NPV 与 C 呈正向关系，即 $\frac{\partial \mathrm{NPV}}{\partial C} > 0$，项目预期的现金流越大，项目净现值越大。

【例 2-8】A、B 两个项目初始投资均为 10 000 元，项目所要求的回报率为 6%，各项目各年的现金流入和流出如表 2-3 所示，请问 A、B 两个项目是否值得投资？哪个项目更优？

表 2-3　项目各年的现金流入和流出情况　　单位：元

投资周期/年	A		B	
	现金流入	现金流出	现金流入	现金流出
1	3 000	500	7 000	200
2	5 000	100	5 000	100
3	7 000	200	3 000	500

【解析】A 与 B 项目的不同在于现金流大小的先后顺序。

A 项目：

$$\mathrm{NPV}_A = \sum_{t=0}^{T} \frac{C_t}{(1+r)^t} = -10\,000 + \frac{3\,000-500}{1+6\%} + \frac{5\,000-100}{(1+6\%)^2} + \frac{7\,000-200}{(1+6\%)^3}$$

$$\approx 2\,428.88 \text{（元）}$$

B 项目：

$$\mathrm{NPV}_B = \sum_{t=0}^{T} \frac{C_t}{(1+r)^t} = -10\,000 + \frac{7\,000-200}{1+6\%} + \frac{5\,000-100}{(1+6\%)^2} + \frac{3\,000-500}{(1+6\%)^3}$$

$$\approx 2\,875.13 \text{（元）}$$

由于 $NPV_A>0$，$NPV_B>0$，所以 A、B 项目都可行；又由于 $NPV_B>NPA_A$，所以项目 B 优于项目 A。

二、内部回报率

内部回报率（IRR），又称内部收益率，它是使得净现值刚好等于 0 时的贴现率。当项目要求的投资回报率 r_i 小于 IRR 时，即 $r_i<IRR\ (NPV=0)$，因为 NPV 与 r 呈反向关系，所以 $NPV(r=r_i) > NPV(r=IRR)=0$，项目可做。当项目要求的投资收益率 r_i 大于 IRR 时，即 $r_i > IRR(NPV=0)$，因为 NPV 与 r 呈反向关系，所以 $NPV(r=r_i) < NPV(r=IRR)=0$，项目不可做。当项目要求的投资收益率 r_i 等于 IRR 时，即 $r_i = IRR(NPV=0)$，$NPV(r=r_i)=NPV(r=IRR)=0$，项目可做也可不做。项目的 IRR 值越大，所要求的投资回报率选择的空间越大，项目可行性越强。

IRR 的表达式可以表述为

$$NPV = \sum_{t=0}^{T} \frac{C_t}{(1+IRR)^t} = 0$$

说明：

IRR 与 NPV 结果方向一致，值越大，项目可行性越强。

IRR 的求解为一元多次方程，尝试采用试错方法求解，有时会出现无解或多个解的情况。

在互斥项目的选择中容易出问题，当 IRR 与 NPV 发生冲突时，以 NPV 的结论为准。

【例 2-9】以上题为例，求解 IRR。

$$NPV_A = \sum_{t=0}^{T} \frac{C_t}{(1+r)^t} = -10\,000 + \frac{3\,000-500}{1+IRR} + \frac{5\,000-100}{(1+IRR)^2} + \frac{7\,000-200}{(1+IRR)^3} = 0$$

$$NPV_B = \sum_{t=0}^{T} \frac{C_t}{(1+r)^t} = -10\,000 + \frac{7\,000-200}{1+IRR} + \frac{5\,000-100}{(1+IRR)^2} + \frac{3\,000-500}{(1+IRR)^3} = 0$$

$IRR_A = 16.80\%$，$IRR_B = 23.86\%$。

因为 $r(=6\%) < IRR_A(=16.80\%)$，$r(=6\%) < IRR_B(=23.86\%)$，所以项目 A 和 B 都可以做，其中 $IRR_A < IRR_B$，所以项目 B 优于项目 A。

第四节 复利期间与有效年利率

在日常生活中，我们经常看到的是年利率，例如 6%表示年利率为 6%，假如本金为 100 元，如果按年计息和付息，第一年年末利息的金额为 6 元，6 元在第二年年末会产生0.36元利息，依次往复。但是有可能发生这种情况，本金并不是按年计息和付息，而是按半年计息和付息，也就是每半年3元，这就涉及一个比较复杂的问题，第一个半年3元的利息，在进入第二个半年也会产生利息，这样在第一年年末时利息总额为 $3+3\times\left(1+\frac{6\%}{2}\right)=6.09$（元）。

这里的6%，我们称之为名义利率；6.09%（$\frac{6.09}{100}\times100$），我们称之为有效的年利率。

如果计息和付息，即复利期间，不是以年为单位，则会产生利息再产生利息的问题，使得名义利率小于有效年利率。那么两者之间存在何种关系呢？这是本节重点探讨的问题。

一、复利期间

复利期间是指利息计算的周期，通常与年度计息次数相对应。例如半年计息一次，则复利期间为半年；如每月计息一次，则复利期间为月。复利期间利率等于名义年利率除以计息次数。例如年利率为6%，如果按照季度计息，则复利期间利率为6%/4=1.5%；如果按月计息，则复利期间利率为6%/12=0.5%。

【例2-10】投资某个理财产品，投资金额为100元，年利率为6%。

若每年计息一次，则第一年年末本息和为：$FV=100+100\times6\%=100(1+6\%)$。

若每半年计息一次，则第一年年末本息和为：$FV=100+100\times\frac{6\%}{2}+100\times\frac{6\%}{2}+100\times\frac{6\%}{2}\times\frac{6\%}{2}=100\times\left(1+\frac{6\%}{2}\right)^2$。

若一年内计息 m 次，T 年后，可推断利息总额的公式为

$$FV=PV\times\left(1+\frac{r}{m}\right)^{T\times m}$$

二、有效年利率

有效年利率是指与复利期间对应计算带来相同回报的年收益率。若复利期间以年为单位，则有效年利率与名义利率相同；若复利期间不以年为单位，如以季度、月等为单位，复利的次数大于1，则有效年利率是以复利期间为单位计算所得的年收益率，有效年利率大于名义利率。有效年利率实际上考虑了不同复利期间现金流的再投资收益问题。

【例2-11】接上题，令有效年利率为EAR，以采用半年计息为例，则应该存在这样的一个等式：

$$100\times\left(1+\frac{6\%}{2}\right)^2=100\times(1+EAR)\Rightarrow EAR=6.09\%$$

因此，可以建立以下恒等式：

$$PV \times \left(1+\frac{r}{m}\right)^{T\times m} = PV \times (1+EAR)^{T} \Rightarrow EAR = \left(1+\frac{r}{m}\right)^{m} - 1$$

EAR 与名义利率、计息次数为正向关系。表 2-4 为 6% 名义利率在不同复利次数下的有效年利率。

表 2-4　6%名义利率在不同复利次数下的有效年利率

复利区间	复利次数/次	有效年利率/%
年	1	6. 000
季	4	6. 136
月	12	6. 168
周	52	6. 180
日	365	6. 183

三、连续复利

在多期连续计算复利的情况下，现值、终值、时间和利率的关系式可表述为

$$FV = PV \times e^{rt} \text{ 或 } PV = FV \times e^{-rt}$$

其中，e 为自然对数的底，约为 2. 178，e^{x} 可以在财务计算器上实现。

【例 2-12】一项投资，初始投资为 1 000 元，名义利率为 6%，采用连续复利方式计息，则 3 年后本息和为多少？

解：$FV = PV \times e^{rt} = 1\,000 \times e^{6\% \times 3} \approx 1\,197.22$（元）

第五节　金融计算工具——Excel 财务函数的运用

在实际操作过程中，人们一般不会直接采用公式计算，更多的是借助于金融计算器。目前市场上金融计算器很多，如 Excel、惠普计算器、卡西欧计算器及金拐棍等应用软件。虽然计算器品种很多，但是其功能几乎相同。本书主要介绍 Excel 财务函数的运用。

一、单笔现金流计算

首先新建 Excel，将光标放置在单元格内。

第一步：选择 *fx* 函数（见图 2-14）。

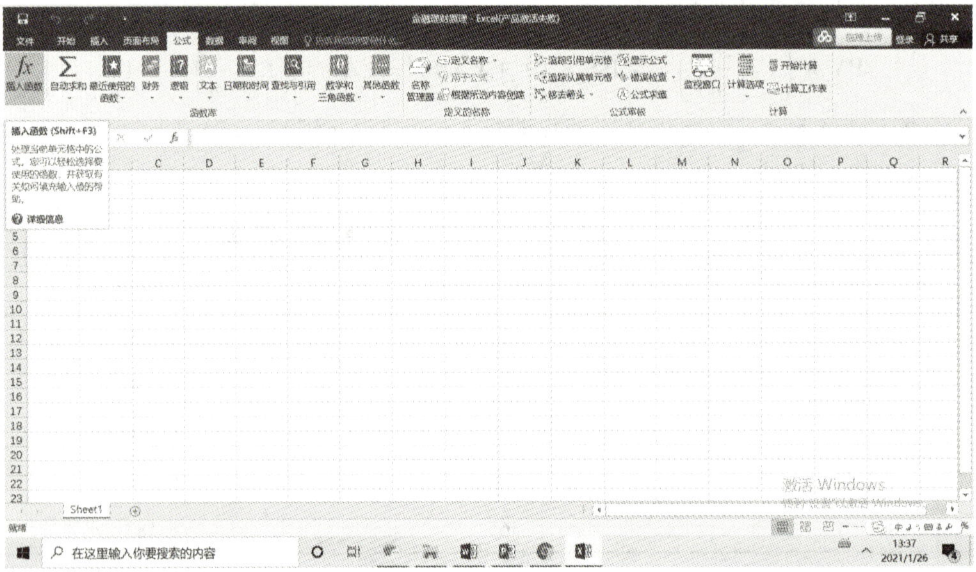

图 2-14 选择 *fx* 函数

第二步：选择类别为“财务”（见图 2-15）

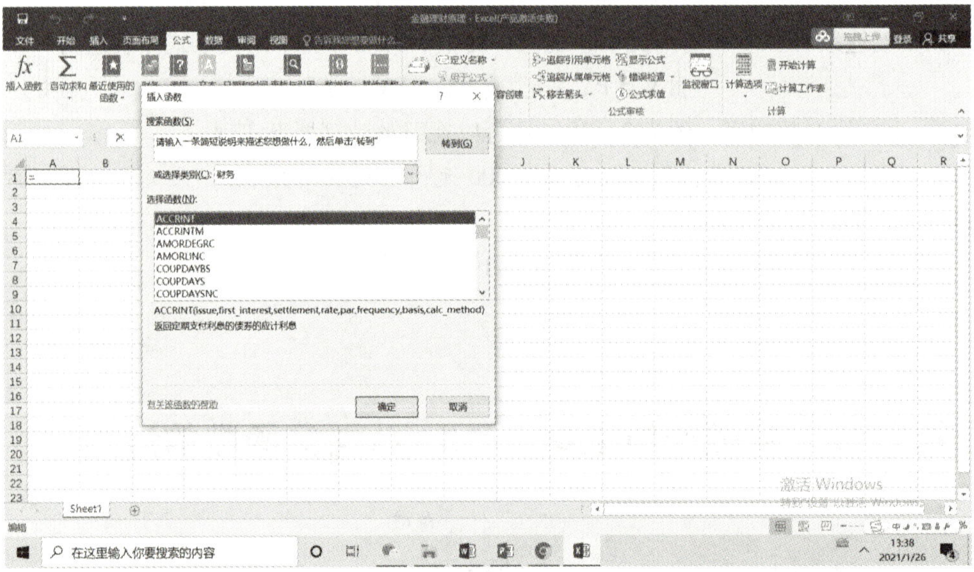

图 2-15 选择类别为“财务”

在 Excel 中，分别提供了 PV、FV、PMT、Rate、Nper 四个变量计算对应的现值、终值、年金、利率和期限。分别在下拉的对话框中选择需要求解的变量名称，例如求解 PV，则选择 PV 函数（见图 2-16）。

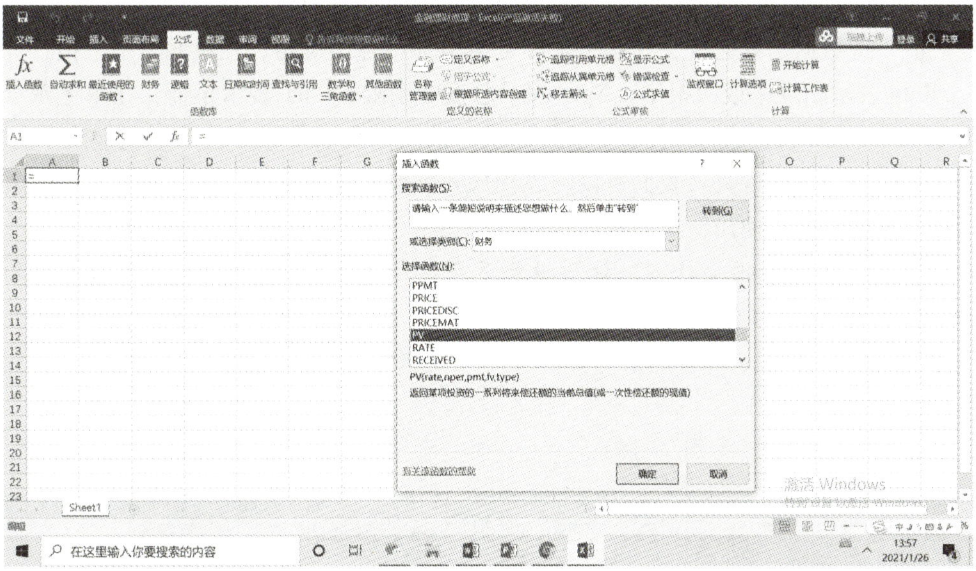

图 2-16　选择 PV 函数

在开始计算之前，我们需要注意以下三点：

（1）在 Excel 中，利率的输入要去除百分数，例如 4%，应该输入为 0.04。

（2）在 Excel 中，现金流有方向区别，现金流入为正（+），现金流出为负（-）。负号（-）需要我们手动添加，可以通过键盘输入，计算机是无法识别正负号的。

（3）在 Excel 中，Rate 与 Nper 是对应的，如果题目中以月为单位计息付息，则 Rate 要除 12（/12），而 Nper 要乘 12（×12）。

1. PV 计算

PV 计算（见图 2-17）：

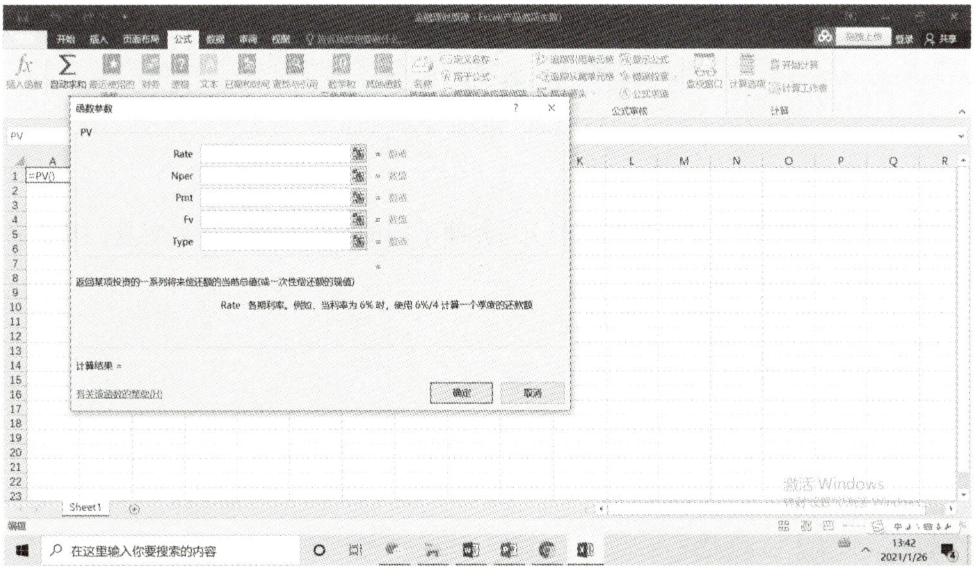

图 2-17　PV 计算器界面

图 2-18 为 PV 计算器的界面。在计算 PV 时，分别在对应变量后面的方框中填入相应的数值，待数据输入完成，计算结果即可给出（或点击确定，在单元格中汇报计算结果）。Rate 表示贴现率或回报率；Nper 表示总投资期限；PMT 表示年金，在单笔现金流中为 0；FV 表示终值；Type 表示年金的类型，默认为期末年金，在单笔现金流中为 0。如果不知道各变量的含义，我们可以将光标放入该变量后的框内，下方的中文字体就会给出变量的解释及其使用方法。

【例 2-13】一个投资计划，计划投资 5 年，年收益率为 4%，5 年后的本息和为 1 000 元，问现在一次需要投入多少钱？

已知：Rate = 0.04；Nper = 5；PMT = 0；FV = 1 000；Type = 0。

求：PV。

解：PV = 821.92（见图 2-18）。

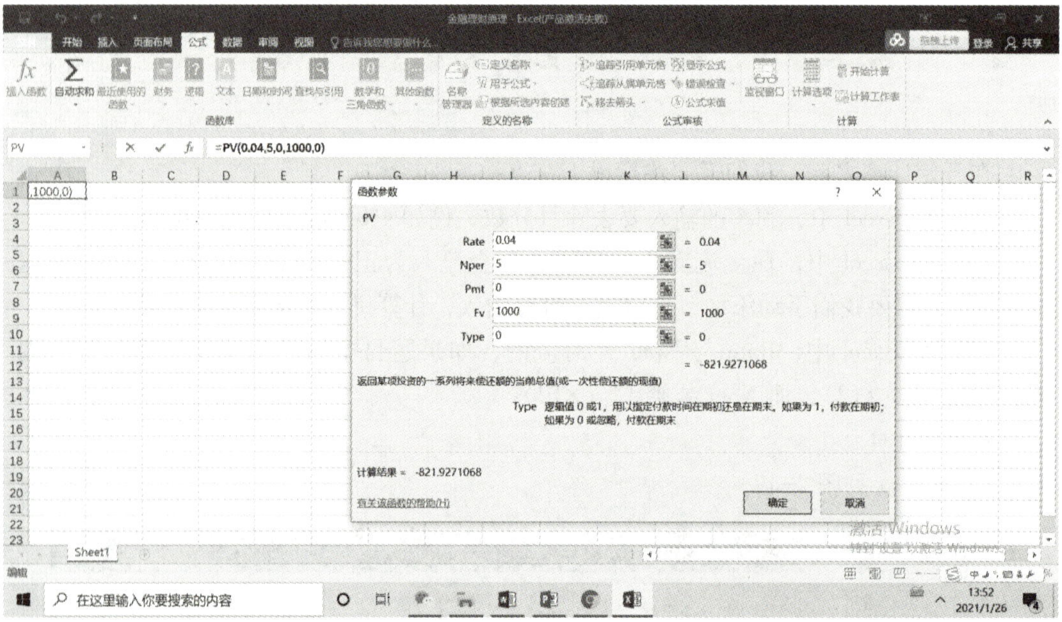

图 2-18　PV 计算结果

2. FV 计算

图 2-19 和图 2-20 为 FV 界面。与 PV 界面不同的是，给出了 PV 变量，其他各变量的含义与 PV 界面相同。

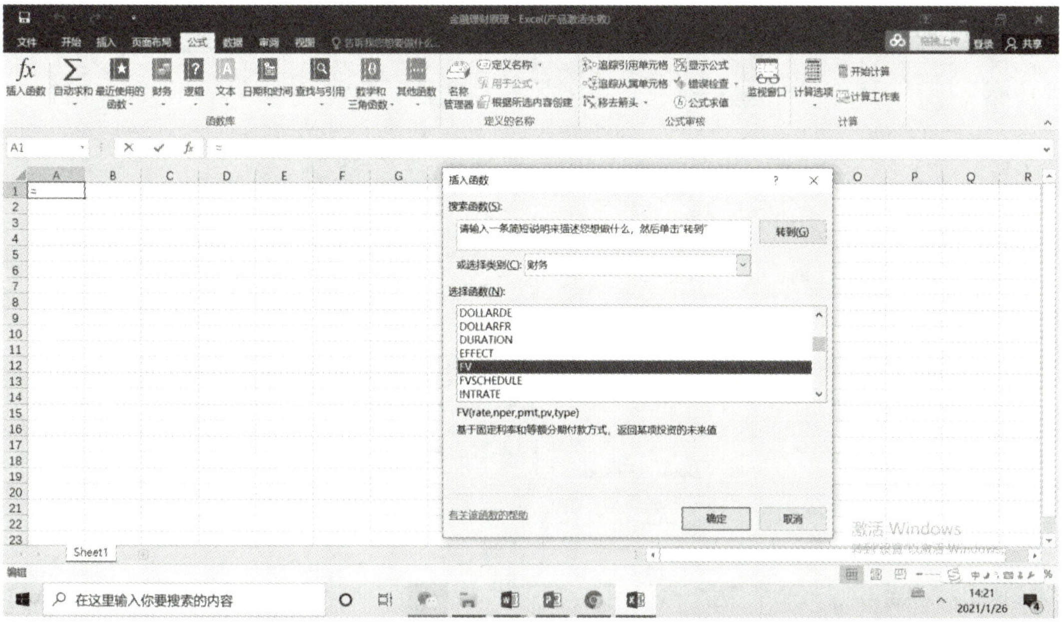

图 2-19　FV 计算界面（b）

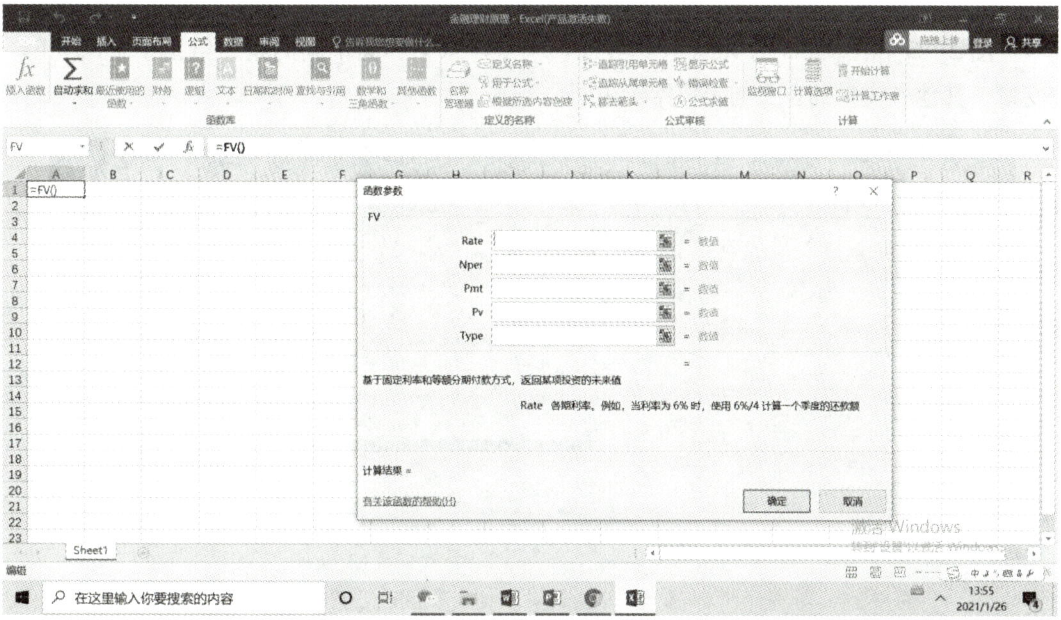

图 2-20　FV 计算界面（b）

【例 2-14】现在一次性拿出 10 000 元购买收益率为 4%的理财产品，问 5 年后可以得到多少钱？

已知：Rate = 0. 04；Nper = 5；PMT = 0；PV = -10 000；Type = 0。

求：FV。

解：FV = 12 166. 52（见图 2-21）。

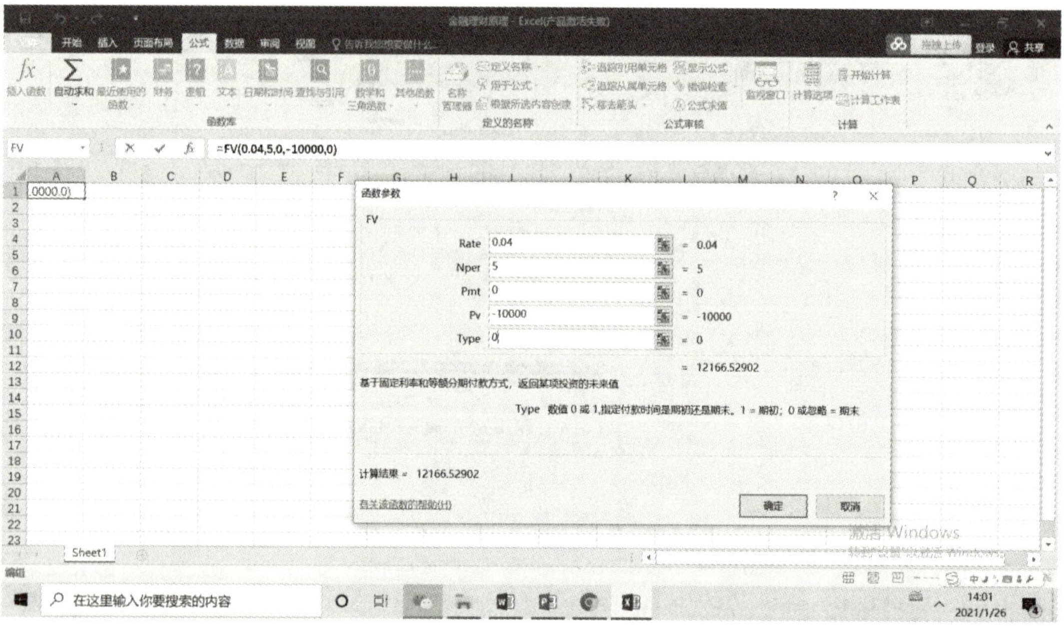

图 2-21　FV 计算结果

3. Rate 计算

图 2-22 和图 2-23 为 Rate 计算界面。与 PV、FV 界面不同的是，给出了 PV 和 FV 变量，其他各变量的含义与 PV 界面相同。

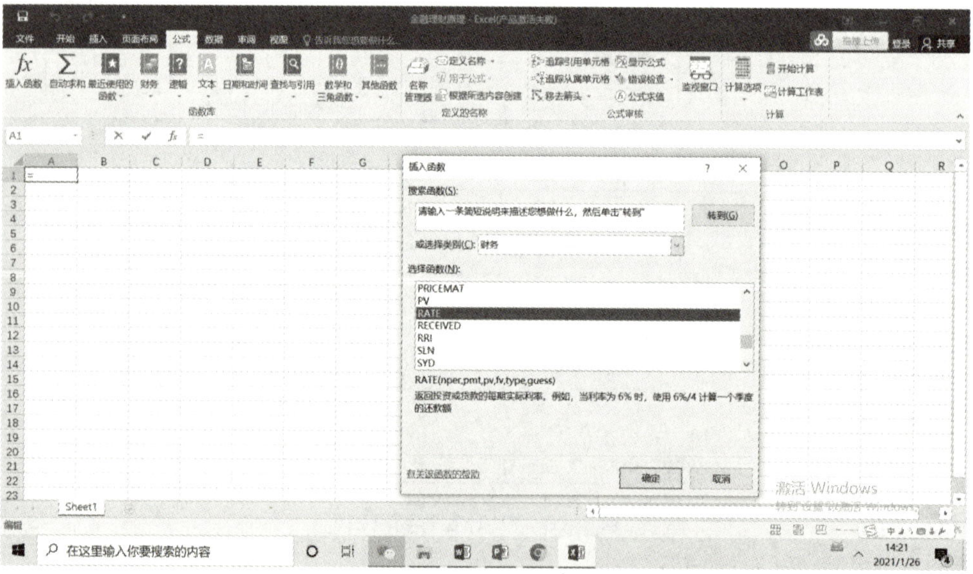

图 2-22　Rate 计算界面（a）

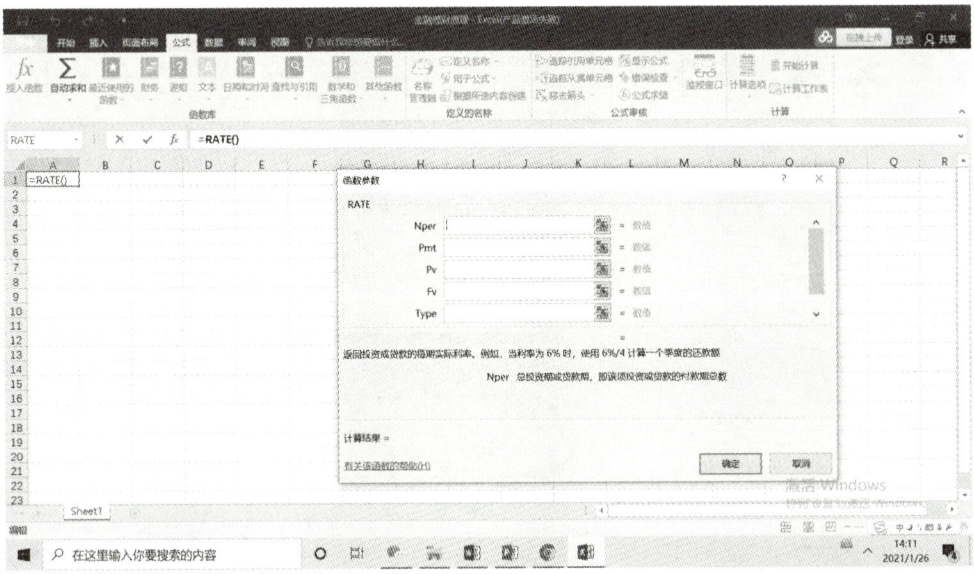

图 2-23 Rate 计算界面（b）

【例 2-15】一项投资计划想在 5 年后获得 10 000 元，假定初始投资的金额为 8 800 元，请问项目的回报率为多少才可以实现目标？

已知：FV = 10 000；Nper = 5；PMT = 0；PV = -8 800；Type = 0。

求：Rate。

解：Rate = 0. 025 9 = 2. 59%（见图 2-24）。

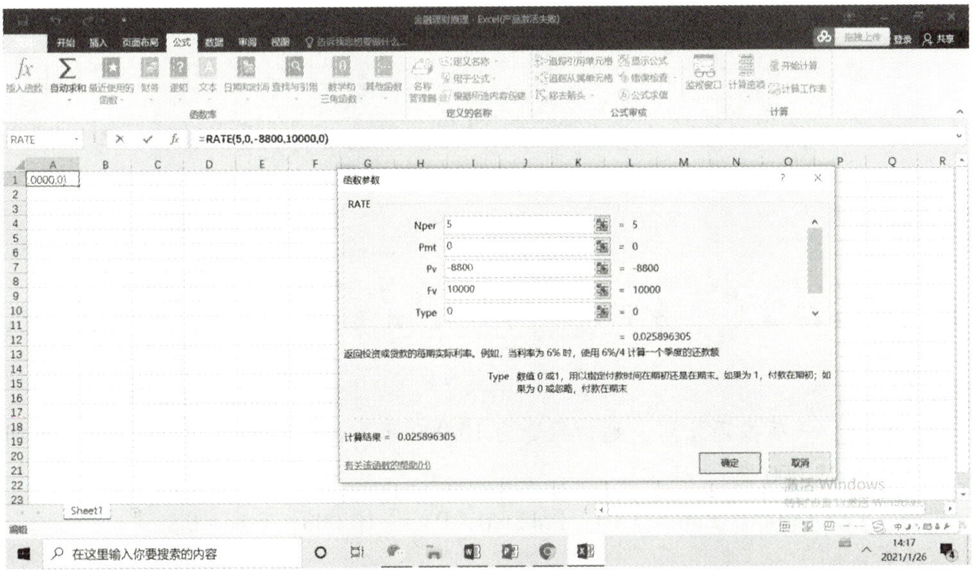

图 2-24 Rate 计算结果界面

4. Nper 计算

图 2-25 和图 2-26 为 Nper 界面。给出了 PV、FV、Rate、PMT、Type 变量，各变量的含义与 PV 界面相同。

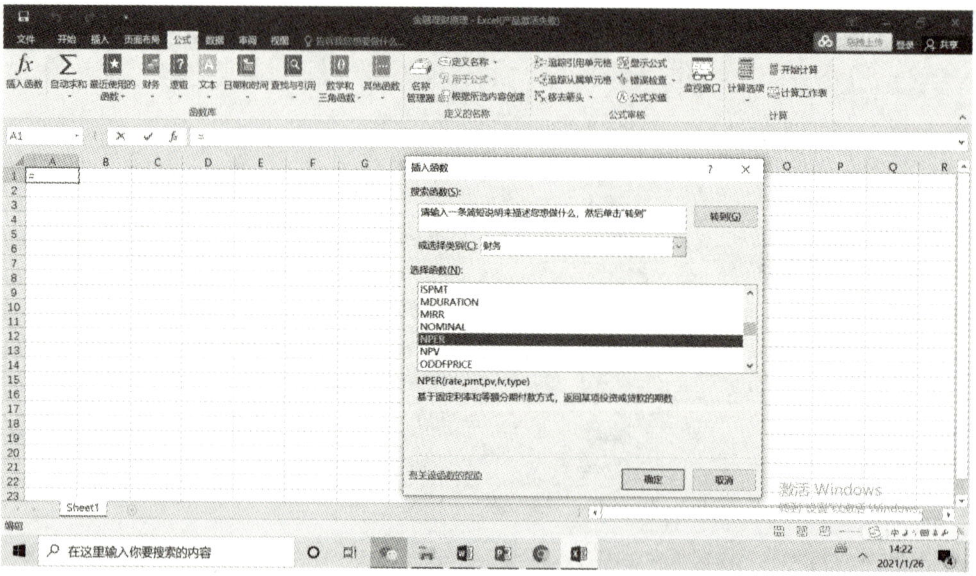

图 2-25 Nper 计算界面（a）

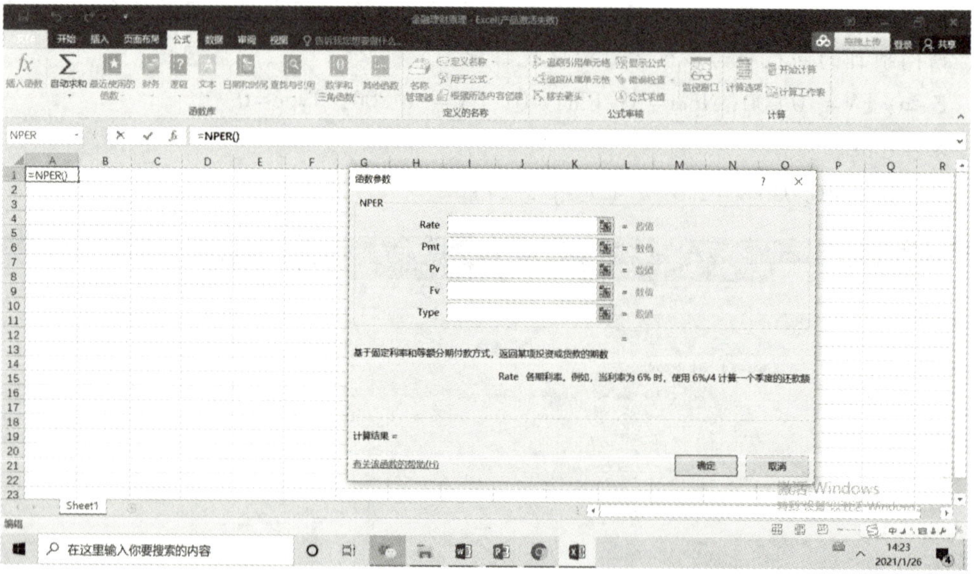

图 2-26 Nper 计算界面（b）

【例 2-16】一项投资计划，起初投资为 10 000 元，假定投资回报率为 4%，请问多久后可以达到 13 000 元？

已知：FV = 13 000；Rate = 0. 04；PMT = 0；PV = -10 000；Type = 0。

求：Nper。

解：Nper = 6. 68 年，即 7 年（见图 2-27）。

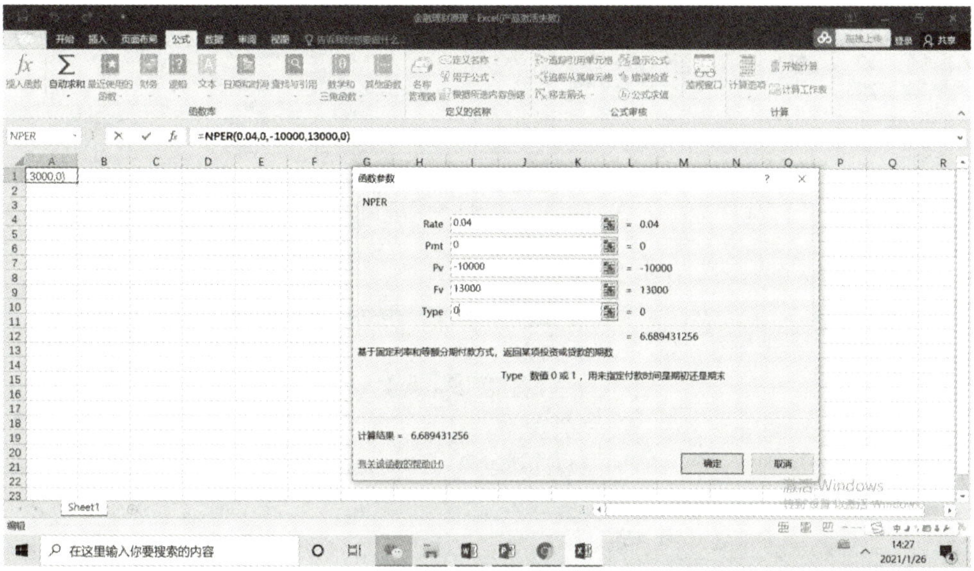

图 2-27　Nper 计算结果

注意：如果答案为 6.01，则也是需要 7 年。时间的选取不能采用四舍五入的方法。

二、多笔规则现金流计算

多笔现金流涉及年金，包括期初年金和期末年金，需要求解的变量除了 PV、FV、Rate 或 Nper 外，增加了 PMT 的求解。如果是求解 PV、FV、Rate 或 Nper 其中一个，则采用的计算方法与单笔现金流一样，只是要注意此时的 PMT 非 0，同时要注意 Type 的类型。如果是求解 PMT，则我们需要在财务函数的下拉框中找到 PMT 打开并进行相关操作。

1. PMT 计算

图 2-28 和图 2-29 为 PMT 计算界面。

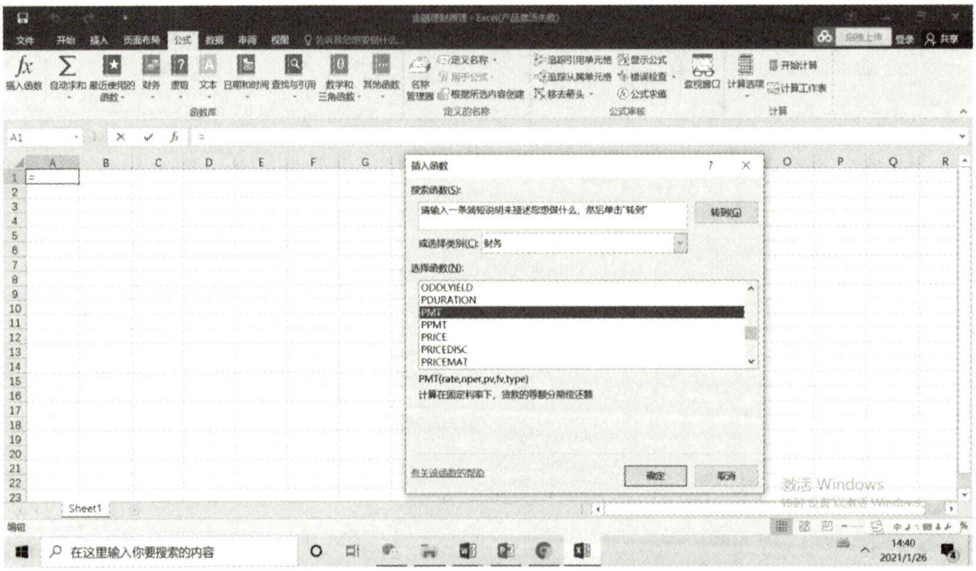

图 2-28 PMT 计算界面（a）

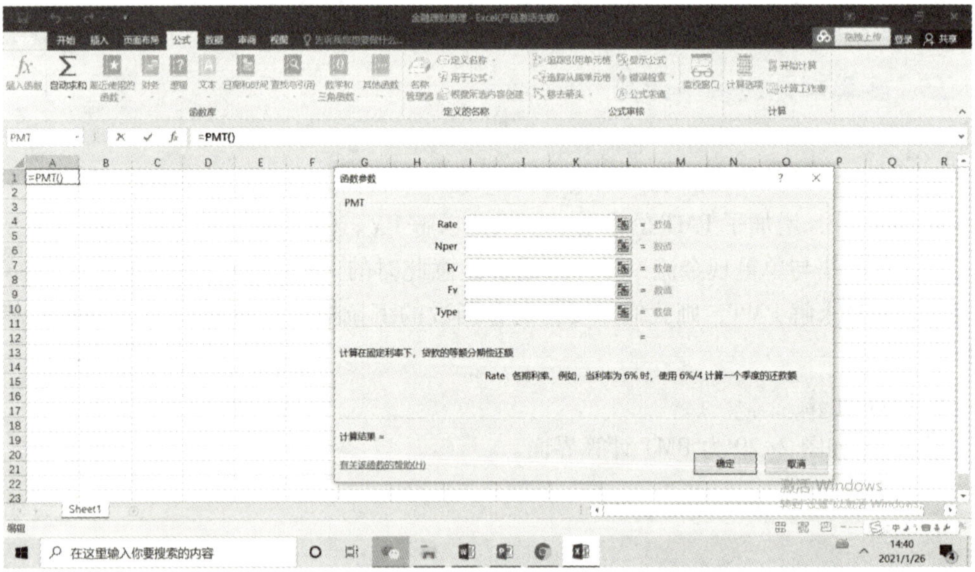

图 2-29 PMT 计算界面（b）

已知 Rate、FV、PV、Nper、Type，各变量的含义与单笔现金流相同。

【例 2-17】我今年 40 岁了，准备在 65 岁退休的时候成为一个百万富翁，每年年末拿出一些钱投资于一个年收益率为 5%的理财产品，请问每年的投资额为多少才可以实现目标？如果是每年的年初呢？

已知：Rate=0.05；FV=1 000 000；PV=0；Nper=2。

求：PMT。

解：（1）年末，为期末年金，Type=0。

PMT=20 952.45 元，负号表示现金流出（见图 2-30）。

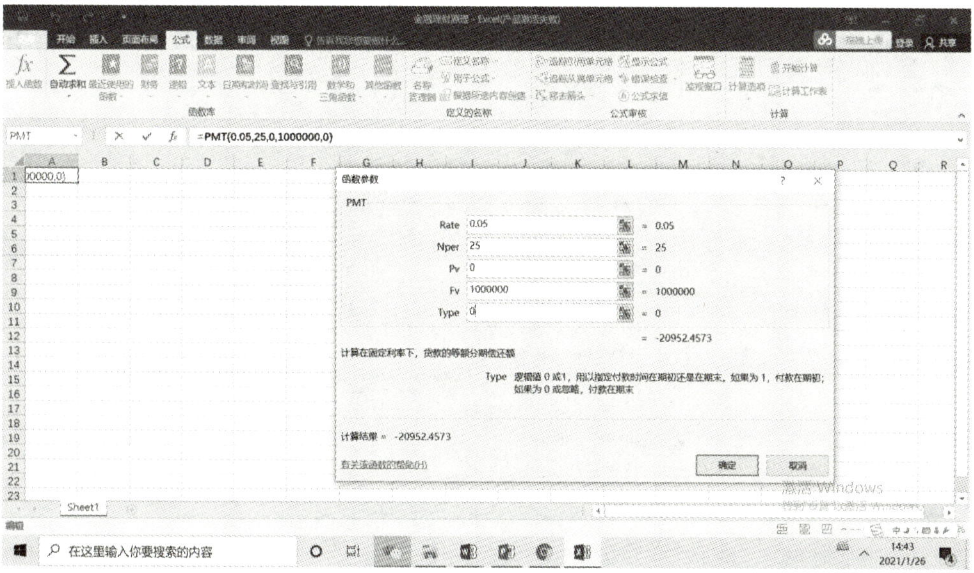

图 2-30 PMT 计算结果

（2）年初，为期初年金，Type=1。

PMT=19 954.72 元，负号表示现金流出（见图 2-31）。

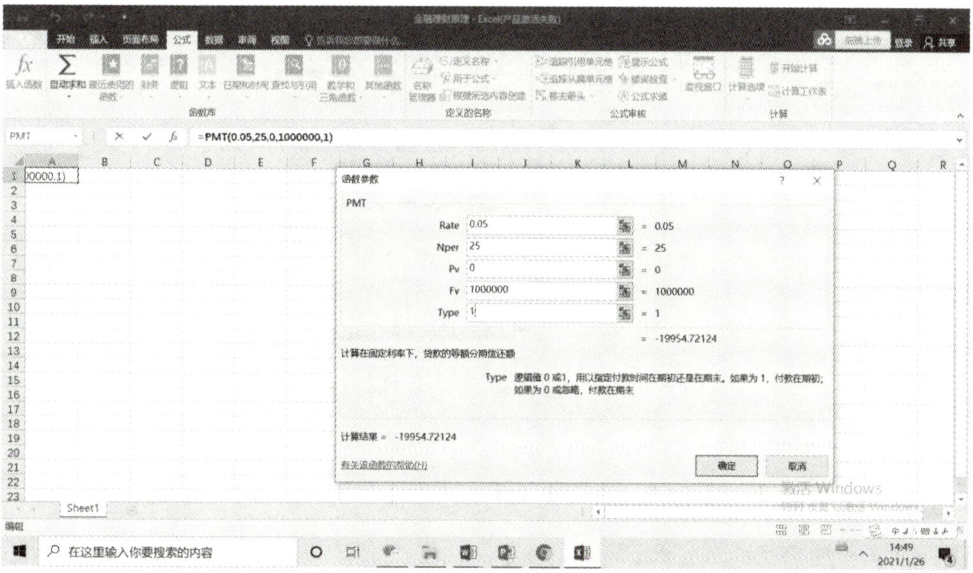

图 2-31 PMT 计算结果

【例 2-18】一项购房计划，计划贷款 30 年，贷款金额为 60 万元，贷款利率为 6.2%，请问月供是多少？

已知：Rate=0.062/12；FV=0（表示贷款还清了）；PV=600 000；Nper=30×12；Type=0。

求：PMT。

解：PMT=3 674.81 元，负号表示现金流出，月供为 3 674.81 元（见图 2-32）。

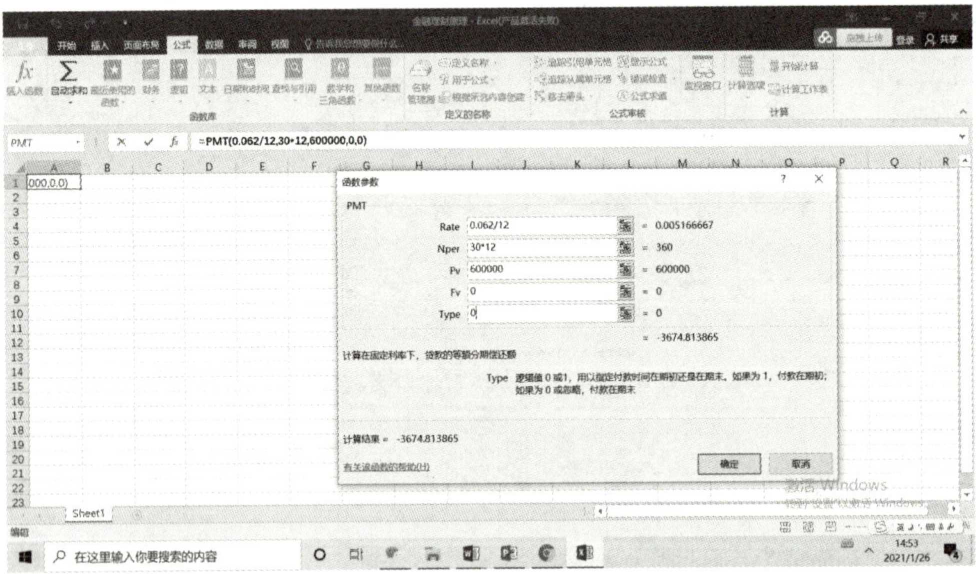

图 2-32　PMT 计算结果

2. PV 计算：

图 2-33 和 2-34 为 PV 的计算界面。

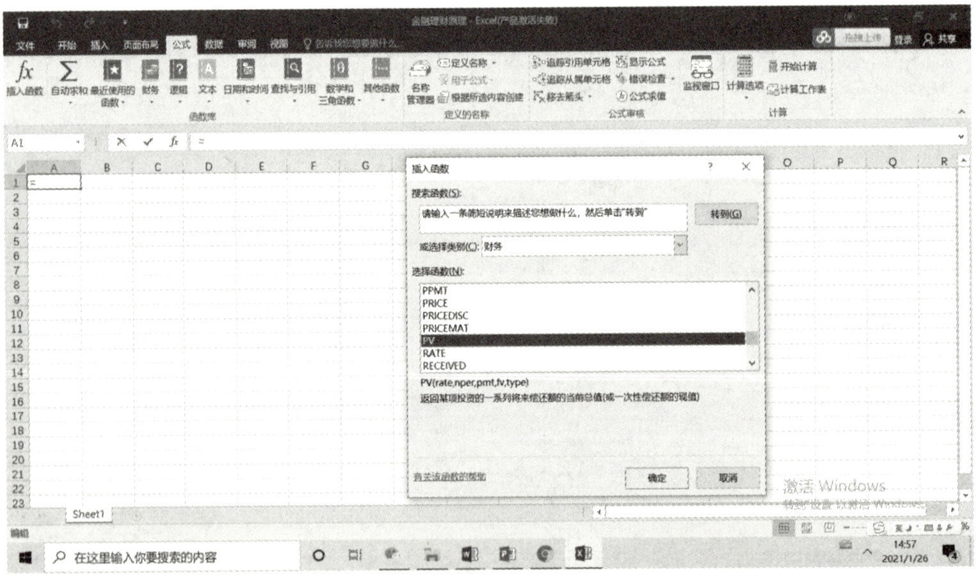

图 2-33　PV 计算界面（a）

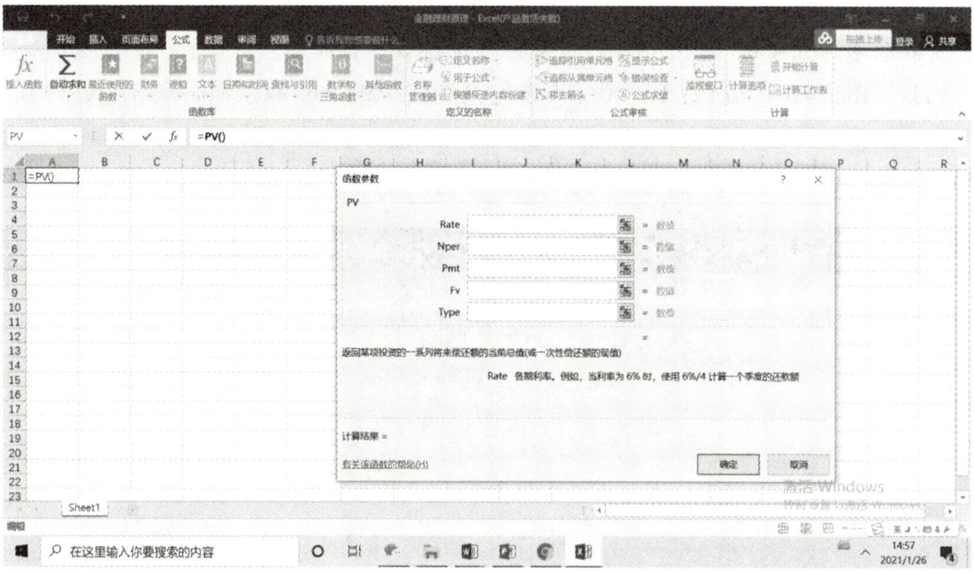

图 2-34　PV 计算界面（b）

已知 Rate、PMT、FV、Nper、Type，各变量含义与单笔现金流相同。

【例 2-19】假如你中了一个 2 000 万元的彩票，彩票公司分 10 年给你，每年给你 200 万元，我们都知道货币有时间价值，最终你拿到手的肯定没有 2 000 万元，假定期间的投资回报率为 5%，请问你实际拿到的是多少？

已知：Rate = 0.05；FV = 0（表示支付完了）；PMT = 2 000 000；Nper = 10；Type = 0。

求：PV。

解：PV = 15 443 469.86 元，实际得到这么多，小于 2 000 万元（见图 2-35）。

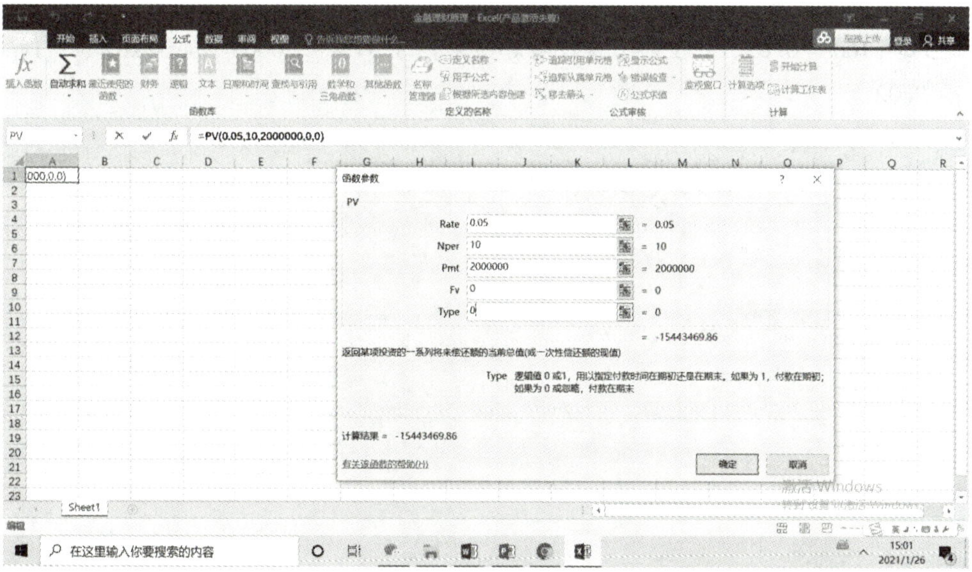

图 2-35　PV 计算结果

【例 2-20】你准备采用按揭方式买车，计划贷款期限为 36 个月，每月还款 6 000 元，贷款利率为 3.4%，请问你可以购买一辆价值多少钱的车？

已知：Rate = 0.034/12；FV = 0（表示还完了）；PMT = 6 000；Nper = 36；Type = 0。

求：PV。

解：PV = 205 073.35 元，可以购买此价格的汽车（见图 2-36）。

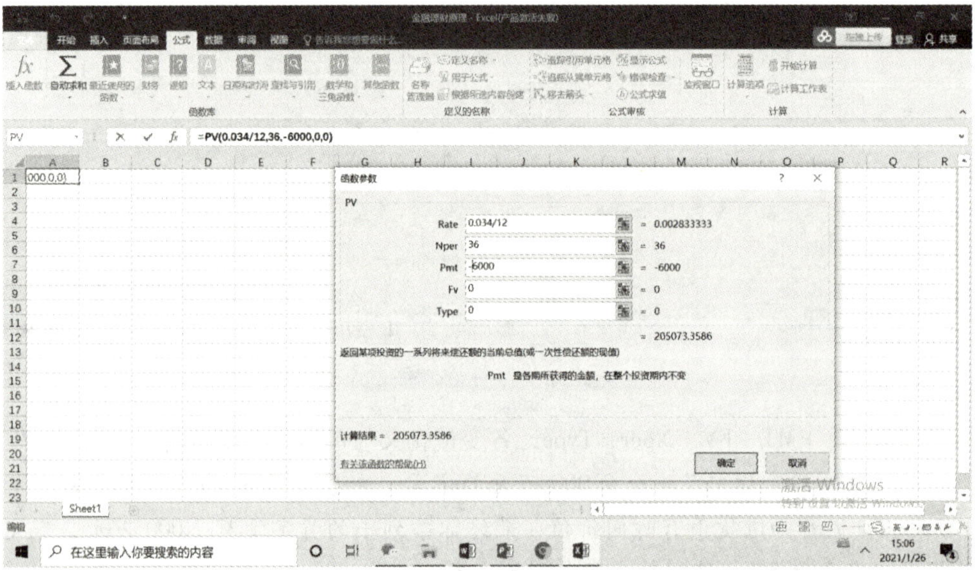

图 2-36　PV 计算结果

【例 2-21】假设为一项养老计划攒钱，计划每月月初领取 3 000 元用于生活费用支出，该计划为 20 年，其间投资回报率为 5%，通货膨胀率为 2%，请问为了实现这个计划，当年应该准备多少钱？

已知：Rate = 0.05/12；FV = 0（钱刚好用完）；PMT = -3 000；Nper = 20×12；Type = 1；g = 0.02

求：PV。

解：PV = 542 285.07 元（见图 2-37）。

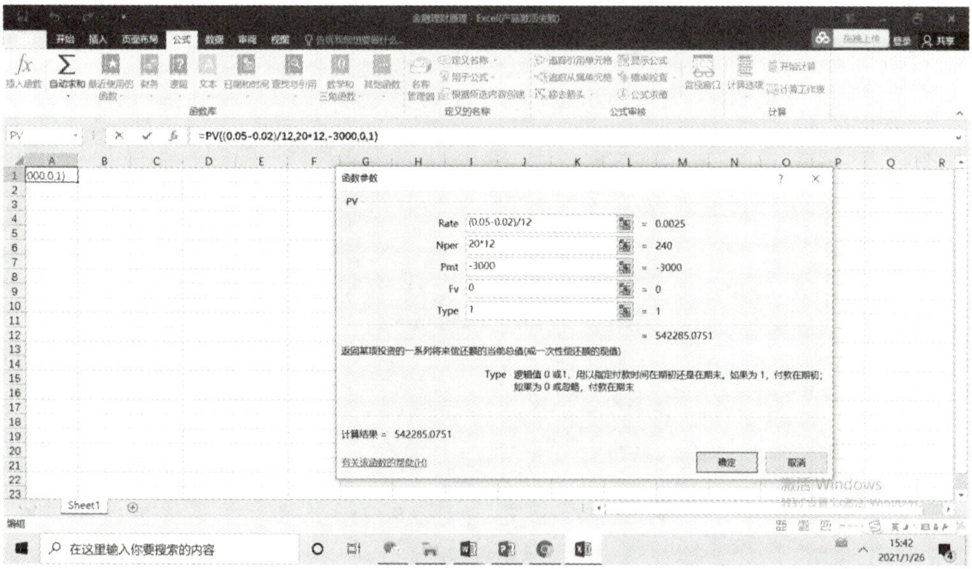

图 2-37 PV 计算结果

说明：起初账上有 542 285.07 元，按照 5%/12 月回报率投资，其间第一个月月初取出 3 000 元，以后每月取出的按照 3%/12 的速度增长下去，刚好在第 20×12月月底用完。在此需要注意的是 Rate 采用 r-g 值。

3. FV 计算

图 2-38 和图 2-39 为 FV 的计算界面。

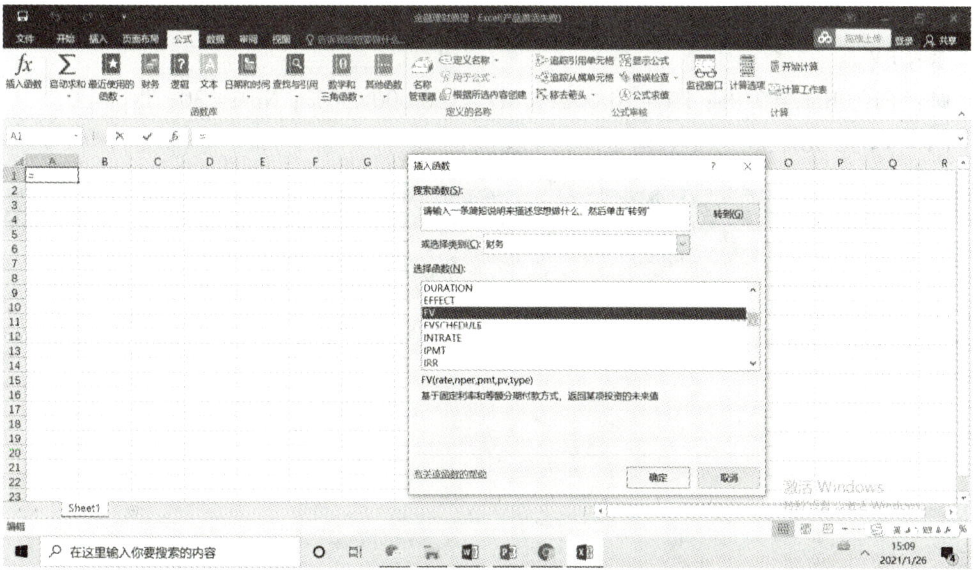

图 2-38 FV 计算界面（a）

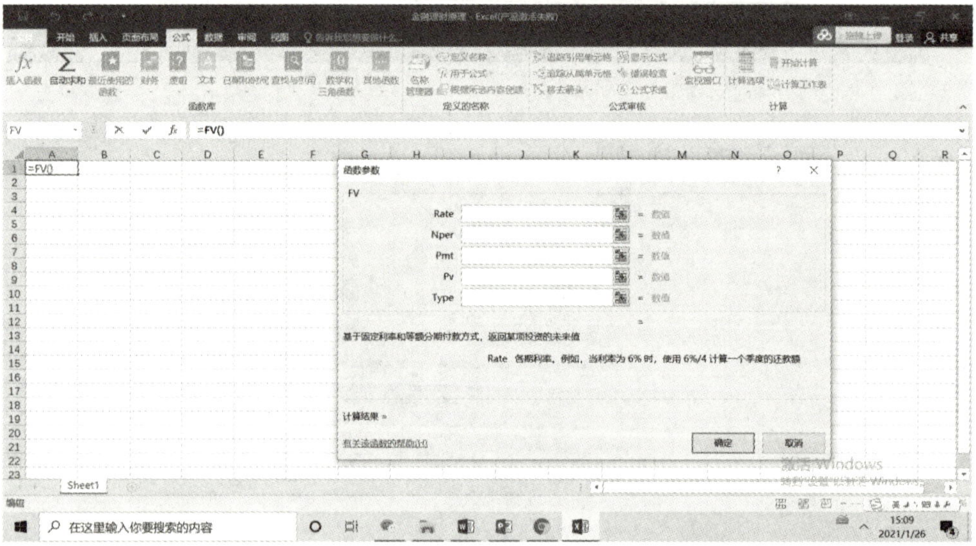

图 2-39　FV 计算界面（b）

已知 Rate、PMT、PV、Nper、Type，各变量含义与单笔现金流相同。

【例 2-22】假设为一项养老计划攒钱。每年拿出工资的 30%购买一个理财产品，该产品的收益率为 5%，计划投资 30 年，已知当前年工资收入为 150 000 元，当期拥有存款 10 000 元。请问：（1）若工资不变，请问 30 年后可以获得多少钱？（2）若工资不变，但按月投资，则最终可以获得多少钱？

已知：Rate＝0. 05 或 0. 05/12；PV＝10 000；PMT＝150 000×30%或 150 000×30%/12；Nper＝30 或 30×12；Type＝0。

求：FV。

解：（1）Rate＝0. 05；PV＝10 000；PMT＝150 000×30%；Nper＝30；Type＝0。

FV＝3 032 967. 56 元（如图 2-40 所示）。

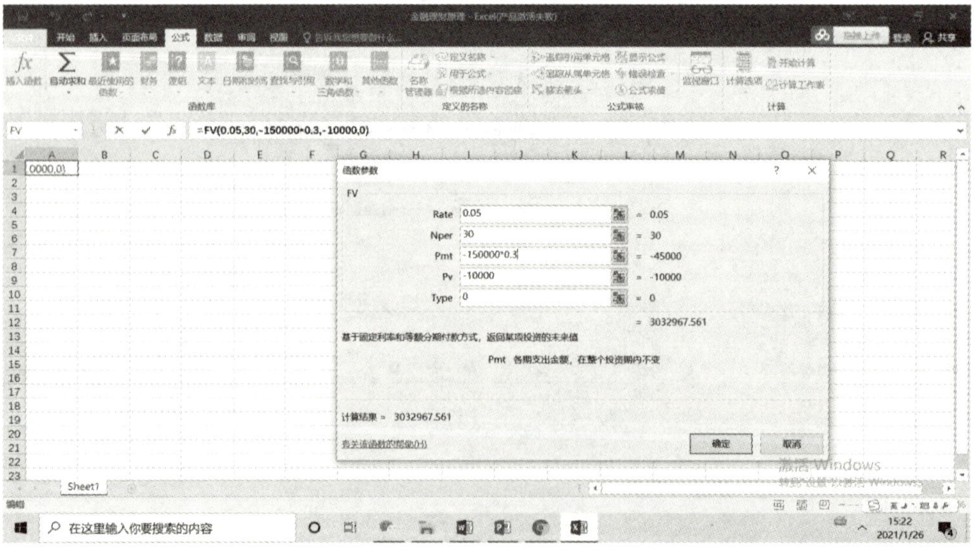

图 2-40　FV 计算结果

（2）Rate＝0.05/12；PV＝10 000；PMT＝150 000×30%/12；Nper＝30 或 30×12；Type＝0。

FV＝3 165 647.32 元（见图 2-41 所示）。

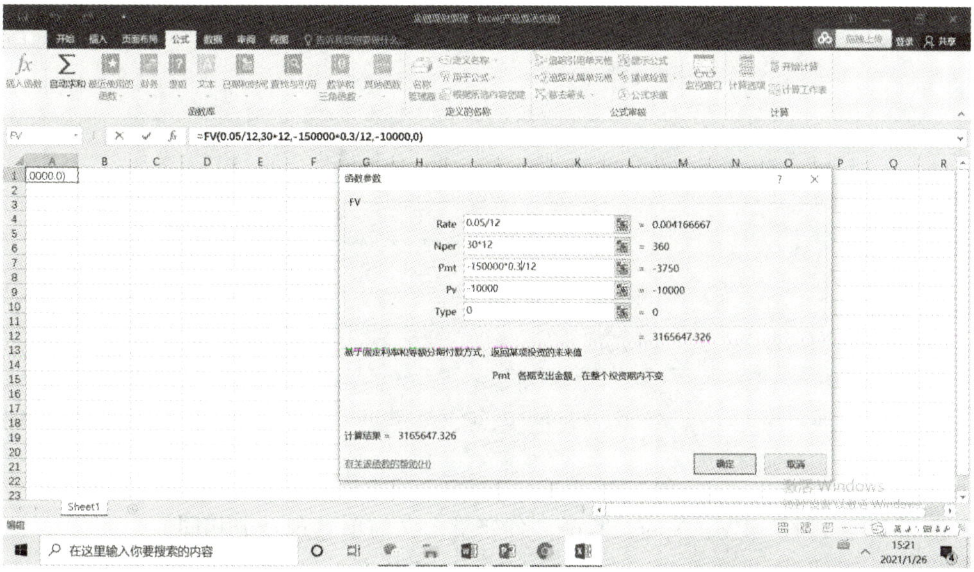

图 2-41　计算结果

4. Rate 计算

图 2-42 和图 2-43 为 Rate 计算界面。

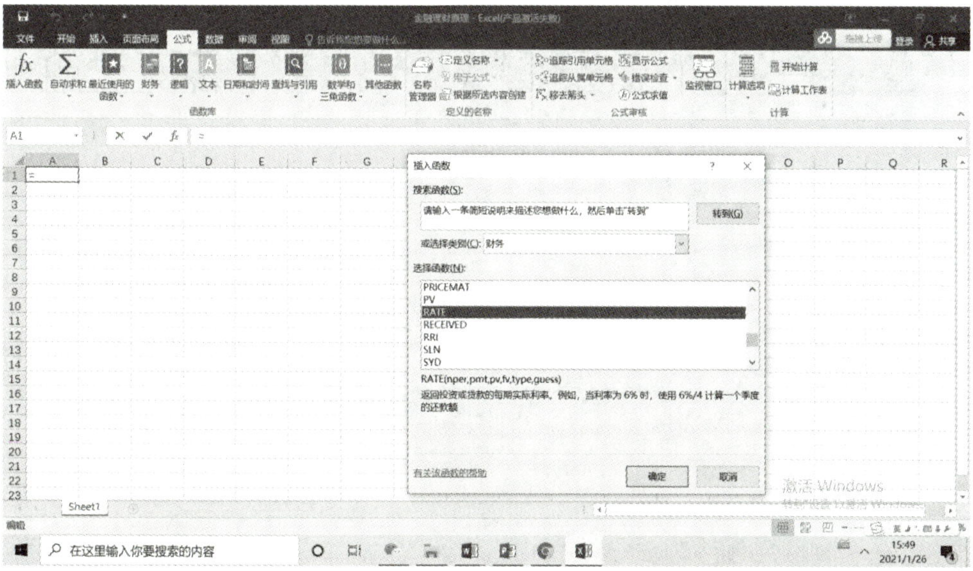

图 2-42　Rate 计算界面（a）

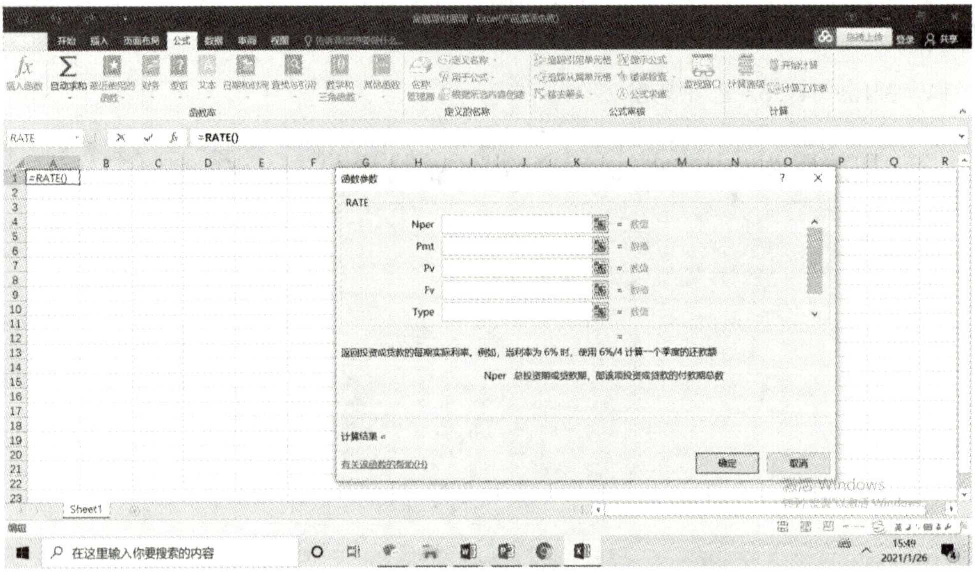

图 2-43 Rate 计算界面（b）

已知 FV、PMT、PV、Nper、Type，各变量含义与单笔现金流相同。

【例 2-23】准备 5 年后买一套房子，房子的首付需要 60 万元（假设房价不变），现在开始每月投资 4 000 元，请问投资回报率为多少才可以实现目标？

已知：FV=400 000；PV=0；PMT=-6 000；Nper=5×12；Type=0。

求：Rate。

解：Rate=2.77%（见图 2-44）。

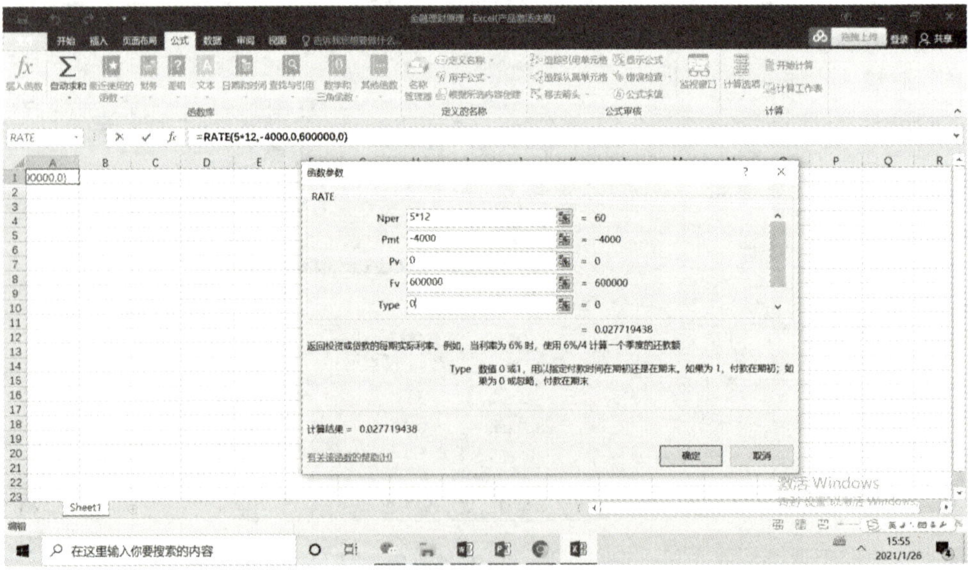

图 2-44 Rate 计算结果

【例 2-24】一项购车计划号称是 0 利率，但需要交纳一定的手续费，假如贷款金额为 14.4 万元，给你设计了一个计划为 36 个月，每月还款金额为 4 000 元的方案，但手续费为 8 000 元，请问这笔贷款的利率真的为 0 吗？

已知：FV=0；PV=144 000−8 000；PMT=−4 000；Nper=36；Type=0。

求：Rate。

解：Rate=0.312%，实际上并不是 0 利率（见图 2-45）。

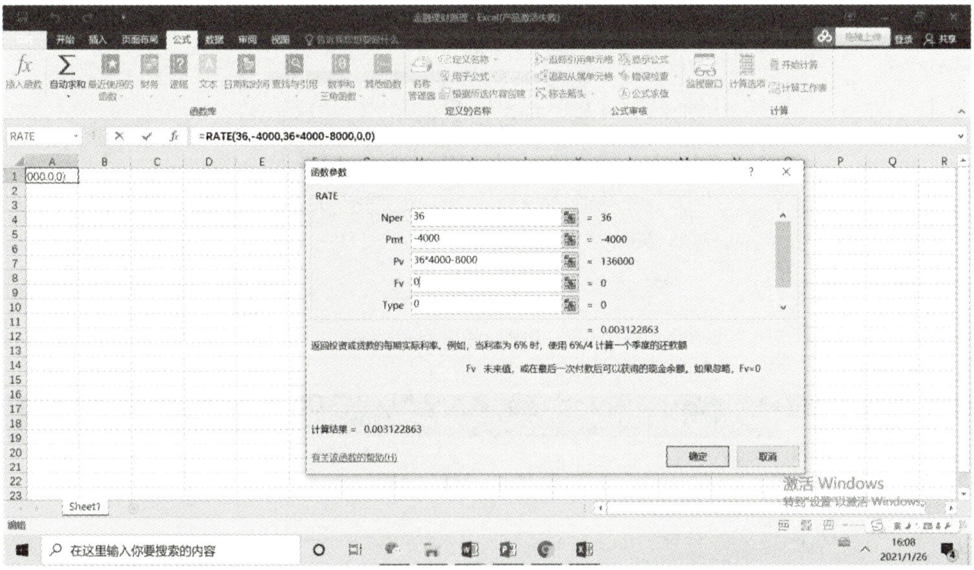

图 2-45　Rate 计算结果

三、多笔不规则现金流计算：NPV 和 IRR

多笔不规则现金流的计算思路与多笔规则现金流的计算思路一样，不同之处在于，多笔不规范现金流需要将逐笔现金流依次输入。

1. NPV 计算

图 2-46 和图 2-47 为 NPV 计算界面。

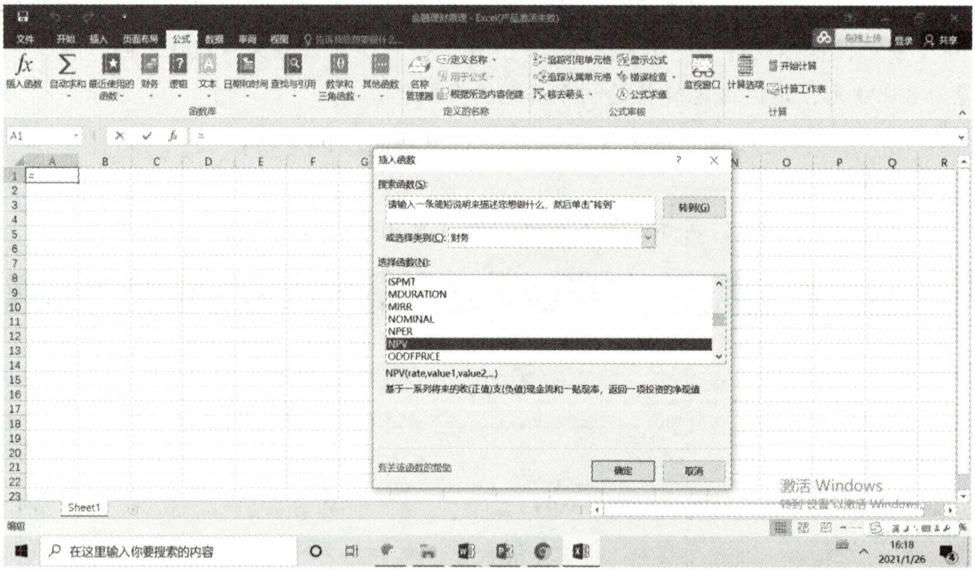

图 2-46　NPV 计算界面（a）

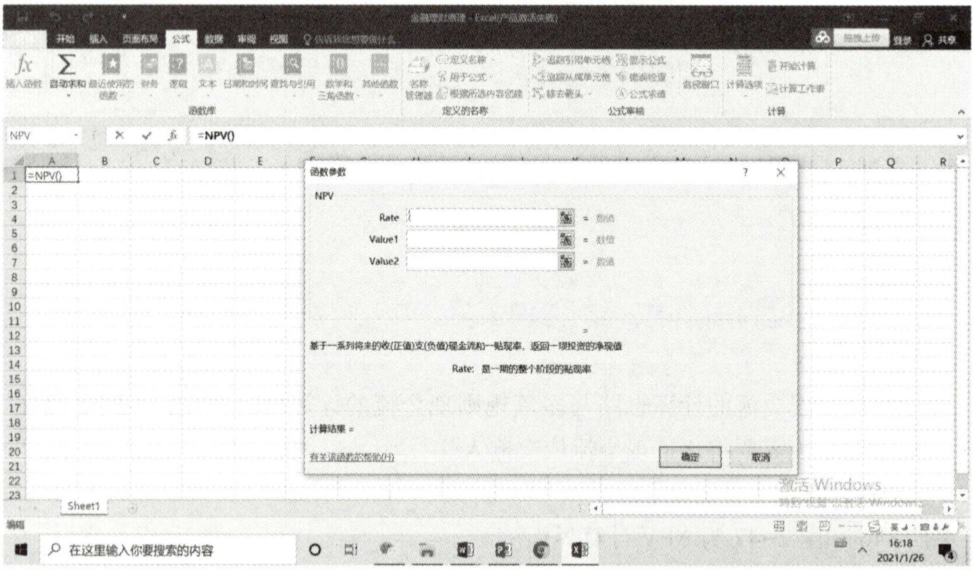

图 2-47　NPV 计算界面（b）

Rate 为贴现值或投资要求的回报率；Value1、Value2 等为各期的现金流，其中流入为正（+），流出为负（-）。

【例 2-25】如果你准备投资一个项目，期初投入为 100 万元，每年年末可获得收益 5 万元，第 4 年年末一次性取得收益后转让出资，出让价格为 110 万元，假设所要求的回报率为 6%。(1) 计算该项目的 NPV。(2) 假设该项目现金流为第 1~2 年无收益，第三年有 20 万收益，第四年无收益，处理可得 110 万元的出让收入，计算该项目的 NPV。

解：（1）NPV=4.20>0，项目可行（见图2-48）。

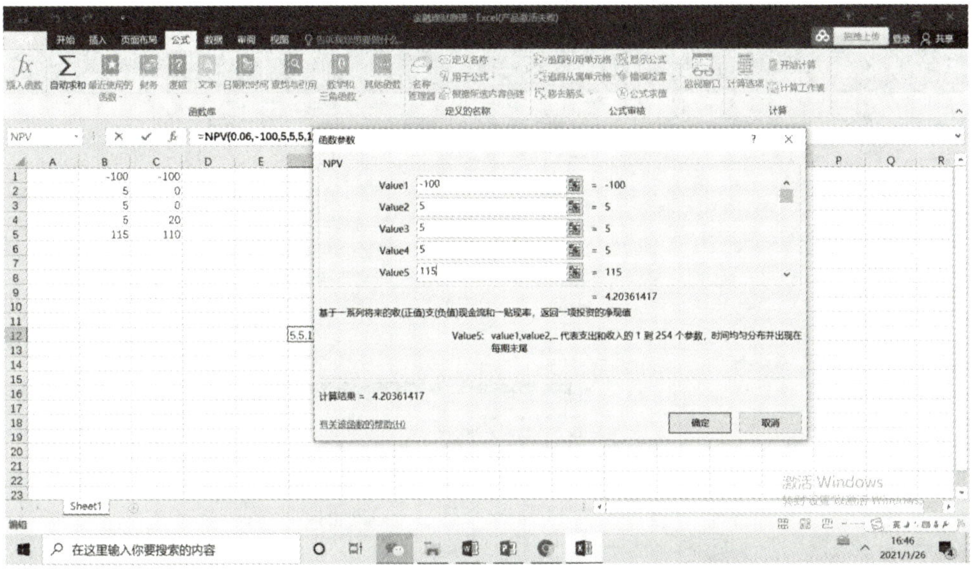

图2-48　NPV计算结果

（2）NPV=3.70>0，项目可行（见图2-49）。

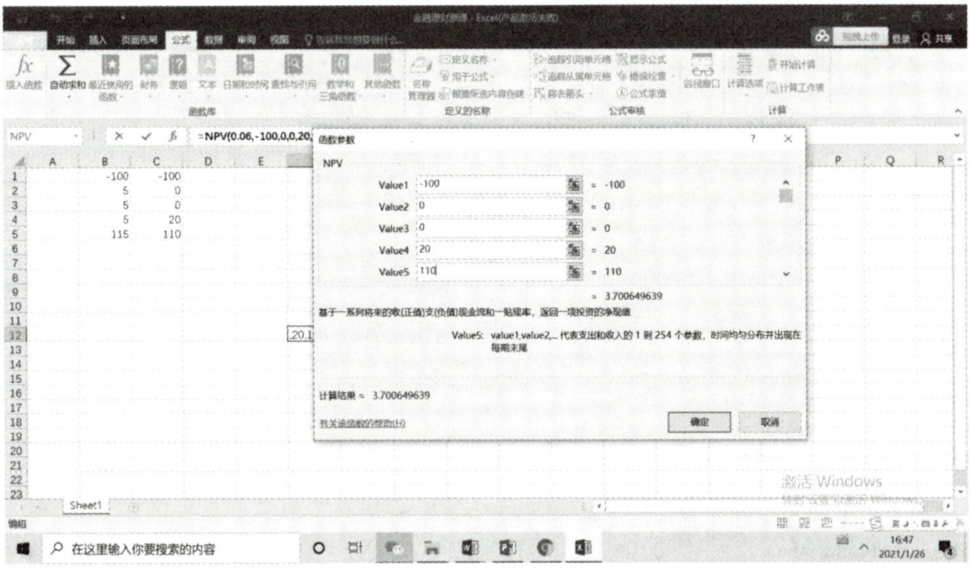

图2-49　NPV计算结果

注意：做此类题目一定要注意逐步逐次输入现金流。

2. IRR 计算

图 2-50 和图 2-51 为 IRR 计算界面。

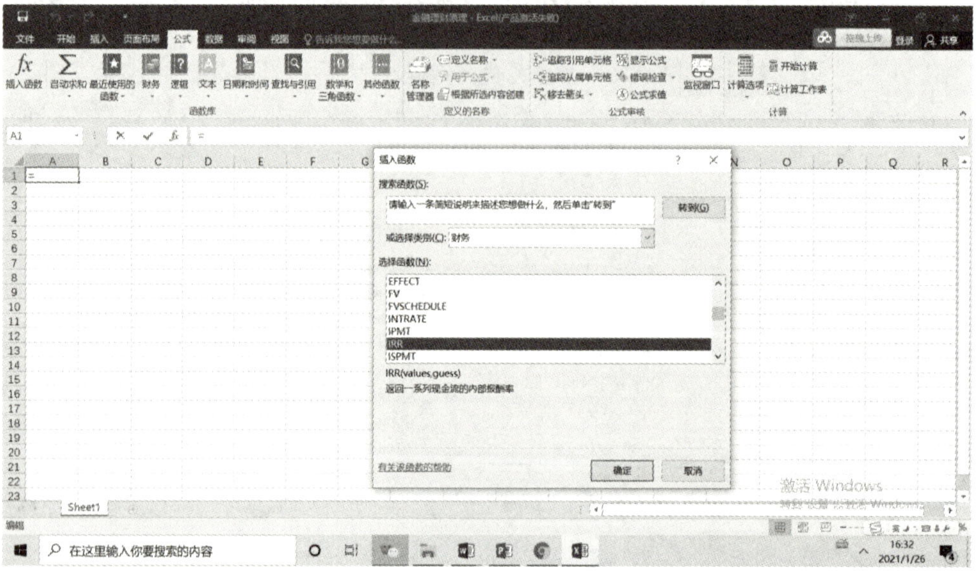

图 2-50　IRR 计算界面（a）

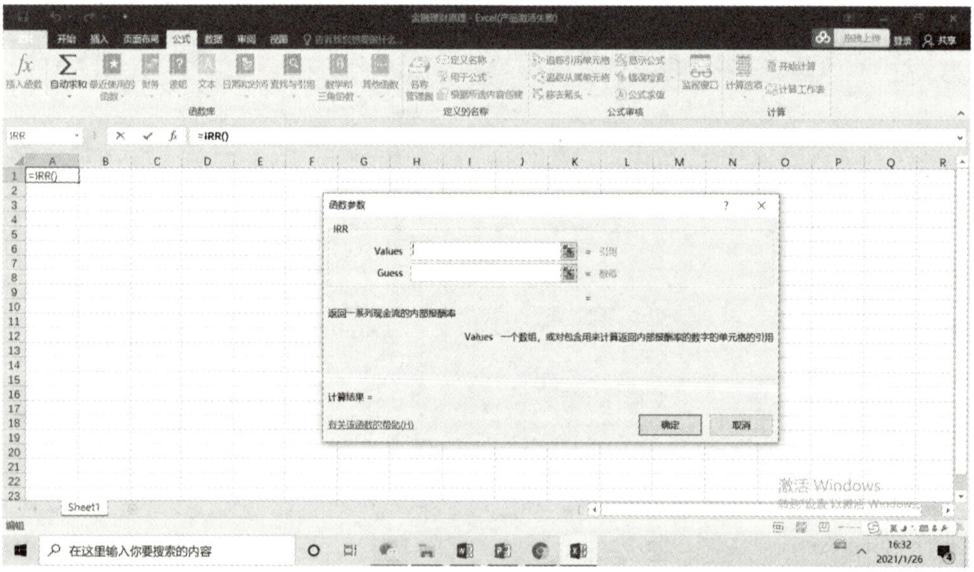

图 2-51　IRR 计算界面（b）

Value 为各期的现金流，Guess 为猜测值。

【例 2-26】以上题为例，分别计算（1）~（2）的 IRR。

解：（1）IRR＝7.24%>6%，项目可做（见图 2-52）。

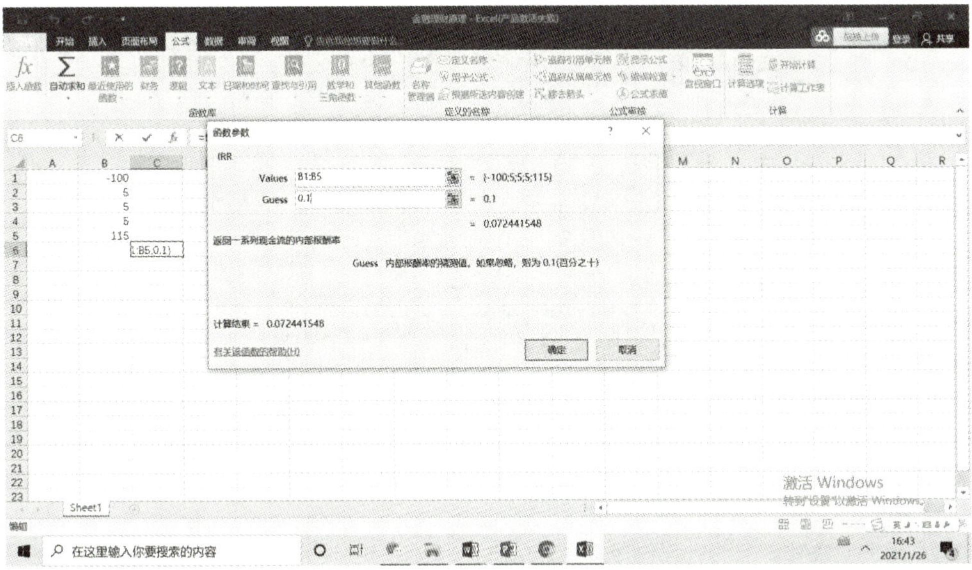

图 2-52　IRR 计算结果

（2）IRR＝7.07%>6%，项目可做（见图 2-53）。

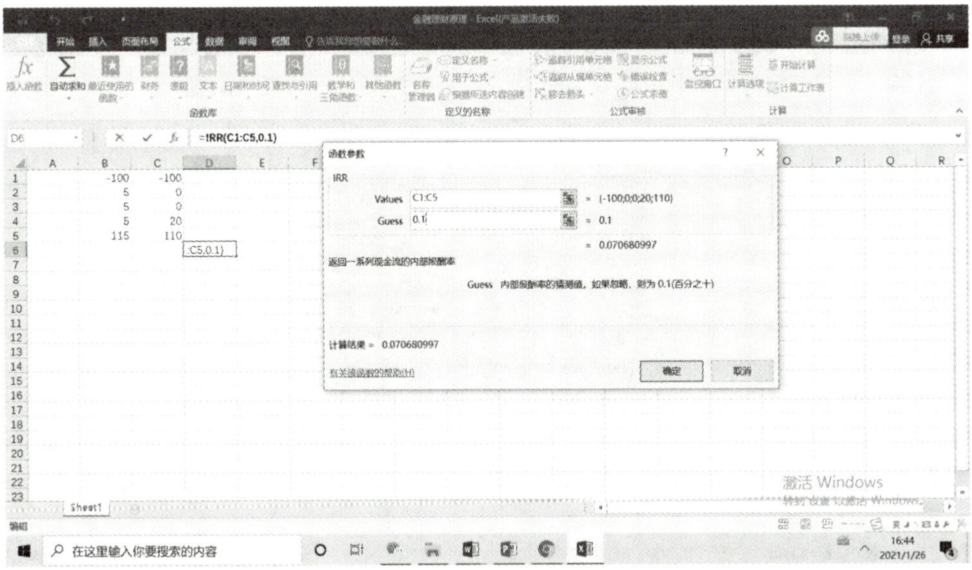

图 2-53　IRR 计算结果

【例 2-27】接上题，在（2）的基础上，如果项目在第二年年末又追加了 5 万元，则 NPV 和 IRR 分别是多少？

解：NPV＝-0.497，项目不可做（见图 2-54）。

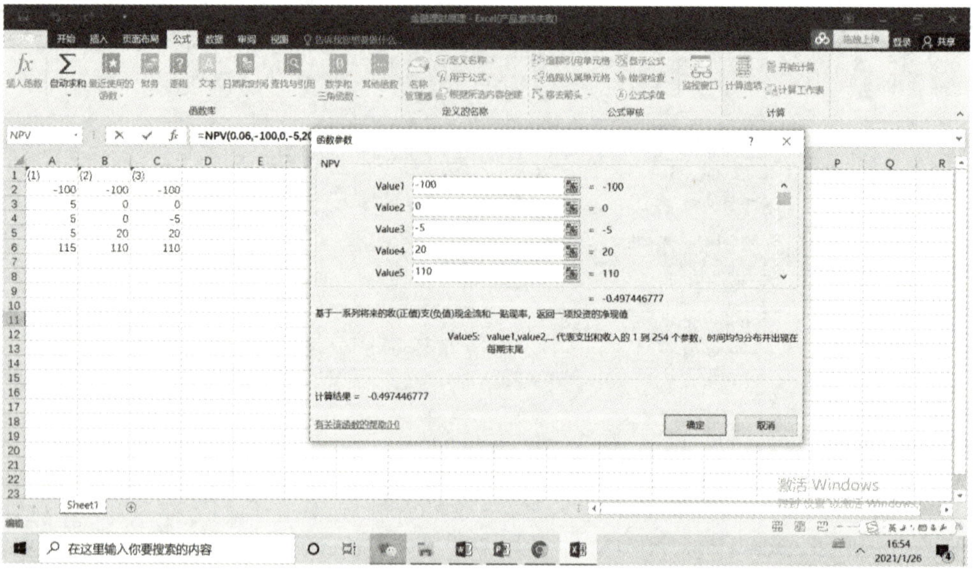

图 2-54 NPV 计算结果

（2）IRR=5.85%<6%，项目不可做（见图 2-55）。

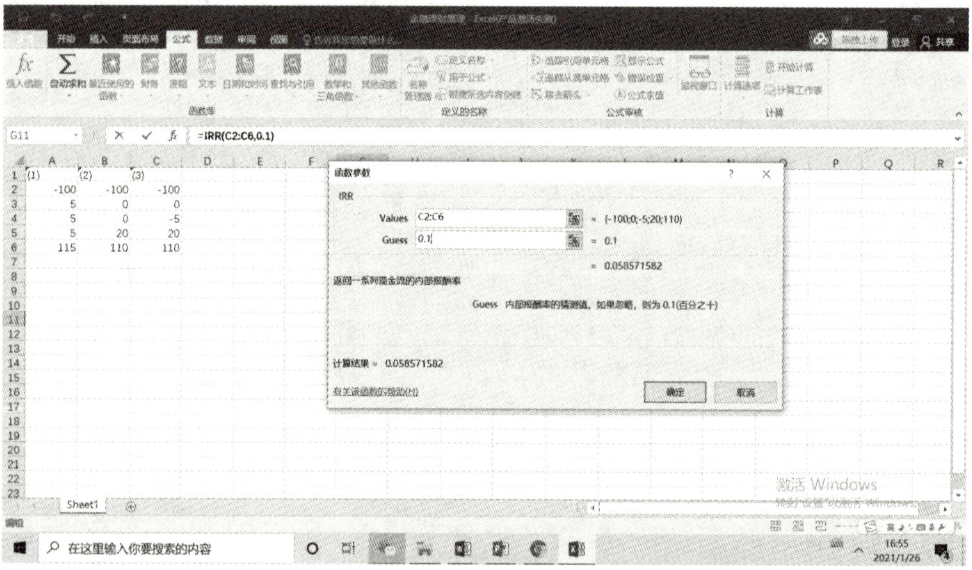

图 2-55 IRR 计算结果

四、房贷摊销

在日常的经济生活中，人们通常需要面对的一个问题是房贷的摊销。房贷的偿还存在两种方式，即等额本金和等额本息。

（一）等额本金

等额本金是指每期偿还等额的本金和剩余贷款在该期所产生的利息。这种还款方式本金金额固定，未还款金额越来越少，故利息越来越少，每期本金+利息还款总额越来越少，借款人初期的还款压力大。

例如初始借款金额为 5 000 元，5 年还清，假设贷款年利率为 6%，则每年的还款摊销方式如表 2-5 所示。

表 2-5 等额本金摊销表

年度	未偿还本金/元	年还款总额/元	年利息/元	年本金/元	年末余额/元
1	5 000	1 300	300	1 000	4 000
2	4 000	1 240	240	1 000	3 000
3	3 000	1 180	180	1 000	2 000
4	2 000	1 120	120	1 000	1 000
5	1 000	1 060	60	1 000	0
总计		5 900	900	5 000	

等额本金还款方式的优点在于借款人知道每期偿还的本金是多少，且越往后还款压力越小。

（二）等额本息

等额本息是指每期偿还等额的贷款（包括本金和利息），利息在还款总额占比中越来越小，本金在还款总额占比中越来越大。

以上题为例，则每年的还款摊销方式如表 2-6 所示。

表 2-6 等额本金摊销表

年度	未偿还本金/元	年还款总额/元	年利息/元	年本金/元	年末余额/元
1	5 000	1 186.98	300	886.98	4 113.02
2	4 113.02	1 186.98	246.87	940.20	3 172.82
3	3 172.82	1 186.98	190.37	996.61	2 176.21
4	2 176.21	1 186.98	130.57	1 056.41	1 119.80
5	1 119.80	1 186.98	67.19	1 119.80	0
总计		5 934.90	934.90	5 000	

等额本息的优点在于每个期间现金流量固定，对于借款人来说负担较为平均，比较好管理。

针对等额本金，我们可以采用普通的计算器；针对等额本息，我们可以采用 Excel 财务 PMT 函数。

【例 2-28】一项贷款，20 年期，贷款金额为 40 万元，贷款利率为 6.0%，请问每个月还款金额是多少（采用等额本息方式）?

解：图 2-56 和图 2-57 为 PMT 计算界面。

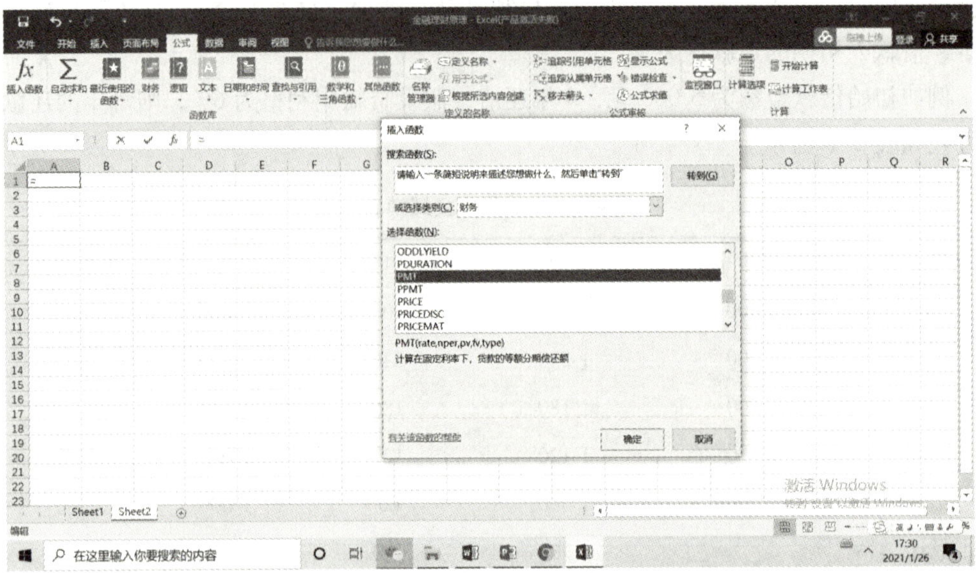

图 2-56　PMT 计算界面（a）

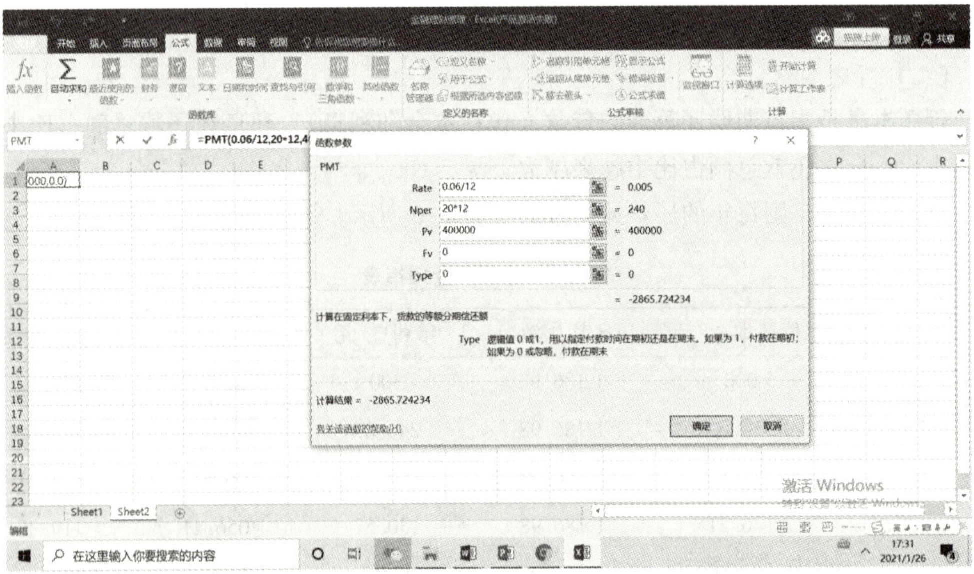

图 2-57　PMT 计算界面（b）

可知，PMT=2 865.72 元，月供为 2 865.72 元。

实际上，除了 Excel 财务函数可以解决上述问题外，目前多数金融计算器的手机端应用程序（App）都可以解决上述问题，APP 财富管理计算器各变量名称与 Excel 保持一致，读者感兴趣的话可以去下载安装一个 APP，并把上述题目再做一遍，你会发现有些功能比 Excel 更直观。

本章小结

（1）货币时间价值是指当前所持有的一定数量的货币，比未来获得的等量货币具有更高的价值。针对单笔现金流，货币的时间价值涉及四个基本概念：现值、终值、时间和利率。针对多笔现金流，货币的时间价值涉及五个基本概念：现值、终值、时间、利率和年金。

（2）年金指时间间隔相等、资金流大小相等、方向相同、不间断的多笔现金流。根据每期现金流发生在期初还是期末，年金可以划分为期初年金和期末年金。年金主要可以划分为普通年金、永续年金、增长型年金和增长型永续年金。针对不同的年金，我们可以分别构建现值、终值、时间、利率和年金的关系式。

（3）年金为规则的现金流，而在现实中尚存在不规则的现金流，人们需要计算其净现值和内部回报率。净现值是所有流入与流出现金流的现值之和。内部回报率，又称内部收益率，它是使得净现值刚好等于0时的贴现率。

（4）当复利期间不是以年为单位，而是以月、季度为单位时，存在名义利率与有效年利率的区别。有效年利率是指与复利期间对应计算带来相同回报的年收益率。

（5）房贷的摊销存在等额本金与等额本息两种。等额本金是指每期偿还等额的本金和剩余贷款在该期所产生的利息。等额本息是指每期偿还等额的贷款（包括本金和利息），利息在还款总额占比中越来越小，本金在还款总额占比中越来越大。

复习思考题

1. 小李要为5年后买房积累30万元的首付款。他现有资产5万元，每月储蓄3 200元，要达到该理财目标，小李需要的年名义投资报酬率为多少？

2. 你的客户打算20年后退休，退休后每年开销的现值为5万元，退休后预计余寿20年。假设年通货膨胀率为3%，年投资报酬率在其工作期间为8%，在其退休后为5%。假设他现有资产5万元。请计算：

（1）退休当年所需要的生活费。

（2）退休后20年所需生活费在其退休当年年初的现值。

（3）每月还应该储蓄多少钱才能实现退休目标？

3. 假设王女士从某银行按揭贷款50万元、20年期、年利率为6.8%，银行按季度复利，王女士按月还款，请计算其月供款额。

4. 假设某项投资名义年利率是4.3%，按季度计算复利，则此项投资的有效年利率是多少？

5. 张先生想购买一处房产，须向银行申请60万元贷款，期限为10年，按月还款，房贷年利率7%，按等额本息方式还款。请计算其每月还款金额。

6. 如果你的客户开店的成本（当年投资、当年投产）为170万元，每年年末取得收益12万元，第10年年末取得收益后转让出资，出让价为220万元。假设贴现率为

8%，请计算该项目的NPV。

7. 小杨第一年年初向某项目投入10万元，从第一年年末开始收入1.2万元，共持续10年，第10年年末将项目卖出，收回15万元。如果年贴现率为10%，那么这项投资的净现值为多少？

第三章

财富管理投资工具

学习要点及目标

- 理解理财投资工具的种类和特点。
- 掌握金融市场的基本特点和规律。
- 掌握基本衍生金融工具的合约内容、特点及区别。

核心概念

货币市场理财工具　债券　股票　外汇　衍生品　贵金属　基金　其他理财产品

引导案例

中国大众家庭金融投资理财情况

随着我国经济的持续发展和居民收入水平的不断提高，中国家庭理财意识逐渐增强，投资渠道日益丰富，金融资产配置呈现出多元化趋势。2024的中国财富管理市场报告表明，2006年至2022年，资产超过1 000万元的高净值人群数量从18.1万人增至316万人，年复合增速达到19.57%。财富的持续积累将增加居民对财富管理服务的需求。在证券市场上，基民和股民数量以惊人的数量增长。由于基金的规模不断扩大，国内的基民数量也随之扩增。2024年中国证券基金业协会数据显示，截至2023年末我国公募基金有效账户已经超过了16亿户，为16.86亿户，并且个人投资者的资金占比达到了52.70%。根据上海证券交易所的数据，2024年10月，A股个人投资者新开户数达到683.97万户，创下2015年6月以来的新高。

虽然我国证券股票及基金开户数量比较多，但是真正投入运作的不到一半。由于没有买卖股票的专业知识，又由于股票风险比较大，很多股民普遍认同专家投资的重要性，从而大量购买基金以获取和市场相对应的报酬。在我国经济的快速发展、人民币稳值的经济环境中及现有投资受益者达到80%左右的前提下，预计将会有更多的人参与。

投资已经成为我国民众日常理财的常用手段，其中买股票、买基金成为广大百姓的理财生活中的首选，银行储蓄远远不能满足当前民众对投资理财的需求。在我国经济发展飞速和人民币稳值的经济环境下，预期会有越来越多的家庭民众参与到风险低、变现能力强的股票和基金等的投资中，同时投资者也会逐渐丰富自己的专业技能。家庭金融投资理财将会稳定发展。

（资料来源：2024年中国财富管理市场报告、2024年中国证券基金业协会年度报告。）

案例导学

家庭理财的目的是在保持家庭个人经济稳定的基础上实现人生的自由发展。家庭金融投资理财就是在估算家庭负债、资产、收入的情况后，根据家庭的偏好和对风险的承受能力，结合家庭的预定目标，运用证券、储蓄、外汇、保险等手段来管理家庭资产和负债，最终在个人可接受风险范围内实现资产增值最大化的过程。由此可见，家庭财富管理不同于传统的储蓄。

它在积累财富的同时，还需要对财富进行安排和管理，其核心是对风险的控制，故即使外界经济环境出现了通货膨胀等问题时，家庭也不会受到很大的影响。所以我们了解财富管理投资工具和市场的情况，可以提升家庭投资专业技能。

第一节　存款类理财

一、储蓄存款

储蓄具有存取自由、安全性高、收益稳定等特点，因而在个人及家庭投资理财中，始终占有较大比重。根据时间特点，储蓄存款分为活期储蓄存款和定期储蓄存款两种。

（一）活期储蓄存款

活期储蓄存款是一种无固定存期、随时取、随时存，且没有存取金额限制的一种储蓄。居民的活期储蓄存款按季结息，每季末 20 日为结息日，按结息日挂牌公告的活期利率计息，21 日为利息到账日。不论何时存入的活期储蓄存款，如遇利率调整，不分段计息，均以结息日挂牌公告的活期存款利率计付利息。

（二）定期储蓄存款

定期储蓄存款是储户在存款时约定存期，开户时一次存入或在存期内按期分次存本金，到期时整笔支取本息或分期、分次支取本金或利息的储蓄方式。

定期储蓄存款计息规定如下：

（1）未到期的定期储蓄存款提前支取分为部分支取和全额支取两种。储户可根据自己的实际需要办理部分提前支取，尽管提前支取部分只能享受支取日活期利率，但剩下的存款仍可享受原有利率。

（2）逾期支取的定期储蓄存款，逾期部分按支取日活期储蓄存款利率计息。

（3）存款在存期内遇有利率调整，按存单开户日定期储蓄存款利率计息，不分段计息。

按储蓄存款存取方式不同，定期储蓄存款可分为整存整取、零存整取、存本取息和教育储蓄存款、通知存款等。

第二节 债券与债券市场

一、什么是债券

（一）债券的定义

债券是发行人依照法定程序发行，并约定在一定期限还本付息的有价证券。它反映的是债权债务的关系，持有人享受规定的权利，发行人承担规定的义务。债券的定义包含四个方面的基本内容。

（1）债券由债务人出具（或发行），债务人也就是债券的发行人，是借入资金的经济主体。一般来说，通过发行债券筹措资金的通常是政府部门、金融机构或企业。

（2）债券是由债权人购入的，债权人也就是债券的投资者，是出借资金的经济主体。政府部门、金融机构、事业单位、企业、各类基金、自然人是主要的债券投资者。

（3）债务人利用他人资金的前提是承诺在一定期限内还本付息。

（4）债券不仅反映了发行人与持有者之间的债权债务关系，而且也是这一关系的法律凭证。如果双方为此借款筹资行为发生纠纷，债券就是一种法律依据。

（二）债券的基本要素

债券作为证明债权债务关系的凭证，其票面具有四个基本要素，这些要素对债券的价格具有重要的影响。

1. 面值

债券一般都有面值。面值是指债券票面上所标明的价值，它代表了发行人的债务和持有人的债权。面值确定了在债券到期时发行人必须向持有人偿还的金额，该金额通常称为本金（principal）。我国国债的面值为100元。

2. 到期日

除了永续债券之外，债券一般都是有期限的。债券在发行时，一般需要规定债券的到期日（maturity date）。债券的到期日是指债券偿还本金的日期。债券每半年支付一次利息，除可赎回债券之外，债券仅仅在到期日偿还本金。债券的偿还期（term to maturity）是指从债券发行之日至偿清本息之日止的时间，而债券的剩余偿还期是指发行了一段时间之后的债券距离到期日剩余的时间长度。例如，某30年的长期国债是2017年5月20日发行的，该债券的偿还期为30年，到期日为2047年5月20日，在2027年5月20日，该债券的剩余偿还期为20年。

按照期限长短，债券可分为短期债券、中期债券和长期债券。1年或1年以下的债券被称为短期债券，1年以上10年以下的债券被称为中期债券，10年以上的债券被称为长期债券。按照期限个数不同，债券可以分为定期债券（term bonds）和分期债券（serial bonds）。定期债券是指只有一个固定到期日的债券，大部分债券属于定期债券。

相反，分期债券是指一系列到期日的债券。例如，对于 2017 年 5 月 20 日发行的 20 年期定期债券，它的到期日将是 2037 年 5 月 20 日；而对于 2017 年 5 月 20 日发行的 20 年期分期债券，它可能有 20 个到期日。

3. 债券利率（息票率）

一般地，发行人每半年向持有人付息 1 次，少数债券每 1 个月或每 1 年付息 1 次。一个债券每次支付的利息由息票（coupon）或息票率（coupon rate）确定。息票是指债券每年支付的利息额，息票率则是指息票与面值的比率。例如，对于面值为 100 元、息票率为 6%、每半年付息 1 次的债券，它的息票或年利息额为 6 元，因此，半年的利息额为 3 元。

息票率为 0 的债券被称为零息债券（zero-coupon bonds），例如贴现发行的国库券就是零息债券。相反，息票率不为 0 的债券被称为附息债券，例如美国的中长期国债。如果债券的息票率不是固定的，而是根据通货膨胀率、发行的信用状况、市场利率水平等因素而变化，那么该债券被称为浮动利率债券。相反，如果债券的息票率是固定的，那么该债券被称为固定利率债券。

按债券的付息方式，债券可划分为附息债券、一次性还本付息债券和贴息债券。

附息债券是指债券券面上附有息票，息票上标明利息额、支付利息的期限和债券号码等内容。附息债券又称剪息债，就是按照一定期限（如 6 个月）从债券上剪下息票并凭此领取本期利息。这种剪息债券一般限于中长期债券。

一次性还本付息的债券就是等债券到期时一次收回本息。

贴息债券也称贴水债券，指债券券面上不附息票，发行时按规定的折扣率（贴水率），以低于券面价值的价格发行，到期按票面价值偿还本金的债券。其发行价格与券面价格之间的差额即利息。

债券利率受以下三个因素的影响：

（1）借贷资金市场利率水平。

市场利率普遍较高时，债券的票面利率也相应较高，否则，投资者会选择其他金融资产而舍弃债券；相反，市场利率较低时，债券的票面利率也相应较低。与此同时，债券利率与银行利率相反，当银行利率较高时，债券的票面利率就较低。

（2）筹资者的资信。

如果债券发行人的资信状况好，债券信用等级高，投资者面临的风险小，债券票面利率可以定得低一些；如果债券发行人的资信状况差，债券信用等级低，投资者面临的风险大，债券票面利率就需要定得高一些，才能吸引投资者。此时，利率差异反映了信用风险的大小，高利率是对高风险的补偿。

（3）债券期限。

一般来说，期限较长的债券，流动性差，风险相对较大，票面利率高；而期限较短的债券，流动性强，风险相对较小，票面利率低。但是，债券票面利率与期限的关系是较复杂的，它们还受其他因素的影响，所以有时也能见到短期债券票面利率高而长期债券票面利率低的现象。

（三）债券的性质

债券作为一种债务产品，其与作为权益产品的股票有着本质的区别。其性质如下：

1. 债券是有价证券

债券反映和代表一定的价值。债券本身有一定的面值，它是债券投资者投入资金的量化表现；持有债券可按期取得利息，利息也是债券投资者收益的价值表现。债券与其代表的权利联系在一起，拥有债券也就拥有了债券所代表的权利，转让债券也就将债券代表的权利转移。

2. 债券是一种虚拟资本

债券尽管有面值，代表了一定的财产价值，但它只是一种虚拟资本，而非真实资本。因为债券的本质是证明债权债务关系的凭证，在债权债务关系建立时所投入的资金已被债务人占用，债券是实际运用的真实资本的证书。债券的流动并不意味着它所代表的实际资本也同样流动，债券独立于实际资本之外。

3. 债券是债权的表现

债券代表债券投资者的权利，这种权利不是直接支配财产权，也不以资产所有权为表现，而是一种债权。拥有债券的人是债权人，债权人不同于财产所有人。以公司为例，在某种意义上，财产所有人可以视为公司的内部成员，而债权人是与公司相对独立的。债权人除了按期取得本息外，对债务人不能做其他干预，财产所有人可以干预公司的运作。

（四）债券的特征

债券作为一种重要的融资手段和金融产品，具有以下特点：

（1）偿还性。偿还性是指债券有规定的偿还期限，债务人必须按期向债权人支付利息和偿还本金，债务人不能无限期占用债券持有人的资金。

（2）流动性。流动性是指债券持有人可以在到期前灵活地转让债券，以提前收回本金和实现投资收益。流动性取决于债券转让的便利程度和债券转换为货币时的价值损失程度。

（3）安全性。安全性是指债券持有人的收益相对固定，不随发行者盈利状况的变化而变化，并且可以按期收回本金。与股票相比，债券通常规定有固定的利率，与企业绩效没有直接联系，收益比较稳定，风险较小。此外，在企业破产时，债券持有者享有优先于股票持有者对企业剩余财产的索取权。

（4）收益性。收益性是指债券能为投资者带来一定的收入。债权人的收益表现为两个方面：一是利息收入，二是资本损益，即债权人到期收回的本金或中途卖出债券与买入债券的资金的差价收入。

（五）债券的种类

1. 发行主体不同

（1）政府债券。

政府债券的发行主体是政府。中央政府发行的债券也称为国债，其主要目的是解决由政府投资的公共设施或重点建设项目的资金需要和弥补国家财政赤字。根据不同的发行目的，政府债券有不同的期限，从几个月至几十年不等。政府债券的发行和收入的安排使用是从整个国民经济的范围和发展来考虑的。

（2）金融债券。

金融债券的发行主体是银行或非银行金融机构。金融机构一般有雄厚的资金实力，信用度较高，因此，金融债券往往也有良好的信誉。银行和非银行金融机构是社会信用的中介，它们的资金来源主要靠吸收公众存款。它们发行债券的目的主要有两个：一是筹资用于某种特殊用途；二是改变本身的资产负债结构。对于金融机构来说，吸收存款和发行债券都是它的资金来源，构成了它的负债。由于存款的主动权在储户，金融机构只能通过提供服务来吸引存款，而不能完全控制存款，而发行债券则是金融机构的主动负债，金融机构有更大的主动权和灵活性。金融债券的期限以中期较为多见。

（3）公司债券。

公司债券是公司依照法定程序发行，约定在一定期限内还本付息的有价证券。公司债券的发行主体是股份公司，但有些国家也允许非股份制企业发行债券，这种债券的持有人同公司之间是普通的债权债务关系。发行时，公司对债券持有人做出承诺，按约定利率定期支付利息，到期偿还本金。公司债券在发行前一般都要经过信用评级，信用等级高的债券，不仅发行价格较高，而且容易销售。但是由于其信用相对于中央财政和金融机构要低一些，风险相对较高，因此公司债券的利率一般高于国债和金融债券。

可转换公司债是债券持有人可以在一定期限内根据约定的条件将其转换为普通股的有价证券。可转换公司债兼有债权融资和股权融资的特点，在转换前可以得到定期的利息收入；转换后可以享受股息收益。

（4）企业债券。

企业债券是由信用评级非常高的企业发行的。企业债券通常每年向持有者支付两次利息，债券到期时按面值清偿。一些债券的持有者在到期日之前随时可以将其转换为一定数量的股票，这类企业债券被称为可转换债券。企业债券的主要购买者是人寿保险公司，养老基金与家庭也是较大的持有者。

2. 支付方式不同

（1）零息债券。

零息债券是指未规定利息支付的债券。零息债券在到期日产生现金流，其价格波动性较大，发行者可以享受一定的税收优惠。零息债券是一种高收益债券。

（2）附息债券。

附息债券又称息票债券，是按照债券票面标明的利率及支付方式定期分次付息的债券。

（3）贴现债券。

贴现债券是指票面上不规定利率，发行以折价方式发行，即以低于票面金额的价格发行，到期时仍按面额偿还本金的债券。其发行价格与票面金额（即偿还价格）的差额，构成了实际的利息。

3. 票面利率不同

（1）固定利率债券。

固定利率债券就是在偿还期内利率固定的债券。在该偿还期内，无论市场利率如何变化，债券持有人须按债券票面载明的利率获取利息。这种债券有可能为债券持有人带来风险。当偿还期内的市场利率上升且超过债券票面利率时，债券持有人就要承担收益率相对降低的风险。当然，在偿还期内，如果利率下降且低于债券票面利率，债券持有人也就获得了由于利率下降而带来的额外收益。

（2）浮动利率债券。

浮动利率债券是指利率可以变动的债券。这种债券的利率与基准利率挂钩，一般高于基准利率的一定百分点。当市场利率上升时，债券的利率也相应上浮；相反，当市场利率下降时，债券的利率就相应下调。这样，浮动利率债券就可以避开因市场利率波动而产生的风险。

4. 债券形态不同

（1）实物债券。

实物债券是一种具有标准式实物票面的债券。标准格式的债券券面上，一般印有债券面额、债券利率、债券期限、债券发行人全称、还本付息方式等各种债券票面要素。有时债券利率、债券期限等要素也可以通过公告向社会公布而不再在债券券面上注明。无记名国债就属于这种实物债券，它以实物券的形式记录债权、面值等，不记名，不挂失，可上市流通。实物债券是一般意义上的债券，很多国家通过法律或者法规对实物债券的格式予以明确规定。

（2）凭证式债券。

凭证式债券的形式是债权人认购债券的一种收款凭证，而不是债券发行人制定的标准格式的债券。我国近年通过银行系统发行的凭证式国债，券面上不印制票面金额，而是根据认购者的认购额填写实际的缴款金额，是一种国家储蓄债券，可记名，可挂失，以“凭证式国债收款凭证”记录债权，不能上市流通，从购买之日起计息。

（3）记账式债券。

记账式债券是没有实物形态的票券，只记录在电脑账户中。我国上海证券交易所（上交所）和深圳证券交易所（深交所）都已为证券投资者建立了电脑证券账户，因此，可以利用证券交易所的交易系统认购和交易债券。投资者进行记账式债券买卖，必须在证券交易所设立账户。由于记账式债券的发行和交易均是无纸化的，所以其效率高、成本低、交易安全。

5. 国际债券

国际债券是一国政府、金融机构和国际组织为筹措资金，在国外金融市场上发行的以外国货币为面值的债券。国际债券的重要特征是发行者和投资者属于不同的国家，筹集的资金来源于国外金融市场。国际债券的发行和交易，既可以用来平衡发行国的国际收支，也可用来为发行国政府或企业引入资金从事开发和生产。

（1）外国债券。

外国债券是一国政府、金融机构和国际组织在另一国发行的以当地货币计值的债券。最主要的外国债券包括扬基债券和武士债券。扬基债券指其他国际债务人在美国发行的外国债券。武士债券是指其他国际债务人在日本发行的外国债券。

（2）欧洲债券。

欧洲债券是指借款人在国外债券市场上以第三国货币为面值发行的债券。欧洲债券的发行人、发行地及面值货币分别属于三个不同的国家。由于欧洲债券不以发行市场所在国的货币为面值，因此其也被称为无国籍货币。欧洲债券筹集的资金数额大、期限长，对财务透明度的要求不高，方便筹资者筹集资金。

（六）债券的风险

与其他投资工具一样，尽管与股票、证券相比风险相对较小，但是债券投资仍然具有风险。一般地，债券投资主要面临的风险包括信用风险、利率风险、流动性风险。

1. 信用风险

当发行人无力还本付息时，发行人可能选择违约，这就形成了债券投资的信用风险。信用风险与发行人的经营风险和财务风险密切相关，是由发行人的财务状况和资信评级决定的。发行人的财务状况越好则其资信质量越高，投资者投资该发行人发行的债券所承受的信用风险就越低。一般地，国库债券的信用风险最低，其次是政府机构债券，最后是公司债券。

2. 利率风险

利率风险是债券投资者面临的最主要风险。因为债券价格波动的主要原因是利率波动。市场利率的波动一般会影响所有的债券，甚至是风险最低的国库券。当市场利率升高时，债券的价格一般要下跌；相反，当市场利率下降时，债券的价格一般要上升。市场利率与债券价格之间存在反向关系，因此，当市场利率变得波动不定时，债券价格也会随之波动。

3. 流动性风险

流动性风险是指很难以一个合理的价格转让或变现债券的风险。如果市场交易量小，交易不便利，当在市场卖出债券时，投资者很难获得一个合理的价格，或者将因为此笔交易而遭受一定的损失，那么该债券缺乏流动性，存在较高的流动性风险。

二、债券定价

（一）债券价格

债券的价格，理论上是债券未来现金流的净现值。债券的定价过程是：在债券未来现金流、必要收益率已知的情况下计算债券未来现金流的现值，即债券的合理价格。一般来说，债券投资者在未来有权获得两类现金流：一是在债券存续期内定期获得利息收入；二是在债券到期时偿还的本金。

1. 零息债券

零息债券只在到期时偿还本金，存续期间不支付任何利息，因此，根据现金流贴现原理，零息债券的价格用公式表示为

$$P=\frac{\mathrm{FV}}{(1+r)^{n}} \tag{3.1}$$

其中，P 是零息债券的价格；FV 是零息债券到期偿还的本金或面值；r 是债券的必要收

益率；n 是以年为单位的零息债券的期限。

【例 3-1】对于面值 1 000 美元，还有 2 年到期的零息国债，假设它的必要收益率为 5%，那么零息债券的价格是多少？

【解析】$P=\dfrac{1\ 000}{(1+5\%)^2}=907.03$（美元）

2. 永续债券

永续债券只在存续期支付利息，没有到期日，因此，它的未来现金流是一个无穷的利息流。

根据现金流贴现原理，永续债券的价格用公式表示为

$$P=\frac{C}{1+r}+\frac{C}{(1+r)^2}+\cdots+\frac{C}{(1+r)^{1\ 000}}+\cdots=\frac{C}{r} \tag{3.2}$$

其中，P 是永续债券的价格；C 是永续债券每次支付的利息；r 是债券的必要收益率。

【例 3-2】对于面值 1 000 美元，息票率为 6%的永续债券，假设它的必要收益率为 5%，那么永续债券的价格是多少？

【解析】$P=\dfrac{1\ 000\times 6\%}{5\%}=1\ 500$（美元）

3. 一般债券

（1）每年复利。

债券等额的利息现金流实际上相当于年金，到期偿还的本金实际上等同于零息债券。因此，如果每年付息 1 次，债券的价格公式为

$$P=\frac{C}{1+r}+\frac{C}{(1+r)^2}+\cdots+\frac{C}{(1+r)^n}+\frac{FV}{(1+r)^n}=\sum_{t=1}^{n}\frac{C}{(1+r)^t}+\frac{FV}{(1+r)^n} \tag{3.3}$$

其中，P 是每年付息 1 次的一般债券的价格；r 是债券的必要收益率；C 是债券每年支付的利息；n 是债券的到期年限。

【例 3-3】某债券面值为 1 000 美元，息票率为 10%，还有 3 年到期，假设它的必要收益率为 12%，如果该债券每年支付 1 次利息，那么债券的价格是多少？

【解析】$P=\dfrac{100}{1+12\%}+\dfrac{100}{(1+12\%)^2}+\dfrac{100}{(1+12\%)^3}+\dfrac{1\ 000}{(1+12\%)^3}=951.96$（美元）

（2）每半年复利。

如果债券每半年付息 1 次，那么债券的现金流和贴现率将在每年付息 1 次的基础上进行相应的调整：一是每次支付的利息不再是每年支付的利息 C，而是 $C/2$；二是贴现率不再是债券的必要收益率 r，而是 $r/2$；三是时期的个数不再是 n，而是 $2n$。则半年付息 1 次的债券的定价公式为

$$P=\frac{\frac{C}{2}}{1+\frac{r}{2}}+\frac{\frac{C}{2}}{(1+\frac{r}{2})^2}+\cdots+\frac{\frac{C}{2}}{(1+\frac{r}{2})^{2n}}+\frac{FV}{(1+\frac{r}{2})^{2n}}=\sum_{t=1}^{2n}\frac{\frac{C}{2}}{(1+\frac{r}{2})^t}+\frac{FV}{(1+\frac{r}{2})^{2n}} \tag{3.4}$$

其中，P 是每半年付息 1 次的一般债券的价格；r 是债券的必要收益率；C 是债券每年支付的利息；n 是债券的到期年限。

（二）债券收益率

1. 当期收益率

债券的当期收益率是指债券的每年利息收入与其当前市场价格的比率，用公式表示为

$$r=\frac{C}{P} \tag{3.5}$$

其中，r 是债券的当期收益率；C 是债券每年支付的利息；P 是债券的当前价格。

【例 3-4】某债券面值为 1 000 美元，息票率为 8%，当前价格为 800 美元，如果该债券每年支付 1 次利息，那么债券的当期收益率是多少？

【解析】$r=\frac{1\,000\times 8\%}{800}=10\%$

2. 到期收益率

到期收益率是在投资者购买债券并持有到期的前提下，使未来各期利息收入、到期本金收入的现值之和等于债券购买价格的贴现率，或者说是使债券各个现金流（包括购买价格）的净现值等于 0 的贴现率。到期收益率有两个暗含的假设条件：一是它假设投资者将一直持有债券，直至债券到期；二是它假设各期的利息收入要在债券的剩余期限内进行再投资，并且投资获得的收益率等于到期收益率。在其他因素相同时，债券的到期收益越高，其表明投资该债券获得的收益率越高，越具有投资吸引力。

如果每年复利 1 次，那么按照债券定价的贴现模型，到期收益率可以用公式表示为

$$P=\frac{C}{1+r}+\frac{C}{(1+r)^2}+\cdots+\frac{C}{(1+r)^n}+\frac{FV}{(1+r)^n}=\sum_{t=1}^{n}\frac{C}{(1+r)^t}+\frac{FV}{(1+r)^n} \tag{3.6}$$

其中，P 是每年付息 1 次的一般债券的价格；r 是债券的到期收益率；C 是债券每年支付的利息；n 是债券的到期年限。

【例 3-5】某债券面值为 1 000 美元，息票率为 10%，当前价格为 800 美元，如果该债券每年支付 1 次利息，持有 4 年，那么债券的到期收益率是多少？

【解析】$800=\frac{100}{1+r}+\frac{100}{(1+r)^2}+\frac{100}{(1+r)^3}+\frac{1\,000}{(1+r)^3}$

用 Excel 软件计算出到期收益率 $r=19.41\%$

3. 持有期收益率

持有期收益率描述的是现在买进，持有较长时间，然后以某个价格卖出债券，在整个持有期该债券所提供的平均回报率。它是使投资者在持有债券期间获得的各个现金流的净现值等于 0 的贴现率。

从计算方法来说，持有期收益率与到期收益率基本相同，只是在计算持有期收益率时，期限是从买入到卖出债券之间的持有期限，最后一笔现金流应该是卖出债券时的价格。如果每年复利 1 次，那么持有期收益率可以用公式表示为

$$P=\frac{C}{1+r}+\frac{C}{(1+r)^2}+\cdots+\frac{C}{(1+r)^n}+\frac{FV}{(1+r)^n}=\sum_{t=1}^{n}\frac{C}{(1+r)^t}+\frac{P_n}{(1+r)^n} \quad (3.7)$$

其中，P 是每年付息 1 次的一般债券的价格；r 是债券的持有期收益率；C 是债券每年支付的利息；n 是领息次数；P_n 是卖出债券时收回的本金。

【例 3-6】某债券面值为 1 000 美元，息票率为 10%，当前价格为 800 美元，该债券每年支付 1 次利息，如果现在买入该债券，并在持有 3 年后以 1 020 美元的价格卖出，那么债券的持有期收益率是？

【解析】$800=\frac{100}{1+r}+\frac{100}{(1+r)^2}+\frac{100}{(1+r)^3}+\frac{1\ 000}{(1+r)^3}$

用 Excel 软件计算出到期收益率 $r=20.05\%$

4. 赎回收益率

赎回收益率是指投资者从购买债券到债券被发行人提前赎回这段时期所获得的收益率。计算方法来说，赎回收益率与到期收益率基本上相同，但有两个方面需要调整：一是期限不是按债券的到期日而是按预期赎回日进行计算；二是最后一笔现金流不再是债券的本金或面值，而是债券的赎回价格。如果采用每年复利 1 次，那么赎回收益率可以用公式表示为

$$P=\frac{C}{1+r}+\frac{C}{(1+r)^2}+\cdots+\frac{C}{(1+r)^n}+\frac{FV}{(1+r)^n}=\frac{C}{(1+r)^t}+\frac{P_n}{(1+r)^n} \quad (3.8)$$

其中，P 是债券购买的价格；r 是债券的赎回收益率；C 是债券每年支付的利息；n 是债券从现在到被赎回之间的年限；P_n 是债券赎回的本金。

【例 3-7】某债券面值为 1 000 美元，息票率为 10%，当前价格为 800 美元，该债券每年支付 1 次利息，离到期还有 5 年，如果在第 4 年年初，发行人以 1 050 美元的机构赎回该债券，那么债券的赎回收益率是？

【解析】$800=\frac{100}{1+r}+\frac{100}{(1+r)^2}+\frac{100}{(1+r)^3}+\frac{1\ 050}{(1+r)^3}$

用 Excel 软件计算出到期收益率 $r=21.01\%$

三、债券市场

债券市场包括发行市场和交易市场。在国外，大部分债券都是在柜台市场（over-the-counter）交易，只有少部分债券上市交易。

（一）债券市场的种类

债券市场可以是有形市场，也可以是无形市场；可以是证券交易所那样的集中交易场所，也可以是通过柜台或网络进行的场外交易。

有形市场是指买方和卖方交换产品或是服务在市场内进行。

无形市场是指不设置交易所或者交易大厅而进行商品交换或服务。

它们的共同特点和作用是通过一定的交易制度、交易规则和交易中介机构使得债券交易主体和债券交易对象发生交易联系，以保证债券交易得以安全、高效、迅捷地实现。

1. 场内债券市场

场内债券市场，是指证券交易所内部以指令驱动方式进行交易的债券市场，又叫集中性市场。

债券在证券交易所交易时采用公开竞价方式进行。公开竞价对于债券买卖双方来说是一种双向竞价，即存在买方之间的竞争、卖方之间的竞争和买卖双方之间的竞争。双向竞价过程中，买方申报价格不断提高，卖方申报价格不断压低直至买卖双方申报价格达成一致，即宣告成交。在证券交易所进行债券交易要按“价格优先”和“时间优先”的原则进行，即较高价格的买入申报优先于较低价格的买入申报成交；较低价格的卖出申报优先于较高价格的卖出申报成交。在同等申报价格条件下，按委托指令发出时间的先后顺序成交。

场内债券市场具有以下几个特点：①主要采取指令驱动、集中撮合的方式进行交易；②提供标准化产品的交易；③在有形的场所集中进行；④以中小投资者为主。

2. 场外债券市场

场外债券市场，是指在证券交易所外进行的以报价驱动为主要交易方式的债券市场，又叫柜台市场。我国的银行间债券市场即典型的场外债券市场。场外交易市场的交易分散在各地，规模不等，且交易对象众多，不仅包括所有非上市债券品种，还包括一部分上市债券。场外交易是证券经营机构与客户之间或者证券经营机构与证券经营机构之间的一对一交易，交易规则比较灵活，交易的债券种类、数量、价格及交付条件都是由买卖双方协议确定的，交易手续简便，成本较低。

场外市场具有以下几个特点：①交易方式灵活多样，可以通过特定的电子交易系统，也可以通过电话、传真达成交易；②没有统一的交易场所；③交易品种具有多样性，不仅能够进行标准化产品交易，也可以进行非标准化产品交易；④交易具有大宗性，因其以机构投资者为主，交易数额一般较大。

场外债券市场是债券市场的最主要组成部分，各国普遍形成了以场外市场为主，交易所市场为辅的格局。

（二）债券交易方式

无论是场内交易还是场外交易，最主要的债券交易方式是委托经纪人代理买卖和交易商自营买卖。

1. 代理买卖方式

代理买卖，也叫委托买卖，是指债券买卖双方委托各自的经纪人代理进行买卖。也就是说，债券经纪人根据客户的委托代理买卖债券，从代理买卖中收取一定的佣金，即手续费。在证券交易所内的交易中，代理买卖或委托买卖的程序按时间顺序分为三个阶段，即准备阶段、成交阶段和清算阶段。在场外交易中，代理或委托买卖债券的主要程序是：首先，客户向经纪商询价和报价。当客户要卖出或买进某种债券时，即与经纪商联系，经纪商立即与合适报价的做市商联系或向持有债券的机构询价，并尽快通知客户，由客户提出买入或卖出价格（报价），发出买入或卖出委托指令。其次，由经纪商与有关的做市商或持券机构磋商，议定最好的买价或卖价，并按此价格成交。作为代理的经纪商按规定向客户收取合理的佣金。

2. 自营买卖方式

自营买卖也称为自己买卖，即交易商先用自己的资金买入债券，然后再以略高于买入时的价格卖出债券，从中赚取价差。

在交易所，自营买卖在报价、竞价、成交等方面，与代理买卖基本相同，也同样要遵循“价格优先”“时间优先”的原则。在场外交易中，债券自营买卖主要是证券公司买进和卖出债券，因此形成债券的转让交易。

（三）债券交易形式

目前，债券的报价与交易越来越多地利用多样化的电子交易平台进行。根据功能来划分，电子交易系统主要包括：一是竞价系统（auction system），以匿名方式通过电子交易来竞价债券。其主要用于发行市场，少量用于交易市场。二是交叉撮合系统（cross-matching system），如纽约交易所的自动化债券系统。三是跨自营商系统（inter-dealer system）。四是多自营商系统（multi-dealer system）。五是单一自营商系统（single-dealer system）。

第三节　股票与股票市场

一、什么是股票

（一）股票的定义

股票是股份有限公司经过一定的法定程序发行、证明股东对公司财产拥有所有权及其份额的凭证。股份有限公司将筹集的资本划分为股份，每一股份的金额相等，份额以一股为单位，用股票表示。购买股票的投资者即成为公司的股东，股票实质上代表了股东对股份公司的财产所有权，即意味着股东有权利参加股东大会并决定经营管理方面的决策、定期获得公司的股息和红利，在股份公司发行新股时拥有优先认股权，公司破产和清算时参与剩余财产分配，同时也承担相应的责任与风险。

（二）股票的性质

1. 股票是有价证券

股票本身没有价值，但其包含着股东要求股份公司按规定分配股息和红利的请求权，因此，股票也代表着一定的价值。股票与其代表的股东权利有不可分离的关系，即股东权利的转让应与股票占有的转移同时进行。

2. 股票是所有权凭证

股票体现的是公司与投资的股东之间的所有权关系，股东的所有权大小根据股东所持有股份的比例而定。股东根据其拥有的所有权相应行使对公司的经营管理、分红派息、认购新股、剩余财产分配等权利，也享有股份转让权、重大决策权和选举管理权。

3. 股票是资本证券

股份公司发行股票是筹措公司自有资本的重要手段，对于认购和购买并持有股票的人来说，这种认购和购买并持有股票就是一种投资行为。因此，股票实际上是投入股份公司的资本份额的证券化，属于资本证券。但股票又不是一种现实的财富，股份公司通过发行股票筹措的资金，是公司用于营运的真实资本，股票独立于真实资本之外，只是凭借着它所代表的资本额和股东权益在股票市场上进行着独立的价值运动，是一种虚拟资本。

（三）股票的特征

1. 收益性

收益性是股票最基本的特征，它是指股票可以为持有人带来收益。股票持有者的收益来源可分为两类：一是来自股份公司。股票持有人享有从股份公司获取分红和股息的权利。二是来自流通的二级市场。二级市场的股票交易会产生价差，这种价差被称为资本利得。

2. 流动性

流动性是指股票可以自由地进行交易的特征。股票持有者可以在股票交易市场卖出股票将股票变现；同时，股票所代表的股东身份和各种权益让渡给受让者。因此股票是一种流动性很强的有价证券。

3. 风险性

风险性是指持有股票可能产生经济利益损失的特性。股票风险是指持有股票预期收益的不确定性。股票能给持有者带来的预期股票红利收益，取决于公司的盈利情况；如果公司发生损失，股东要承担有限责任。股票的市场价格也会因为公司盈利水平、市场利率、宏观经济状况等因素的影响而波动。如果股价下跌，股票持有者会因股票贬值而蒙受经济损失。

4. 永久性

永久性是指股票所代表的权利的有效性是始终不变的，因为它是一种无期限的法律凭证。股票代表着股东的永久性投资，对于股份公司来说，由于股东不能要求公司退股，所以股份公司通过发行股票筹集到的资金，在公司续存期间是一笔稳定的自由资本。

5. 参与性

参与性是指股票持有人有权参与公司重大决策的特性。股票持有人有权出席股东大会，参与重大事项的表决，可以通过选举公司董事会来实现其参与权。

（四）股票的类型

1. 普通股票和优先股票

（1）普通股票。

由于普通股票最常见、最普通、数量也最多，因此普通股是最基本、最重要的股票种类。普通股的持有者是股份公司的基本股东，平等享有股东的基本权利，并在权利义务上不附加任何条件，因此，它是一种标准股票。普通股持有者作为公司的股东和公司财产的所有者，其有权要求分享公司的盈利。但是，普通股的股息收益在股票发行时是不确定的，它完全由股份公司的经营状况和盈利情况决定。而且在分配顺序上，普通股的股息收益排在各种类股票的最后，在公司偿付了其债务和债息及优先股股息之后才能分得，加之普通股的价格波动幅度较大，普通股股东的收益具有很大的不确定性和波动性，因此，普通股是风险最大的股票。

（2）优先股票。

优先股票是公司发行的，在分配红利和剩余财产时比普通股具有优先权的股票。优先股的主要特征有三个：一是在发行时就约定一个固定的红利收益率，先于普通股获得红利且不受公司经营情况的影响。二是在公司解散、破产清算时，优先股具有公司剩余资产的分配优先权。这种优先权是相对于普通股而言的，只有在还清公司债务后仍有剩余资产时，优先股股东才具有剩余资产的分配权。三是优先股的权利范围小。优先股股东一般没有选举权和被选举权，对公司的重大经营决策一般也没有投票权。

优先股有很多种细分方式：①根据对以前年度由于盈利不足而未支付的红利能否在以后年度给予补发，优先股可以分为累积优先股和非累积优先股；②根据能否同普通股共同参与利润分配，优先股可以分为参与优先股和非参与优先股；③根据能否在特定条件下转换为普通股，优先股可以分为可转换优先股和不可转优先股；④根据是否可赎回，优先股可以分为可赎回优先股与不可赎回优先股。

2. 记名股票和不记名股票

（1）记名股票。

记名股票是指在股票票面和股份公司的股东名册上记载有股东姓名的股票。股东的姓名或名称一般都写在股票背面。记名股票不仅在购买股票时需要记载股东的姓名或名称，而且要求股东转让股票时需向公司办理股票过户手续。除了记名股东外，任何人不得凭此对公司行使股东权。股票同为一人所有者，应记载同一本名。记名股票不得私自转让，在转让过户时，应到公司提交股票，改换持有人姓名或名称，并将转让人的姓名或名称、住址记载于公司股东名册上。

（2）不记名股票。

不记名股票是指股票票面和股份公司股东名册上均不记载股东姓名的股票。不记名股票也称无记名股票，它与记名股票相比，差别不是在股东权利等方面，而是在股票记载方式上。不记名股票发行时一般留有存根联，它在形式上分为两部分：一部分是股票的主体，记载了有关公司的事项，如公司名称、股票所代表的股数等；另一部分是股息票，用于进行股息结算和行使增资权利。不记名股票的股东权利归属于股票的持有者；认购时要求缴足股款；转让相对简便；安全性较差。

（五）股票的价格种类

1. 票面价格

股票的票面价格通常是指股票的面值，也就是股票发行时在股票上标明的金额。其基本作用是用来表明每一张股票所包含的资本数额，作为确认股东权利的依据。在现实经济生活中，股票在发行时其面额之和构成公司的实收资本，溢价部分计入资本公积金，因而票面价格也具有簿记方面的作用。此外，股票票面价格在最初发行时就已定，与公司经营状况无关，因此它与股票的市场价格没有直接联系。目前，我国股份公司在发行股票时票面价格都统一规定为每股一元人民币。

2. 账面价格

股票的账面价格，也称为每股净资产值，指的是用会计方法计算出来的每股股票所包含的净资产值。其计算方法是将公司的股东权益除以发行的股票总数。所谓股东权益即股份公司的总资产减总负债，是股份公司的净资产总额。

一般来说，股票的市场价格越接近每股净资产值，或者说越接近其账面价格，该股票越具有投资价值，至少遏制了进一步下跌的空间。股票的账面价格与其市场价格有着密切关系，当股票的市场价格远远高于每股账面价格时，往往意味着较多的市场泡沫，股票的市场价格严重偏离了其实际价值。

3. 市场价格

股票的市场价格即股票在市场上交易的价格。股票的市场价格取决于股票的内在价值。由于股票的市场价格由市场供求关系决定，并受多种因素影响，因而其变化频繁。股票市场价格变动将直接影响投资者的收入，因此，它是投资者最为关心的价格。

4. 清算价格

股票的清算价格是指股份公司破产或解散进行清算时每股股票所含有的实际价值。从理论上讲，股票的每股清算价值应当与股票的账面价格相一致，但企业在破产或解散清算时，其剩余财产价值的计算依据实际的市场销售价格。而剩余财产的处置，通常都会因售价低于实际价值而产生跌价损失。与此同时，清算过程少不了发生清算费用，从而出现股票的清算价格与股票的账面价格不一致，一般都是小于账面价格的现象。股票的清算价格只有在股份公司因破产或解散丧失法人资格、进行清算而被作为确定股票价格的根据时才具有意义，它与股票的市场价格无关。

（六）影响股票市场价格的基本因素

在自由竞价的股票市场上，股票的市场价格变动频繁。引起股票市场价格变动的直接原因是供求关系的变化，但在供求关系的背后有一系列更深层次的原因。

1. 市场内部因素

它主要是指市场的供给和需求，即资金面和筹码面的相对比例，如一定阶段的股市扩容节奏将成为该因素的重要部分。

2. 公司自身因素

股份公司的经营状况是股票价格的基石。从理论上分析，公司经营状况与股票市场价格呈正相关关系。

（1）公司利润因素。

股份有限公司的盈利水平是影响股票市场价格的主要因素之一。由于股票价值是各期股票收益的折现值，而股息又来自公司利润，因此，股份公司利润的增减变动就成为影响股票价值及股票市场价格的本质因素。一般来讲，股份公司利润上升时，股价会上升；盈利下降时，股价也会随之下降。两种情况的变动方向是一致的。

（2）股息红利因素。

一般情况下，股价与股利水平呈同方向变动，股份公司派息分红的信息对股票市场价格会发生显著的影响。公司宣布派息分红及提高派息分红水平，将会引起股价上升，公司宣布取消派息分红及降低派息分红水平，股价将会下跌。

（3）股票分割因素。

股份公司一般在进行决算的月份，宣布股票分割。在股票分割时，股票持有者所持有的股份能得到与以前相同的股利，因此这会刺激一些人在股份公司决算期间因希望得到分红和无偿支付而增加购买股票。此时股价就会相应上升。分割结束时，价格又趋于稳定。

（4）重大人事变动因素。

实力大户一般对发行公司的管理权很重视，在董事会、监事会改选前，其常会逐步买进股票，以便控制董事会和监事会。在这期间，股票市场价格就可能被抬高。

3. 宏观经济因素

（1）经济增长。

经济增长主要是指一国在一定时期内国内生产总值的增长率。一般来讲，股票价格是与经济增长同方向运动的，经济增长加速，社会需求将日益旺盛，从而使投资者对上市公司的业绩前景持乐观判断，并推动股票市场价格的上涨。

（2）经济周期循环。

经济周期循环是指经济从萧条、回升到高涨的过程。当预期经济不久将走出低谷而出现回升拐点时，商人会补充存货，生产者利润将增加，因而投资也会相应增加，工业、就业及货币所得水平将随之增加。此时，由于利率仍然处于较低水平，所以股票的价值（股息、红利及资产净值增加）将增加，股票市场价格也就会上涨，并会持续到经济回升或扩张的中期。

（3）市场利率。

利率对股价变动影响最大，也最直接。一方面，利率上升会增加借款成本，降低投资需求，从而导致资金从股票市场流入银行存款市场，投资者减少对股票的需求；另一方面，利率上升也会使投资者评价股票价值所用的折现率上升，从而促使股票市场价格下跌。而利率下降，会推动股票市场价格上涨。

4. 政治因素

政治因素对股票市场价格的影响很大，其往往因具有较大的不确定性而很难预料。它是指足以影响股票市场价格变动的国内外重大事件，如战争、政权更迭等及政府的政策、措施、法令等重大事件的发生；政府的社会经济发展机会、经济政策的调整、新颁布法令和管理条例等均会影响到股价的变动。

5. 其他因素

其他因素有自然因素（主要指自然灾害）、投机和心理因素等。

二、股票定价

1. 红利贴现模型

（1）现值模型。

计算股票的内在价值，最常用的是现值模型。现值模型认为，任何投资的内在价值都是投资者自拥有该项资产起预期在将来可获得的所有现金流的现值之和。因此，一般来说，一项资产的价值 V_0 等于：

$$V_0 = \frac{CF_1}{1 + r_1} + \frac{CF_2}{(1 + r_2)^2} + \frac{CF_3}{(1 + r_3)^3} + \cdots = \sum_{t=1}^{\infty} \frac{CF_t}{(1 + r_t)^t} \tag{3.9}$$

其中，CF_t 是资产在时间 t 的预期现金流；r_t 是时间 t 的现金流在一定风险水平下的贴现率。

在实际中，各个时期的贴现率一般是不相等的。为了简化分析，我们通常假设各个时期的贴现率相等。

人们通过比较资产的内在价值与市场价格，就可以判断该资产是被低估还是高估。已知该项资产闲置的市场价格为 P_0，如果 $V_0 > P_0$，则表明该项资产的价值被低估；如果 $V_0 < P_0$，则表示该项资产的价值被高估。

（2）红利贴现模型。

按照现值模型，股票的价值应等于股票持有者预期能得到的所有现金流的现值总和。投资者购买股票，预期能获得的现金流通常有两种：持股期间派发的红利和持股期末的预期股票价格。由于普通股投资的现金流都是自股票购买之后所有预期的红利收益，持股期期末股票的预期价格也是由股票未来红利来决定的，所以股票的当前价值就等于无限期红利的现值之和。这种定价方法得出的模型被称为红利贴现模型。

股票内在价值可以表示为：

$$\begin{aligned} V_0 &= \frac{D_1}{1 + k} + \frac{P_1}{1 + k} = \frac{D_1}{1 + k} + \frac{D_2}{(1 + k)^2} + \frac{P_2}{(1 + k)^2} \\ &= \frac{D_1}{1 + k} + \frac{D_2}{(1 + k)^2} + \cdots + \frac{D_t}{(1 + k)^t} + \frac{P_t}{(1 + k)^t} = \sum_{t=1}^{\infty} \frac{D^t}{(1 + k)^t} \end{aligned} \tag{3.10}$$

其中，k 是投资者要求的回报率或贴现率；P_t 是第 t 期末的股票价格；D_t 是每期红利。

人们通过比较资产的内在价值与市场价格，就可以判断该资产是被低估还是高估。假设该股票现在的市场价格为 P_0，如果 $V_0 > P_0$，则表明该项资产的价值被低估；如果 $V_0 < P_0$，则表明该项资产的价值被高估。

如果用股票的当前价格 P_0 替换内在价值 V_0，我们就可以反过来计算投资者实际可能获得的收益率 r。用公式可以表示为

$$\begin{aligned} P_0 &= \frac{D_1}{1 + r} + \frac{P_1}{1 + r} = \frac{D_1}{1 + r} + \frac{D_2}{(1 + r)^2} + \frac{P_2}{(1 + r)^2} \\ &= \frac{D_1}{1 + r} + \frac{D_2}{(1 + r)^2} + \cdots + \frac{D_t}{(1 + r)^t} + \frac{P_t}{(1 + r)^t} = \sum_{t=1}^{\infty} \frac{D^t}{(1 + r)^t} \end{aligned} \tag{3.11}$$

如果 $r > k$，则表明该股票的价值被低估；如果 $r < k$，则表明该股票的价值被高估。

2. 零增长的红利贴现模型

假设某股票未来每年支付的红利相等，即 $D_1 = D_2 = \cdots = D_\infty$，那么，该股票的内在价值为

$$V_0 = \sum_{t=1}^{\infty} \frac{D_t}{(1 + k)^t} = D_1 \times \sum_{t=1}^{\infty} \frac{1}{(1 + k)^t} = \frac{D_1}{k} \tag{3.12}$$

由于各年的红利相等，那么红利的增长率为零，因此，该红利贴现模型也被称为零增长红利贴现模型。假设该股票现在的市场价格为 P_0，如果 $V_0 > P_0$，则表明该项股票的价值被低估；如果 $V_0 < P_0$，则表明该项股票的价值被高估。

如果用股票的当前价格 P_0 替换内在价值 V_0，我们就可以反过来计算投资者实际可能获得的收益率 r。用公式可以表示为

$$P_0 = \sum_{t=1}^{\infty} \frac{D_t}{(1+r)^t} = D_1 \times \sum_{t=1}^{\infty} \frac{1}{(1+r)^t} = \frac{D_1}{r} \Rightarrow r = \frac{D_1}{P_0} \tag{3.13}$$

同样的道理，如果 $r > k$，则表明该股票的价值被低估；如果 $r < k$，则表明该股票的价值被高估。

【例 3-8】如果你的客户当前以 5 元/股的价格购买了股票 A，当前该股票支付的红利为 0.5 元/股，预计股票 A 在今后各年将支付与此相等的红利。根据你的测算，该客户的必要回报率为 8%。那么，对该客户而言，股票 A 的当前内在价值是多少？该股票是被低估还是被高估了？你的客户实际可能获得的收益率是多少？

【解析】已知 $D_1 = D_2 = \cdots = D_\infty = D_0 = 0.5$ 元/股，$k=8\%$，$P_0=5$ 元/股。

根据零增长红利贴现模型，股票 A 的内在价值为：

$$V_0 = \frac{D_1}{k} = \frac{0.5}{8\%} = 6.25 \text{（元/股）}$$

因为 $V_0 > P_0$，所以，股票 A 实际上被低估了。

根据公式（3.13），客户实际可能获得的收益率为：

$$r = \frac{D_1}{P_0} = \frac{0.5}{5} = 10\%$$

因为 $r > k$，所以，股票 A 实际上被低估了。

上述实例中，我们采用了两种方法判断股票 A 的价值是否被低估，得到的结论是一致的，这主要体现在必要回报率和红利方面。正是由于不同的投资者的判断不一样，所以对于同一只股票才同时出现了买卖双方。

3. 固定增长红利贴现模型

假设红利以一个固定的比例（例如 g）增长，那么后一期的红利是前一期红利的（1+g）倍，用公式表示为

$$D_t = D_{t-1} \times (1+g) = D_1 (1+g)^{t-1} \tag{3.14}$$

将各期红利贴现到现在再加总，可以得到

$$V_0 = \sum_{t=1}^{\infty} \frac{D_1(1+g)^{t-1}}{(1+k)^t} = D_1 \times \sum_{t=1}^{\infty} \frac{(1+g)^{t-1}}{(1+k)^t} = \frac{D_1}{k-g} \tag{3.15}$$

上述公式是固定增长红利贴现模型，又被称为戈登增长模型。假设该股票现在的市场价格为 P_0，如果 $V_0 > P_0$，则表明该项股票的价值被低估；如果 $V_0 < P_0$，则表明该项股票的价值被高估。

红利增长率取决于股权收益率和净收益留存比例两个因素，用公式表示为

$$g = \text{ROE} \times b \tag{3.16}$$

其中，ROE 是公司的股权收益率，是公司净利润与净资产之间的比率；b 是净利润留存

比例，是每股留存收益与每股收益之间的比率；$(1-b)$是红利发放比例，是每股红利与每股收益之间的比率。

当$g=0$时，公司的各期红利相等，上述公式简化为零增长红利贴现模型的公式。因此，零增长红利贴现模型实际上是固定增长红利贴现模型的特例。需要指出的是，模型里暗含了一个假设条件，即贴现率要大于红利增长率。当贴现率小于等于股利增长率时，分母小于等于零，模型失去意义。

如果用股票的当前价格P_0替换内在价值V_0，我们就可以反过来计算投资者实际可能获得的收益率r。用公式可以表示为

$$P_0=\sum_{t=1}^{\infty}\frac{D_1(1+g)^{t-1}}{(1+r)^t}=D_1\times\sum_{t=1}^{\infty}\frac{(1+g)^{t-1}}{(1+r)^t}=\frac{D_1}{r-g}\Rightarrow r=\frac{D_1}{P_0}+g \quad (3.17)$$

同样的道理，如果$r>k$，则表明该股票的价值被低估；如果$r<k$，则表明该股票的价值被高估。

【例 3-9】如果你的客户当前以 7.55 元/股的价格购买了股票 A，当前该股票支付的红利为 0.5 元/股，预计股票 A 在今后各年支付的红利将保持3%的增长率。根据你的测算，该客户的必要回报率为 10%。那么，对该客户而言，股票 A 的当前内在价值是多少？该股票是被低估还是被高估了？客户实际可能获得的收益率是多少？

【解析】已知$D_0=0.5$元/股，$D_t=D_{t-1}(1+g)$，$k=10\%$，$P_0=7.55$元/股。

根据固定增长红利贴现模型，股票 A 的内在价值为

$$V_0=\frac{D_1}{k-g}=\frac{0.5\times(1+3\%)}{10\%-3\%}=7.36\text{（元/股）}$$

因为$V_0<P_0$，所以，股票 A 实际上被高估了。

根据公式（3.16），客户实际可能获得的收益率为

$$r=\frac{D_1}{P_0}+g=\frac{0.5\times1.03}{7.55}+3\%=9.82\%$$

因为$r<k$，所以，股票 A 实际上被高估了。

三、股票交易市场

股票交易市场一方面为股票持有者提供随时变现的机会，另一方面又为新的提供者提供投资机会。与发行市场的一次性行为不同，在流通市场上股票可以不断地进行交易。股票交易市场为一级市场发行的股票提供流动性，使资源流向效率最高的地方。

（一）股票流通市场的种类

1. 场内交易

场内交易是指通过证券交易所进行股票买卖流通的组织方式。证券交易所是设有固定场地、备有各种服务设施（如行情板、电视屏幕、电子计算机、电话等），配备了必要的管理和服务人员，集中进行股票和其他证券买卖的场所。在这个场所内进行的股票交易就称为场内交易。证券交易所是股票流通市场的核心，也是股票流通的主要组织方式。

证券交易所的组织形式分为公司制证券交易所和会员制证券交易所两种。

公司制证券交易所是以股份有限公司形式设立的并以营利为目的的法人团体，一般是由银行、证券公司、信托机构及各类民营公司共同出资建立的。公司制的证券交易所的股票也可以流通转让。但任何成员公司的股东、高级职员、雇员都不能担任证券交易所高级职员，以保证交易的公正性。

会员制证券交易所是以会员协会形式设立的不以营利为目的的法人团体，一般由证券公司、投资银行等证券商组成。证券交易所的会员参加会员大会，有选举和被选举权。同时，会员必须缴纳各项经费并遵守交易所制定的法规。会员制证券交易所规定只有会员才能进入交易大厅进行证券交易，其他人要买卖证券交易所上市的证券，必须委托会员进行。我国的上海证券交易所和深圳证券交易所均实行会员制。

2. 场外交易

场外交易是在证券交易所交易大厅以外进行的证券交易活动。所谓场外，是相对于证券交易所交易大厅而言的。

场外市场的特点包括：场外市场交易的品种主要为非上市证券，且品种多、数量大；场外交易市场不进行集中交易，它是一个分散和无集中交易场所的市场，投资者可以直接与证券经纪商和自营商商洽交易，投资者自己也可直接交易；场外交易的证券价格是买卖双方以协商的方式完成的，有些场合下，证券交易价格是由交易各方反复协商而确定价格的；有些场合下，证券价格虽是由一方挂牌出价的，但依然可根据市场情况以及交易对方的接受程度加以调整，依然存在着协商定价的机会。

（二）股票市场交易制度

股票交易制度是股票市场汇总参与交易有关各方的指令以形成市场价格的规则的总和，其实质是股票市场的价格形成机制。根据流动性提供的方式的不同，股票交易制度可以分为指令驱动交易制度和报价驱动交易制度两类。

1. 指令驱动交易制度

在指令驱动交易制度下，交易者提交指令并等待在拍卖过程中执行指令，交易系统根据一定的指令匹配规则来决定成交价格。在交易者提交指令时，价格还没有决定，因此，指令驱动交易制度的最本质特征是通过交易者提交限价指令来向市场提供流动性。由于每一位交易者是在通过指令向市场表达自己的交易意图，因而指令驱动交易制度又被称为拍卖制度。

指令驱动交易制度可以是连续的，也可以是定期的。连续的指令驱动制度被称为连续拍卖，交易者提交的指令马上得到执行，与其他交易者提交的限价指令成交。定期的指令驱动系统被称作定期拍卖，交易者提交的所有指令被收集起来，等待在预先指定的时点，按照同一价格成交。

指令驱动制度的优点是：透明度高，买卖盘信息、成交量与成交价格信息等及时对整个市场发布；信息传递速度快、范围广，几乎可以实现交易信息同步传递；运营费用较低，在处理大量小额交易指令方面，优越性较明显。

2. 报价驱动交易制度

在报价驱动交易制度下，做市商不断地向交易者报出特定股票的真实买卖价格，即买入报价和卖出报价，并在该价位上接受交易者的买卖要求，以其自有资金和股票与交易者进行股票交易。交易者在提交指令前可以从做市商那里获得真实的报价。做市商通过他们之间的买卖来满足交易者的投资需求，并维持市场的流动性；同时，做市商也可以通过买卖报价的适当差额来补偿提供做市服务所发生的成本即做市成本，并实现一定的利润。因为交易者不需要等待指令的执行，而是马上就与做市商成交，因此，这种交易机制也被称为连续交易商市场。根据每一种股票做市商数量的不同，报价驱动交易制度又可以被分为垄断性做市商制度和竞争性做市商制度。

第四节　外汇与外汇市场

一、外汇

（一）外汇与汇率

1. 外汇

对于我国投资者来说，外汇并不陌生，比如美元、澳元、英镑等都是外汇。在我国，由于人民币还不能自由兑换成外汇，因此对个人投资者来说，其必须具有取得外汇收入的渠道，比如以外汇方式获得的薪资、旅行换汇的节余等。

2. 汇率

汇率是指两种货币之间交换的比率。汇率有两种表示方法，一是直接标价法，即将外国货币的单位固定，比如固定为 1 美元或者 100 美元，而用本国货币来表示该固定的外国货币单位的价格。例如 1 美元等于 6. 575 人民币，这就是直接标价法。在国际外汇市场上，包括中国在内的世界上绝大多数国家都采用直接标价法。另一种是间接标价法，是将本国货币的单位固定，而用外国货币来表示该固定的本国货币单位的价格，例如 1 人民币等于 0. 197 1 澳元。欧元、英镑、澳元等货币兑美元的汇率均为间接标价法。欧元和日元之间的汇率可以通过欧元兑美元和日元兑美元的汇率进行计算，这种汇率叫作交叉汇率。我国在外汇市场上采用直接标价。

3. 决定汇率变动的主要因素

（1）国际收支状况。

国际收支状况主要是指经常项目（包括货物和服务的进出口、个人收益和投资收益及无偿转移等）的收支状况。如果经常项目顺差，市场上对本国货物的需求增加，本币汇价就会上升；相反，经常项目逆差，本币汇价就会下降。

（2）通货膨胀率。

高通胀意味着一国货币（本币）的实质购买力下降，其对外汇价就会下跌；相反，物价基本稳定甚至通货紧缩，本币汇价将会稳定上升。用两个或两个以上国家的通货膨胀率计算的购买力平价，同样反映了一国的通货膨胀率与本币汇率的反向变化。

（3）利率。

利率的变动会影响一国资金的流出流入。如果一国的实际利率高于别国，资金就会流入，本币汇价就会上升；相反，实际利率低于别国，资金就会流出，本币汇价就会降低。

（4）经济增长率。

经济增长率对外汇汇率的影响是多方向的。一方面，经济增长率高意味着经济实力增强，导致该国货币在外汇市场的地位提高，本币汇价上升；另一方面，高增长也会导致高消费，进口增加，投资过热，国际收支顺差缩小或逆差，本币汇价下跌。但经济状况好能吸引外资流入，使国际收入增加，从而促使本币汇价提高。总之，要具体情况具体分析，不能一概而论。

（5）政治干预。

一国的政府金融当局（通常是中央银行）在本币汇价持续走强影响本国国际收支和经济发展时，往往卖出本币买进外汇。外汇市场上本币多了，汇价就会下降；如果本币汇价过低，影响本国货币信誉或导致通胀率升高时，金融当局也会卖出外汇买进本币，外汇市场本币少了，汇价就会上升。当国际投机资本冲击一国的货币汇率企图使其暴跌以牟取暴利时，金融当局更要采取多种措施维护本币汇价及整体经济的稳定。

（二）外汇交易的原因与形式

1. 外汇交易的原因

（1）为了贸易结算而进行的外汇交易。在国际贸易中，各国通常都会规定一种结算货币，如果进口商没有这种货币，那么就会产生货币交易。比如某企业需要从美国购买一批设备，规定的结算货币是美元，而该企业只有人民币，那么该企业就必须从外汇市场上买入美元来支付货款。同样，如果出口商要将出口所得外汇换成本币，也会产生货币交易。

（2）为对外投资进行的外汇交易。比如，投资于美国股票、到英国开餐馆，都需要将本国货币换成投资所在国的货币。

（3）为规避汇率风险进行的外汇交易。比如，如果一家企业的成本（购买原材料等）和收益（销售收入）的计价货币不一致，那么其就会面临汇率风险。

（4）为投机而进行的外汇交易。投机可以在现货市场上低买高卖，也可以利用期货、期权及掉期等各种外汇衍生品工具。

2. 外汇交易的形式

（1）外汇即期交易。

所谓外汇即期交易，是指在外汇买卖成交后，在两个工作日内办理交割的外汇交易。如果交割日正逢银行的节假日，就往后顺延。

（2）外汇远期交易。

所谓外汇远期交易，是指交易双方成交后，按事先约定的日期和汇率进行交割的外汇买卖形式。外汇远期交易与外汇即期交易不同，远期买卖成交后，交易双方便将未来交割时的汇率确定了下来，不管未来汇率如何变化，交易双方都按照约定的汇率进行交割，因此保值者可以利用其转嫁风险，而投机者可以利用这种交易来赚取未来即期汇率和所约定的远期汇率资金的价差。

（3）外汇掉期交易。

外汇掉期交易由一笔即期交易和一笔数量相同但方向相反的远期交易构成，它主要用来规避外汇风险。比如一家欧洲的贸易公司收到100万美元的贷款，在3个月之后又有一笔100万美元的采购，如果该企业不将这部分美元换成欧元使用，同时该企业又担心一旦将美元换成欧元，3个月后再用欧元换美元时，若美元升值而遭受损失。此时该企业便可以进行一笔掉期交易，卖出美元取得欧元来使用，同时买进3个月之后的美元，这样由于3个月之后将欧元换回美元的汇率在当前就固定下来，汇率风险得到规避。和分开的一笔即期交易和远期交易相比，掉期交易一次就能完成交易，成本更低。

（4）外汇期货交易。

外汇期货是一种规定在将来某一指定月份买进或者卖出规定金额的外币的外汇交易形式。外汇期货合约是以外汇作为交割内容的标准化期货合同。它主要包括以下几个方面的内容：第一，外汇期货合约的交易单位。每一份外汇期货合约都由交易所规定标准交易单位。第二，交割月份。国际货币市场所有外汇期货合约的交割月份都是一样的，为每年的3月、6月、9月和12月。交割月的第三个星期三为该月的交割日。第三，通用代号。在具体操作中，交易所和期货交易商及期货行情表都是用代号来表示外汇期货，而期货合约在交易时都以美元进行报价。第四，最小价格波动幅度。国际货币市场对每一种外汇期货报价的最小波动幅度均做了规定。第五，每日涨跌停板额。每日涨跌停板额是一项期货合约在一天之内比前一交易日的结算价格高出或低于的最大波动幅度，一般来说该幅度为100~300个基点。

目前，全球仅有三家期货交易所提供标准的外汇期货合约，即附属于芝加哥交易所（CME）的国际货币市场（IMM）、新加坡国际货币交易所（SLMEX）及伦敦国际金融期货交易所（LIFFE）。

（5）外汇期权交易。

外汇期权交易与通常的期权交易一样，只不过这里约定购买的是外汇，合约的执行价格为两种货币之间的汇率而已。大多数外汇期权交易都与普通的外汇交易一样，在场外市场进行，也有少部分标准化的期权合约在交易所进行。期权交易既可以用于保值，也可以用于投机，和期货交易一样具有杠杆效应。

3. 汇率决定的理论

（1）购买力平价理论。

购买力平价理论认为，一国货币的汇率由两个货币的购买力决定。购买力平价理论分为绝对购买力平价理论和相对购买力平价理论。

绝对购买力平价理论认为不同国家的商品满足一价定律。

【例3-10】同样一双鞋，在美国卖30美元，而在中国卖300元人民币，那么人民币对美元的汇率就应该是1美元兑10元人民币，要不然就会存在套利机会。例如，如果汇率为1美元兑15元人民币，那么投机商将在中国市场上以300元人民币的价格买进鞋子，到美国市场上卖出，获得30美元，也就是获得450元人民币，这时就会赚取150元人民币。

由于现实中很多商品的运输成本及交易的成本较高，有的商品比如建筑和服务基本上不可以交易，因此绝对购买力很难成立。

相对购买力平价理论认为如果两国初始的汇率水平是合理的，那么由于货币购买力受到通货膨胀的侵蚀，通货膨胀率较高的国家货币购买力下降更多，因此其货币的汇率应该相对贬值，贬值的幅度就是这两国通货膨胀率之差。尽管相对购买力平价假定初始的汇率是合理的显然不一定符合实际，并且也忽略了经济结构变动带来的影响，但它指出了一个对外汇投资有重要指导意义的指标，即通货膨胀率。

【例 3-11】如果初始的美元兑人民币的汇率为 1 美元=10 元人民币，美国的年通货膨胀率为 5%，而中国为 10%，那么 1 年后人民币就应该贬值 5%，汇率大约变为 1 美元=10.5 元人民币（实际为 10×110/105≈10.48 人民币/美元）。

（2）利率平价。

利率平价是指两种货币的汇率升降与两种货币利率差之间的关系。利率平价主要包括抛补利率平价和非抛补利率平价。其原理是：对两种可以自由兑换的货币来说，比如人民币和美元，如果两种货币的利率不同，投资者就会将利率较低的货币卖出，买入利率较高的货币，从而获得较高的利息回报，这种套利活动的结果使得利率较高的货币的即期汇率升值，在市场均衡的条件下，高利率货币的即期汇率相对于其远期汇率或者预期即期汇率的升水（或贴水）恰好等于两种货币利率之差。

某一时刻外汇市场会存在即期汇率和远期汇率，其升贴水由利率差决定，但是计算出的远期汇率可能与市场远期汇率变动的预期不一致，这时，投机者将在远期市场进行套利交易，从而促使远期汇率变动，进而导致当前市场上的即期汇率变动，这就是利率平价所隐含的汇率波动机制。促使市场波动的最根本的原因是市场对远期汇率变动的预期，但是利率平价并没有显示出汇率如何变动。

二、外汇市场

（一）外汇市场的分类

外汇市场是指经营外币和以外币计价的票据等有价证券买卖的市场。

外汇市场上的外汇买卖包括两种形式：一是本币与外币之间的买卖，二是不同外汇之间的买卖。

发达国家的外汇市场主要有两种情况：一种是有形市场，即有固定场所集中进行外汇交易的市场，如外汇交易所，又称为大陆式外汇市场。另一种是无形市场，即没有固定交易场所，而是通过电话、电报、电传、电子计算机等通信设备所组成的网络进行外汇交易，通常也称为英美式外汇市场。这种外汇市场形式流行于伦敦、纽约、东京、新加坡、香港等地，现在世界上绝大多数的外汇交易都是通过这种无形市场进行的。无形市场的营业已打破了世界各地时差对外汇交易现状的影响，与纽约、东京等地的外汇市场营业时间相互衔接，从而构成了一个 24 小时连续运转的全球外汇市场。

（二）外汇市场交易

1. 即期外汇交易

即期外汇交易，又称为现货交易或现汇交易，是外汇市场上最常用的一种交易方式，占据了外汇交易总额的大部分。它是买卖双方达成外汇买卖协议后，在两个营业日之内实行交割的外汇交易方式。工作日则须将假期除外，外汇买卖交割日如遇国家公共假日则须顺延至下一个工作日。即期外汇交易是外汇市场上最常见的、最普通的交易形式。对外汇市场的参与者来说，即期交易是最重要的，它是所有外汇交易的基础。进出口商通过进行即期外汇交易满足对不同币种的需求；银行需要进行即期外汇买卖来平衡外汇头寸；投机者会根据自己对外汇市场供求及汇率走势的判断，进行即期外汇交易来获取利润。

2. 远期外汇交易

远期外汇交易是指外汇买卖双方在成交后，约定在未来某一特定时间以一定的价格（即汇率）和数额进行外汇交割的交易。约定的清算时间即交割日期，可以是在即期交割日（即成交第二个营业日）之后的任何一个时间。在远期外汇市场上，常见的远期外汇交易的交割期一般为1、2、3或6个月，也有长达12个月的。远期汇率是在即期汇率的基础上，加减远期升贴水形成的。

3. 掉期外汇交易

掉期外汇交易是指外汇交易者在买进或卖出一定数额的一种交割日的某种货币的同时，卖出或买进另一交割日的同等金额该种货币的外汇交易，另一笔为远期外汇交易。这两笔交易金额相同，货币相同，但方向相反。掉期交易可以避免短期国际资本流动中的外汇风险，也可以改变外汇币种。掉期外汇交易按掉期期限可以分为即期对远期、即期对即期、远期对远期交易。即期对远期是在买进或卖出一笔即期外汇的同时，卖出或买进一笔同等金额同样币种的远期外汇。这是掉期交易中最常见的形式。即期对即期是指在买进或卖出一笔即期外汇的同时，卖出或买进另一笔同等金额同样币种的即期外汇，两笔交易的交割日不一致。这种掉期交易用于银行同业间的隔夜资金拆借。远期对远期是指买进或卖出某种较短或较长的远期外汇的同时，卖出或买进某种较长或较短的远期外汇。

（三）外汇市场的参与者

1. 中央银行

中央银行不仅是外汇市场的参加者，而且是外汇市场的操纵者。各国中央银行都持有相当数量的外汇作为国际储备的重要构成部分。在一般情况下，中央银行在外汇市场上的交易数量并不是很大，但是其影响非常广泛。它主要是代表政府对外汇市场进行干预，中央银行通过买入或卖出外汇对外汇市场进行干预。

2. 外汇银行

外汇银行是指由各国中央银行或货币当局指定或授权经营外汇业务的银行，主要包括专营与兼营外汇业务的本国商业银行、在本国的外国商业银行分行及其他金融机构。它们直接对客户买卖外汇，并通过银行间外汇市场的交易来调节自己持有的外汇头寸。它们是外汇市场的主体，其业务经营是外汇市场交易活动的极其重要的部分。

3. 外汇经纪人

外汇经纪人是指介于外汇银行之间、外汇银行与其他外汇市场参加者之间为促成外汇交易的中间商。外汇经纪人必须经过所在国中央银行或授权部门的批准才能进入市场，他们与银行及客户有着密切的联系。外汇经纪人本身不直接参与外汇交易，而只是接受银行与客户的委托，通过提供咨询、信息、代理买卖及其他服务从中收取佣金，所以中间商在任何时候都不承担外汇风险。

4. 顾客

顾客是指与外汇银行进行外汇买卖的客户，主要包括居民个人、跨国公司及进出口企业等。按照参与外汇交易的目的不同，顾客可区分为一般客户和外汇投机者。一般客户指外汇市场上除外汇银行之外的企业、机关、团体，它们是外汇的最初供应者和最终需求者。外汇投机者是通过预测汇率的涨跌趋势，利用某种货币汇率的时间差异，低买高卖，赚取投机利润的市场参与者。外汇投机者在不同的外汇市场上频繁地买卖外汇，使各外汇市场的汇率趋于一致，汇率更接近外汇供求状况，但是外汇投机者的交易活动也加剧了外汇市场的动荡。

第五节　衍生品基础知识

一、衍生金融工具

（一）衍生金融工具的定义

衍生金融工具是这样一种金融工具：它的价值由它的标的变量来决定。即使表面上在金融产品的基础上衍生出来的衍生工具，其真正的标的变量也可能有所不同。例如：股指期货是在股票的基础上衍生出来的，但标的变量是股票指数。因此，衍生金融工具衍生的基础在于标的变量，标的变量是决定衍生金融工具价值的根本。

（二）衍生金融工具的特点

1. 多样性

因为衍生金融工具是在标的变量的基础上进行衍生的，标的变量的选择本身就多种多样，可以是股票、债券的价格或者价格指数，可以是利率或者汇率，也可以是信用风险。衍生金融工具既包括远期、期货、期权、互换等基本类型，也可以在其自身的基础上多次衍生或者进行组合构造，产生出不同的金融产品。多样性的特点满足了具有不同偏好的投资者的需要。

2. 杠杆效应

衍生金融工具通常采用保证金交易制度，投资者只需缴存少量保证金，就可以进行总金额相当于保证金几倍到几十倍甚至上百倍的基础产品的交易。保证金制度和高杠杆的特性，一方面极大地降低了交易成本，使投资者可以用较少的资金建立起较大的交易头寸，为衍生金融工具交易规模的扩大提供了必要的条件；另一方面，高杠杆性同时也使得衍生金融工具的风险被多倍放大。杠杆效应意味着只需投入较少的资金就可以为规模庞大的资产进行保值或进行大规模的套利；意味着投机者同样能以少量的资金进行大规模的投机。一旦获得收益，他们就会极大地提高资金的利润率，如果亏损，损失率也非常高，从而增加了交易风险。

3. 高风险性

因为衍生金融工具的交易可能给投资者带来巨大的损失或高额的回报，所以通常其被视为高风险的投资品种。衍生金融工具创立的初衷都是规避风险，现在却被认为是高风险的投资品种。事实上，对于套期保值者而言，他们通过衍生金融工具的交易，可以在相当大程度上规避风险。但是对于投机者而言，从市场整体来看，原本由套期保值者承担的风险其实并没有真正被消除，只是被转嫁给了投机者而已。投机者之所以愿意被转嫁风险，是因为他们希望通过承担高风险来追求高收益。但是衍生金融工具的交易是发生在投机者之间，对整体市场而言，那就等同于创造风险。又因为高杠杆性，衍生金融工具市场可以创造和扩大风险，所以其通常会被认为是一个高风险的市场。

（三）衍生金融工具的市场

1. 场内市场与场外市场

与其他金融工具的交易市场一样，衍生金融工具的交易市场也分为场内市场和场外市场。

场内市场也称为交易所市场（exchange market），是指通过交易所进行衍生金融工具交易的市场。我国目前有四家期货交易所，即大连商品交易所、郑州商品交易所、上海期货交易所和中国金融期货交易所。传统的场内市场竞价方式是公开喊价系统，而目前世界各地的交易所都逐渐采用了电子化交易系统。场外市场又称为 OTC 市场（over-the-counter market），它是一个由电话和计算机将各交易员联系起来的网络系统。其参与者主要是机构交易者，包括金融机构、企业和投资基金。其中金融机构往往会成为某些流行交易品的做市商。它们会针对某些交易品进行双向报价，即既报买入价，同时又报卖出价。卖出价高于买入价，其差价就是做市场的收益。场内与场外市场的区别：

（1）交易组织方式不同。

（2）交易对象不同。场内市场交易的对象是标准化的衍生品合约。所谓标准化合约是指合约标的、合约规模、交割时间、交割地点、交易保证金、交割方式等都是由交易所事先规定好的、标准化的，这极大地增强了合约的流动性，也增强了合约对交易者的吸引力。场外市场的交易对象为非标准化合约，其流动性要弱于标准化合约。但是非标准化合约的内容更为灵活，交易双方可以自行协商合约条款，可以使最终的合约内容更符合双方的需要。

（3）承担的违约风险不同。场内市场交易的违约风险近乎为零，因为场内交易是通过交易所的清算机构完成的，所以交易所必须保证合约的最终履行，表面上，所有的违约风险都转移到了交易所，但是交易所通过一系列的管理制度，如保证金制度、强制平仓制度等，将违约风险控制到近乎为零。场外交易的交易者则需要承担交易对手的违约风险。

2. 交易者类型

（1）套期保值者（hedgers）参与衍生金融工具交易的目的是规避他们将面临的风险。

【例 3-12】某个食用油加工商已经与多家超市签订了合约，内容为 9 个月后由该加工商出售给超市一批大豆油，价格为 133 元/桶。现在该加工商面临的问题是如果 9 个月后原材料大豆的价格上涨，则预售合同就可能少赚钱或者是亏钱，所以加工商希望预先锁定 9 个月后的大豆买价。这时，它就可以通过买入 10 个月后到期的大豆期货来达到套期保值者的目的。9 个月后，如果大豆价格上涨，则期货头寸会有盈利产生，从而可以在一定程度上抵消现货价格上涨的负面影响。当然，如果大豆价格下跌，则期货头寸会产生亏损，从而抵消大豆价格下跌带来的额外好处，但都达到了规避风险的目的。

从表面上来看，套期保值者和投机者在交易所的交易并没有明显的区别，但是他们各自承担的风险却有很大的不同——套期保值交易的风险较低而投机交易的风险较高。因此，某些交易所会在保证金要求等风险管理制度方面对套期保值者和投机者进行区别对待。这就要求交易所必须先确定套期保值者的身份。

（2）套利者（arbitrageurs）通过同时针对两个或两个以上的、彼此价格存在相关性的交易品种进行交易，从而获取零风险收益。套利者可以在基础资产和衍生品之间进行套利，如债券现货和债券期货；也可以在不同期限的同类衍生品之间进行套利；还可以在不同市场的同一产品之间进行套利。

（3）投机者（speculators）与套期保值者相反，他们参与市场的目的不是规避风险，而是通过承担风险来换取获得高收益的可能性。投机者的目的就是获取衍生金融工具价格波动带来的价差收益。

3. 市场的功能

（1）优化资源配置。

衍生金融工具市场是通过配置资金来调配实物资源的，因此其可以突破实物商品市场在空间和时间上的局限性，实现资源跨时间和跨空间的合理配置。然而，现货市场的价格反映的是当前的供求关系，以此为依据来制订下一期的生产计划，很可能造成资源配置的偏差。但是，衍生品合约的内容通常是指向未来的现货交易而不是当前的现货交易，所以市场的报价是在对未来价格进行预期的基础上进行的。人们根据价格等公开信息，制订安排计划，从宏观上优化了资源的配置。

（2）规避风险。

衍生金融工具市场规避风险的功能是通过套期保值者的套期保值交易来体现的，投资风险通常分为系统性风险和非系统性风险。其中，非系统性风险可以由分散化投资来消除，而系统性风险则只能通过套期保值来消除。

（3）套期保值。

衍生金融工具有助于投资者或储蓄者认识、分离各种风险的构成和正确定价，使他们能根据各种风险的大小和自己的偏好更有效地配置资金，有时甚至可以根据客户的特殊需要设计出特制的产品。

（4）价格发现。

价格发现是衍生金融市场的外部性功效。在价格发现中，其中心环节是价格决定，这一环节是通过供给和需求双方在公开喊价的交易所大厅（或电子交易屏幕）内达成的，所形成的价格又可能因价格自相关产生新的价格信息来指导金融衍生工具的供给和需求，从而影响下一期的价格决定。

二、远期

（一）远期合约

1. 概念

（1）远期合约（forward contract）是指交易双方在将来某一指定时刻以约定价格买入或卖出一定数量某一资产的合约。与远期合约相对应的是即期交易，也就是一手交钱一手交货的买卖方式，相应的价格为即期价格。其相关概念如下：合约中约定买卖的资产通常称为标的资产（underlying assets）。标的资产可以是实物资产，如农产品、金属等，也可以是金融资产，如股票、债券等。

（2）多头：在远期合约中，同意在将来某一时刻以约定的价格买入资产的一方被称为多头（long position）。

（3）空头：在远期合约中，另一方同意在将来某一时刻以约定的价格卖出资产，这一方被称为空头（short position）。

（4）远期升水（forward premium）和远期贴水（forward discount）：即期交易中形成的价格叫作即期价格，在远期交易中形成的价格叫作远期价格。远期价格与即期价格的价差叫作远期价差（远期价差=远期价格-即期价格）。升水表明远期价格高于即期价格；贴水表明远期价格低于即期价格；平价表明远期价格和即期价格相等。

（5）交割价格：远期合约中规定未来买卖标的物的价格称为交割价格（delivery price）。在合约签订时，远期价格与交割价格是相等的。但是在合约签订之后，远期价格和交割价格并不相等。因为远期价格和标的物的现货价格是紧密相连的，所以远期价格会随市场的变化而变化，但交割价格则是保持不变的。

（6）合约期限：远期合约的期限是指合约签订至到期的时间。签订双方根据具体的情形来约定合约的期限，并没有统一的标准。

2. 收益

假设 K 为合约的价格，S 为资产在合约到期时标的资产的现货价格。那么对于远期合约的多头来说，每一单位的合约到期收益为 $S-K$。同样，对于远期合约的空头来说，每一单位的合约到期收益为 $K-T$。当 $S>K$ 时，多头获得正收益；当 $S<K$ 时，空头获得收益。合约到期时多头与空头的损益情况如图 3-1 所示。

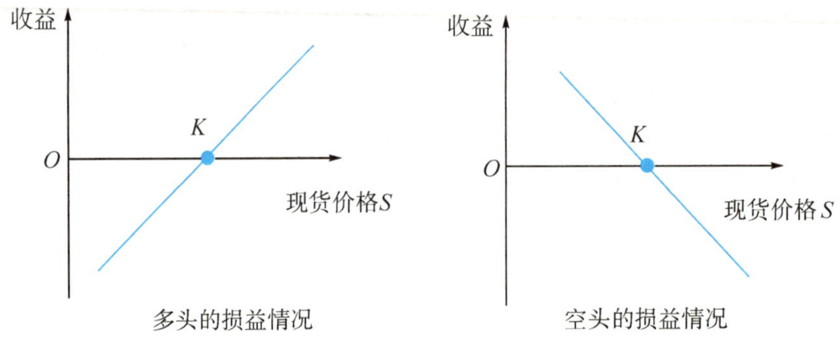

图 3-1　合约到期时多头与空头的损益情况

3. 远期交易的特点

(1) 远期合约在场外交易，是非标准化的合约。在签订合约时，双方根据自己的具体情况和要求来决定未来交易的时间、资产、价格和数量等，具有很大的灵活性，能够更好地满足交易者个性化的需求。

(2) 远期合约通常是现金和实物进行交割。90%以上的远期合约最后均以实物方式交割，只有很少的部分是以平仓来代替实物交割的。

(3) 远期合约流动性较差。由于远期合约可以是协商签订的，具有灵活性，如果一方希望提前终止合约，就很难找到刚好可以承担本方义务的其他交易者，存在退出流动性不足的风险。

(4) 存在违约风险。远期交易中双方均面临对方违约的风险。因为远期合约是在场外交易的，没有交易所进行监管，在合约签订时也不需支付任何现金，当价格变动对一方不利的时候，这一方会产生违约动机，因此远期合约的信用风险很高。

(二) 远期外汇合约

1. 概念

远期外汇合约（forward exchange agreement，FEA）是指外汇买卖双方在成交时先就交易的货币种类、数额、汇率及交割的期限等达成协议，并用合约的形式确定下来，在规定的交割日双方再履行合约，办理实际的收付结算。其相关概念如下：

(1) 即期汇率：也称现汇汇率，是交易双方达成外汇买卖协议后，在两个工作日以内办理交割的汇率。这一汇率就是现时外汇市场的汇率水平。

(2) 远期汇率：也称期汇率，是交易双方达成外汇买卖协议，约定在未来某一时间进行外汇实际交割所使用的汇率。

(3) 升水与贴水

升水是指远期汇率高于即期汇率，贴水则相反。远期汇率如果是升水，就在即期汇率的基础上加上升水数，即远期汇率；如果是远期贴水，就在即期汇率的基础上减去贴水数，即远期汇率。间接标价法的情况则相反。

直接标价法：远期汇率= 即期汇率±升（贴）水

间接标价法：远期汇率= 即期汇率 ∓ 升（贴）水

2. 交割

远期外汇交易交割日或者结算日基本是按月计算而不是按天计算的，其交割日是在即期外汇交割日或结算日的基础上确定的，即在确定远期外汇交易的交割日之前要先确定即期外汇交易交割日。

3. 远期外汇交易的作用

（1）进出口商预先买进或卖出期汇，以避免汇率变动风险。

（2）短期投资者或定期债务投资者预约买卖期汇以规避风险。

（3）利用远期外汇交易进行投机。

（三）远期利率协议

1. 概念

远期利率协议（FRA）是指交易双方约定在未来某一日期（指利息的起算日）开始的一定期限的协议利率（或称合同利率），并规定以何种利率为参照利率，在将来利息起息日，按合约约定的期限和名义本金，分别以合同利率和参照利率计算利息的贴现额并进行交换。其中，支付协议利息的一方为远期利率协议的买方，交易对手方为远期利率协议的卖方。远期利率协议是用以锁定利率和对冲利率风险的衍生工具之一。它没有发生实际的贷款本金交付，而只进行利息的交付。

2. 合约的特点

（1）远期利率合约有极大的灵活性。作为一种场外交易工具，远期利率协议的合同条款可以根据客户的要求量身定做，以满足个性化需求。

（2）虽然合约上的名义本金的金额比较大，但是在现金结算时只是支付利息的差额，所以实际支付的金额很小。

（3）结算日期前不用支付任何费用。

3. 远期利率协议的功能

（1）通过固定将来实际收付的利息规避利率变动的风险。

（2）利用远期利率协议投机获利。

一般来说，投机者并没有事先拥有一笔随着利率变动的资金，因此一开始投机者没有面临利率风险，但是他预期利率将要波动并希望从未来的利率变动中获利。在获取远期利率协议头寸后，投机者就会面临利率风险，但与保值者不同的是，这种风险是投机者为追求投机收益愿意承担的风险。

（3）银行可以利用远期利率协议防范利率变动风险。

4. 远期利率协议的风险

（1）远期利率协议容易产生信用风险。

（2）银行具有头寸风险。

（四）远期外汇综合协议

1. 概念

远期外汇综合协议（SAFE）是指双方约定买方按照合同规定的结算日直接以远期汇率用第二货币（次级货币）向卖方买入一定名义金额的第一货币（初级货币），然后在到期日再按合同中规定的到期日直接远期汇率把一定名义金额的原货币出售给卖方的协议。SAFE 是交易双方对未来利差变化或外汇互换差价变化进行保值或投机所签订的远期协议。

2. 远期外汇综合协议的特点

远期利率协议（FRA）主要着眼于两种货币的利率绝对水平，而远期外汇综合协议（SAFE）主要针对两种货币的利差，利差越大，其获利的幅度也就越大。另外，FRA 的远期期限是从现在开始的，而 SAFE 的远期期限是从将来的某个时刻开始的，因此我们可以将远期外汇综合协议看作远期的远期外汇合约。

二、期货

（一）相关概念

1. 概念

期货合约（futures contract）是交易双方约定在未来某一特定时间、以某一特定价格、买卖某一特定数量和质量的金融资产或实物商品的标准化合约。该金融资产或实物商品被称为标的资产，也被称为原生资产。

2. 期货的分类

根据期货交易品种即期货合约交易的标的物或基础资产的不同，期货交易分为两类：商品期货和金融期货。以实物商品如玉米、小麦、铜、铝等作为期货品种的属于商品期货；以金融产品如汇率、利率、股票指数等作为期货品种的属于金融期货。金融期货品种一般不存在质量问题，交割也大都采用差价结算的现金交割方式。

3. 期货的功能

（1）规避风险。

投资者通过购买相关的期货合约，在期货市场上建立与其现货市场相反的头寸，并根据市场的不同情况在期货合约到期前采取对冲平仓或到期履约交割的方式，实现其规避风险的目的。

（2）发现价格。

金融市场能够提供各种金融资产的有效价格信息，众多的买方和卖方通过类似拍卖的方式来确定交易价格。这种情况接近于完全竞争市场，能够在相当程度上反映出投资者对金融资产价格走势的预期和金融资产的供求状况。因此，某一金融期货合约的成交价格可以综合地反映金融市场各种因素对合约标的资产的影响程度，有公开、透明的特征。

（二）期货合约

1. 期货合约的特征

（1）合约标准化：金融期货合约标准化是指除价格外，标的金融资产、到期时间、结算方式等合约的所有条款都是预先由交易所规定好的，具有标准化的特点。标准化给交易带来了极大的变动，交易双方不需对交易的具体条款进行协商，节约交易时间，减少交易纠纷。

（2）交易集中化：期货交易必须在交易所内进行，交易所实行会员制，只有会员方能进场交易，场外投资者只能委托期货经纪公司代理。

（3）双向交易和对冲机制：双向交易是期货交易者既可以买入合约作为交易的开端（称为买入建仓），也可以卖出合约作为交易的开端（称为卖出建仓）。对冲机制是指交易者不是通过合约到期时进行实物交割来履行合约，而是通过与建仓时的交易方向相反的交易来解除履约责任，即买入建仓之后可以通过卖出相同合约的方式解除履约责任，卖出建仓后可以通过买入相同合约的方式解除履约责任。

（4）杠杆机制：期货交易实行保证金制度，交易者在进行交易时只需缴纳少量的保证金（一般为成交合约价值的10%左右），就可以以少量的资金进行较大价值额的投资。

（5）每日无负债结算制度：在每个交易日结束后，交易所对交易者当天的盈亏状况进行结算，在不同的交易者之间根据盈亏进行资金划转，如果交易者亏损严重，保证金账户资金不足时，则要求交易者必须在下一个交易日开始前追加保证金，否则交易所将对其头寸进行强制平仓。

2. 期货合约的要素

（1）合约名称：合约名称需注明该合约的品种名称、标的现货资产及其上市交易所名称。

（2）交易单位：在交易所交易的每张合约代表着金融资产的数量和每张合约的价值规定。

（3）报价单位：报价单位是指在公开竞价过程中对合约报价所使用的单位，即每计量单位的货币价格。

（4）最小变动单位：最小变动单位指在交易所的公开竞价过程中，对合约标的每单位价格报价的最小变动数值。

（5）每日价格最低波动限制：每日价格最大波动限制，也称涨跌停板制度，即指合约在一个交易日中的交易价格波动不得高于或者低于规定的涨跌幅度，超过该涨跌幅度的报价将被视为无效，不能成交。涨跌停板一般是以合约上一个交易日的结算价为基准确定的（一般有百分比和固定数量两种形式）。每日价格最大波动限制条款的规定在于防止价格波动幅度过大，造成交易者亏损过大而带来的风险。

（6）合约交割月份

合约交割月份是指某种金融期货合约到期交割的月份。合约的交割月份由交易所规定，交易者可自由选择交易不同交割月份的金融期货合约。最普遍的是以固定月份为交割月的规范交割，还有各种形式的滚动交割。

（7）结算价格

结算价格包括当日结算价格与到期结算价格。当日结算价格基于金融期货交易实行每日无负债结算，需要每日产生一个当日结算价格以结算每个账号的浮动盈亏状况及保证金情况。

（8）交易手续费

交易手续费是交易所按合约价值的一定比例或按成交合约手数收取的费用。交易手续费对市场流动性有一定影响，交易手续费过高会增加市场的交易成本，扩大无套利空间、降低市场的交易量，不利于市场的活跃，但可以起到抑制过度投机的作用。

（9）交割方式

金融期货交易的交割方式分为实物交割和现金交割两种方式，且以现金交割方式为主。

（三）期货的交易制度

1. 保证金制度

期货交易中任何交易者必须按照其所买卖合约价值的一定比例缴纳资金，用于结算和保证履约。保证金分为结算保证金和交易保证金。结算保证金是指会员为了交易结算，在交易所专用结算账户中预先准备的资金，是未被合约占用的保证金。交易保证金是指会员在交易所专用结算账户中确保合约履行的资金，是已被合约占用的资金。当买卖双方成交后，交易所按持仓合约价值的一定比例向双方收取交易保证金。交易所可根据金融期货市场的具体情况调整交易保证金水平。

2. 强行平仓制度

强行平仓制度是指当会员、投资者违规时，交易所对有关持仓实行平仓的一种强制措施。强制平仓制度也是交易所控制风险的手段之一。当会员、投资者出现以下情况时，交易所应实行强制平仓制度：①结算准备金余额小于零并未能在规定的时间内补足的。②持仓量超出交易所限仓规定的。③因违规受到交易所强行平仓处罚的。④根据交易所的紧急措施应予强行平仓的。⑤其他应该强行平仓的。

3. 涨跌停板制度

涨跌停板制度又称为每日价格最大波动限制制度，指期货合约在一个交易日中的交易价格波动不得高于或者低于规定的涨跌幅度，超过该涨跌幅度的报价将被视为无效，不能成交。涨跌停板一般是以合约上一个交易日的结算价为基准确定的。合约上一个交易日的结算价加上允许的最大涨幅构成当日价格上涨的上限为涨停板，而该合约上一个交易日的结算价减去允许的最大跌幅则构成当日价格下跌的下限为跌停板。涨跌停板的确定取决于期货对应的现货价格波动的频繁程度和波幅大小。该制度能够有效地减缓、抑制一些突发性事件和过度投机行为对期货价格的冲击而造成的狂涨暴跌，减缓每日的价格波动，交易所、会员和投资者的损失也被控制在相对较小的范围内。

4. 持仓限额制度

持仓限额制度是指交易所规定会员和投资者可以持有的、按单边计量的某一合约投机头寸的最大数额。实行持仓限额制度的目的是防范操纵市场价格的行为和防止市场风险过度集中于少数投资者。

5. 大户报告制度

大户报告制度是与持仓限额制度紧密相关的又一项防范大户操纵市场价格、控制市场风险的制度。实施该制度，可以使交易所对持仓量较大的会员或者投资者进行重点监控，了解其持仓动向和意图，对有效防范市场风险有积极作用。

三、期权

（一）相关概念

期权（option）是一份合约，它赋予其购买者在规定期限内按双方约定的价格购买或出售一定数量某种资产的权利。双方约定的价格称为执行价格（exercise price or strike price），购买或出售的资产称为标的资产（underlying assets）。期权合约只赋予合约的买方权利而无义务，合约卖方则无任何权利且需承担义务。合约的买方可以在规定的有效期内根据市场的情况，选择执行合约或者放弃执行合约来做出对自己最有利的选择，但是获得这种权利，买方在合约签订时需要支付给卖方一定的期权费（premium），用以补偿卖方承担的义务。买方也称为期权多头头寸（long position）的投资者，卖方称为期权空头头寸（short position）的投资者。

（二）期权类型

1. 按期权交易的特征划分

看涨期权（call position）：期权买方按合约规定的执行价格，在合约的有效期内向期权卖方买入一定数量的标的资产的权利，但并不负有必须买入的义务。而期权卖方有义务在期权规定的有效期内，应期权买方的要求，以期权合约规定的执行价格卖出标的资产。

看跌期权（put position）：期权买方在期权合约的有效期内，按合约规定的执行价格向期权卖方卖出一定数量的标的资产的权利，但并不负有必须卖出的义务。而期权的卖方有义务在期权规定的有效期内，应期权买方的要求，以期权合约规定的执行价格买入标的资产。（见表 3-1）

表 3-1 看涨期权和看跌期权买卖双方的权利和义务

类别	看涨期权	看跌期权
买方	以执行价格买入标的资产的权利	以执行价格卖出标的资产的权利
卖方	以执行价格卖出标的资产的义务	以执行价格买入标的资产的义务

看涨期权和看跌期权又可以分为实值期权（in-the-money position）、虚值期权（out-of-the-money position）和平值期权（at-the-money postion）（见表 3-2）。

表 3-2 看涨期权与看跌期权的实值、虚值和平值

类别	实值期权	虚值期权	平值期权
看涨期权	标的资产的市场价格高于合约规定的执行价格	标的资产的市场价格低于合约规定的执行价格	市场价格等于合约规定的执行价格
看跌期权	标的资产的市场价格低于合约规定的执行价格	标的资产的市场价格高于合约规定的执行价格	市场价格等于合约规定的执行价格

2. 按行使期权的方式划分

（1）欧式期权（European options）：欧式期权是指买入期权的一方只有在期权到期日当天才能行使权利的期权。

（2）美式期权（American options）：美式期权合同在到期日前的任何时候或在到期日都可以执行，结算日则是在履约日之后的一天或两天，大多数美式期权合同允许持有者在交易日到履约日之间随时履约，但也有一些合同规定一段比较短的时间后才可以履约。

3. 按期权交易市场划分

（1）场内期权（exchange-trade options or exchange-list options）：场内期权是指在集中性的期货市场或期权市场进行交易的期权合约，它是一种标准化的期权合约，其交易数量、执行价格、到期日及履约时间等均由交易所统一规定。

（2）场外期权（over-the-counter options，OTC options）：场外期权是指在非集中性的交易场所进行的非标准化的期权合约交易。

（三）期权与期货的区别

（1）期货合约的双方都被赋予相应的权利和义务，除非用相反的合约抵消。这种权利和义务在到期日必须行使，也只能在到期日行使。而期权合约只赋予买方权利而无义务，卖方则无任何权利且需承担义务。为了获得这种权利，期权合约的买方在合约签订时必须支付给卖方一定的期权费，以弥补卖方只承担义务而无权利的不利地位，而期货合约在签订时合约双方是不产生现金支付的。

（2）期货合约都是标准化的，因为都是在交易所中交易的，而期权合约则未必。

（3）期货交易双方所承担的盈亏风险都是无限的，而期权交易卖方的亏损风险可能是无限的（看涨期权的卖方），也可能是有限的（看跌期权的卖方），而盈利风险是有限的（以期权费为限）；期权交易的买方的亏损是有限的（以期权费为限），而盈利风险可能是无限的（看涨期权的买方），也可能是有限的（看跌期权的买方）。

（4）期货交易的买卖双方都须缴纳保证金。期权的买方无须缴纳，而场内期权的卖方则必须缴纳保证金，场外期权的卖方是否缴纳保证金取决于当事人意见。

（5）期货合约的买方到期必须买入标的资产，而期权合约的买方在到期日或到期日前则有买入（对看涨期权而言）或卖出（对看跌期权而言）标的资产的权利。期货合约的卖方到期必须卖出标的资产，而期权合约的卖方在到期日或到期日前则根据买方的意愿卖出（对看涨期权而言）或买入（对看跌期权而言）标的资产的权利。

（6）运用期货进行套期保值，在把不利风险转移出去的同时也把有利风险转移出去了；而运用期权进行套期保值时，只把不利风险转移出去了，而把有利的风险留给了自己。

（四）交易的操作者

1. 做市商

做市商（market makers）是指在证券市场上，由具备一定实力和信誉的证券经营法人作为特许交易商，不断地向公众投资者报出某些特定证券的买卖价格（即双向报价），并在该价位上接受公众投资者的买卖要求，以其自有资金和证券投资者进行证券交易。

2. 场内经纪人

场内经纪人（floor brokers）是指专门在交易所内执行直接来自社会公众或来自他们所代表的经纪商的交易指令的人。

3. 指令登记员

许多场内经纪人的交易指令都是限价指令，即它们只能在特定的价格或者更为有利的价格上执行该指令。通常，场内经纪人收到限价指令时，该指令并不能立即执行。在大多数交易中，场内经纪人将该指令传递给指令登记员。

四、互换

（一）相关概念

互换（swap）是指两个公司之间达成的在将来互换现金的合约，双方在合约中约定现金流的互换时间和现金流数量的计算方法。互换是一种按需定制的交易形式，只要互换双方愿意，从互换内容到互换形式都可以完全按照需要进行设计，由此而形成的互换交易可以完全满足客户的特定需求。

（二）利率互换

利率互换是指双方以一定的名义本金为基础，将该本金产生的以一种利率计算的现金流与对方的以另外一种利率计算的现金流相交换。利率互换可以有多种形式，最为简单的互换合约为标准利率互换。在这种互换中，一方同意向另外一方在未来若干时间内支付在本金面值上按事先约定的固定利率产生的现金流，收入以相同的本金产生的浮动利率现金流。

一项标准利率互换至少包括：①由互换双方签订一份协议；②根据协议双方各自向对方定期支付利息，并确定利息日期；③付息金额由名义本金额确定，由同种货币支付利息；④互换一方是固定利率支付者，固定利率在互换之初商定；⑤互换一方是浮动利率支付者，浮动利率参照互换期内某种特定的市场利率加以确定；⑥双方互换利息，不涉及本金的互换。利率互换的第一笔现金流互换不存在不确定性，名义本金不进行交换，利率互换通常只需一方支付互换现金流的差额。

（三）货币互换

货币互换是根据交易双方的互补需要，将持有的不同种类的货币以商定的筹资本金和利率为基础，进行货币本金的交换并结算利息。一般而言，货币互换涉及三个步骤：初始时刻的本金互换、中间的利率互换和到期日本金的再次互换。货币互换实际上是一种互利互补的交换。通过互换，交易双方不仅可以降低筹资成本，还能获得本来不易获得的某种资产，而且能合理规避外汇风险。

（四）其他类型互换

隔夜指数互换（overnight index swap，OIS）是一种将某期限内浮动的隔夜利率平均值（几何平均）与固定利率进行互换的合约。OIS 的期限通常不会超过一年，也有一个月、一周甚至几天的。

交叉利率互换是利率互换和货币互换的集合，以一种货币的固定利率交换另一种货币的浮动利率。

第六节　基金投资

一、基金概述

（一）基金的概念

基金主要是指证券投资基金。证券投资基金是一种利益共享、风险共担的集合投资方式，即通过发行基金单位，集中投资者手中的资金，由基金托管人托管，由基金管理人管理和运用基金，以获得投资收益和资本增值的投资方式。

（二）基金的特征

1. 流动性好

对于开放式基金，投资者可以向基金管理公司或通过代理销售机构，如券商、银行等随时购买或赎回基金单位，买卖过程非常方便。对于封闭式基金，投资人也可以通过证券交易所与基金单位进行交易。

2. 组合投资

基金将资产按比例投资到各种证券上，通过适当的分散和组合降低投资风险。基金的多样化投资组合对于中小投资者来说是非常重要的，中小投资者受资本规模的限制，一方面交易成本占资本总额的比重过大，另一方面购买证券的数量不足或种类过少而难以有效地分散投资风险。基金通过把中小资本汇集成大资本，可以降低平均交易成本，并且通过投资组合有效地分散风险。

3. 共同投资

基金公司为了适应不同阶层人士的需要，在设立基金时，每一基金单位的购买价很低，有的根本没有投资额的限制。投资者可以根据自己的实际情况购买，从而解决了中小投资者入市难的问题。

（三）基金关系人

（1）投资人：投资人又称为基金单位的持有人，是基金资产的最终所有人。投资人享有本金受偿权、收益分配权及投资人大会表决权。

（2）管理人：基金管理人负责基金的发起、设立与投资运作的专业性机构。基金管理人的职责是根据信托契约或委托管理契约负责拟订基金投资计划，指示托管机构按照其投资决策处理基金资产，监管托管机构不得违反有关契约规定。

（3）托管人：托管人将基金保管与管理分开，对基金管理人进行监督并对基金资产进行保管。基金托管人与基金管理人签订托管协议，在托管协议规定的范围内履行自己的职责并收取一定的报酬。托管人一般由具有一定资信的商业银行、投资公司和保险公司来担任。基金管理人只负责基金的日常管理与操作，托管人独立开设基金资产账户，依据管理人的指示处理基金资产并对基金管理人的投资计划与决策实施监督。

二、基金的种类

（一）按照投资对象的不同

按照投资对象的不同，基金可以分为货币基金、股票基金、债券基金和混合型基金。

一般情况下，货币基金收益稳定、风险低。

债券基金的风险收益根据市场情况和基金管理人的风险而异，波动幅度一般低于股票，风险较低。

股票基金相对于货币基金和债券基金，风险较高、可能的收益和损失也较大，风险收益程度受基金管理人风格、能力甚至运气的影响较大。

混合型基金的风险介于股票型和债券型之间，收益与基金管理人对大类资产判断的准确度有关。

1. 货币基金

货币基金指投资于各类货币市场工具的基金，如大额定期存单、银行承兑汇票、商业票据、短期国债等。由于货币市场工具期限短、风险低，因此该种基金收益相对比较稳定。

2. 股票型基金

股票型基金指资产 60%以上为股票的基金，其风险较高，产品面向普通投资者和机构投资者。股票型基金按投资股票的比例可以分为标准股票型基金和普通股票型基金；按投资策略，除了一般股票型基金外，还包括特殊策略股票型基金。

（1）一般股票型基金。

在一般股票型基金中，95%以上资产为股票的称为标准股票型基金，80%以下资产为股票的则为普通股票型基金，风险总体较高。

（2）特殊策略股票型基金。

特殊策略股票型基金则是指运用特定股票投资策略，且不适合与其他股票型基金进行收益与风险评价比较的基金，如量化投资、投资特定行业的基金。

3. 债券型基金

债券型基金指 80%以上资产投资于债券的基金，分为标准债券型基金、普通债券型基金、特殊策略债券型基金。投资者同样包括普通投资者与机构投资者，风险较低。

4. 混合型基金

混合型基金指基金资产投资于股票、债券及其他金融工具的基金，但投资方向比例不同，具体可划分为偏股型基金、偏债型基金、股债平衡型基金及灵活配置型基金。

偏股型基金指股票配置比例在 50%~80%，债券配置比例在 20%~40%的基金，风险较高。偏债型基金债券的比例较高，股票的比例较低，风险也较低。股债平衡型基金股票和债券的比例在 40%~60%，风险适中。灵活配置型则根据市场变化情况随时调整资产配置，风险亦适中。

（二）按照投资理念分类

按照投资理念的不同，基金可以分为主动型基金和被动型基金。

（1）主动型基金。主动型基金是一类希望超越基准组合表现的基金。相比较而言，主动型基金比被动型基金的风险更大，但取得的收益也可能更大。主动型基金是指基金管理人可以根据基金契约自由选择投资品种，更体现基金管理人的运作水平及背后强大的投研团队的能力。

（2）被动型基金。被动型基金不主动寻求取得超越市场的表现，而是试图复制指数的表现，并且一般选取特定的指数作为跟踪的对象，通常能够获取市场的平均收益率，风险较小，适合稳健的投资者。

（三）按照投资目的分类

按照投资目的的不同，基金可以分为成长型基金、价值型基金和平衡型基金。

（1）成长型基金。成长型基金指以追求资本增值为基本目标，较少考虑当期收入的基金，主要以具有良好增长潜力的股票为投资对象，风险较大。

（2）价值型基金。价值型基金指以追求稳定的经常性收入为基本目标的基金，主要以大盘蓝筹股、公司债、政府债券等稳定收益证券为投资对象，风险较小。

（3）平衡型基金。平衡型基金则是既注重资本增值又注重当期收入的一类基金。一般而言，成长型基金的风险大、收益高；收入型基金的风险小、收益也较低；平衡型基金的风险、收益则介于成长型基金与收入型基金之间。

（四）按照基金运作方式分类

按照基金运作方式的不同，基金可以分为开放式基金和封闭式基金。

（1）开放式基金是一种基金单位总数可随时增减，投资者可按基金的报价在基金管理人指定的营业场所申购和赎回的基金。

（2）封闭式基金是事先确定发行总额，在封闭期内基金单位总数不变，发行结束后可以上市交易，投资者可通过证券商买卖基金单位的一种基金。

（五）按照基金募集方式分类

按照基金的募集方式的不同，基金可以分为私募基金和公募基金。

（1）公募基金是指以公开的方式向不确定的社会公众投资者募集资金而设立的基金。

（2）私募基金是指通过非公开方式面向少数机构投资者和富有的个人投资者募集资金而设立的基金。它的销售和赎回都是基金管理人通过私下与投资者协商进行的，一般以投资意向书（非公开的招股说明书）等形式募集进行。

（六）按照组织形式和法律地位分类

按照组织形式和法律地位的不同，基金可以分为公司型基金和契约型基金。

（1）公司型基金是指基金本身就是一个股份有限公司，通过发行股票或收益凭证的方式来筹集资金，然后交给某一选定的基金管理公司进行投资，投资者凭其持有的股份依法分享投资收益。

（2）契约型基金是指基金发起人依据其与基金管理人、基金托管人订立的基金契约，发行基金单位而组建的投资基金，这种基金通常以发行受益凭证的方式向投资大众筹集资金。

三、基金投资的风险

投资基金的风险可以分为市场风险、流动性风险、运行机制风险。

1. 市场风险

由于投资基金主要以股票和债券等基础金融工具为投资对象，政治因素、政策因素、经济因素、投资心理等各种因素的变化必将引起股票和债券等证券价格的变化，也必将引起基金价格的变化，从而使得基金的资产发生损失。根据引起证券价格变动的因素不同，市场风险可进一步细分为：

（1）政治风险。

国家或地区的政治动荡，将严重影响一国或地区经济政策的变化和投资者的投资收益预期，导致证券的市场价格急剧波动以致影响基金的收益，从而产生风险。

（2）政策风险。

根据国民经济的运行状况和经济结构调整的需要，国家一般都会对财政政策、货币政策、税收政策等政策进行调整；根据金融市场的发展，国家一般都会对规范金融市场各类参与者行为规范的法律法规进行调整。这些政策的调整都会对基金投资的金融品种的价格产生影响，使其市场价格发生波动，并影响基金收益而产生风险。

（3）经济周期风险。

宏观经济的运行具有周期性，随着经济运行的周期性变化，各个行业的盈利水平也呈周期性变化。因此，经济周期的变化有可能对基金投资的金融产品的价格产生影响，从而产生风险。

（4）利率风险。

利率风险是指金融市场利率的波动导致证券的市场价格和收益率的变动，从而给投资证券的基金带来损失的风险。

（5）不可抗力风险。

战争、自然灾害、金融市场危机等不可抗力因素的出现，将会严重影响证券市场的运行，从而产生导致基金资产的损失，影响基金收益水平的风险。

（6）公司经营风险。

公司经营风险是指公司受经营决策水平、技术更新、产业内的竞争实力与竞争地位、运作规范程度等因素的影响造成经营不善，利润下降，股票价格下跌，从而产生基金投资收益下降的风险。

2. 流动性风险

基金的流动性风险是指基金管理人将基金资产快速变现时，基金资产损失的可能性。由于开放式基金在开放期内要随时接受投资者的赎回申请，所以流动性风险是开放式基金面临的主要风险之一。

3. 运行机制风险

基金的组织结构由基金持有人、基金组织、基金管理人和基金托管人构成。由于基金管理公司管理和运用基金资产，对基金具有实际控制权，所以其在整个基金组织体系中处于核心地位。

因此，基金的运行机制风险是指由于基金管理公司的内部治理结构不健全，或基金当事人之间的利益制衡机制不完善，从而造成基金持有人利益代表缺位，对基金管理人不能形成有效的监督，以致形成内部人控制，出现损害基金持有人利益的可能性；及在日常管理和运作过程中，由于人为原因或技术系统的故障等因素的影响，造成基金资产损失、基金信誉受损或基金市场份额下降等影响基金运作情况出现的可能性。

四、基金投资的优缺点

1. 优点

（1）专家管理。基金是由每天做出投资决策的专业基金经理来运作和管理的。

（2）多样化投资。对于投资者来说，基金可以利用规模优势来投资于多个领域。通过购买基金，小投资者可以达到投资的多样化。

（3）获得更受信赖的风险评估和业绩评估。投资者可以利用基金的历史数据来客观地、有根据地对一只基金的风险和收益进行估算。

（4）在交易的记录与证券的保管、买卖方式的灵活性、自动再投资等方面拥有优于个人投资的优势。

2. 缺点

（1）有管理费。管理公司会就管理投资、基金运作、管理投资者的账户和安全保管资产每年收取管理费。

（2）短期投资的高成本。很多基金都收取前端费用或后端费用或两者兼收，对短期持有基金的投资者来说费用非常高。因而基金更适合那些进行长期投资、购买并持有的战略投资者，而不适合短期持有者或经常进行交易的投资者。

（3）对巨额赎回的敏感性高。金融市场受市场投资者群体心理的影响是很大的，所以投资者有时候会进行一致的行动，这个现象将会导致巨额赎回的发生，会迫使基金经理在不利的时机卖出股票或其他投资品种来满足赎回的要求。

第七节　贵金属投资

贵金属（黄金、白银等）自古以来被认为是财富和权力的象征，也是法币制度建立前各国货币材料的首选。在现代法币制度下，以黄金为首的贵金属是各国央行发行纸币的重要储备。贵金属的保值性和其他特性，使其成为全球投资者资产配置的重要组成部分。

一、黄金概述

（一）黄金及其特性

黄金是一种贵金属，也是一种特殊的商品，曾在很长一段时间内承担着货币的职能。黄金稀有而且珍贵，具有储藏、保值、获利等金融属性，且极易变现。

1. 黄金的自然属性

黄金是热和电的良导体，质地柔软、可塑性强；它的化学性质十分稳定，自然状态下几乎不和任何物质发生化学反应。

2. 黄金的商品属性

黄金是人类较早发现和利用的金属，一段时间内曾是财富和华贵的象征，用于金融储备、货币、商品等。随着现代工业和高科技的快速发展，黄金在这些领域的应用逐渐扩大，到目前为止，黄金在金融储备、货币、商品等领域中的应用仍然占主要地位。

3. 黄金的金融属性

黄金是一种货币商品，当然也体现货币的职能特性，如价值尺度、流通手段、支付手段、贮存手段等。从 1980 年开始，各国在黄金现货交易的基础上，逐步衍生出黄金期货、期权、借贷、租赁、纸黄金和黄金账户等投资品种，黄金逐渐成为金融投资组合的重要组成部分。

（二）黄金市场及其主要参与者

黄金市场（gold market）是集中进行黄金买卖和金币兑换的市场。

黄金市场的主要参与者包括以下几种：

（1）国际金商：最典型的就是伦敦黄金市场上的五大金商，五大金商根据自身掌握的情况不断报出黄金的买价和卖价。

（2）银行：可以分为两类，一类是仅仅为客户代行买卖和结算，其自身并不参加黄金买卖，它们充当生产者和投资者之间的经纪人，在市场上起到中介作用；另一类做自营业务。

（3）对冲基金：在黄金市场上，几乎每次大的下跌都与对冲基金借入短期黄金在即期黄金市场抛售和在纽约商品交易所黄金期货交易所构筑大量的空仓有关。

（4）各种法人机构和私人投资者：各种法人机构和私人投资者既包括出售黄金的公司，也包括专门从事黄金买卖业务的投资公司、个人投资者等。

（三）黄金的投资的优势和劣势

1. 黄金投资的优势

（1）税收优势。

黄金投资是占税负担最轻的投资项目。在我国，购买投资性的金条、金币比购买黄金消费品在税收方面要少缴纳增值税、特别消费税等税种。

（2）无时间限制，可以随时交易。

伦敦、纽约、香港、上海等全球黄金市场交易时间联成一体，构成了 24 小时无间断的投资交易系统。除此之外，世界性公开的黄金市场不设停板和停市，令黄金市场投资更有保障，不用担心在非常时期不能重新入市以平仓止损。

（3）市场不易被操纵。

黄金市场是全球性的投资市场，全球一样的投资对象，一致的价格，市场不易被操纵。

（4）对抗通货膨胀及政治经济动荡。

通货膨胀会导致各国的货币大量缩水，会给存款投资者的个人财产带来巨大的损失。而黄金价格会随通货膨胀相应上涨，所以投资黄金可以对抗通货膨胀。国际动荡会造成动荡国家的货币信用崩塌，黄金就会成为这些国家人们管理财产的最好避险工具。

2. 黄金投资的劣势

（1）经常被政府控制。

（2）直接投资不会产生当期收益，投资黄金只能获得期初期末的买卖差价。

（3）历史价格波动幅度大。

（4）会发生储藏成本，如运输和保险产生的费用。

（四）黄金投资方式

1. 黄金投资渠道

（1）传统的金店和商业柜台。

目前，传统的金店和商业柜台成为大多数人较为普遍的投资黄金的场所，人们通过购买黄金饰品或是购买一些通过授权销售的金币、纪念金条等来投资。但是金店或者商业柜台上的黄金实物，其加工工艺、加工流转造成这些黄金实物的附加值过高，所以通过金店或商业柜台购买黄金实物的人群更加侧重黄金实物的装饰和收藏的功能。

（2）交易所市场。

我国上海黄金证券交易所包含两种形式的黄金投资，即黄金现货和黄金期货，主要进行黄金现货交易。

（3）商业银行。

2002 年中国人民银行批准我国四大银行开办黄金业务，包括现货买卖、黄金交割、交易清算、项目融资等。目前我国商业银行的黄金业务发展势头强劲，在整个黄金投资市场中所占的比重也在不断加大。

2. 黄金投资工具

（1）实物黄金。

实物黄金包括金币交易、金条交易和金饰交易三种交易方式。

投资金币的优点：投资的资金额度可以根据投资者的需求而定；可以在世界范围内较方便地进行金币买卖。缺点：存在一定的储藏风险，一旦金币的外表遭到损伤，金币的价值就会大大降低。

投资金条的优点：额外花费不高，主要是交易佣金；易于交易，主要指标准金条，交易价格也易于得到；一般不收取交易费。缺点：投资者需要支付铸造费用；需要对储藏的黄金支付保管费。

投资金饰的优点：既可以做饰品，又可以有投资保值的作用。缺点：流动性较差。

（2）黄金账户（纸黄金）。

黄金账户，又称纸黄金，是指投资者在买卖黄金时并不提取交割黄金实物，而采用储存卡或存折等形式，在特设的黄金账户内记录黄金的交易与数量，在与之配套的资金账户里记录资金的交易方向和数量。

投资黄金账户的优点：资产具有高度的流动性；没有储蓄风险。缺点：投资的资金占用大；转让有限制，通常只能转让给开户的银行或销售商。

（3）黄金股票和黄金债券。

黄金股票是金矿公司为募集社会资金而向社会公开发行的上市或不上市的股票。而黄金债券是金矿公司发行的债券，一般而言以黄金作为担保，其利率水平也和黄金价格有关。

投资黄金股票和债券的优点：高度的流动性；各处都可以获得报价，享受股利。缺点：操作难度大；投资费用较高，如交易费用。

（4）黄金衍生品。

①黄金期货。黄金期货是以黄金为交易标的物而产生的一种期货合约。目前全球黄金交易量的95%以上属于衍生品交易，而黄金衍生品交易的95%以上的绝大部分又属于期货交易。

投资黄金期货的优点：流动性好；交易的时间和价位选择具有高度的灵活性；安全方便，不需要考虑储存问题；价格由集中竞价产生，透明度高。缺点：因为杠杆作用，加大了投资风险。

②黄金远期交易。目前，美元黄金远期是国际黄金市场上最主要的交易品种。由澳大利亚和新西兰银行（中国）有限公司开发的人民币黄金远期产品，是上海金融市场的创新产品，它的诞生填补了中国金融市场在人民币黄金远期交易方面的空白。

③黄金期权。投资黄金期权的优点：黄金期权是一种风险限制性投资，黄金期权的买方可以获得风险控制保护，最大损失只是期权费和佣金。缺点：交易程序复杂；国际上提供黄金期权交易的市场比较少；期权卖方收益有限而风险无限。

④黄金基金。黄金投资共同基金，就是由基金发起人组织成立基金管理公司，其基金份额由没有时间或没有管理能力参与黄金买卖交易的投资人出资认购，基金管理公司组成专家委员会来负责实施具体的投资操作，并专门以黄金或黄金类衍生交易品种作为投资工具，以获取投资收益的一种共同基金。投资黄金基金的优点：进行多样化的投资组合，因此黄金基金的投资风险较小，收益比较稳定，能较好解决投资者资金少、专业知识差、市场信息不全但又期望获得稳定收益的矛盾。

第八节 理财产品投资

一、理财产品

（一）相关概念

从广义角度而言，一切与投资或资产配置相关的金融及非金融工具，当被居民或家庭甚至企业、政府等机构用于财富管理时，都可以被称为理财产品。按照广义理财产品的概念，股票、债券、基金、保险、外汇、金融衍生品、房地产与艺术品等，都可以被视为理财产品。

从狭义角度而言，理财产品是金融机构（如商业银行、证券公司、信托公司）发行的，根据合同约定将所募集资金投资于金融或非金融产品，并将取得的投资收益分配给投资人或受益人的一种金融投资工具。

（二）理财产品的关系人

一般而言，理财产品的关系人主要包括发行人、投资人、受益人、托管人，此外还包括设计人、投资管理人等。

理财产品的发行人是负责发行理财产品并募集资金，主导理财产品的开发、销售、资金管理、信息披露与收益分配的金融机构。

理财产品的投资人通常是购买理财产品，依照合同约定享有投资收益，并承担相应风险的主体。但在信托关系中，投资人可能不享有投资收益，而是指定由其他个人或机构享有。

理财产品的受益人是指信托关系中，根据信托合同享有投资收益，并承担相应风险的主体。理财产品受益人可以是投资人本人，也可以是投资人指定的其他个人或机构。

理财产品托管人是指受产品发行人的委托，保管委托资产，执行资金清算、会计核算、提交信托和财务报告，并履行其他相关职责的金融机构。托管人实际上受投资人委托，对投资管理人的行为进行约束，保管好资产，防止投资管理人滥用职权，损害投资人的利益。

理财产品主要关系人之间的关系见图 3-2。

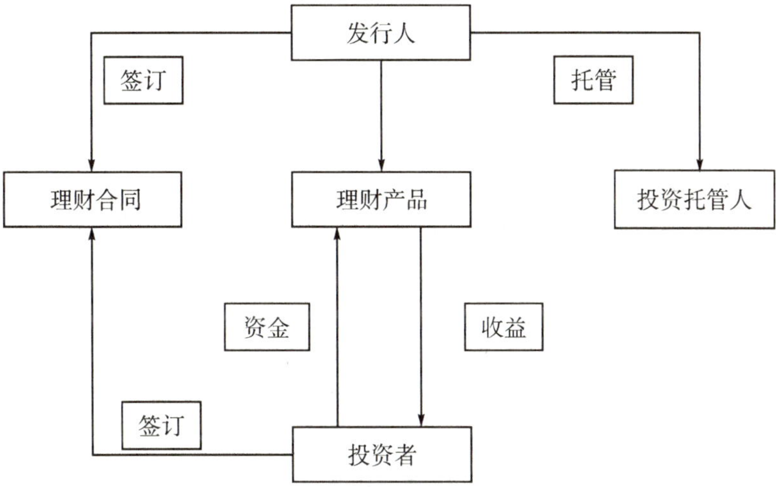

图 3-2　理财产品主要关系人之间的关系

（三）理财产品的风险

（1）政策风险：各项政策出现变化，将使投资产品面临政策不确定的风险。

（2）信用风险：理财产品发行募集的资金，投资在任何项目、实体或者证券等，若融资主体资信状况出现违约行为，将产生信用风险。

（3）市场风险：例如利率、汇率、股票价格等市场因子变化将引起理财产品遭受市场风险。

（4）管理风险：是指由投资管理人的管理水平较差、技能较低、操作不当等带来的风险。

（5）不可抗力及意外事件风险：自然灾害、战争等不可抗力事件或银行系统故障、市场停止交易等意外事件的发生，可能导致产品收益降低乃至本金损失的风险。

二、理财产品的投资运作模式

（一）一对一模式

所谓“一对一模式”，是指一个理财产品募集的资金投资于一个投资组合，两者之间是一一对应的关系。

优点：①对于投资者而言，这种模式能够很明确地指导资金的具体投向，投资者对风险和收益能做到很好的预见。②对于发行机构而言，其事先已经向投资者做了充分而明确的风险告知，而且投资的方向也明确地告知了投资者，因此事后出现投资风险，发行机构不用承担过多的责任。

（二）资金池模式

资金池模式是指理财产品发行人通过持续发售理财产品募集资金，将所募集资金汇集到一个可多元化投资的“资金池”，对“资金池”进行动态管理以取得投资收益，并按合同约定支付各期理财产品投资收益。

三、理财产品的分类

（一）按发行主体分类

1. 银行理财产品

银行理财产品是由商业银行发行，根据合同约定将所募集资金投资于金融或非金融产品并将取得的投资收益分配给投资人的一种金融投资工具。

银行理财产品的特点：

（1）银行理财产品的收益率一般高于同等期限定期储蓄利率，投资期限相对较短。

（2）银行理财产品的风险一般相对较低。银行理财产品通常投资于高流动性资产及债券等债券类资产，风险相对可控。

（3）银行理财产品的流动性相对较低。由于银行理财产品在存续期内通常无法赎回，同时也不存在二级市场，不可以进行转让，因此，其流动性较差。

2. 信托理财产品

信托理财产品是由信托公司发行，根据信托合同约定将募集资金投资于金融或非金融产品，并将取得的投资收益分配给受益人的一种金融投资工具。

信托理财产品的特点：

（1）信托产品设计灵活，可以广泛投资于各类金融工具和实物资产，因此，其投资范围非常广泛，运作机制也灵活多样。

（2）信托产品不承诺保本和最低收益，具有较高的投资风险。

（3）信托理财产品具有独立性，不受当事人（委托人、受托人和受益人）财务状况的影响，信托财产也不能被强制执行。

3. 合作类理财产品

合作类理财产品是指由多家金融机构合作，各家金融经理分别担任产品发行人、管理人等不同角色的理财产品。此处的金融机构主要包括商业银行、信托公司、证券公司、资产管理公司、投资公司、境外金融机构等。

（1）银信理财产品。

银信理财产品是指银行将理财项目下的资金交付信托公司，由信托公司担任受托人并按照信托文件的约定进行管理运用与处分的行为。但是，商业银行代销或代为推介信托公司产品和券商集合资产管理计划不在此范围内。

（2）银证理财合作。

银证理财合作是指银行将理财资金全部或部分投资于券商集合资产管理计划或定向资产管理计划。银证理财合作与银信理财合作类似，只不过银证理财是银行与证券公司之间进行合作，银信理财合作是银行与信托公司之间进行合作。

（3）银证信合作理财产品。

银证信合作理财产品是指银行、证券公司和信托公司三方合作开发的理财产品。投资者认购商业银行发行的理财产品；银行将其中部分资金委托给证券公司，投资于券商发行的定向资产管理计划；证券公司将其中部分或全部资金委托给信托公司，投资于信托公司发行的信托计划。最终信托公司成为投资者资金的实际受托人。

（二）按投资对象分类

理财产品的募集资金主要可以投资于债权、股权、其他金融机构及另类资产。

1. 投资于债权的理财产品

（1）票据类理财产品。

票据类理财产品主要投资于信用级别较高、流动性较好的货币市场工具。其特点是：①投资期短，通常小于 1 年；②本金、收益安全性高；③收益水平通常高于同期银行存款利率。

（2）债券理财产品。

债券类理财产品主要以国债、金融债、企业债和公司债为投资对象，其产品结构简单，投资风险小，预期收益稳定，适合风险承受能力较低的投资者。

2. 投资于股权的理财产品

投资于股权的理财产品是指将募集到的资金部分或全部投资于股票（或股权），风险相对较大。根据具体的投资对象不同，该类理财产品可细分为投资于上市公司股票的理财产品、投资于未上市公司股权的理财产品。

3. 投资于其他金融工具的理财产品

这类理财产品将理财资金部分或全部投资于债权、股权以外的金融工具，如证券投资基金、信托产品、外汇、金融衍生品等。

4. 投资于另类资产的理财产品

投资于房地产、大宗商品、艺术品等非金融资产的理财产品，统称为投资于另类资产的理财产品。这些理财产品的风险和收益，与行业特征及管理机构的专业水平高度相关。

（三）按投资币种分类

在我国，按照币种不同，理财产品可以分为人民币理财产品和外币理财产品。常见的外币理财产品有美元、港币、澳元等标价的理财产品。投资外币理财产品，除了承担投资标的本身的风险外，投资者还会面临汇率波动的风险。

（四）按投资期限分类

表 3-3 为按投资期限对理财产品的分类。

表 3-3 按投资期限对理财产品的分类

类别	期限
超短期理财产品	1 个月以内
短期理财产品	1 个月（含）~1 年
中期理财产品	1（含）~5 年
长期理财产品	5 年及以上
无固定期限理财产品	不确定

本章小结

（1）本章主要介绍财富管理工具，包括货币市场理财投资工具、债券、股票、外汇、衍生品、基金、贵金属及其他理财产品，并对这些理财工具的基础知识做了清晰的梳理，投资者可以根据介绍选择合适的理财产品进行投资。

（2）货币市场工具：①储蓄具有存取自由、安全性高、收益稳定等特点，因而在个人及家庭投资理财中，始终占有较大比重。根据各个银行的不同情况，储蓄业务包括活期储蓄存款和定期储蓄存款两种。②贷款是商业银行作为贷款人按照一定的贷款原则和政策，是以还本付息为条件将一定数量的货币资金提供给借款人使用的一种借贷行为。③信用卡是一种非现金交易付款的方式，是简单的信贷服务，是商业银行向个人和单位发行的，凭此向特约单位购物、消费和向银行存取现金，具有消费信用的特制载体卡片。其形式是一张正面印有发卡银行名称、有效期、号码、持卡人姓名等内容，背面有磁条、签名条的卡片。

（3）债券是政府、金融机构、工商企业等机构直接向社会借债筹措资金时，向投资者发行，且承诺按约定利率支付利息并按约定条件偿还本金的债务凭证。债券的本质是债的证明书，具有法律效力。债券购买者与发行者之间是一种债权债务关系，债券发行人即债务人，投资者（或债券持有人）即债权人。债券具有如下特征：偿还性、安全性、流动性、收益性、债券持有者享有优先偿债权。投资债券具有购买力风险、变现力风险、经营风险、违约风险、再投资风险。

（4）股票是股份有限公司在筹集资本时向发行人发行的股份凭证。股票代表着其持有者（即股东）对股份公司的所有权。同一类别的每一份股票所代表的公司所有权是相等的。股票具有以下基本特征：不可偿还性、参与性、收益权。股票可以分为普通股和优先股、记名股票和无记名股票、有面额股票和无面额股票等类别。股票投资要注重选股，选择正确的入市时机。

（5）外汇市场是指经营外币和以外币计价的票据等有价证券买卖的市场。外汇市场上的外汇买卖包括两种形式：一是本币与外币之间的买卖，二是不同外汇之间的买卖。外汇市场交易包括即期外汇交易、远期外汇交易、掉期外汇交易、择期外汇交易。

（6）金融衍生产品，也称金融衍生工具，是指由相关资产的未来价值衍生出来的一种金融合约。金融衍生产品的特点有杠杆性、高风险、虚拟性，常用的金融衍生产品有远期、期货、期权和互换四大类。①远期合约是指合约双方约定在未来某个确定的时间，按照某个特定的价格，出售或购买某种资产的一种协议。远期合约是一种非标准化合约。②期货合约是一种约定在未来以事先约定的价格买卖某种商品或资产的标准化、双边的远期协议。期货有商品期货和金融期货。金融期货主要有利率期货、股票指数期货和外汇期货。③期权合约规定了在某一特定时间，以某一特定价格买卖某一特定种类、数量、质量原生资产的权利。④期权合约有在交易所上市的标准化合约，也有在柜台交易的非标准化合约。

（7）基金是指通过发售资金份额，将众多投资者的资金集中起来，形成独立财产，由基金托管人托管、基金管理人管理，以投资组合的方法进行证券投资的一种利益共享。证券投资基金的当事人主要包括基金投资者、基金托管人和基金管理人。根据不同的标准，基金可分成不同的类别。按照投资对象的不同，基金可以分为货币基金、股票基金、债券基金和混合型基金。根据投资目标分类，基金分为成长型基金、收入型基金和平衡型基金。根据投资理念的不同，基金可分为主动型基金和被动（指数）型基金。按照基金的募集方式，基金可以分为私募基金和公募基金。按照组织形式和法律地位的不同，基金可以分为公司型基金和契约型基金。投资基金的风险包括：市场风险、流动性风险、运行机制风险。

(8) 贵金属（黄金、白银等）自古以来被认为是财富和权力的象征，也是法币制度建立前各国货币材料的首选。贵金属的保值性和其他特性，使其成为全球投资者资产配置的重要组成部分。黄金是一种贵金属，也是一种特殊的商品，曾在很长一段时间内承担着货币的职能。黄金稀有而且珍贵，具有储藏、保值、获利等金融属性，且极易变现。黄金的投资工具包括实物黄金、黄金账户（纸黄金）、黄金股票和黄金债券、黄金衍生品。

(9) 从狭义角度而言，理财产品是金融机构，如商业银行、证券公司、信托公司发行的，根据合同约定将所募集资金投资于金融或非金融产品，并将取得的投资收益分配给投资人或受益人的一种金融投资工具。理财产品分类：按发行主体分类，包括银行、信托、券商资管、合作类理财产品；按投资对象分类，包括投资债券、股票、其他金融机构及另类资产；按照投资币种不同，理财产品可以分为人民币理财产品和外币理财产品；按照投资期限，分为超短期理财产品、短期理财产品、中期理财产品、长期理财产品、无固定期限理财产品。

思考题

1. 针对活期储蓄和定期储蓄两种方式的特点，通过哪些理财策略可以弥补这两种储蓄方式的缺点？

2. 请搜集一只我国典型的货币市场基金的资料，介绍该基金的投资对象，并说明各投资对象的投资比重。

3. 试比较不同类型债券的收益和风险。

4. 金融期货交易具有哪些基本经济功能？

5. 请搜集、整理资料，说明当前在我国黄金投资过程中，银行推出黄金投资产品的一些常见品种及特点。

6. 请搜集资料，结合看涨期权和看跌期权的特点，详细说明中国银行“期权宝”产品的特点、交易过程，并对其损益情况进行分析。

7. 黄金投资的特点是什么？

第四章

家庭财务报表的编制与分析

学习要点及目标

- 重点掌握家庭财务报表的编制与分析、家庭财务比率分析、家庭现金流量预估表的编制。
- 了解家庭财务分析的基本知识。
- 了解家庭资产负债表与家庭支出储蓄表的关系。
- 了解家庭预算的概念与流程及其注意事项。

核心概念

收入　支出　储蓄　家庭资产负债表　家庭收支储蓄表　家庭现金流量表　财务预算

引导案例

住在高跟鞋上的老女人

《欲望都市》(*Sexand the City*) 这部电影讲述的是女主角凯莉·布拉德肖 (Carrie Bradshaw) 与她的朋友在纽约生活、工作及购物的情景。其中有一个情节，凯莉·布拉德肖暂时放下了存公寓首付款的压力，和她的好朋友米兰达 (Miranda) 去做她最擅长的事——买鞋。

“我的钱都去哪里了？我知道我赚了一些……”

米兰达拿起一双莫罗·伯拉尼克 (Manolo Blahnik) 的鞋，回答道，“400 美元一双，你有几双这样的鞋？50 双？还是 100 双？”

“有什么不对的地方吗？”

“100 个 400 美元就是你的首付款了。”米兰达说道。

“是吗，不是只有……4 000 美元吗？”

“错，是 40 000 美元。”米兰达纠正道。

“我花了 40 000 美元买鞋，居然没有地方住！”

我们中有多少人曾经想过，“我的钱都去哪里了？”

赚多赚少没关系，成功理财的关键在于控制。扮演凯莉·布拉德肖的萨拉·杰西卡·帕克 (Sarah Jessica Parker) 在现实生活中过着相对节俭的生活，她的财务安全也尽在掌握之中。也许是因为帕克女士也有过不富裕的时光，所以她特别珍惜眼前的一切，也可能是因为她本人与凯莉这个角色截然不同的理财个性——凯莉喜欢挥金如土，而萨拉节俭度日。帕克女士曾经说过，“我依然记得以前那些穷日子。那种贫穷让人无法躲藏。有时没有电，没有圣诞节，没有生日，有时收账人会上门收账，或者电话公司打电话来说，‘我们把你的电话停机了’”。

萨拉·杰西卡·帕克做得很不错，不过也有很多曾经腰缠万贯的名人没有守住自己的财富和成功，例如说唱歌手 M. C. 哈默（M. C. Hammer）。1990 年，他的收入是 3 300 万美元，但是到了 1996 年，他却因身负 1 370 万美元的债务而宣告破产。在这 10 年里遭遇了破产的还有电影明星金·贝辛格（Kim Basinger）和毕特·雷诺斯（Burt Reynolds），及出演电视连续剧《贝弗利山庄》的香侬·多尔蒂（Shannen Doherty）。接着，在 2003 年，前重量级拳王泰森申请破产。2010 年，《新泽西娇妻》的女主角特蕾莎·朱迪切（Teresa Giudice）和她的丈夫申请破产。虽然朱迪切的年收入有 79 000 美元（还要加上来自其他家庭成员“赞助”的 120 000 美元的收入），但是他们夫妻的负债高达 1 080 万美元。他们拖欠的信用卡债务总额超过 100 000 美元，其中包括在布鲁明戴尔、马库斯及诺德斯特姆商场消费的 20 000 美元。

这和你有什么关系？一个人如果无法掌控自己的金钱，那么成为有钱人也没有什么意义。我们总是不愿意过多思考自己的财务前景，因为处理好眼前的事已经够困难了。但是，没有计划将一事无成。如果你是普通人，那么很可能会想也不想地花钱，但是储蓄并不是自发自觉的。凯莉·布拉德肖就是这样。储蓄不是自发行为，必需要有计划。

计划和预算需要控制，它们不是自发的。没有衡量自己财务健康和制订预算计划的能力，我们就不能实现自己的财务目标。财务约束虽然没有肆意挥霍来得有意思，但是比衣衫褴褛、无家可归好多了。制订和坚持计划不是一件容易的事，它常常涉及人们所谓的牺牲，比如在假期里打工，而不是去巴拿马市观看 MTV 的春季盛典，或者放弃每天的特调咖啡。虽然如此，但是为了实现财务约束，任何小的或大的牺牲都是值得的。毕竟，你不想和凯莉一样，在《欲望都市》的结尾非常沮丧地说，“我将成为住在高跟鞋上的老女人”。

（资料来源：基翁. 个人理财［M］. 6 版. 郭宁，王涛，译. 北京：中国人民大学出版社，2016.）

案例导学

财务分析往往应用于公司、企业和其他社会团体，比如一个公司会不断记录其资产、负债、所有者权益、收入、费用和利润，从而制定相应的报表，并通过报表对公司的财务状况进行分析，进而制定适应当前情况的财务目标和规划。但是随着居民可支配收入的持续增长及财富管理产品和消费品种类的日益增加，越来越多的个人和家庭开始关注自身的财务状况，许多的家庭已经开始投资于债券、股票、外汇、基金和金融衍生品等以获得收入，而消费支出也已经变得越来越多样化。所以家庭财务分析是众多家庭所要或将要了解和掌握的。

第一节　家庭财务分析基础知识

一、家庭财务分析的基本概念

掌握家庭财务报表编制与分析的前提是熟悉家庭财务分析的基础知识，比如理解会计的概念、对象与基本职能，资产、负债与净值，收入、支出与利润，流量与存量及财务报表等。

（一）会计的概念、对象及基本职能

会计指的是以货币为计量单位，反映和监督各种主体的经济活动，会计的对象就是各主体的经济活动。根据会计对象进行分类，会计要素可分为资产、负债、净值（所有者权益）和收入、支出（费用）、利润（储蓄）。其中资产=负债+所有者权益，利润=收入-支出。根据各要素的具体内容，会计要素可以分为不同的会计科目，即资产类、负债类、所有者权益类和损益类等。

会计的基本职能可以分为两个，会计核算和会计监督。会计核算是对主体的经济活动进行详细的记录和客观的报告，为主体的其他各方面提供准确的会计信息，以使主体能够借此信息做出相应决策和规划；会计监督是对主体的经济活动和有关的会计信息的合法性、合理性进行审查，以达到监督作用，从而对主体的经济活动及会计工作起到约束作用。

（二）资产、负债与净值

资产、负债与净值三者反映的是主体某个时间点的财务状况。资产是指主体所拥有的财产，并且在未来可能会给主体带来经济利益。对资产的价值进行评估时，要用其当前的市场价值，而不是购买成本或未来的预期价值。资产主要包括货币资产（比如银行存款等）、投资（比如债券投资、股票投资和基金等）、住房、汽车、退休金等。根据资产的目的，资产可以分为流动性资产（比如活期存款等）、投资性资产（比如定期存款、股票投资等）、自用性资产（比如自用住房等）。

【小贴士】

成本价值与市场价值

成本价值是指非现金资产在购买时的成本。市场价值是指资产在记账时点的最新市场公允价值。市场价值和成本价值的差就是账面损益。账面损益可以用来评价目前持有某项资产是否成功：如果持有的某项资产的市场价值大于成本价值，则说明持有该资产是成功的，此时出售该资产会盈利，但是如果其市场价值小于成本价值，则说明持有该资产是失败的。

负债是主体由过去的经济活动所形成的在将来的偿付义务，即主体承诺将来偿还的债务。根据债务的期限长短，我们一般将负债分为流动负债和长期负债。流动负债是指一年内还清的债务，长期负债则是一年以后到期的债务。其中流动负债包括了所有的待付账单，比如水电气费、信用卡欠款及过期且还未支付的房租、电话费等；长期负债则是一些金额较高的负债，因为债务人很难在短期内偿还债务，所以偿还期限往往大于一年，比如房贷、汽车贷款及贫困家庭学生的学生贷款等。我们也可根据负债的用途将负债分为消费性负债，比如小额消费贷款等；投资性负债，比如投资房地产按揭贷款等；自用性负债，比如住房按揭贷款等。在记录负债时，一定要区别未偿还债务和已偿还债务，只有未偿还债务才被称为负债。

净值，也叫所有者权益，即净资产，是资产减去负债后的余额。其代表的是个人和家庭财富的累积水平。

【小贴士】

净资产水平

当主体的净资产小于零时，即主体的负债大于主体的资产的价值时，主体也就丧失了偿还债务的能力，这种情形也被称为资不抵债。资不抵债将导致破产的可能。所以为了避免破产的产生，主体在从事经济活动时，控制自己的净资产水平是很有必要的。但是我们要知道，净资产水平并不是越高越好，因为这取决于自己的理财目标和所处的特定生命周期阶段，毫无疑问，一个大学生或刚开始工作的工薪阶层，其净资产水平会比一个事业有成的人低很多。

（三）收入、支出与利润

收入、支出（也称为费用）和利润三者反映的是主体在一定时期的理财规划的成果。收入是指主体在期间获得的使净值增加的利益流入。收入主要包括工资、红利、佣金、政府补贴、投资收益和退休金等。当然有些收入是要向政府交税的，比如工资、投资收益和彩票中奖等，所以主体真正的收入是总收入减去所交税额。

支出与收入相反，是指主体在期间发生的使净值减少的利益流出。支出的种类比收入种类要繁杂很多，比如居住、食品烟酒、交通和通信、教育文化和娱乐、生活用品及服务、医疗保健、衣着及其他各种支出。当然，按照支出是否能被主体控制，我们可以将支出分为可变支出和固定支出，其中可变支出是非固定的，每个月的数量是可以根据主体当前状况调整的，受主体控制；而固定支出是指每个月固定数额的支出，不受主体的控制。图 4-1 提供了 2016 年中国城镇居民的各项支出的金额及比例。如图 4-1 所示，食品烟酒是中国城镇居民最大的一笔支出，占支出总额的 29%，紧跟其后的是居住，居住支出占总支出的 22%，第三则是交通和通信，占比 14%。而前三占比就已占 65%，说明城镇居民支出的基本支出仍是其主要支出方式。

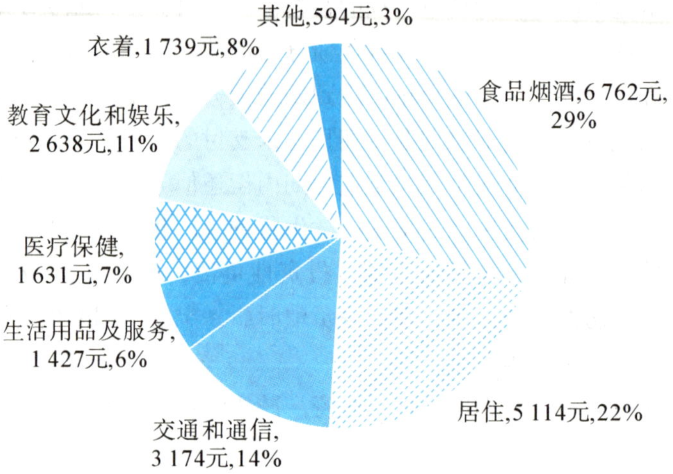

图 4-1　城镇居民支出情况（2016）

利润则是主体在期间的经济利益成果，一般利润是税后收入与支出的差值。如果利润为正，即税后收入大于支出，那么主体将会有余下的钱可以用于储蓄或投资；但是若利润为负，即税后收入小于支出，那么可能会使主体未来的经济活动受到负面影响。

（四）流量与存量

流量是一定时期内发生的量，比如前面讲到的收入、支出和利润就是流量。存量是指某一个时点的量，比如前面的资产、负债和净值都是存量，具体显示的是主体某个时点的资产负债情况。

【小贴士】

流量和存量的关系

流量和存量完全是两个不同的概念，但是两者可以通过一定关系相互转换。两者的关系可以由图 4-2 表示。如图 4-2 所示，本期收入和本期支出都是流量，但是两者之差再加上期初存量则是为期末存量，这也就完成了流量和存量的转换。

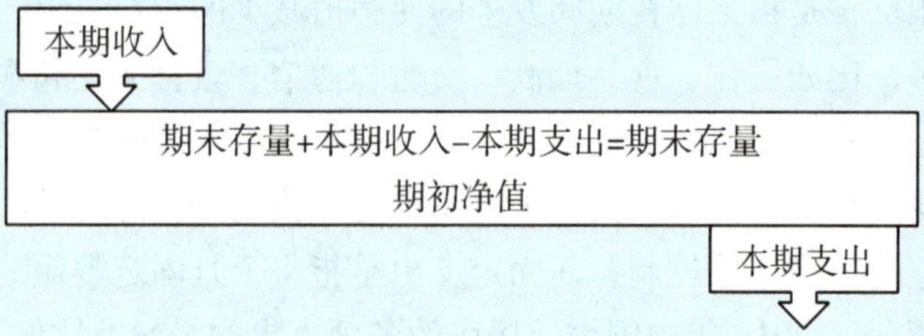

图 4-2　流量与存量之间的关系

二、家庭财务报表

（一）财务报表

财务报表是对主体的财务状况、经营成果（收支储蓄情况）和现金流量的结构性表述，其目的是为报表使用者提供相关的会计信息，帮助使用者了解主体的有关财务状况，从而制定对应的财务目标并做出相应决策。

财务报表一般包括资产负债表、利润表和现金流量表，分别从不同角度反映主体的财务状况、经营成果和现金流量；而对于个人或家庭而言，财务报表一般包括家庭资产负债表、家庭收支储蓄表和家庭现金流量表，分别从不同角度反映个人或家庭的财务状况、收支储蓄情况和现金流量。

（二）家庭会计的特征

家庭会计和企业会计有很多相似之处，特别是在内容上和格式上。但是家庭会计明显要比企业会计简单很多，家庭会计更多的是利用企业会计领域已经成熟的方法和工具。家庭会计的特征主要有：

因为家庭财务报表仅仅是为了个人或家庭的财务管理，所以个人或家庭的财务报表一般是不要求对外公开的。而企业的财务报表会对投资者及监管者和社会公众实时公开。

由于家庭财务报表不要求对外公开，因此家庭财务报表的制定就不受严格的会计准则和会计、财务制度的约束。使用者完全可以根据自己的需要进行相应报表的编制。

对于家庭财务报表而言，固定资产折旧不一定会被列入家庭资产负债表。但是企业按国家规定必须计提折旧，这说明企业被要求对固定资产进行折旧。

在家庭财务管理中，家庭往往不会像企业那样进行收入和支出的资本化处理，而是更倾向于处理现金。例如，个人投资于教育或职业培训，这会增加个人人力资本的价值，进而可能使未来的收入增加。企业对于这类支出通常会进行资本化处理，将其递延到未来进行分摊。然而，家庭管理则只是将其视为一次性的生活支出。

第二节 家庭资产负债表的编制与分析

资产负债表是说明主体在特定时点的财务状况的报表。它能够清晰地表明主体拥有多少资产和负债及净资产水平，即资本水平。家庭资产负债表可以列出个人或家庭拥有的资产、负债及净资产，净资产就是资产减去负债。

一、家庭资产负债表的内容

家庭资产负债表详尽地记录了个人或家庭的资产和负债及净值。其中资产包括流动性资产、投资性资产和自用性资产；负债包括有消费性负债、投资性负债和自用性负债；而净值则是资产和负债之差。

如表4-1所示，该表对个人或家庭所有的资产和负债都有记录，并且将资产负债的三个小类别也具体体现了。其中流动性资产包括活期存款及其他流动性资产，投资性资产包括定期存款、外汇存款、股票投资、债券投资、基金投资、投资性房地产、保单现金价值及其他投资性资产，自用性资产包括自用房产、自用汽车及其他自用性资产；消费性负债包括信用卡循环信用、小额消费贷款及其他消费性负债，投资性负债包括金融投资负债、实业投资负债、投资性房地产按揭贷款及其他投资性负债，自用性负债包括住房按揭贷款、汽车按揭贷款及其他自用性负债。

表4-1 家庭负债表的内容

资产	金额	负债及净值	金额
现金		信用卡循环信用	
活期存款		小额消费贷款	
其他流动性资产		其他消费性负债	
流动性资产合计		消费型负债合计	
定期存款		金融投资负债	
外汇存款		实业投资负债	
债券投资		投资性房地产按揭贷款	
股票投资		其他投资性负债	
基金投资		投资总负债合计	
投资性房地产		住房按揭贷款	
保单现金价值		汽车按揭贷款	
其他投资性资产		其他自用性负债	
投资性资产合计		自用性负债合计	
自用房产		负债总计	
自用汽车			
其他自用性资产		净值	
自用性资产合计			
资产总计		负债和净值合计	

【小贴士】

几种特殊的投资性资产的处理

保单的现金价值：由于投资型保险和储蓄型保险能够累积现金价值，在达到一定期限后，这类保单往往会给主体带来经济利益，因此其现金价值累计额被视为投资性资产。

投资性房地产：除了自用房产外，以收取租金或赚取买卖差价为目的的投资性房地产被视为投资性资产。

养老、医疗、住房公积金账户余额：由于养老金、医疗保险、住房公积金都有个人账户，但是个人账户会有利息收入，所以这些账户余额也被视为投资性资产。

债券投资：如果确认可以收回，则记投资性资产；若预计某些部分不能收回，则这一部分应提呆账，用以反映市场价值的减少。

二、家庭资产负债表的结构分析

由于资产负债表中总资产=总负债+净值，所以通过表4-1可以得出结论：

$$总资产=流动性资产+投资性资产+自用性资产 \quad (4.1)$$

$$总负债=消费性负债+投资性负债+自用性负债 \quad (4.2)$$

$$流动性资产-消费性负债=流动性净值 \quad (4.3)$$

$$投资性资产-投资性消费=投资性净值 \quad (4.4)$$

$$自用性资产-自用性负债=自用性净值 \quad (4.5)$$

$$\begin{aligned}净值&=总资产-总负债\\&=(流动性资产+投资性资产+自用性资产)-(消费性负债+投资性负债+自用性负债)\\&=(流动性资产-消费性负债)+(投资性资产-投资性消费)+\\&\quad(自用性资产-自用性负债)\\&=流动性净值+投资性净值+自用性净值\end{aligned} \quad (4.6)$$

根据资产的目的不同我们可以知道：流动性资产是为了满足个人或家庭的紧急备用金的需要；投资性资产是为了投资回报或实现资产的保值增值，即获取经济利益；自用性资产是为了满足自己享用，以获取某种效用。所以在资产一定的情况下，主体应当适当提高投资性资产的比重，从而在未来增加自己的资产。

同样根据负债的用途不同我们可以知道：消费性负债是用以弥补日常生活支出不足而进行透支的消费；投资性负债是为了购买投资性资产而使信用扩张形成的负债；自用性负债是为了购买自用性资产以获取某种效用而形成的负债。所以消费性负债在可以避免的情况下应当尽量避免，投资性负债在获利时就应当立即偿还；对于自用性负债，主体一定要仔细考量自己偿还债务的能力，量力而行。

【例4-2】用现金5 000元偿还房贷本金4 000元和房贷利息1 000元，在家庭资产负债表上正确的反映是（　　）。

①流动性资产减少 5 000 元，自用性资产增加 4 000 元

②流动性净值减少 5 000 元，自用性净值增加 4 000 元，总净值减少 1 000 元

③流动性资产减少 5 000 元，自用性负债减少 4 000 元

④流动性净值减少 5 000 元，自用性净值增加 4 000 元，总资产减少 1 000 元

⑤流动性资产、流动性净值与总资产同时减少 5000 元

A. ②③⑤　　B. ③④　　C. ①②④　　D. ①②⑤

【解析】选 A。现金属于流动性资产，房产本金属于自用性负债，房贷利息则是属于理财支出。

流动性资产（-5 000，用现金 5 000 元偿还放贷本息）-消费性负债（0）

= 流动性净值（-5 000）

投资性资产（0）-投资性负债（0）= 投资性净值（0）

自用性资产（0）-自用性负债（-4 000，偿还贷款本金 4 000 元）= 自用性净值（+4 000 元）

从上述三个式子可以知道：流动性资产减少 5 000 元，自用性净值增加 4 000 元，由于投资性净值为 0，所以总净值减少 1 000 元，因此②正确。自用性负债减少 4 000 元，因此③正确。由于投资与自用性资产均为 0，所以总资产减少 5 000 元，因此⑤正确。

三、家庭资产负债表的编制

对家庭资产负债表的内容和结构进行分析和了解之后，主体应当学会如何编制一张家庭资产负债表。假设某个个人或家庭主体拥有现金 2 万元、活期存款 4 万元、美元存款 1 万美元（美元的成本汇率为 6.5，预计年底汇率为 6.3）。同时，该主体投资了三只股票，A 股票 10 手，买入时股价为 6 元/股，现价 4 元/股；B 股票 20 手，买入时股价为 4 元/股，现价 3 元/股；C 股票 10 手，买入时股价为 12 元/股，现价 10 元/股。此外，主体还投资了 10 000 单位基金，成本为 1 元/单位，现价 2 元/单位；主体还借给朋友 2 万元。关于房产，该主体有自有房产，其成本为 100 万元，现价为 120 万元，但还有 30 万元的房贷余额；有投资性房产，其成本为 100 万元，现价为 130 万元，仍有 40 万元的房贷余额；主体拥有的汽车，其成本为 15 万元，买入已经 3 年，折旧 50%。该主体还购买了保额分别是 10 万元、20 万元的终身寿险和养老寿险，现金价值分别为 1 万元、5 万元；各类投资型保单，趸缴保费 10 万元，账户现金价值为 12 万元。最后还有 1 万元的信用卡循环信用余额。

根据上述所反映的资本负债情况，我们可以结合表 4-1，编制一个具体的家庭资产负债表。为了反映资产的账面损益，此处将成本和现价都记录于资产负债表中，在本书后续章节，未经说明，资产负债表都以成本计。编制结果如表 4-2 所示。

表 4-2　家庭负债表的编制结果

单位：元

资产	成本	现价	负债及净值	成本	现价
现金	20 000	20 000	信用卡循环信用	10 000	10 000
活期存款	40 000	40 000	小额消费贷款		
其他流动性资产			其他消费性负债		
流动性资产合计	60 000	60 000	消费型负债合计	10 000	10 000
定期存款			金融投资负债		
外币存款	65 000	63 000	实业投资负债		
债券投资			投资性房地产按揭贷款	400 000	400 000
股票投资	26 000	20 000	其他投资性负债		
基金投资	10 000	20 000	投资总负债合计	400 000	400 000
投资性房地产	1 000 000	1 300 000	住房按揭贷款	300 000	300 000
保单现金价值	160 000	180 000	汽车按揭贷款		
其他投资性资产	30 000	30 000	其他自用性负债		
投资性资产合计	1 291 000	1 613 000	自用性负债合计	300 000	300 000
自用房产	1 000 000	1 200 000	负债总计	710 000	710 000
自用汽车	150 000	75 000			
其他自用性资产			净值	1 791 000	2 238 000
自用性资产合计	1 150 000	1 275 000			
资产总计	2 501 000	2 948 000	负债和净值合计	2 501 000	2 948 000

注：因为朋友借款是主体对他人的债权，因此有利息收入，所以归为其他投资性资产。

【小贴士】

编制家庭资产负债表的注意事项

（1）寿险保额不能当作资产，只有保单的现金价值才能被列为资产。

（2）住房公积金、个人养老金及医疗保险的个人账户余额也应当被列入资产，因为这些账户余额会有利息收入。

（3）要注意不同资产项目的计价基础是不同的，有些资产以成本计，有些资产以市值计，要有区分；为了避免混淆，可以在资产负债表中分别记录。

第三节　家庭收支储蓄表的编制与分析

第二节中的家庭资产负债表反映的是个人或家庭的财务状况，我们通过分析资产负债表可以知道主体在特定时间点上积累的财富的多少。而本节所要讲述的则是记录在一段时期内（通常是一个月），主体的钱从哪里来，到哪里去的一张表——家庭收支储蓄表。

一、家庭收支储蓄表的内容

家庭收支储蓄表是用来记录主体资金的来源和去处的，所以它包括了收入、支出及净收入这几个大类项目。主体的收入减去消费支出后，余下部分就是净收入，净收入可以用以储蓄或进行投资。

家庭收支储蓄表的具体内容如表 4-3 所示。在表 4-3 中，个人或家庭的收入被分为工作收入和理财收入两大类，工作收入是主体获得的工资、薪酬、佣金及奖金等，理财收入是主体通过持有资产或卖出资产而获得的利息、股息、房租及资本利得等。个人或家庭的支出也相应地被分为生活支出和理财支出，生活支出主要包括平时的生活费、房租、学费等，理财支出主要包括利息支出、保障型保费支出及交易理财产品所支付的手续费或佣金等。

表 4-3　家庭收支储蓄表的内容

内容项目	具体内容
工作收入	工资、薪酬、佣金、奖金等
理财收入	利息、股息、房租收入及变现资产的资本利得
生活支出	生活费、房租、学费等
理财支出	利息支出、保障型保费支出、交易理财产品的手续费或佣金等

【小贴士】

家庭收支储蓄表能说明什么？

家庭收支储蓄表记录了一段时期内主体的收入，支出。收入减去支出余下的净收入就可以被用来储蓄或进行其他投资。所以家庭收支储蓄表能够清楚地显示主体收支情况，从而让主体重视自己的偿付能力。

如果支出太大，家庭收支储蓄表可以记录主体的钱用了多少，用在了什么地方，这可以让主体及时并准确地发现问题；如果支出并没有出现什么问题，那么家庭收支储蓄表就会显示出，有多少净收入是可以用来储蓄的或用以进行其他财富管理的。一张详细的家庭收支储蓄表会让主体非常清楚钱在这段时期的来龙去脉。

二、家庭收支储蓄表的结构分析

编制家庭收支储蓄表所要遵循的会计恒等式为：

$$收入-支出=储蓄 \tag{4.7}$$

根据式（4.7），再结合上一小节的内容，我们可以得到如下关系式：

$$总收入=工作收入+理财收入 \tag{4.8}$$

$$总支出=生活支出+理财支出 \tag{4.9}$$

式（4.8）表明家庭总收入主要来源于工作收入和理财收入，式（4.9）则表明家庭支出主要是生活支出和理财支出。将式（4.8）和式（4.9）代入到式（4.9）中可以得到以下式子：

$$\begin{aligned}总储蓄&=总收入-总支出\\&=(工作收入+理财收入)-(生活支出+理财支出)\\&=(工作收入-生活支出)+(理财收入-理财支出)\end{aligned} \tag{4.10}$$

这里将工作收入减去生活支出的剩余部分称作工作储蓄，将理财收入减去理财支出的部分作为理财储蓄，因此有：

$$工作储蓄=工作收入-生活支出 \tag{4.11}$$

$$理财储蓄=理财收入-理财指出 \tag{4.12}$$

把工作储蓄和理财储蓄的两个等式（4.11）和（4.12）代入到式（4.10）中可以将（4.10）写成：

$$总储蓄=工作储蓄+理财储蓄 \tag{4.13}$$

通过对式（4.11）和（4.12）的分析，我们可以清晰地知道，总储蓄的构成部分是工作储蓄和理财储蓄，这两者所构成的总储蓄可用于储蓄或进行其他投资。

对于多数人而言，人的整个生命周期中，从开始工作起，工作收入就是所有支出的主要来源，当然，在退休之后一般只剩下理财收入，所以主体对平时的生活支出应该有所控制，最好不超过工作收入。为了在退休后有可观的收入，主体应该在工作期间逐渐提高理财收入的比例，并且贷款和保费都应该在退休前支出完毕，退休之后应该只有生活支出。所以普通人的生命周期收支情况应该满足图 4-3 的情形。

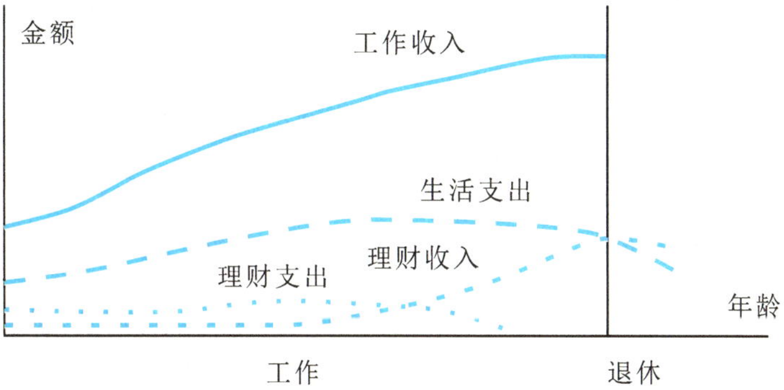

图 4-3　生命周期收支曲线图

【小贴士】

是否所有现金流入都是收入？

一定要注意，不是所有的现金流入都是收入，有些现金的流入只调整主体的资产负债，而并不会改变主体的收入，当然有的现金流入只有其中的一部分会记作收入，而另一部分则只调整主体的资产负债。比如商业银行贷款，借入的现金流入导致资产（现金）增加、负债增加，但这并不影响家庭收支储蓄表，从银行贷款 100 万元，仅仅是使资产和负债同时增加 100 万元而已。

【小贴士】

是否所有现金流出都是支出？

同样，不是所有的现金流出都是支出，有些现金流出甚至可能是储蓄，比如教育金储蓄、储蓄型保险、个人养老保险、医疗保险缴费及住房公积金的支出等，这些都能增加个人或家庭的资产。对于主体而言，这些现金流出相当于储蓄而不是支出。比如偿还住房按揭贷款，现金的流出只有利息部分才记支出，本金部分不能记支出，而只是对资产负债进行调整。例如：每月还贷 5 000 元，其中包括本金 4 000 元，利息 1 000 元。其中，只有利息 1 000 元才记为支出，而本金 4 000 元只是使得个人或家庭的负债减少 4 000 元，同时使得现金减少 4 000 元。

家庭记账采用收付实现制，即有现金的流动才会确认收入或支出，但就如同小贴士说明的一样，并不是所有的现金流入都记作收入（即现金流入≠收入），也不是所有的现金流出都记作支出（即现金流出≠支出）。现金的变动要么起到变动收入和支出的作用，要么起到调整资产负债的作用，要么同时起到两种作用。所以主体在编制家庭收支储蓄表时，有必要区分现金流入和收入及现金流出和支出。

三、家庭收支储蓄表的编制

由于所得税、三险一金和保费种类比较繁杂，这是编制收支储蓄表的一个难点，所以主体在编制家庭收支储蓄表时，需要先知道所得税、三险一金和保费的记账方法。这三者具体的记账方法如表 4-4 所示。该表对于个人所得税及不同的保险的保费的记账方法都有明确的说明。

表 4-4　个人所得税、三险一金及保费的记账方法

个人所得税	列为收入的减项	
三险一金	基本养老保险费 医疗保险费 住房公积金	个人账户积累金额作为投资性资产
		划归个人账户的部分是限制性支配收入与储蓄，并不是支出
	失业保险费	列为收入的减项或者是保障型保费，归为理财支出
保费	保障型保费	当作费用归为理财支出，比如定期寿险、意外险、产险等
	储蓄型保费	保费当作储蓄，所积累的现金价值当作投资性资产，比如养老险、退休年金、投资型保单等

在明白所得税、三险一金和保费的记账方法后，我们要对收入的口径进行确认。首先是可运用收入，它是指扣除了个人所得税之后的总收入；接着是可支配收入，它是指税前收入扣除医疗保险费、养老保险费、失业保险费、住房公积金和个人所得税后的收入，这一部分可以由主体自由支配。而家庭收支储蓄表中的收入也就是此处的可运用收入的概念。可支配收入和可运用收入之间的关系可以由式（4.14）、（4.15）来表示。

可支配收入=税前工作收入-医疗保险费-养老保险费-失业保险费-住房公积金-个人所得税　(4.14)

可运用收入=可支配收入+医疗保险费+养老保险费+失业保险费+住房公积金　(4.15)

了解了家庭收支储蓄表的一系列基本知识之后，就可以编制家庭收支储蓄表了。假如某个家庭由夫妻、父母和子女构成，现在我们编制夫妻二人的家庭收支储蓄表。夫妻二人年税后工资为16.5万元，此外还有其他工作税后收入5万元，为了方便起见，假设夫妻二人均未参加社保；对于理财产品的投资，实现了利息收入0.1万元、资本利得1万元及资本损失3万元。而支出部分，则有日常生活支出6万元，赡养父母支出2万元，子女教育支出1.5万元；保障型保费、储蓄型保费分别支出1.3万元和1万元，房贷本金和利息支出都是2万元；此外还有定期定额投资基金支出2万元。

通过对夫妻俩的收支情况进行梳理之后，再结合表4-3中的内容，我们可以把上述的信息编制成一张家庭收支储蓄表，编制结果如表4-5所示。

表4-5　家庭收支储蓄表的编制结果　　单位：元

项目	金额
工作收入	215 000
其中：薪资收入	165 000
其他税后收入	50 000
减：生活支出	95 000
其中：子女教育支出	15 000
家庭生活支出	60 000
其他生活支出	20 000
工作储蓄	120 000
理财收入	-19 000
其中：利息收入	1 000
资本利得	-20 000
其他理财收入	
减：理财支出	33 000
其中：利息支出	20 000
保障型保险保费支出	13 000
其他理财支出	
理财储蓄	-52 000
储蓄	68 000

【小贴士】

编制家庭收支储蓄表的注意事项

（1）未实现的资本利得不能视为收入，同理，未实现的资本损益不能视为支出。

（2）出售股票的钱不能全部记作收入，出售股票后要将股票成本转为现金以进行资产调整，只有资本利得（资本损益）才记作收入（支出）。

（3）偿还住房按揭贷款时，不是所有偿还金额都记作支出，其中本金部分使得现金和负债同时减少，从而起到调整资产负债表的作用，只有利息部分才记作支出。

从家庭收支储蓄表中可以看出，夫妻俩的总储蓄可运用式（4.13）计算，即总储蓄=工作储蓄+理财储蓄=120 000-52 000=68 000（元）。

收支结余后的储蓄可以分为固定用途储蓄和自由储蓄两类。第一类是指已经安排的本金还款或投资，常见的有个人住房公积金和个人基本养老金账户的每月划入、房贷本金的偿还、定期定额基金及储蓄型保险费等。而自由储蓄是总储蓄减去固定用途储蓄后剩余的可以自由决定其用途的储蓄。三者之间的关系可用式（4.16）表示。

$$总储蓄=固定用途储蓄+自由储蓄 \tag{4.16}$$

所以夫妻俩可以自由决定其用途的储蓄并不是总储蓄 68 000 元，因为固定用途储蓄有定期定额投资基金 2 万元、储蓄型保费支出 1 万元、房贷本金支出 2 万元，合计 5 万元，所以根据式（4.16）有：

自由储蓄=总储蓄-固定用途储蓄 =68 000-50 000 =18 000（元）

所以夫妻俩最终可自由决定其用途的储蓄有 18 000 元。

【小贴士】

收入支出的高低与储蓄方向

不同的主体收入和支出都是不同的，那么收入和支出的高低与储蓄多少之间的关系是什么呢？此处将主体分为四类，分别是低收入-低支出、低收入-高支出、高收入-低支出及高收入-高支出主体。对于低收入-低支出主体，其收入一般刚刚满足支出，应该努力增加收入以提高自己的支出从而改善生活水平，其一般没有储蓄；对于低收入-高支出主体，其往往会进行贷款以满足自己较高的支出需求，这类主体储蓄为负，应当量入为出，尽量避免消费贷款；对于高收入-低支出主体，其会有很大比例的储蓄，因此这类主体应当有效地利用储蓄，提高储蓄或投资收益；对于第四类主体，即高收入-高支出主体，因为其支出高于普通人水平，所以这类主体应当好好计划自己的支出，避免支出超过收入，从而提高自己的储蓄率和理财收入。

第四节　资产负债表与收支储蓄表的分析

一、资产负债表与收支储蓄表的水平、垂直分析

水平分析是指将两期数据进行比较分析，即比较同一项目的成长率。垂直分析是指计算本期和上期的比率，并进行分析，即比较每个资产负债科目占总资产的比率，每个收入、支出科目占收入合计比率的相对变化。下面以家庭资产负债表（表 4-6）和家庭收支储蓄表（表 4-7）为例进行两期的水平分析和垂直分析。

表 4-6　家庭资产负债表各项目的两期比较分析

以成本计	本期期末/元	上期期末/元	增加额/元	增长率/%	本期比率/%	上期比率/%
现金	20 000	10 000	10 000	100. 00	0. 68	0. 34
活期存款	40 000	40 000	0	0. 00	1. 36	1. 38
外汇存款	63 000	63 000	0	0. 00	2. 14	2. 17
股票投资	20 000	15 000	5 000	33. 33	0. 68	0. 52
基金投资	20 000	10 000	10 000	100. 00	0. 68	0. 34
保单现金价值	180 000	160 000	20 000	12. 50	6. 11	5. 51
投资性房地产	1 300 000	1 300 000	0	0. 00	44. 10	44. 78
其他投资性资产	30 000	30 000	0	0. 00	1. 02	1. 03
自用房产	1 200 000	1 200 000	0	0. 00	40. 71	41. 34
自用汽车	75 000	75 000	0	0. 00	2. 54	2. 58
资产总计	2 948 000	2 903 000	45 000	1. 55	100. 00	100. 00
消费性负债	10 000	10 000	0	0. 00%	0. 34	0. 34
住房按揭贷款	300 000	310 000	-10 000	-3. 23	10. 18	10. 68
投资性房地产按揭贷款	400 000	410 000	-10 000	-2. 44	13. 57	14. 12
金融投资借款	0	0	0	—	0. 00	0. 00
负债总计	710 000	730 000	-20 000	-2. 74	24. 08	25. 15
净值	2 238 000	2 173 000	65 000	2. 99	75. 92	74. 85

表 4-7　家庭收支储蓄表各项目的两期比较分析

项目	本期金额/元	上期金额/元	增加额/元	增长率/%	本期比率/%	上期比率/%
工作收入	215 000	200 000	15 000	7. 50	109. 69	103. 73
利息收入	1 000	800	200	25. 00	0. 51	0. 41
资本利得	10 000	12 000	-2 000	-16. 67	5. 10	6. 22
资本损失	30 000	20 000	10 000	50. 00	-15. 31	-10. 37
收入合计	196 000	192 800	3 200	1. 66	100. 00	100. 00
生活支出	95 000	90 000	5 000	5. 56	48. 47	46. 68
利息支出	20 000	20 000	0	0. 00	10. 20	10. 37
保费支出	13 000	12 000	1 000	8. 33	6. 63	6. 22
支出合计	128 000	122 000	6 000	4. 92	65. 31	63. 28
储蓄	68 000	70 800	-2 800	-3. 95	34. 69	36. 72

对于水平分析而言，例如表 4-6 家庭资产负债各项目的两期比较分析中股票投资项，上期期末为 15 000 元，本期期末为 20 000 元，增加了 5 000 元，增长率为 33. 33%；在表 4-7 家庭收支储蓄表各项目的两期比较分析中资本损失项，本期损失 30 000 元，上期损失 20 000 元，增加了 10 000 元，增长率为 50%；此外还可以根据表 4-6 和表 4-7 分别对各项资产、负债和净值及收入、支出和储蓄进行水平分析。从两期的数据比较可以看出，股票资产的增长速度较快，而与此同时，资本损失的增长速度也很大，这说明投资者的投资效益并不理想。

对于垂直分析而言，例如在表 4-6 家庭资产负债各项目的两期比较分析中保单现金价值的本期比率为 6. 11%，这与上期的比率 5. 51%相比有所增加；由于本期总资产增加了 1. 55%，即使活期存款、外汇存款及投资性房地产等的价值没有发生变化，其占总资产的比例也会因总资产增加而有所降低。在表 4-7 家庭收支储蓄表各项目的两期比较分析中可以发现，两期的各项比率虽然均没有太大的变化，但是工作收入占总收入的比率有所增加，资本损失占总收入的比率更大，保费支出占总收入的比率有所提高，总的支出占收入的比率增大，并且总的储蓄占总收入的比率与上期比率相比有所下降。

我们通过对家庭资产负债各项目的两期比较分析和家庭收支储蓄表各项目的两期比较分析，可以看出家庭财务的各项增加情况及各项的变动趋势，这两种分析方法对主体深刻了解自己的财务状况及编制家庭财务预算都有着非常重要的作用。

二、家庭资产负债表与收支储蓄表的关系

若以成本计价，那么当期期末的净值与上期期末的净值之差就等于当期储蓄。在以成本计价的资产负债表中，当期的净值分为两个部分，即上期累积的净值和本期增加的净值。而根据收支储蓄表可以知道，储蓄等于收入减去支出，且储蓄必须等于本期增加的净值。

储蓄可以用来新增投资或偿还债务本金，如果还有剩余，则资产负债表中的现金就会增加，如果不足，则资产负债表中的现金就会减少。当储蓄为负时，主体就需要变现资产或新增借款。所以说家庭资产负债表和家庭收支储蓄表都有必要编制，这样才能够进行相互钩稽而做出有意义的分析。

当然，如果按市值计价家庭资产负债表，则有本期增加的净值=本期储蓄+资产账面价值变动额。

【例 4-3】王先生和妻子钱女士月薪合计 10 000 元。夫妻二人拥有活期存款 80 000 元，并且拥有股票资产，其成本为 100 000 元，10 月初，夫妻二人决定购买一套自用住房，所以以 110 000 元的市场价格将股票出售，假设无交易费用。住房市价为 600 000 元，个人住房按揭贷款 420 000 元。所以从 10 月起，夫妻二人每月生活费 5 000 元，偿还房贷 3 000 元，其中本金 1 000 元。请编制夫妻二人的家庭资产负债表和收支储蓄表，并判断两者是否满足钩稽关系。

【解析】为了计算 10 月的净值增加额，我们需要编制两份资产负债表，一份记录 9 月底的资产负债情况，另一份记录 10 月底的资产负债情况，分别为表 4-8 和表 4-9。

表 4-8　夫妻俩 9 月 30 日资产负债表

资产	金额/元	负债和净值	金额/元
活期存款	80 000	负债	0
股票	100 000	净值	180 000
资产合计	180 000	负债和净值合计	180 000

表 4-9　夫妻俩 10 月 31 日资产负债表

资产	金额/元	负债和净值	金额/元
活期存款	12 000	房贷余额	419 000
股票	0		
自用性房产	600 000	净值	193 000
资产合计	612 000	负债和净值合计	612 000

从表 4-8 和表 4-9 可以看出，夫妻二人 10 月底净值为 193 000 元，9 月底净值为 180 000 元，表 4-10 是夫妻二人 10 月份的家庭收支储蓄表，由于收入支出项目较少，所以此处采用的是简易的收支储蓄表。

表 4-10　夫妻俩 10 月份的简易收支储蓄表　　单位：元

工作收入	10 000
资本利得	10 000
生活支出	5 000
利息支出	2 000
储蓄	13 000

通过计算得到本期储蓄 13 000 元（=本期净值 193 000 元-上期净值 180 000 元），这也说明家庭资产负债表和收支储蓄表的编制过程正确，满足钩稽关系。

第五节　家庭现金流量表的编制和分析

很多时候，人们最关心及最容易了解的是现金的流入和流出，所以在分析家庭财务状况时，现金的流入和流出也是分析的重点。家庭现金流量表就是反映个人或家庭在一定期间的现金或现金等价物的流入和流出情况的。根据现金用途的不同，我们可以将现金流量进行分类。具体内容将在下面小节具体展开。

一、家庭现金流量表的内容

与家庭相关的现金流量是比较多的。根据用途，我们可以将现金流分为四大类，即生活现金流量、投资现金流量、借贷现金流量和保障现金流量。其中，生活现金流量就是指一般的工作收入及生活支出所产生的现金流量；投资现金流量主要有投资的收益、已实现的资本利得或资本损失、新增的投资或者是赎回投资等所产生的现金流量；借贷现金流量主要是由向其他主体的借款、本金和利息的偿还等所产生的现金流量；保障现金流量则主要是保费支出（保障型保费）所产生的现金流量。其中，每一大类的收入减去支出都会得到每一类的现金净流量，现金净流量也会记录在现金流量表中。

家庭现金流量表的具体内容如表 4-11 所示。在表 4-11 中，现金流量先被分为四个类别，每一个类别的具体项目都被列出，然后在列出每个类别的具体项目后还有每个类别的净现金流，分别为生活现金净流量、投资现金净流量、借贷现金净流量和保障现金净流量，最后还有本期现金及现金等价物净增加额。

表 4-11　家庭现金流量表的内容

项目	项目
一、生活现金流量	三、借贷现金流量
工作收入	借入本金
生活支出	利息支出
生活现金净流量	偿还本金
二、投资现金流量	借贷现金净流量
投资收益	四、保障现金流量
资本利得	保费支出（保障型保费支出）
新增投资	保障现金净流量
投资赎回	
投资现金净流量	五、本期现金及现金等价物净增加额

【小贴士】

不同类型的保费应划分到不同的现金流量

表 4-11 中，保费支出归为保障现金流量，但是这类保费支出是保障型保费支出。然而另一种保费——储蓄型保费，则属于投资现金流量，因为储蓄型保费会形成保单现金价值，这就相当于把一部分钱存在保险公司，这是个人或家庭的一种资产，属于投资，所以储蓄型保费是新增投资，应当归为投资现金流量。

二、家庭现金流量表的结构分析

第三节提到，现金的流入有两个作用，一个是引起收入的增加，另一个则是调整资产负债表，并且现金流入≠收入，现金流出≠支出。我们可以将个人或家庭的现金流入分为三个来源，即工作收入、理财收入及资产负债调整的现金流入。这里的资产负债调整的现金流入主要包括投资赎回及借入资本。同理，我们可以将个人或家庭的现金流出分为三个流向，即生活支出、理财支出及资产负债调整的现金流出。这里的资产负债调整的现金流出则主要包括新增投资和偿还本金。

现金流入=工作收入+理财收入+资产负债调整现金流入　　(4.17)

现金流出=生活支出+理财支出+资产负债调整现金流出　　(4.18)

资产负债调整现金流入-资产负债现金流出=资产负债调整现金净流量　　(4.19)

那么，一定时期期末的现金也就是现金流入和流出之差再加上初期的现金，即

期末现金=初期现金+现金流入-现金流出　　(4.20)

把式（4.17）、（4.18）、（4.19）代入到式（4.20），可以得到式（4.20）的展开式：

期末现金=初期现金+(工作收入+理财收入+资产负债调整现金流入)-
(生活支出+理财支出+资产负债调整现金流出)
=初期现金+(工作收入-生活支出)+(理财收入-理财支出)+
(资产负债调整现金流入-资产负债现金流出)　　(4.21)

这里结合式（4.11）、（4.12）和（4.19）来分析家庭现金流量表的结构，把三个式子代入式（4.21）中，得到

期末现金=初期现金+工作储蓄+理财储蓄+资产负债调整现金流量　　(4.22)

所以我们可以很清晰地发现，个人或家庭的现金流量的变动来源于两个方面：第一个方面是储蓄，这里的储蓄是指总储蓄，即工作储蓄和理财储蓄之和，其可以从家庭收支储蓄表中计算出来；第二个方面是家庭资产负债调整的现金净流量，这就是那部分现金流入流出没有引起收入和支出的变化，却只是引起了资产负债表的调整的那一部分现金净流量。

至于第二个方面的计算，做如下解析。因为资产负债调整的现金流入包括投资赎回和借入本金，所以

资产负债调整现金流入=投资赎回+借入本金　　(4.23)

并且资产负债调整的现金流出包括新增投资和偿还本金，所以

$$资产负债调整现金流出=新增投资+偿还本金 \tag{4.24}$$

把式（4.23）和式（4.24）代入到式（4.19）中，可以得到

$$资产负债调整现金净流量=投资赎回+借入本金-新增投资-偿还本金 \tag{4.25}$$

此外，表4-11中的四类现金流量，满足下列的关系式：

$$生活现金净流量=工作收入-生活支出 \tag{4.26}$$

$$投资现金净流量=投资收益+资本利得+投资赎回-新增投资 \tag{4.27}$$

$$借贷现金净流量=借入本金-利息支出-偿还本金 \tag{4.28}$$

$$保障现金净流量=保障型保费支出 \tag{4.29}$$

【例4-4】根据收付实现制，在用5 000元现金支付当年终身寿险保费后（假设自然保费小于4 000元），准确记账的家庭财务报表将反映为（　　）。

①现金减少5 000元　　②支出增加5 000元

③储蓄增加5 000元　　④净值保持不变

A. ①　　B. ①②　　C. ①③　　D. ①②④

【解析】选A。终身寿险具有两种性质，即保障性和储蓄性，只要每年保费超过自然保费，这部分就会具有保单的现金价值，因为这一部分可视为储蓄。所以，在这5 000元保费中，有一部分是自然保费——当作理财支出，另一部分是5 000元中超过自然保费的那一部分——当作储蓄，因为另一部分积累的现金价值在期末的资产负债表中会体现为资产的增加，所以支出只是自然保费部分，支出并未增加5 000元，所以②错误；在缴纳保费后，自然保费部分相当于现金的减少，使得资产相应减少，而负债不变，所以净值减少，所以④错误；并且理财支出的增加会使储蓄减少，所以③错误。

【例4-5】今年1月，钱先生进行了一系列投资活动：

（1）出售去年1月购买的A股票，成交后取得现金24 000元，成本为23 000元；

（2）股买了B股票，成本为40 000元，月末市值为43 000元；

（3）收到前年购买的C股票派发的现金红利5 000元。

假设没有交易成本，请问钱先生今年1月投资现金净流量为多少？

【解析】-11 000元。这里要求计算钱先生的投资现金净流量，根据式（4.27），投资现金净流量=投资收益+资本利得+投资赎回-新增投资。钱先生对于A股票的出售，共有23 000元的投资赎回和1 000元的资本利得；对于B股票的购买，属于新增投资，共40 000元；收到C股票的现金红利是投资收益，共5 000元。所以投资现金净流量=5 000+1 000+23 000-40 000=-11 000（元）。

【例4-6】金先生在本月向亲朋好友借款30 000元，他本人偿还个人住房按揭贷款1 500元，其中本金1 000元，利息500元，他还购买了股票，成本为50 000元。在月末，金先生发现本月现金增加了800元。

假设没有交易成本，请问金先生本月储蓄是多少？

【解析】21 800元。根据式（4.22），有：期末现金=初期现金+工作储蓄+理财储蓄+资产负债调整现金流量，那么当月储蓄：储蓄=工作储蓄+理财储蓄=期末现金-初期现金-资产负债表调整现金流量。其中，期末现金-初期现金=（800）元，再根据式

(4.25)，资产负债调整现金净流量=投资赎回+借入本金-新增投资-偿还本金=30 000-1 000-50 000=-21 000（元），所以储蓄=800+21 000=21 800（元）。

三、家庭现金流量表的编制

假设某主体的家庭两期资产负债表和家庭收支储蓄表具体项目和数据如表 4-12 和表 4-13 所示，结合两张表编制该主体的本期现金流量表。

表 4-12　家庭两期资产负债表　　单位：元

资产	本期期末	上期期末	负债及净值	本期期末	上期期末
现金	20 000	10 000	消费性借款	10 000	10 000
活期存款	40 000	40 000	住房按揭贷款	300 000	310 000
外币存款	63 000	63 000	投资性房地产按揭贷款	400 000	410 000
股票投资	20 000	15 000	金融投资借款	0	0
基金投资	20 000	10 000	负债总计	710 000	730 000
保单现金价值	180 000	160 000			
投资性房地产	1 300 000	1 300 000			
其他投资性资产	30 000	30 000	净值	2 238 000	2 173 000
自用房产	1 200 000	1 200 000			
自用汽车	75 000	75 000			
资产总计	2 948 000	2 903 000	负债和净值总计	2 948 000	2 903 000

表 4-13　家庭收支储蓄表　　单位：元

项目	本期金额
工作收入	215 000
利息收入	1 000
资本利得	10 000
资本损失	30 000
收入合计	196 000
生活支出	95 000
利息支出	20 000
保费支出	13 000
支出合计	128 000
储蓄	68 000

根据表 4-12 和表 4-13 可以获取现金流量中收入和支出有关的项目，例如工作收入、生活支出、投资收益、资本利得、利息支出等可以从家庭收支储蓄表中直接获取。

但是与资产负债调整项有关的项目则需要对比家庭资产负债表的两期数据，两期相比，住房按揭贷款期初为310 000元，期末为300 000元，因此本期偿还本金10 000元；投资性房地产按揭贷款期初为410 000元，期末为400 000元，因此偿还本金10 000元，本期偿还本金合计20 000元。对于投资现金流，本期发生的投资赎回20 000元，新增投资需要进一步计算，因为新增投资=期末投资额-期初投资额+投资赎回=55 000元。将这些结果统统记入表4-14中，即得到家庭现金流量表。

表4-14　本期家庭现金流量表　　单位：元

项目	金额
一、生活现金流量	
工作收入	215 000
生活支出	95 000
生活现金净流量	120 000
二、投资现金流量	
投资收益	1 000
资本损失	20 000
投资赎回	20 000
新增投资	55 000
投资现金净流量	-54 000
三、借贷现金流量	
借入本金	0
利息支出	(20 000)
还款本金	(20 000)
借贷现金净流量	(40 000)
四、保障现金流量	
保费支出	(13 000)
保障现金净流量	(13 000)
五、本期现金及现金等价物净增加额	13 000

通过对表4-12、表4-13和表4-14的分析，我们可以知道，本期现金流量增加13 000元，而储蓄却是68 000元，但是根据式（4.22），现金流量增加额=储蓄+资产负债调整额，所以，资产负债调整额为-55 000元。

第六节　家庭综合财务比率分析

前面的家庭资产负债表、家庭收支储蓄表及家庭现金流量表的数据都实实在在地记录了个人和家庭的财务信息，这些数据非常有用，也透露出了很多有用的信息，比如净值、现金流量、储蓄等。但是这些信息并不能直接说明个人或家庭的财务状况，如果使用者想要了解主体的财务状况如何，那么其必须利用一个工具来分析这些报表隐含的意义。这个工具就是财务比率。

家庭综合财务比率一般分为八个指标类别，分别是家庭偿债能力指标、家庭储蓄能力指标、家庭宽裕度指标、家庭财富增值能力指标、家庭财务自由度指标、家庭成长性指标、家庭应急能力指标及家庭保障能力指标。根据不同的指标会有不同的财务比率，个人或家庭可以利用这些财务比率分析资产负债表、收支储蓄表及现金流量表中的原始数据，然后将财务比率的计算结果与自己事先预设的目标做对比，也可以用来与以往的表现做对比，从而适当调整自己的理财规划以实现自己的财务目标。财务报表所记录的数据是已经发生的事实，而利用这些原始数据来分析主体财务状况并不方便和准确。主体只有通过财务比率，才能够更好地了解自己的财务状况并提升自己的财务管理水平。下面根据不同的指标类别介绍财务比率。

一、家庭偿债能力指标

当今社会，许多年轻人刚刚开始工作就会面临买房买车及其他一些昂贵的物品，而自己的资金却相对有限，所以当其看中了某种商品，往往会借钱将商品买下。你借钱购买的时候，就意味着你多了一笔负债。在债务到期前，你需要分析自己是否有能力偿还债务，即分析家庭偿债能力指标。

家庭偿债能力指标的具体财务比率有负债比率、流动比率、融资比率、财务负担率及平均负债利率等。这几种比率都是对个人或家庭的偿债能力的一个考量，从这些比率的高低就可以看出某个主体偿还债务的能力的高低，其中最常用的是负债比率和流动比率。

（一）负债比率

负债比率是总负债占总资产的比例，它能够直接告诉主体，其资产中有多大比例是借钱买来的。负债比率的计算公式为

$$负债比率=负债或债务总额/总资产 \tag{4.30}$$

现在回到表4-12，表中记录了该主体本期总负债520 000元，总资产1 332 000元，所以该主体在本期的负债比率=520 000/1 332 000≈0.390 4，这说明该主体的资产有近40%都是借钱买来的。同理，该主体在上期总负债510 000元，总资产1 281 000元，所以该主体在上期的负债比率=510 000/1 281 000≈0.398 1，这说明上期的资产也是近40%都是买来的，并且可以发现，尽管本期负债增加了10 000元，但是负债比率有较小的降低，这说明该主体的管理资产能力是有较小程度提升的。对于普通个人或家庭而

言，该比率最好控制在60%以下，若是超过该比例，那么其很容易遇到资金周转困难。

（二）流动比率

正如在负债比率中提到的一样，一旦负债比率超过一定值，主体就会面临周转困难，而流动比率则可以衡量资金周转能力，从而说明个人或家庭的偿债能力。流动比率的计算公式为

$$流动比率=流动资产/流动负债 \tag{4.31}$$

该比率越高，说明主体资金周转就越容易，从而偿还短期债务能力越强，对于普通个人或家庭而言，该比率一般都应高于200%。

二、家庭储蓄能力指标

主体的收入减去支出等于储蓄。对于不同的主体，收入和支出的差异必然导致储蓄有差异，主体的储蓄有多有少，但是要衡量某主体的储蓄能力并不能简单通过储蓄的数值进行分析，而应利用家庭储蓄能力指标对主体储蓄能力进行衡量。我们一般采用总储蓄比率和自由储蓄比率对该指标进行量化。

（一）总储蓄比率

这个比率说明主体的储蓄所占税后收入的比例是多少，用来衡量主体的储蓄能力。总储蓄比率的计算公式为

$$总储蓄比率=（总收入-总支出）/总收入 \tag{4.32}$$

表4-13中，该主体总收入为161 000元，总支出为120 000元，所以该主体的总储蓄比率=（161 000-120 000）/161 000≈0.254 7。这个比例低于中国近几年城镇居民的总储蓄比率。对于准备购买住房的个人或家庭而言，该比率会越来越高，而对于已经购买了住房正在偿还按揭贷款的个人或家庭而言，该比率会越来越低。如果该比率特别低，则说明主体最近入不敷出，所以主体应该积极工作、合理节省开支以提高自己的总储蓄比率。中国的普通个人或家庭，总储蓄比率一般都不低于30%。

【小贴士】

2012—2016年中国城镇居民总储蓄比率

我们都知道中国人的储蓄比率很高，在以前，人们会把许多的钱存入银行，相对于中国，美国的储蓄比率远不及中国高，甚至在某些年份还会出现负值。表4-15是中国2012—2016年的城镇居民储蓄比率。

表4-15　2012—2016年中国城镇居民储蓄比率

年份	城镇居民储蓄比率/%
2012	32.12
2013	30.15
2014	30.77
2015	31.42
2016	31.35

从表4-15中可以看出，中国城镇居民储蓄率2012—2016年都高于30%，该比例远高于同时期其他国家的平均水平。

（二）自由储蓄比率

在讲解家庭收支储蓄表时，我们知道总储蓄可以分为固定用途储蓄和自由储蓄两类。第一类是指已经安排的本金还款或投资，常见的有个人住房公积金和个人基本养老金账户的每月划入、房贷本金的偿还、定期定额基金及储蓄型保险费等。而自由储蓄就是可以自由决定其用途的储蓄。并且式（4.16）还表明了三者关系，即自由储蓄=总储蓄-固定用途储蓄。

自由储蓄比率是自由储蓄占总收入比例，可以衡量个人或家庭实现短期财务目标或提前还债的能力。其计算公式为

自由储蓄比率=（总储蓄-固定用途储蓄）/总收入　　(4.33)

因为每个人都会面临突如其来的某些经济活动，比如债权人要求提前偿还债务、某项投资或购买使得短期支出增加，所以个人或家庭需要有一定的自由储蓄。而对于一般的个人或家庭来说，自由储蓄比率一般不要低于10%。

三、家庭宽裕度指标

普通的个人或家庭，除了要清楚自己的偿还债务的能力和储蓄能力外，还要清楚另一个重要的指标，即家庭宽裕度指标。这个指标可以用来衡量个人或家庭维持某些支出的财务状况是否宽裕。其主要的财务比率有收支平衡点收入和安全边际率。

（一）收支平衡点收入

收支平衡点收入是根据个人或家庭的固定负担除以工作收入净结余比率而得到的，表述的是主体为了满足某些固定支出应达到的收入应当是多少。固定负担指的是每月固定的生活费支出、偿还房贷的本金和利息及所投保的储蓄型保险的每月保费。工作收入净结余则是从税前工作收入中扣除三险一金、所得税及其他为了工作所必需开销的支出等之后剩余的部分。其中工作收入净结余的计算公式为

工作收入净结余=税前工作收入-三险一金的缴费额-个人所得税-为了工作必需支付的费用　　(4.34)

其中为了工作必需支付的费用包括交通费用及出差费用、停车费、伙食费及住宿费等。

那么工作收入净结余比例就可以用以下公式表示：

工作收入净结余比例=税前工作收入净结余/工作收入

=（税前工作收入-三险一金-所得税-为工作必要支出）/税前工作收入　　(4.35)

因此，收支平衡点收入的表达式为

收支平衡点收入=固定负担/工作收入净结余比例　　(4.36)

式（4.36）仅仅表述的是多少的收入刚刚能够负担当期的固定支付，如果为了将来的一些支出还要选择储蓄的话，那么每月的应有储蓄也应当被纳入，从而得到新的收支平衡点收入表达式：

收支平衡点收入=（固定负担+每月应有储蓄）/工作收入净结余比例　(4.37)

这里的每月应有储蓄可以是年轻工作时为了退休后有稳定的收入以维持生活而进行的储蓄，如果以定期定额投资基金的方式进行储蓄，那么每月扣除日一到就会缴付，所以也是固定支出的一部分。所以说，分析收支平衡点收入的一个主要目的就是能够主动算出要享受哪种程度的生活及退休后的生活质量，并且为此，个人或家庭要创造多少收入才能与之匹配，也就是说要有“量出为入”的意识。

【小贴士】

如何有效地“量出为入”？

（1）最有效的方式就是提升个人收入。因为每天的工作时间和个人能力有限，所以个人收入的提升往往不是那么容易。

（2）降低固定费用的支出，但是很多种类的固定支出是不能改变的，比如房贷本息的偿还及定期定额投资基金的缴纳等，所以降低固定费用的支出需要长时期的调整。

（3）提高工作收入净结余比例。虽然说个税及三险一金（或五险一金）的缴纳是固定不变的，但是为了工作而必需的支出是可以调整的，因为交通费用和出差费、住宿费是有一定弹性的，所以我们可以控制这项支出而提高工作收入净结余比例。

（二）安全边际率

普通的个人或家庭面对收入的减少或者固定费用的增加时，往往想要知道自己是否有能力来应对这些改变。而安全边际率在一定程度上可以解答这个问题。也就是说，安全边际率是用来衡量收入减少或固定费用增加时有多少的缓冲空间，表达式为

安全边际率=（税前工作收入-收支平衡点收入）/税前工作收入　　(4.38)

这个比率越高，说明主体越宽裕，可以越轻松地满足固定费用的支出。一般的个人或家庭，该比率最好能够大于20%。

【例4-7】金女士每月工资8 000元，假设个人所得税缴纳800元，社保缴纳200元，为了工作要花费交通费800元，出差伙食费200元，每月进行职业培训花费400元。如果金女士每月固定生活开销3 000元，偿还房贷本息2 000元。请问：（1）金女士的收支平衡点收入是多少？安全边际率又是多少？

（2）若金女士为了提升自己的退休生活质量，每月为以后养老定额缴纳投资基金500元，请问金女士目前的收入够不够？如果每月缴纳投资基金2 000元，情况又如何？

【解析】答案：（1）收支平衡点收入为7 143元，安全边际率为10.7；（2）每月缴纳投资基金500元，当前工作足够。如果缴纳2 000元，则不够。

（1）根据式（4.34）算出工作收入净结余=8 000-800-200-800-200-400=5 600（元），

根据式（4.35）算出工作收入净结余比例=5 600/8 000=70%，

固定负担=3 000+2 000=5 000（元），

所以根据式（4.37）得到收支平衡点收入=5 000/70%≈7 143（元），

根据式（4.38）得到安全边际率=（8 000-7 143）/8 000≈10.7%。

（2）如果每月缴纳投资基金 500 元，则根据式（4.37），得到收支平衡点收入＝5 500/70%≈7 857（元），

如果每月缴纳 2 000 元，则收支平衡点收入＝7 000/70%＝10 000 元，这就要求金女士工资达到 10 000 元。

四、家庭财富增值能力指标

这一类指标是用来衡量个人或家庭的财富增值潜力的。增值与投资相关，所以这类指标就是通过计算理财资产或理财收入的相关比率来衡量财富的增值能力的。

（一）生息资产比率

这个比率是用来衡量个人或家庭有多少资产是用来进行保值升值从而增加自己的个人或家庭的财富的。其具体表达式为

$$生息资产比率=生息资产/总资产 \quad (4.39)$$

个人或家庭可以根据这个比率对自己的资产进行调整，从而使得理财收入有一个不错的提升。对于普通个人或家庭，这个比率最好控制在 50%以上。

（二）平均投资回报率

这个比率是衡量个人或家庭的投资回报是否可观的。这个比率越高，说明投资越成功，财富的增值能力也就越强；如果这个比率很低，甚至为负，那么就要考虑做出资产的调整，进行更加积极有效的理财管理。平均投资回报率的具体表达式为

$$平均投资回报率=理财收入/生息资产 \quad (4.40)$$

因为市场表现日新月异，所以平均投资回报率并不是稳定的，其往往会随着市场的变动而出现较大波动，所以一般衡量这个比率是否合理，就是对比它和通货膨胀率的差值。如果平均投资回报率高于通货膨胀率 2%，那么就可以暂时不对资产做出调整。

五、家庭财务自由度指标

财务自由度指标是衡量个人或家庭一段时期（一年）的理财收入是否能够维持该时期的支出，用财务自由度来具体表示。其表达式为

$$\begin{aligned}财务自由度&=年理财收入/年总支出\\&=(生息资产\times投资回报率)/年总支出\end{aligned} \quad (4.41)$$

当然，理想的财务自由度是在退休时其值恰好等于 1，也就是说理财的收入，比如股票、债券、基金、退休金及存款利息等就能够满足日常支出。所以财务自由度就是计算个人或家庭的年支出中，多少是可以通过投资产生的利息来负担的。

当然我们假设所有的生息资产都是储蓄，且每年储蓄率相等，那么有

$$财务自由度=(每年储蓄\times工作年限\times投资回报率)/年总支出 \quad (4.42)$$

假设个人或家庭追求的财务自由度为 1，且有

$$每年收入=每年储蓄+年总支出 \quad (4.43)$$

$$每年储蓄率=每年储蓄/每年收入 \quad (4.44)$$

根据式（4.43）和式（4.44），把财务自由度等于1代入式（4.42）得到

$$每年储蓄率=1/(1+工作年限\times投资回报率) \quad (4.45)$$

由式（4.41）可以知道：

生息资产越多，财务自由度就越大；投资回报率越高，财务自由度就越大；当前年总支出越低，财务自由度就越大。

此外，根据式（4.45）可知，投资回报率越高，或工作年限越长，每年的储蓄率就越低。

通常，个人在刚开始工作不久时，其财务自由度的成长是很缓慢的。但随着工作时间的延长，个人或家庭的生息资产会逐渐增多，而年总支出也会在到达最大值后逐年降低。也许刚开始工作几年，生息资产只有10万元，但年总支出却有20万元，那么其财务自由度是很低的；但是到了快退休时，生息资产可能会有100万元，而年总支出却只有几万元，这个时候其财务自由度就会比较高。

【例4-8】假如钱女士一生只想工作30年，她每年都会按同样比率的储蓄率进行储蓄，假设每年投资回报率为7%，且到退休时生息资产的利息刚好满足每年的总支出，请问钱女士工作期间每年的储蓄率为多少？

【解析】答案：32.26%。根据式（4.45）可知，每年储蓄率＝1/（1+30×7%）≈32.26%。

【例4-9】假如有两个族群，一个族群30岁，另一个族群55岁，两个族群的当前生息资产及投资回报率都不相同，每年支出也不相同，具体见表4-16。

表4-16 不同族群的生息资产、投资回报率及年总支出

类别	30岁族群	55岁族群
生息资产	20万元	100万元
投资回报率	8%	5%
年总支出	每年生活支出6万元，贷款利息支出5万元，保费支出1万元	每年生活支出5万元

根据表4-16内容，比较两个族群的财务自由度。

【解析】由式（4.41）可知，30岁族群的财务自由度＝20×8%/（6+5+1）≈13.33%；55岁族群的财务自由度＝100×5%/5＝100%。

可见年轻族群的财务自由度远低于1，离财务自由水平还差很远。并且55岁至退休，是累积理财收入的最佳时间，因为这段时间子女已经独立，也无购房等压力，所以其财务自由度在这段时间会大幅度上升，达到100%就可以安然无忧地退休了。

六、家庭成长性指标

人的一生，从年轻到退休其资产是不断累积的，那么为了清楚自己资产的累积速度，我们就需要用家庭成长性指标来衡量。以下具体对两个家庭成长性指标的财务比率进行分析。

（一）资产增长率

这个比率是用来衡量个人或家庭资产的增值速度的。所以要使个人或家庭财富快速增长，主体就很有必要关注资产增长率并提高该比率。资产增长率是资产的增加值与期初资产的比值。其具体表达式为

$$资产增长率=资产增加值/期初资产 \tag{4.46}$$

假设个人或家庭没有负债，那么资产的增加值就等于当期的储蓄，也就是工作储蓄加上理财储蓄。所以式（4.46）可有如下展开变形：

$$\begin{aligned}资产增长率&=(工作储蓄+理财储蓄)/期初资产\\&=(本期工作储蓄/本期收入)\times(本期收入/期初资产)+\\&\quad(生息资产/期初资产)\times投资回报率\\&=工作储蓄率\times资产周转率+生息资产比重\times投资回报率\end{aligned} \tag{4.47}$$

从式（4.47）可以发现，主体如果想要提高资产增长率，那么可以提高储蓄率、资产周转率、用以投资的资本比重以及投资回报率。

【例4-10】金先生有期初资产10万元，其中包括投资资产4万元，自用资产6万元。若金先生本期有工作储蓄1万元，且投资回报率为10%。请问金先生的资产增长率是多少？

【解析】答案：14。根据式（4.47）可知，资产增长率=（工作储蓄+理财储蓄）/期初资产，所以资产增长率=（10 000+40 000×10）/100 000=14%。

【小贴士】

不同人生阶段的资产周转率

在不同的年龄阶段，每个人的资产周转率是不同的。分析式（4.47）就可以知道，一个人在年轻阶段，由于资产累积较少，所以本期收入/期初资产的比重会比较大，所以资产周转率会比较高；然而到达高年龄阶段，资产累积逐年增加，并且收入也主要依靠理财收入，所以本期收入/期初资产的比重会比较低，因此资产周转率会比较低。所以随着年龄的增长，一个人想要保持一个可观的资产增长率，就需要有一个较高的储蓄率并将储蓄所积累的净值更多地进行投资，并且还要做积极的投资管理以获得一个可观的投资回报率。

（二）净值增长率

资产增长率描述的是个人或家庭资产的累积速度，但是与资产增值息息相关的还有另一个比率——净值增长率。净值增长率描述的是个人或家庭累积净值的速度，净值增长率越高，净值累积越快。其表达式为

$$净值增长率=净值增加值/期初净值 \tag{4.48}$$

接下来将式（4.48）进行展开变形：

$$净值增长率=(工作收入-生活支出)/期初净值+(理财收入-理财支出)/期初净值 \tag{4.49}$$

其中，工作收入-生活支出=工作储蓄，理财收入-理财支出=生息资产×投资回报

率-负债总额×平均利率负债，所以式（4.48）可以进一步变形为

净值增长率=工作储蓄/期初净值+(生息资产×投资回报率-负债总额×平均利率负债)/期初净值

此时我们将式（4.49）等号右边两个分数的分子分母同时除以期初资产，则式（4.49）变形为

净值增长率=(工作储蓄/期初资产)/(期初净值/期初资产)+[(生息资产/期初净值)×投资回报率-(负债总额/期初资产)×平均负债利率]/(期初净值/期初资产)

此处令期初净值/期初资产=净值占期初资产比率，用 e 表示；生息资产/期初资产=生息资产占期初资产比率，用 f 表示；负债总额/期初资产=负债占期初资产比率，用 l 表示，投资回报率用 r 表示，平均负债利率用 i 表示；而净值增长率用 g 表示。

将工作储蓄/期初资产再进行拆分，有

工作储蓄/期初资产=(工作储蓄/工作收入)×(工作收入/理财收入)×(理财收入/生息资产)×(生息资产/期初资产)　　（4.50）

令工作储蓄/工作收入=工作收入储蓄率，用 s 表示；工作收入/理财收入=工作收入和理财收入相对比率，用 w 表示；理财收入/生息资产=投资回报率=r；那么上式就可以变化最终表达式：

$$g = \frac{swrf + rf - il}{e} = \frac{(1 - sw)rf - il}{e} \qquad (4.51)$$

根据式（4.51），我们可以看出提高净值增长率的方法和途径：

（1）提高工作收入储蓄率。

提高工作收入储蓄率对年轻人来说是提高净值增长率的有效途径，因为此时资本累积较少，所以理财收入很少，收入基本来源于工作收入，所以如果工作收入较高的话，提高工作收入储蓄率的效果非常明显。

（2）积极进行投资，选择投资回报率更高的投资。

当资本累积到一定程度之后，理财收入占总收入的比重会越来越大，此时提高工作收入储蓄率的作用就不如刚开始累积资产时那么有用。而如果投资回报率得到提升的话，则净值增长率会快速增加。并且随着年龄增加，即资产累积越来越多时，增加投资回报率的作用会越来越大。

（3）提高生息资产占期初资产的比重。

我们知道，有一些资产一般只会折旧，比如说自用汽车或其他耐用消费品，这些资产并不会带来收益，所以对于普通个人或家庭而言，特别是年轻时，其可以选择缓用或用更便宜的商品替代一些必需而又昂贵的商品，把更多的钱用来投资生息资产，提高生息资产比重，从而提高净值增长率，并且增加了生息资产后提高投资回报率的作用会更加明显。

（4）降低工作收入和理财收入的相对比率。

前面讲家庭财务自由度指标时，说到财务自由度的理想值是1，当达到1时，人们就可以安然无忧地退休。当财务自由度为1时，工作收入也就为0，所有的收入都来源

于理财收入，此时工作收入和理财收入的相对比率为0，此时的净值增长率等于理财储蓄的增长率。当工作收入低于理财收入时，个体要不断努力工作或延长工作年限，同时还要进行积极的投资管理，以免累积的生息资产遭受损失；当理财收入高于工作收入时，此时个体可以不再拼命工作，只需要找一个自己感兴趣的工作即可，要把更多的精力放到投资理财中去；到最后就是不需要工作也能满足自己支出时，即已经达到财务自由的程度了。所以人的一生要经过长时间的工作，要使得资产累积到一定的程度，理财收入才能够满足平时支出，所以在财务自由度未达到1之前，个人或家庭要提高投资性储蓄，不断地进行生息资产的累积，逐渐提高理财收入使得工作收入和理财收入的相对比率逐渐降低。

（5）降低净值占期初资产比率。

当投资回报率高于负债利率时，个体应当降低净值占期初资产的比率，也就是说，此时其应当借更多的钱进行投资理财，因此获得的投资回报在偿还负债利息之后还有盈余。所以说当投资回报率很高时，降低净值占期初资产比率，可以使净值有一个较高的增长速度。

七、家庭应急能力指标

个人或家庭常会有一些突发的状况，比如失业、重大疾病等紧急事态，当这些事态发生后，个人或家庭的收入会急剧减少甚至会为零。这个时候就需要用之前的剩余的流动资产来充当紧急备用金，从而缓解紧急的事态。衡量家庭应急能力的指标是紧急预备金月数。其具体表达式为

$$\text{紧急预备金月数} = \text{流动资产}/\text{月总支出} \tag{4.52}$$

通过计算紧急预备金月数可以知道当发生紧急事态时，紧急预备金可以使用多久。对于一般的个人或家庭而言，紧急预备金月数平均在3～6个月。但是，个人或家庭持有过多的流动资产可能会使更有利的理财规划不能实施，所以个人或家庭如果购买了预防紧急事故的保险，那么紧急预备金就可以相应减少。

八、家庭保障能力指标

这个指标是指当个人或家庭遭遇不确定性事件时，自己的生命财产所能受到保障的大小，其可以通过保费收入比率来具体衡量。保费收入比率的表达式为

$$\text{保费收入比率} = \text{商业保险费}/\text{税后工作收入} \tag{4.53}$$

当社会保险不能满足个人或家庭的需求时，个人或家庭就会购买商业保险来弥补自己对寿险与产险等的需求。对于普通个人或家庭而言，这个比例一般在5%～15%，这与工作收入的多少有关。保费收入比率越大，说明主体的生命财产所受保障力度越大，反之则越小。

【小贴士】

财务比率分析注意事项

（1）家庭财务比率分析的数据是根据家庭财务报表得出的，所以一旦财务报表数据记录有误，那么根据这些数据算出来的财务比率也会有误，这可能会造成不准确的分析和错误的财务规划。我们也可以通过分析不合理的财务比率来检验家庭财务报表中的数据是否正确。

（2）假如发现有不合理的家庭财务比率，那么分析它时不能只限于分析比率本身，而应该对该比率的分子、分母也进行分析，这样才能够找到致使比率不合理的根源，从而更准确地制定调整方案和措施。

第七节　家庭财务预算与现金流量预估表的编制

想要做好财务管理和理财规划，仅仅对已经发生的经济活动进行实实在在的记录是不够的，我们还要学会合理地进行家庭财务预算的编制和现金流量预估表的编制，以对未来的财务状况做出合理的预期及规划。

一、家庭财务预算的编制

家庭财务预算的编制是进行现金流量预估表编制的前提，其中最基本也是最核心的是收入预算和支出预算。接下来就对家庭财务预算编制的相关内容进行学习。

（一）家庭财务预算编制的基本原则

对于家庭财务预算编制，我们需掌握以下几个基本原则：

（1）进行预算编制时，分类要与记账时的分类一致，以便于进行对比分析。

（2）预算应分为月度预算和年度预算，并且分别对当月差异及年度预算达成进度进行追踪比较。

（3）预算应该分为可控制预算和不可控制预算。其中可控制预算是指在预算期内可以适当调整的预算，比如可进行也可不进行的旅游、可开支也可不开支的消费等；而不可控制预算是指预算期内不能调整的预算，如房贷还款、定期定额投资、所得税缴纳等。

（4）金额及用途不确定的项目都归为可控制预算，并且每月对可控制预算进行检查，并进行必要的改进和更新。

（二）家庭财务预算的分类

家庭财务预算可以分为收入预算、支出预算、储蓄运用预算及资本支出预算。

收入预算就是指个人或家庭在一个月或一年内预期可以得到的总收入。

支出预算和收入预算一样，指的是个人或家庭在一个月或一年内预期将要支付的总支出。支出预算按照是否可控分为可控制支出和不可控制支出。其中可控制支出是一些有弹性的支出，比如日常的生活费、旅游娱乐等，因为可控制，所以这也正是支出预算的重点；不可控制支出是一些没有弹性的支出，这类支出很多是由过去期间发生的事件决定的，比如房贷还款、定期定额投资、所得税缴纳，这类支出一般都是固定不变或有一定的增减规律的支出，这类支出并不是支出预算的重点。

储蓄运用预算是指在未来一个月或一年内预期将要进行的储蓄，常见的有医疗保险费、个人养老保险缴存、住房公积金缴存及定期定额基金投资等。

资本支出预算是用来购买自用住房、汽车等耐用消费品的预期支出。在记账时最好将其列在资本支出项目上，但有时也可以不与一般消费支出区分开来。

【小贴士】

区分一般消费支出和资本支出

区分一项支出是一般消费支出还是资本支出，一般可以根据两点来进行。一是判断这项支出给主体带来的效用，如果一项支出的效用是短期的，那么就将其列为一般消费支出，如果这项支出所带来的效用在未来3年以上时间还在发挥效用，那么就将其列为资本支出，在资产负债表上应该表现为自用资产的增加；二是根据支出金额进行区分，对于金额较小的（例如低于收入10倍或价格低于500元）但是其效用发挥时间仍在3年以上的，那么仍然可以将其列为一般消费支出。

（三）家庭财务预算的具体内容

前文介绍了家庭财务预算的分类，接下来就进一步对家庭财务预算的具体内容进行介绍。家庭财务预算的具体内容呈现在表4-17中，从表中可以看出家庭财务预算分为月度预算和年度预算，支出分为可控制支出和不可控制支出，对于储蓄运用预算和资本支出预算的具体内容也有呈现。

表4-17　家庭财务预算的具体内容

预算类型	月度预算	年度预算
收入预算	工资、佣金 房租、利息收入	年终奖 股利、分红
可控制支出预算	食品烟酒、消耗性衣物、生活护理用品 交通、医疗保健、通信网络 教育及娱乐 消费性家用器具及服务	年度维修 季节性衣物
不可控制支出预算	房贷还款 房租支出 社保、失业保险、个人所得税 大额消费性负债分期付款	子女入学学费 保障型保费
资本支出预算	大额财产分期付款	购车、家具家电 购房

表4-17(续)

预算类型	月度预算	年度预算
储蓄运用预算	社会医疗保险费 住房公积金缴存额 个人养老保险缴存额 定期定额基金投资	储蓄型保费

（四）家庭财务预算的流程

虽然说编制家庭财务预算并没有企业要求的那么严格，但是其大致流程和企业差不多。

1. 设定长期目标

主体应首先设定长期目标，也就是设定长期理财目标，并根据这些长期目标来计算为了实现这些长期目标而需要的储蓄。

2. 预测收入

这里的预测收入是先进行年度收入的预测。收入比较稳定的工薪阶层，可以比较准确地预测自己的年度收入；收入波动较大的个人或家庭，则应根据过去几年的平均年收入再结合当前的实际情况对自己的年度收入进行预测。

3. 支出预测

因为有了前两步的预测，所以主体可以直接根据预测收入减去储蓄目标算出个人或家庭的年度支出预算。

4. 将预算具体化

前面的三步都是对储蓄、收入和支出的总体预算，而详细的家庭财务预算是要将其进行细化的。这里的细化和表4-17中对家庭财务预算的具体内容的划分相同，因此不再赘述。

5. 将年度预算月度化

主体应将年度收入、支出和储蓄预算尽量分到各月份。有些收入和支出是固定月份发放和支出的，比如年终奖、员工红利、股息股利和子女学费、年缴保费等，这些事先已知月份的支出可以分到各月份；而其他没有固定月份的收入和支出，主体可以根据经验和实际情况将其安排在某个月份，例如加班费用、月季绩效和季节性的衣物购买、保养维修费用、购买汽车及家具家电等。分配到具体月份后，主体可以计算短期流动资金是否能够应付预算的各月份收支情况，如果不能应付，则可以适当调整自己的月度收支预算，当然也可以进行小额的贷款来暂时应付。

6. 将预算与每月记账进行差异分析

主体应将每月实际收入、支出和储蓄进行记账，然后将每月的收入、支出和储蓄预算与实际发生且记录的收入、支出和储蓄进行对照。家庭财务管理的重点是将可控制预算的部分与实际的情况差异控制在10%以内，而对于不可控制预算部分，由于事先就已经知道其具体金额，所以不会出现意外。当然不可控制预算应与实际相符。

（五）收入预算

主体要进行收入预算，就得先对收入的来源及不同来源的性质有所了解，然后还要了解收入分配的原则，最后才能够计算个人或家庭能有多少收入可用于支付当前和未来的开销。

1. 收入的来源及性质

对于普通的个人或家庭来说，收入的来源主要有工资收入、经营净收入、财产性收入和转移性收入，不同来源的收入的性质见表 4-18。

表 4-18　收入的来源及其性质

来源	稳定性	成长性	中断风险
工资收入	由劳动法保护，工资收入稳定	工资增长视每年调薪情况而定	失业
经营净收入	与经营环境有关，波动性较大，经营性收入不稳定	工商个体户若有潜力转型为民营企业，则成长性较高	经营困难、亏损、倒闭
财产性收入	利息收入与租金等财产性收入比较稳定	股票投资的成长性较高	股票不派发股息、房屋空置
转移性收入	与政府的财政情况和子女的负担能力（对退休老人而言）有关，稳定性比较高	与物价水平大致相同	政府缩发社会福利、子女无力奉养

对于表 4-18 中不同的收入来源，由于其具有各自的性质，所以针对其所采用的理财策略也会有所差异。接下来就对不同收入来源的理财策略进行讲解：

（1）工资收入的理财策略。

对于传统的工薪阶层而言，他们收入很稳定，所以在现金流量的控制上要十分谨慎，并准备紧急预备金以防突发状况。此外，应该尽量避免购买超过自己支出能力从而导致高负债的自用资产，避免自己陷入负债循环。同时，其还应该尽早以定期定额基金投资等的方式来累积自己的投资性资产，尽早做好自己未来的理财规划。总之，对于这一类人而言，理财规划也应该比较稳定，不可盲目乐观。

现在，由于服务业的繁荣，有大量的从业人员都以业务佣金为主要收入，他们的收入稳定性不强但是成长性较高，除了自己努力之外，大的社会和经济环境对其收入影响也很大。所以对于这一类人而言，其应该视情况不同而制订相应的收入、支出和储蓄计划，比如在不景气时，其应该在满足最低支出时尽量储蓄，或通过借贷来度过瓶颈期；当环境好转之后，每月除了偿还借款，其还要合理地进行储蓄或投资。

当然还有一类自由从业者，比如医生和律师，他们平时工作很忙，很少有时间进行理财，但是他们的收入又比较高。所以对于这一类人而言，其应该积极地运用自己的储蓄进行较为保守的投资理财，使自己有条件尽早退休。

（2）经营性收入的理财策略。

随着“大众创业、万众创新”的号召，越来越多的年轻人开始自主创业，但是创业不单是考量市场前景和特殊优势就可以成功的，做好合理详尽的财务规划也是经营成功的必要因素。

对于经营者而言，其一定要学会计算损益平衡点，也就是说一定要知道自己的营业额要达到什么水平才能止损。其具体表达式为

$$损益平衡营业额=固定成本/毛利率 \tag{4.54}$$

公式中的固定成本包括店面租金、装修（装修折旧）、员工工资薪金、水电、借款的利息、连锁店的加盟费及其他的固定成本等，在进行计算时一定要仔细，不要少算固定成本，否则计算出的损益平衡营业额会比实际的损益平衡营业额低，从而造成虚盈实亏的结果。例如一家店铺每月固定成本为 20 000 元，销售店铺商品的毛利率为 20%，那么损益平衡营业额=20 000/20%=100 000 元，也就是说，只有营业额不低于 100 000 元，店铺才能保证不亏损。

对于一些追随流行趋势的店铺，因为流行趋势结束，经营就会比刚开始时困难很多，所以这些店铺应该考虑尽快收回成本。其回收期的计算公式为

$$回收期=总投资额/净利 \tag{4.55}$$

如果回收期比较长的话，主体还得将货币的时间价值考虑进来。不过这些店铺的回收期一般都比较短，所以可以视情况忽略货币的时间价值。比如一家店铺总投资为 200 000 元，每月的净利为 50 000 元，那么回收期=200 000/50 000=4 个月，也就是说这家店铺 4 个月就可以收回总投资，即使这个店铺好景不长，半年后净利润只有 20 000 元，但是只要能够支付每月的固定成本，这家店铺仍然可以继续经营。

开店铺还得准备一笔运营资金，来应对进货和销售期间的短期资金需求，为了节省利息成本，店铺可以缩短存货的时间从而降低运营资金的需求。

（3）财产性收入的理财策略。

2018—2020 年，我国居民财产性收入占可支配收入的比例只有接近 8%的水平，城镇居民的财产性收入占可支配收入比重略大一些，接近 10%。这说明我国居民财产性收入占总收入的比例并不高，但随着国家政策强调要让群众拥有更多的财产性收入，所以居民在可支配收入增加的同时，可以增加投资性资产的累积，从而获得更多的财产性收入。

（4）转移性收入的理财策略。

2019—2020 年，我国普通城镇居民转移性收入占比可支配收入的比重在 17%~18%。对于城镇居民而言，这个比例是仅次于工资性收入的；对于退休老人而言，由于其子女支付的赡养费也被计入自己的转移性收入，所以这个比例还会有所提高。对于普通的个人或家庭而言，转移性收入的理财策略和其他收入一样。

【小贴士】

2018—2020 年我国居民四大收入类别所占可支配收入的比例

随着经济的发展，居民可支配收入有了大幅提升，收入结构也与以前不太一样，表 4-19 为 2018—2020 年我国居民可支配收入中各种收入类别所占的比例。

表 4-19　2018—2020 年居民各类收入占可支配收入的比例　单位：%

年份	工薪收入比例	经营性收入比例	财产性收入比例	转移性收入比例
2018	56.1	17.2	8.4	18.3
2019	55.9	17.1	8.5	18.5
2020	55.7	16.5	8.7	19.2

从表 4-19 中可以看出，2018—2020 年可支配收入中工薪收入占比就在 55%以上，其次是转移性收入，占比在 18%以上，其中财产性收入比例是最低的，仅有 9%不到。

2. 收入分配的原则

根据经验，合理的收入分配应该满足：用来支付当前生活的支出占总收入的50%～70%，用来储蓄以实现自己的理财目标的占20%～35%，满足保障需求的支出占比为10%～15%。如果有贷款的话，主体就应当先从总收入中分离一部分，用来对过去的欠款进行偿还，对偿还之后的剩余部分再根据经验进行支出、储蓄和保障需求的分配。例如，两夫妻房贷负债70万元，分20年分期，利率为4.9%，所以每月房贷本息偿还4 581.1元；两人收入每月17 000元。所以每个月要先从收入中拿出4 581.1元还房贷，即26.95%，只有剩余的12 418.9元，即73.05%用来进行支出、储蓄和保障需求的支出。假设在剩余部分分别对三者按照70%、20%和10%来进行分配，那么最后得到的具体分配额分别为8 693.23元、2 483.78元和1 241.89元。所以对于夫妻二人的收入最终的分配情况是：偿还贷款4 581.1元，生活支出8 693.23元，储蓄2 483.78元，保障需求支出1 241.89元；占比情况分别为26.95%，51.14%，14.61%和7.30%。

3. 支付当前和未来的开销所需的收入

对于家庭而言，在计算所需的收入时，其需要先设定一个自己期望的日常生活消费水平，然后用该水平乘以家庭成员的人数，就可得到家庭所期望的日常生活消费额，我们把这一部分称为应有家庭消费支出。其表达式为

$$\text{应有家庭消费支出}=\text{期待水平的每人消费性支出}\times\text{家庭人口数} \tag{4.56}$$

然而式（4.56）所表示的仅仅是一个家庭的基本消费支出，并不包括房贷偿还和教育金储蓄、退休金储蓄等，如果加上家庭住房贷款偿还、子女教育费用储蓄和自己的退休金储蓄，应有年家庭收入则应该满足下式

$$\text{应有年家庭收入}=\text{应有家庭消费支出}+\text{房贷本息偿还额}+\text{教育金储蓄}+\text{退休金储蓄} \tag{4.57}$$

其中，房贷本息偿还额要视住房房价、贷款比例、贷款利率和贷款年限而定，教育金的储蓄则要根据对子女接受教育的期望程度、子女成绩表现及离子女结束义务教育年限而定，退休金储蓄则要视对退休后生活水平的期望和离退休年限而定。

（六）支出预算

对于有记账习惯的个人或家庭而言，其比较了解自己或家庭的消费习惯，那么就可以根据总支出预算来进行各项支出的预算编制。对于没有记账习惯的个人或家庭而言，其不知道自己的钱花到了哪里去，所以很难对自己或家庭的总支出进行预算。所以对于以前没有记作账的个人或家庭而言，其可以先设定自己的理财目标，计算达到理财目标所需的储蓄，然后再通过收入减去储蓄目标得到总的支出预算。有了总的支出预算，然后进行一段时间的记账，其就会对自己或家庭的消费习惯有所了解，就可以在总支出预算不变的情况下进行详尽的支出预算编制。

二、家庭财务预算的差异分析

主体将每月的实际记账科目按照预算科目进行记账，就可以得到实际的收入、费用支出和储蓄的数据，将这些数据与财务预算时的金额进行对比，然后再根据差异的金额

或比率的大小来分析差异的原因并对预算进行改进，这就是所谓的差异分析。

家庭财务预算的差异分析要注意以下几点：

（一）实际记账科目与预算科目一致

这是进行差异分析最基本的一点，只有实际记账科目和预算科目的统计基础完全一致才能对具体项目的差异进行对比分析，并且也只有两者的统计基础完全一致时进行总体差异分析才具有意义。

（二）制定预算额和实际发生额差异的比率门槛

未归类的其他收入或其他支出的比例应该控制在10%以内。以支出来说，如果总支出额大于预算额的10%，那么就应该挑出负面差异较大的科目做进一步分析，如果总发生额没有超过预算的10%但是超过了自己预设的一个具体值（假如为1 000元），也可以对负面差异较大的科目做进一步分析。

（三）对于差异进行重点改进

刚开始做预算和记账时可能会遇到每个月的实际发生额要比预算高出很多的情况，并且往往不止一个项目会有差异，此时主体可以在某段时期就某个重点科目进行调整，而不是将所有有差异的项目都进行调整。若某项支出远高于预算，此时可以预定一个达成时间，逐月降低差异，比如一项实际支出超过预算2 000元，那么预定在4个月内消除差异，那么每个月可降低差异500元。

（四）无法降低支出时，设法增加收入

月储蓄预算和年储蓄预算应该是理财规划的重点，如果经过长时间的调整，支出还是无法减少，那么就应该设法提高收入，比如加班、兼职等。

（五）其他注意要点

如果最后分析出来的差异的原因属于预算的低估，那么应该重新去检查预算的合理性并进行适当修改，但是改动不要太频繁，因为改动太频繁会使预算失去意义；如果出现有利的差异时，也就是说实际发生额小于预算额，也要对差异进行原因分析，并可以提高储蓄目标；如果想要达成储蓄或减债计划，那么主体就需要严格执行预算，不要轻易调整预算，并要长期进行差异分析。

三、家庭现金流量预估表的编制

家庭现金流量预估表是一个控制现金流入、流出的计划表。编制家庭现金流量预估表的目的是促使个人或家庭的收入满足平常支出及储蓄计划。家庭现金预算需要根据个人或家庭的理财目标及偿债义务，把预算的现金额分配到不同类别的消费支出的各个项目。

（一）编制家庭现金流量预估表的注意事项

要编制一张有意义的家庭现金流量预估表，我们需要对以下几个注意点有所了解：

首先，为了实现长期的理财目标，一般会选择进行定期定额的投资基金。定期定额投资基金在现金流量表中应该视为不可间断的不可控制支出，从而达到强制储蓄的效果。至于定期定额投资基金的计算，主体需要根据一些中长期理财目标的需求来计算，

比如退休金储蓄、子女教育金储蓄及购房计划等。假如规划结果显示从未来某个月开始，现金余额都远超过 3 个月的收入额度，这就表示主体有大量的多余储蓄可以进行长期理财的投入，这个时候其就应当抓住机会增加自己的定期定额投资来加快实现长期理财目标的速度；但是若规划结果显示，如果支付完定期定额投资后已经没有多余的储蓄来完成短期目标，那么其就应该对理财目标进行适当的调整，要么降低定期定额投资的支出以实现短期目标，要么降低短期目标的要求以实现长期理财目标。

其次，进行现金流量预估时，预估表中的现金余额在一段时期内有可能会出现负数。如果是短时间出现负数，比如只有一两个月，后面的月份就出现了正的现金余额，那么主体可以运用信用卡借款、循环信用、向亲友借款及小额贷款等方式进行应对；如果长时间都是负的现金余额，那么就说明预定的财务目标已经超过了主体已有的收入储蓄能力，如果没有可以变现的资产进行应对的话，其就应该中止中短期的理财目标进而重新规划自己的理财目标。

再次，对于中短期的现金流量预估表应该逐月更新。因为本月实际发生的现金流量和现金余额与上个月编制的现金流量预估表就会有所差异，所以为了编制下个月的现金流量预估表，主体应该根据这些差异及最新的情况调整预估项目。

最后，若连续几个月通过记账发现实际的生活费用都高于预估的生活费用，则主体编制现金流量预估表时，就应当考虑调整生活费用的各项预算来进行控制。如果出现了连续的差异，那么主体做预估时，就不能仅仅只是对生活费用做一个总体的预估，而需要对其展开到具体的项目，比如衣、食、住、行等，分类预算，分类进行差异分析，以使差异能够逐渐减小直至消失。这样，现金流量预估表就能起到预算与控制的双重作用。

另外，主体在编制现金流量预估表时，要清楚没有哪种预算是一成不变的，编制预估表是一个动态的过程，所以其必须要时刻监督各种变化对支出和储蓄计划的影响。此外，为了应对各种不确定事件的发生，主体进行预估时要严格参照当前的收入情况，最好进行保守估计。

（二）家庭现金流量预估表的编制案例

假设钱先生有一个刚上幼儿园的 4 岁小孩，在 2016 年年底时要做 3 年的现金流量规划，2016 年年底时钱先生的现金余额是 40 000 元。

每月钱先生缴存三险一金和扣缴所得税之后的收入为 5 000 元，妻子的收入为 4 000 元。每年的 1 月，钱先生都会领取公司加发的相当于月工资两倍的奖金，妻子会领到公司加发的一倍工资的奖金。并且钱先生每年 7 月会有调薪，每次调薪工资增加 500 元，妻子在每年 1 月调薪，每次调薪工资增加 500 元。

在支出方面，家庭生活费用支出每月 3 000 元，房租每月 1 700 元，且每年上涨 100 元。小孩学费在每年 2 月和 8 月收取，每学期 4 000 元。此外，家庭计划每年国庆节出国旅游，预算为 15 000 元；每年劳动节国内旅游，预算为 5 000 元。而当前每月的定期定额投资基金每月支出 1 000 元。钱先生每年四月还要为家庭缴保费 7 000 元。他现在打算在 3 年期间内购买一辆 100 000 元的汽车，要求其现金余额必须满足三个月含投资基金在内的月固定支出。

因为要求现金余额必须满足 3 个月含投资基金在内的月支出，在 2017 年，月固定支出=生活费 3 000 元+房租 1 700 元+基金投资 1 000 元=5 700 元，所以要求最低现金余额=5 700 元×3=17 100 元；在 2018 年，月固定支出=生活费 3 200 元+房租 1 800 元+基金投资 1 000 元=6 000 元，所以要求最低现金余额=6 000 元×3=18 000 元；在 2019 年，月固定支出=生活费 3 300 元+房租 1 900 元+基金投资 1 000 元=6 200 元，所以要求最低现金余额=6 200 元×3=18 600 元。所以一切按预算执行的话，钱先生可以在 2019 年 1 月，等待领取公司加发奖金后，便可以购买 100 000 元的汽车，同时还有现金余额 28 500 元，具体的家庭现金流量预估表如表 4-21 所示。

表 4-21　未来 3 年家庭现金流量预估表　　单位：元

时间	自己收入	妻子收入	生活费	学费	保险费	房租	旅游支出	购车支出	定期定额投资	净收支额	现金余额
2016 年 12 月											40 000
2017 年 1 月	15 000	9 000	3 000	0	0	1 700	0	0	1 000	18 300	58 300
2017 年 2 月	5 000	4 500	3 000	4 000	0	1 700	0	0	1 000	−200	58 100
2017 年 3 月	5 000	4 500	3 000	0	0	1 700	0	0	1 000	3 800	61 900
2017 年 4 月	5 000	4 500	3 000	0	7 000	1 700	0	0	1 000	−3 200	58 700
2017 年 5 月	5 000	4 500	3 000	0	0	1 700	5 000	0	1 000	−1 200	57 500
2017 年 6 月	5 000	4 500	3 000	0	0	1 700	0	0	1 000	3 800	61 300
2017 年 7 月	5 500	4 500	3 000	0	0	1 700	0	0	1 000	4 300	65 600
2017 年 8 月	5 500	4 500	3 000	4 000	0	1 700	0	0	1 000	300	65 900
2017 年 9 月	5 500	4 500	3 000	0	0	1 700	0	0	1 000	4 300	70 200
2017 年 10 月	5 500	4 500	3 000	0	0	1 700	15 000	0	1 000	−10 700	59 500
2017 年 11 月	5 500	4 500	3 000	0	0	1 700	0	0	1 000	4 300	63 800
2017 年 12 月	5 500	4 500	3 000	0	0	1 700	0	0	1 000	4 300	68 100
2018 年 1 月	16 500	10 000	3 200	0	0	1 800	0	0	1 000	20 500	88 600
2018 年 2 月	5 500	5 000	3 200	4 200	0	1 800	0	0	1 000	300	88 900
2018 年 3 月	5 500	5 000	3 200	0	0	1 800	0	0	1 000	4 500	93 400
2018 年 4 月	5 500	5 000	3 200	0	7 000	1 800	0	0	1 000	−2 500	90 900
2018 年 5 月	5 500	5 000	3 200	0	0	1 800	5 000	0	1 000	−500	90 400
2018 年 6 月	5 500	5 000	3 200	0	0	1 800	0	0	1 000	4 500	94 900
2018 年 7 月	6 000	5 000	3 200	0	0	1 800	0	0	1 000	5 000	99 900
2018 年 8 月	6 000	5 000	3 200	4 200	0	1 800	0	0	1 000	800	100 700
2018 年 9 月	6 000	5 000	3 200	0	0	1 800	0	0	1 000	5 000	105 700
2018 年 10 月	6 000	5 000	3 200	0	0	1 800	15 000	0	1 000	−10 000	95 700
2018 年 11 月	6 000	5 000	3 200	0	0	1 800	0	0	1 000	5 000	100 700
2018 年 12 月	6 000	5 000	3 200	0	0	1 800	0	0	1 000	5 000	105 700

表4-21(续)

时间	自己收入	妻子收入	生活费	学费	保险费	房租	旅游支出	购车支出	定期定额投资	净收支额	现金余额
2019 年 1 月	18 000	11 000	3 300	0	0	1 900	0	100 000	1 000	-77 200	28 500
2019 年 2 月	6 000	5 500	3 300	4 400	0	1 900	0	0	1 000	900	29 400
2019 年 3 月	6 000	5 500	3 300	0	0	1 900	0	0	1 000	5 300	34 700
2019 年 4 月	6 000	5 500	3 300	0	7 000	1 900	0	0	1 000	-1 700	33 000
2019 年 5 月	6 000	5 500	3 300	0	0	1 900	5 000	0	1 000	300	33 300
2019 年 6 月	6 000	5 500	3 300	0	0	1 900	0	0	1 000	5 300	38 600
2019 年 7 月	6 500	5 500	3 300	0	0	1 900	0	0	1 000	5 800	44 400
2019 年 8 月	6 500	5 500	3 300	4 400	0	1 900	0	0	1 000	1 400	45 800
2019 年 9 月	6 500	5 500	3 300	0	0	1 900	0	0	1 000	5 800	51 600
2019 年 10 月	6 500	5 500	3 300	0	0	1 900	15 000	0	1 000	-9 200	42 400
2019 年 11 月	6 500	5 500	3 300	0	0	1 900	0	0	1 000	5 800	48 200
2019 年 12 月	6 500	5 500	3 300	0	0	1 900	0	0	1 000	5 800	54 000

从表 4-21 中可以看到，其实在 2018 年 8 月、9 月、11 月及 12 月的家庭现金余额都大于购车所需花费的 100 000 元，但是在 4 个月份中的任何一个月份购车都会使剩余现金不足以支付连续 3 个月的固定支出，只有到 2019 年 1 月，购车前现金余额 134 200 元，购车后仍有现金余额 28 500 元，满足 2019 年连续三个月的固定支出 18 600 元，所以钱先生按照现金流量估算表执行的话，便可在 2019 年 1 月无压力地购买 100 000 元的汽车。

本章小结

（1）本章首先介绍了家庭财务报表编制与分析所需要掌握的一些基础知识，包括会计的概念、对象及基本职能，资产、负债与净值，收入、支出与利润等基本概念和含义，还有编制报表时需要区分流量与存量的不同。当然，还要了解家庭会计的特征，即家庭会计相比企业会计更加简单并且不受约束。

（2）家庭资产负债表是说明主体在特定时点的财务状况的报表，其对数据的记录是一个时点的存量的记录。主体在编制家庭资产负债表时要清楚不同资产项目的计价基础，如有些资产以成本计，有些资产以市值计，要有区分，为了避免混淆，其可以在资产负债表中分别记录。资产负债表能够清晰地表明主体拥有多少资产和负债及净资产水平，即资本水平。家庭资产负债表可以列出个人或家庭拥有的资产、负债及净资产，净资产就是资产减去负债，由家庭资产负债表所计算得到的净资产也能够说明个人或家庭积累的财富水平。需要注意的是：寿险保额不能当作资产，只有保单的现金价值才能被列为资产；住房公积金、个人养老金及医疗保险的个人账户余额也应当被列入资产，因为这些账户余额会有生息。

(3) 家庭收支储蓄表是对一段时期的流量的记录，反映的是个人或家庭在一段时间的收入支出状况，通常是按月结算。一旦了解了收入的来源与支出的去向之后，主体就能知道自己的储蓄情况，从而可以为财务预算的制定提供参考。主体在编制家庭收支储蓄表时，要注意区分现金流入和收入及现金流出和支出，并不是所有的现金流入都是收入，也不是所有的现金流出都是支出。比如偿还住房按揭贷款时，不是所有偿还金额都计支出，其中本金部分使得现金和负债同时减少，从而起到调整资产负债表的作用，只有利息部分才计支出，所以现金流入和流出一部分计入收入和支出，而另一部分不计入。

(4) 利用家庭资产负债表和家庭收支储蓄表记录的本期和上期的财务情况，主体就可以进行水平分析和垂直分析，从而了解自己资产、负债和储蓄等的变动情况及变化趋势。以成本计的家庭资产负债表，当期的净值分为两个部分：一是前面各期所累积的净值，二是本期净值的增加。收入减去支出等于储蓄，在以成本计价时，当期的储蓄等于本期增加的净值。在编制家庭收支储蓄表时，还要同时盘点资产、整理负债、编制家庭资产负债表，才能够做相互钩稽。按市值计价的家庭资产负债表，本期增加的净值=本期储蓄+资产账面价值变动额。

(5) 家庭现金流量表反映的是个人或家庭在一定时间现金和现金等价物流入和流出的情况。与家庭相关的现金流可分为四大类，即生活现金流量、投资现金流量、借贷现金流量和保障现金流量，其中每一大类的收入减去支出都会得到每一大类的现金净流量，现金净流量也会记录在现金流量表中。通过对家庭现金流量表的结构分析，我们可以发现：家庭现金流的变动来源于两个方面，一是储蓄，二是家庭资产负债调整的现金净流量。

(6) 家庭综合财务比率一般分为八个指标类别，分别是家庭偿债能力指标、家庭储蓄能力指标、家庭宽裕度指标、家庭财富增值能力指标、家庭财务自由度指标、家庭成长性指标、家庭应急能力指标及家庭保障能力指标。个人或家庭通过计算这些财务比率，可以分析自己的偿债能力、储蓄能力、增值能力等。而这些财务比率中，负债比率、收支平衡点收入、安全边际率、财务自由度和净值增长率是普通个人或家庭进行财务状况分析最常用的几个比率。根据不同的指标会有不同的财务比率，个人或家庭可以利用这些财务比率分析资产负债表、收支储蓄表及现金流量表中的原始数据，然后将财务比率的计算结果与自己事先预设的目标做对比，也可以用来与以往的表现做对比，从而适当调整自己的理财规划以实现自己的财务目标。

(7) 主体进行家庭财务预算前，应该先掌握家庭财务预算编制的基本原则、家庭财务预算的分类、家庭财务预算的具体内容及流程，然后就再开始进行收入预算和支出预算。主体将每月的实际记账科目按照预算科目进行记账，就可以得到实际的收入、费用支出和储蓄的数据，将这些数据与预算时的金额进行对比，然后再根据差异的金额或比率的大小来分析差异的原因并对财务预算进行改进，这就是所谓的差异分析。编制家庭现金流量预估表的目的是促使个人或家庭的收入满足平常支出及储蓄计划，编制预估表是一个动态的过程，所以主体必须要时刻监督各种变化对支出和储蓄计划的影响。

实训课堂

基本案情：

金先生当前30岁，与25岁的钱小姐在2014年结婚，2015年生了个小孩小金，夫妻同时上班时小金由祖母免费照料。金先生在5年前购买了自用型住房一套。截至2016年12月底，剩余住房公积金贷款200 000元，房价为300 000元，剩余贷款年限20年。假设住房公积金贷款利率4.59%，按月等额本息摊还。2016年12月还款本金508元，利息767元。2016年12月31日的资产中有现金460元，活期存款10 000元，国内股票型基金40 000元，按照当前的投资组合，预期投资回报率为6%。金先生2016年12月税前工资收入为5 000元，妻子钱女士税前工资收入为4 500元，生活支出为4 000元。失业保险金为工资的1%。个人养老保险金账户缴存为工资的8%，当前金先生和钱女士的个人养老金账户余额分别为10 000元和8 000元。住房公积金单位与个人缴存额各为工资的6%，住房公积金缴存额都用来支付房贷本息。金先生和钱女士的医疗保险个人账户余额分别为3 000元和2 000元。医疗保险金个人账户缴存额为工资的2%，单位缴存额为工资的1.8%，都用来作为大额医疗事故准备金。

假设：预期年终奖金均为两个月工资，于2017年1月发放；年度性支出包括每年1月给双方父母红包每人各1 000元、商业保障型保险费年缴4 000元，5月国内旅游预算5 000元；住房公积金账户和个人养老金账户的投资回报率分别为3%和6%；每月的消费支出预算分配比例为食品、衣物、家庭设备用品及服务、医疗保健、交通通信、教育文化娱乐服务、居住和杂项商品与服务各为35.78%、10.37%、5.73%、7.14%、13.19%、13.83%、10.4%和3.56%；通货膨胀率3%；预计当地房价年增长率为3%，学费年增长率5%，并假设收入不增长，当地住房公积金贷款的上限为200 000元；此外，2017年工资免税额3 500元。

夫妻二人于2016年年底共同商议的理财目标有：30年后退休，两人合计届时准备现值每月3 000元的退休金，退休后寿命20年；在小金18岁时，准备好现值80 000元的高等教育基金；10年后，在当地换一套更大的房子，预计新房现值600 000元（现在均价5 000元/平方米）；5年后，购置现值100 000元的自用型汽车。

思考讨论题：

1. 结合案例编制当前的家庭财务报表。

2. 依照理财目标确定储蓄计划。

3. 目前的月消费支出4 000元能否实现夫妻二人的理财目标？

分析要点：

1. 在编制当前的家庭财务报表时应当先计算2016年12月的可支配收入。

2. 确定储蓄计划时要先满足贷款偿还、换房备用金、退休所需、购车备用金及小金的教育基金。

3. 由可支配收入－月储蓄目标＝消费支出预算，来确定每月的消费支出，然后再分配到各个具体的项目。

复习思考题

1. 为什么要同时做以成本价值和市场价值计算的家庭资产负债表？编制家庭资产负债表的目的是什么？

2. 编制家庭收支储蓄表需要搜集的信息有哪些？编制收支储蓄表的目的是什么？

3. 家庭资产负债表和家庭收支储蓄表间如何互相钩稽以验证记账的正确性？

4. 为什么财务比率是重要的财务状况诊断工具？收支平衡点收入、安全边际率、财务自由度和净值增长率应该如何计算与分析？

5. 家庭财务预算的分类有哪些？如何进行财务预算的差异分析？编制现金流预估表的注意事项有哪些？

第五章

家庭信用管理

学习要点及目标

- 掌握信用的相关概念，了解个人信用的重要性并学会建立个人信用。
- 了解信用卡的功能和特点，学会合理安排信用卡和消费贷款进行家庭资金周转。

核心概念

信用　个人信用　信用卡　消费贷款

引导案例

个人信用：你的专属金融身份证

胡小姐好不容易看中一套满意的二手房，自己的存款外加亲友能够提供的借款刚好够首付，但她去银行申请贷款时意外出现了，胡小姐因个人信用不良被银行拒贷。原因很简单：她读大学期间申请了一笔助学贷款，毕业后一直是父母亲帮着偿还贷款，但是因为疏忽大意有时没有及时还贷，致使她的个人信用报告出现了负面记录。胡小姐大呼郁闷，但也无计可施，好不容易看好的房子就这样失之交臂，而且她还不知道这个信用污点会不会给以后的生活带来负面影响……

个人信用指什么呢？它会对我们的生活产生什么样的影响呢？

（资料来源：斯凯恩. 从零开始读懂金融学［M］. 上海：立信会计出版社，2014.）

案例导学

所谓个人消费信用是指个人以赊账方式向商业企业购买商品，包括金融机构向个人提供的消费信贷。个人消费信用的对象主要是耐用消费品，如房屋、汽车、家具、电器等，甚至包括教育、医疗及各种劳务。个人消费信用是企业信用的人格化和具体化，是企业信用关系在经营者个人身上的集中反映。

个人信用可以算得上是你的另一种“身份证”。千万不要小看了个人信用，良好的信用记录是你的宝贵财富，可以在你申请信贷业务、求职、出国等诸多方面带来便利。不过，如果由于种种原因，你的信用报告中出现了一些负面的信息，例如，信用卡没有及时足额还款、贷款逾期偿还等，当这些记录数量较多或金额较大时，可能在你申请信用卡或贷款时，金融机构会认为你的信用意识不强或还款习惯不好而拒绝给你贷款或降低贷款的额度。这就会给你带来很大的麻烦。

第一节 家庭信用相关概念

一、信用的相关概念

（一）信用的概念

从经济学的角度来看，信用的含义有狭义与广义之分。狭义上，信用是以偿还付息为条件的价值运动的特殊形式，是指在获得商品、服务或者资金时，承诺在未来某一时刻或一段时间内偿还。如赊销商品、贷出货币，买方和借方要按约定日期偿还货款并支付利息。信用的本质是一种借贷行为，是有条件的商品或货币的转让行为。广义上，信用通常表现为一个伦理学范畴，是指经济主体之间，以谋求长期经济利益最大化为目的，建立起来的以诚实守信为道德基础的履约行为，即人们通常所说的“讲信用”“一诺千金”，它是一种普遍的处理人际关系的道德准则。

在传统的物物交换和“一手交钱一手交货”的交易模式中，没有信用产生。但在以下的行为中，都发生了信用交易：

（1）获得商品或服务，并承诺于一段时间后支付资金。

（2）预先收取定金，并承诺于一段时间后提供商品或服务。

（3）借入资金，并承诺于一段时间后偿还。

（二）信用的意义

信用的出现改变了传统的以物易物的交易模式，使得人们可以进行超前消费或者置产。假若没有信用这个工具，人们必须量入为出，只能进行自己当前资金能够负担的消费，被迫放弃一些消费或者有利可图的投资机会，使得理财目标无法实现或者无法及时实现。运用信用，我们可以在年轻时就实现购房购车的目标，而不至于等待赚取足够资金全款购入，从而显著改善生活品质。

（三）信用的丧失及其后果

信用丧失的情况：

（1）收到预付款后不按时交付商品或者未能提供服务。

（2）借款到期后不及时履行还款义务。

（3）水电费等公共事业费用欠费。

（4）未能实现口头承诺。

信用丧失会导致相应的后果，例如：

（1）在签订书面契约的情况下，债权人可以请求赔偿或清偿，债务人可能会承担民事甚至刑事责任。

（2）水电费用未缴，停水停电给生活带来不便。

（3）信用卡逾期未还，损害个人信用记录，并且承担相对高额的利息费用、逾期费用等，造成损失。

（4）税款罚单未缴，可能被限制出境或坐牢。

（5）未能实现承诺，失信于人，会很难再获取他人信任，难以在社会上立足。

（四）信用损失的原因及预防措施

1. 计划外的大额支出

当突发的事件导致收入或者可变现的资产不足以支付突增的费用，或者意外的支出占用了原本用于支付还款义务的资金时，现有的现金流可能无法履行原有的还款义务。例如突发的意外事故或重大疾病导致大额的医疗费用支出；被盗窃、被抢劫及自然灾害等造成的财产损失等。为了防止此类事件导致信用的损失，我们可以采取的预防措施有建立紧急备用金，购买财产险、医疗险、意外险等各类保险。

2. 收入中断

家庭主要收入来源者失业，或者因为突发意外伤害或者疾病失去工作能力，或者身故，都会导致家庭收入中断而无法支付长期的、持续性的家庭生活支出和履行还款义务。为了防止此类事件导致信用损失，我们可以采取的预防措施有：建立紧急备用金，投保失业险、失能险或为家庭主要收入来源者投保寿险。

3. 未按期交纳费用

无论是无意疏忽忘记了缴费时间未能按期缴费，还是因为身在异地等原因导致不便缴费，都会造成信用的损失。我们要注意银行及相关机构的缴费通知，记住相应费用每月缴费的时间点，地址或电话等信息变更后要及时在相关机构进行信息的变更，宽带、电话卡等业务不需要使用时要及时办理停用或销户业务，避免月租等费用逾期造成信用损失。为防止此类事件导致的信用损失，我们可以采取的预防措施有绑定银行卡自动转账，缴纳房贷月供、信用卡应付款、水电费、通信费等。

4. 恶意透支

恶意透支行为包括两种基本行为方式：一是超过规定限额透支，即超过信用卡章程的规定或者发卡银行的允许透支；二是超过规定期限透支，即在规定的时间内没有归还本息。一般来说，信用卡恶意透支行为，将在发卡银行留下不良的信用记录，影响持卡人的个人信用。恶意透支是信用卡业务中的主要风险形式。根据2018年修订的《最高人民法院、最高人民检察院关于办理妨害信用卡管理刑事案件具体应用法律若干问题的解释》，持卡人以非法占有为目的，超过规定限额或期限透支，经发卡银行两次有效催收后超过三个月仍不归还的，应当认定为《中华人民共和国刑法》第一百九十六条规定的“恶意透支”。恶意透支行为是信用卡诈骗罪的一种情形，我们要谨守道德底线，千万不要做违法违规的事。

二、个人信用信息

（一）个人征信系统

2006年3月，经中央机构编制委员会办公室批准，中国人民银行筹备设立中国人民银行征信中心（以下简称“征信中心”）；2006年11月，征信中心正式注册为直属事业单位，专门负责金融信用信息基础数据库（原称企业和个人信用信息基础数据库）的建设、运行和维护。2013 年 3 月 15 日施行的《征信业管理条例》（以下简称《条例》），明确了征信系统是由国家设立的金融信用信息基础数据库的定位。征信系统全面收集企业和个人的信息，其中，以银行信贷信息为核心，还包括社保、公积金、环保、欠税、民事裁决与执行等公共信息，接入了商业银行、农村信用社、信托公司、财务公司、汽车金融公司、小额贷款公司等各类放贷机构；征信系统的信息查询端口遍布全国各地的金融机构网点，信用信息服务网络覆盖全国，形成了以企业和个人信用报告为核心的征信产品体系，征信中心出具的信用报告已经成为国内企业和个人的“经济身份证”。

中国人民银行建立个人信用信息基础数据库的目的是帮助商业银行提高风险管理能力和信贷管理效率，防范信用风险，促进个人消费信贷的健康发展，为金融监管和货币政策制定提供服务；同时，帮助个人积累信誉财富、方便个人借款。

建立个人信用信息基础数据库对个人来说最大的好处就是为个人积累信誉财富。个人在申请银行贷款、信用卡等业务时，需要花费较长时间，同时还需要提供很多材料、办理很多证明，以证明自身的信用状况，费时费力，很多情况下，还可能因无法证明自己的信用状况而得不到贷款。个人信用信息基础数据库建成后，相当于为个人建立了一个信用档案，每一次按时支付水、电、燃气和电话费，及按时向银行还本付息，都会为个人积累一笔信誉财富，可以用作银行借款的信誉抵押品，为以后获得银行贷款提供方便。

（二）个人信用报告

个人信用报告是全面记录个人信用活动、反映个人信用状况的文件，是个人信用信息基础数据库的基础产品。

个人信用信息基础数据库收集的个人信息主要包括三类：一是身份识别信息，包括姓名、身份证号码、家庭住址、工作单位等；二是贷款信息，包括贷款发放银行、贷款额、贷款期限、还款方式、实际还款记录等；三是信用卡信息，包括发卡银行、授信额度、还款记录等。随着数据库建设的逐步完善，个人信用信息基础数据库还将采集个人支付电话、水、电、燃气等公用事业费用的信息，及法院民事判决、欠税等公共信息。

为保护个人和商业银行的合法权益，商业银行只能经当事人书面授权，在审核个人贷款、信用卡申请或审核是否接受个人作为担保人等个人信贷业务，及对已发放的个人贷款及信用卡进行信用风险跟踪管理时，才能查询个人信用信息基础数据库。所有查询活动的情况，包括查询人员、查询时间、查询原因等，该数据库都有记录。

个人对数据库中收集的关于其本人的信息具有知情权。目前我们有三种方法可以看到自己的信用报告：

（1）个人在申请新的借款或信用卡时，可以从商业银行获得本人的信用报告。

（2）个人可到征信中心或当地的查询机构申请查询本人的信用报告或代理他人查询信用报告。

（3）个人可以使用央行个人信用报告网上查询服务进行查询。

个人信用信息基础数据库中的信息是商业银行和个人之间的借贷信息，只向个人的借款银行提供，不对社会公开。

（三）建立个人信用

首先需要明确一点，不从银行借钱不等于信用就好。因为没有历史信用记录，银行就失去了一个判断个人信用状况的便捷方法。有人认为自己从来没有向银行贷款，也没有透支过信用卡，家里水电气等公用事业账单也不是自己的名字，所以自己的信用报告不可能有不良记录，信用等级一定是最高，如果申请贷款，银行一定很愿意放款。这种想法是错误的，面对信用报告一片空白的人，银行无法根据你的过往信用历史来预测你的风险概率，所以其在发放贷款前需要经过的审核手续等相应要复杂一些。

所以个人应该尽早建立信用记录。信用不可能一次产生，它是一个渐进的过程。以下几种方法可以逐步建立个人信用：

（1）办理小额信贷。

在建立信用之前，由于在银行没有任何信用方面的记录，贷款者想要办理大额度的贷款是比较困难的，但小额贷款可以打下良好的基础。这是因为小额信贷双方承担的风险比较小，更容易为双方所接受。贷款者可以办理用途为日常消费和旅游的小额信贷，如日常耐用消费品贷款和旅游贷款等。

（2）用好信用卡。

如果暂时没有小额信贷的需要，也没有住房贷款、汽车贷款等金额较大的贷款需求，那么你可以申请和使用信用卡，以积累自己的信用记录。在信用卡使用的过程中，透支后一定要及时还款，逾期还款会影响信用记录。

（3）贷款买房买车。

面对大量地使用个人住房消费信贷的各社会阶层人士，个人信用制度作为市场交易的基础作用凸显。因为个人的财产主要由以货币为代表的金融资产和以住房为主体的物质财富构成。居民要申请住房消费信贷，首先要向银行递交有关职业、收入、担保和个人信用背景等方面的资料，且贷款一经发放，居民所购住房就成为银行的抵押品。由此可见，住房金融在运行过程中，个人的收入和主要财产状况始终为金融机构所掌握，这一切都为个人信用制度的建立提供了立足点和突破口。

三、家庭信用

（一）家庭信用的定义与重要性

家庭信用是指家庭作为一个经济单位，在经济活动中与债权人或其他相关方之间所形成的信任和履约关系，它反映了家庭在借贷、消费信贷、信用卡使用等信用交易中的信誉和能力。家庭信用主要包括个人信用卡、房贷、车贷、消费贷款等方面的信用记录，以及家庭成员在银行和其他金融机构的信用评级，综合反映家庭在信用交易中的信誉和能力，是金融机构评估家庭信用状况和风险水平的重要依据。

家庭信用在现代经济生活中具有至关重要的地位，它不仅关系到家庭能否顺利获取金融服务、实现财富增长与生活品质提升，还对金融机构的风险管理与稳健运营起着关键作用，更影响着整个社会的诚信氛围构建和经济秩序的稳定发展。

（1）对家庭自身而言，良好的家庭信用是家庭获取各种金融服务的基础。信用良好的家庭更容易获得贷款审批，且可能享受更优惠的利率和更高的贷款额度，从而在家庭需要资金时能够及时获得金融机构的支持，满足购房、购车、教育、医疗等大额支出的需求。通过合理利用家庭信用，家庭成员可以更好地管理财务，提高生活质量。

（2）对金融机构而言，家庭信用状况是金融机构评估信贷风险的重要依据。通过分析家庭的信用记录、负债情况、还款能力等信息，金融机构可以更准确地判断家庭的还款意愿和还款能力，从而识别出低风险客户，优化信贷资源配置，降低不良贷款率，提高资产质量。

（3）对社会而言，众多家庭的信用状况共同构成了社会的信用环境。当大多数家庭都保持良好的信用记录时，整个社会的信用风险水平会降低，金融机构的不良资产比例也会相应减少，这有助于维护金融体系的稳定运行，降低金融危机发生的可能性，保障经济的健康可持续发展。

（二）家庭信用的构成要素

家庭信用的构成要素是一个综合性的概念，它涵盖了家庭的经济实力、债务状况以及信用行为等多个方面，具体包括家庭收入、家庭资产、家庭负债和家庭信用记录。这些要素相互关联、相互影响，共同塑造了家庭在金融活动中的信誉和履约能力，是金融机构评估家庭信用风险和做出信贷决策的重要依据。

1. 家庭收入

家庭收入是家庭信用的基础，它包括工资收入、投资收益、租金收入、经营利润以及其他合法的收入来源。稳定的家庭收入是偿还债务和维持信用记录的前提条件。金融机构在评估家庭信用时，会重点关注家庭收入的稳定性和增长潜力。例如，一个家庭有稳定的双职工收入，且收入呈逐年增长趋势，那么其在申请贷款时，金融机构会认为其还款能力较强，信用风险较低。此外，多元化的收入来源也能增强家庭的信用状况，如除了工资收入外，还有投资分红和租金收入的家庭，在面对经济波动时，更能保证债务的按时偿还。

2. 家庭资产

家庭资产是家庭信用的重要支撑，涵盖了房产、车辆、金融资产（如股票、债券、基金等）、存款以及贵重物品等。这些资产不仅反映了家庭的财富状况，还在必要时可以作为抵押物或担保物，增强家庭的融资能力。以房产为例，拥有自有住房的家庭在申请大额贷款时，房产可以作为抵押物，提高贷款的可获得性和额度。同时，家庭资产的增值潜力也会影响其信用状况。如果家庭资产价值稳定增长，意味着家庭的财富在不断增加，这将提升金融机构对家庭信用的评估等级，使家庭在信用交易中更具优势。

3. 家庭负债

家庭负债是影响家庭信用的关键因素，主要包括房贷、车贷、消费贷款、信用卡欠款等。合理的负债水平有助于家庭实现财务目标，如通过房贷购买房产，既能满足居住需求，又可能享受房产增值带来的收益。然而，过高的负债会增加家庭的财务压力和违约风险，从而对家庭信用产生负面影响。金融机构通常会计算家庭的负债收入比（DTI），即家庭每月债务支出与收入的比例，来评估家庭的还款能力。一般来说，较低的 DTI 表明借款人有较强的还款能力，因此更有可能获得贷款批准，并可能享受更优惠的贷款利率此外，家庭负债的结构也值得关注，如长期低利率的房贷相对于短期高利率的消费贷款，对家庭信用的影响有所不同。

4. 家庭信用记录

家庭信用记录是家庭信用状况的直接体现，由征信机构收集和整理家庭及其成员在金融活动中的信用行为信息形成。它详细记录了家庭的贷款还款记录、信用卡使用情况、逾期次数等。良好的信用记录，如按时足额还款、信用卡使用率合理等，能够提升家庭的信用评分，使家庭在金融活动中更容易获得优惠的信贷条件。相反，不良的信用记录，如频繁逾期还款、信用卡透支不还等，会导致信用评分下降，金融机构可能会拒绝贷款申请或提高贷款利率。家庭信用记录不仅影响当前的金融交易，还可能对未来很长时间内的金融活动产生持续影响，因此家庭成员需要共同维护良好的信用记录，避免出现信用污点。

（三）提升家庭信用的途径

提升家庭信用是一个系统性的过程，需要家庭成员共同努力，从多个方面进行管理和优化：

1. 维持良好的信用记录

（1）按时还款：确保按时偿还各种贷款和信用卡账单，避免逾期和欠款。

（2）谨慎使用信用额度：合理使用信用卡和其他贷款工具，避免过度借贷。

（3）定期查询信用报告：定期查询个人信用报告，及时发现并纠正错误信息。

2. 合理规划家庭负债

（1）控制负债比例：合理控制家庭负债比例，避免负债过高。

（2）对于大额负债，可选择分期付款方式减轻负担。

（3）制定还款计划：制定切实可行的还款计划，逐步偿还各种负债。

3. 提高家庭收入

（1）增加收入来源：通过副业、兼职等方式增加家庭收入。

（2）提升职业技能：通过培训和学习提升自身职业技能，提高收入水平。

（3）进行合理的理财投资：通过理财投资增加家庭财富。

4. 多元化投资与理财

（1）分散投资风险：将家庭资产分散投资于股票、基金、债券等不同领域，降低投资风险。

（2）长期投资规划：制定长期投资规划，以实现家庭财富的稳健增长。

（3）学习理财知识：不断学习专业的理财知识，提高自身投资理财能力。

四、信用决策

家庭财务离不开借贷，每个家庭都会或多或少地使用信贷，或向亲人朋友借钱应急，或向银行贷款进行大额消费和投资，总之，生活离不开信贷。只要不是弄得自己债台高筑，负债累累，合理有效的信贷决策可以满足不时之需，增加致富的机会。

（一）融资渠道

1. 银行

现在银行的房贷与消费借贷都非常方便快速，因此借钱的渠道还是以银行为优先。目前银行认可的个人抵押或质押的资产包括房产、汽车、人民币定期储蓄存单、外币定期储蓄存单、凭证式国债等固定和流动资产。最近多数银行业开办了无担保的个人信用贷款。银行发行的信用卡也提供预借现金与循环信用的融资功能。信用卡循环信用利率最高，其按照卡别与征信评估设定额度，适合弥补 3 个月之内的现金流缺口。存单质押贷款可以用来平衡一年内的收支差异。国债质押贷款适合满足两三年时间的资金需求。车贷与房贷除了用来达成购车和购房目标之外，未曾贷款的旧房也可以当抵押品来支付 5 年以上的资金需求，或以理财型房贷来把握投资机会。新型贷款如抵利型房贷或气球贷，对特定族群而言可达到省息或活用资金的效果。

2. 信用社

信用社是指农村信用合作社。面向基层社员，考虑到农村贷款的高风险性质，中国人民银行允许农村信用合作社的贷款利率拥有较其他商业银行更灵活的浮动范围。

3. 寿险公司

人身保险合同分为两类：一类是医疗费用保险和意外伤害保险合同，此类合同属于损失补偿性合同，与财产保险合同一样，不可以作为质押物；另一类是具有储蓄功能的养老保险、投资分红型保险及年金保险等人寿保险合同，此类合同只要投保人缴纳保费超过一年，人寿保险单就具有了一定的现金价值，保单持有人可以随时要求保险公司返还部分现金价值以实现债权，这类保单可以作为质押物。目前我国保单质押贷款的期限较短，一般最长不超过 6 个月，最高贷款余额也不超过保单现金价值的一定比例，这个比例各个保险公司有不同的规定，一般在 70%~80%。期满后贷款一定要及时归还，一旦借款本息超过保单现金价值，保单将永久失效。其办理手续相对简单，只需要由投保人提出保单贷款申请，持有效合法身份证明、复印件、同意贷款的书面承诺等资料到相关机构办理，经审核后，一般一周内贷款金额就到账了。

4. 典当行

典当行，亦称当铺，是专门发放质押贷款的非正规边缘性金融机构，典当贷款是典当行以货币借贷为主和商品销售为辅的市场中介组织的一种贷款方式。借款人的房产、汽车、古董、珠宝等都可以作为典当品。典当行还承接上市公司股票典当业务，填补了个人股票不能在银行质押贷款的空白。典当行的贷款经营方式灵活，但由于典当行是通过自筹资金来发展的，所以资金实力有限，一般只能承担小额资金融资；并且贷款期限较短，一般在几天到半年；贷款成本高，发放贷款后除了需要收取利息外，还要收取一定数额的管理费、手续费。

5. 小额贷款公司

小额贷款公司是由自然人、企业法人与其他社会组织投资设立，不吸收公众存款，经营小额贷款业务的有限责任公司或股份有限公司。与银行相比，小额贷款公司更为便捷、迅速，适合中小企业、个体工商户。小额贷款公司在贷款方式上多采取信用贷款，也可采取担保贷款、抵押贷款和质押贷款。贷款期限由借贷双方公平自愿协商确定。

（二）还本计息方式选择

个人贷款有以下六种还款方式：①到期一次还本付息法；②等额本息还款法；③等额本金还款法；④等比累进还款法；⑤等额累进还款法；⑥组合还款法等。客户还可以根据自己的收入情况，与银行协商，转换不同的还款方法。

1. 到期一次还本付息法

到期一次还本付息法是指借款人需在贷款到期之时还清贷款本息，利随本清。此种方式一般适用于期限在 1 年以内（含 1 年）的贷款。

2. 等额本息还款法

等额本息还款法又称为定期付息还款法，即借款人每月按相等的金额偿还贷款本息，其中每月贷款利息按月初剩余贷款本金计算并逐月结清。

由于每月的还款额相等，因此，在贷款初期每月的还款中，剔除按月结清的利息后，所还的贷款本金就较少；而在贷款后期因贷款本金不断减少，每月的还款额中贷款利息也不断减少，每月所还的贷款本金就较多。

这种还款方式，实际占用银行贷款的数量更多、占用的时间更长，同时它还便于借款人合理安排每月的生活和进行理财（如以租养房等），对于精通投资、擅长理财的人来说，无疑是最好的选择。

等额本息还款法的计算公式为

$$\text{每月等额还本付息额} = P \times \frac{R \times (1+r)^N}{(1+R)^N - 1} \tag{5.1}$$

其中，P 是贷款本金；R 是月利率；N 是还款期数；还款期数 = 贷款年限 × 12。

3. 等额本金还款法

等额本金还款法又称利随本清、等本不等息还款法，即贷款人将本金分摊到每个月内，同时付清上一交易日至本次还款日之间的利息。这种还款方式相对等额本息而言，总的利息支出较低，但是前期支付的本金和利息较多，还款负担逐月递减。

举例来说，同样是从银行贷款 20 万元，还款年限 15 年，选择等额本金还款，每月需要偿还银行本金 1 111 元左右，首月利息为 918 元，总计首月偿还银行 2 200 元，随后，每个月的还款本金不变，利息逐渐随本金归还减少。

等额本金还款法是一种计算非常简便、实用性很强的一种还款方式。基本算法原理是在还款期内按期等额归还贷款本金，同时还清当期未归还的本金所产生的利息。方式可以是按月还款和按季还款。由于银行结息惯例的要求，其一般采用按季还款的方式。

等额本金还款法的计算公式如下：

$$\text{每季还款额} = \text{贷款本金} \div \text{贷款期季数} + (\text{本金} - \text{已归还本金累计额}) \times \text{季利率} \tag{5.2}$$

【例 5-1】以贷款 20 万元、贷款期为 10 年为例：

每季等额归还本金：200 000÷（10×4）=5 000（元）

第一个季度利息：200 000×（5.58÷4）=2 790（元）

则第一个季度还款额为 5 000+2 790=7 790（元）

第二个季度利息：（200 000−5 000×1）×（5.58÷4）=2 720（元）

则第二个季度还款额为 5 000+2 720=7 720（元）

……

第 40 个季度利息：（200 000−5 000×39）×（5.58÷4）=69.75（元）

则第 40 个季度（最后一期）的还款额为 5 000+69.75=5 069.75（元）

通过上面的例子我们可以看出，随着本金的不断归还，后期未归还的本金的利息也就越来越少，每个季度的还款额也就逐渐减少。这种方式较适合于已经有一定的积蓄，但预期收入可能逐渐减少的借款人，如中老年职工家庭，其现在有一定的积蓄，但今后随着退休临近收入将递减。

【小贴士】

等额本金与等额本息的比较

某种意义上说，购房还贷，等额本金法（递减法）未必优于等额本息法（等额法），到底选择什么样的还贷方法还是因人而异。“等额本息还款法”就是借款人每月始终以相等的金额偿还贷款本金和利息，偿还初期利息支出最大，本金就还得少，以后随着每月利息支出的逐步减少，归还的本金就逐步增大；“等额本金还款法”（递减法）就是借款人每月以相等的额度偿还贷款本金，利息随本金逐月递减，每月还款额亦逐月递减。

两种还款方法都是随着剩余本金的逐月减少，利息也将逐月递减，都是按照客户占用管理中心资金的时间价值来计算的。由于“等额本金还款法”较“等额本息还款法”而言同期较多地归还贷款本金，因此以后各期确定贷款利息时作为计算利息的基数变小，所归还的总利息相对就少。举例来说，A、B 两人同时申请个人住房公积金贷款 10 万元，期限 10 年，合同生效时间为 2005 年 6 月 20 日。A 选择等额本息还款法，B 选择等额本金还款法。如不考虑国家在利率方面的调整因素，A 每月的还款额相同，都为 1 032.05 元，期满后共需偿付本息 123 846 元。B 第一个月还款额为 1 200.83 元，以后随着每月贷款期末余额的减少而逐月减少还款额。最后一个月还款额为 836.40 元，期满后共需偿付本息 122 233.90 元（注：计算 B 的还款额时，假定每月都为 30 天，实际还款应以每月实际天数计算）。所以，在相同贷款金额、利率和贷款年限的条件下，“等额本金还款法”的利息总额要小于“等额本息还款法”，以贷 10 万元 10 年为例，B 比 A 要少支付利息 1 612.10 元。

究竟采用哪种还款方式，建议还是要根据个人的实际情况来定。“等额本息还款法”每月的还款金额数是一样的，对于参加工作不久的年轻人来说，选择“等额本息还款法”比较好，可以减少前期的还款压力。对于已经有经济实力的中年人来说，采用“等额本金还款法”效果比较理想。在收入高峰期多还款，就能减少今后的还款压力，并通过提前还款等手段来减少利息支出。另外，等额本息还款法操作起来比较简单，每月金额固定，不用再算来算去。总而言之，等额本息还款法适用于现期收入少，负担人口少，预期收入将稳定增加的借款人，如部分年轻人，而等额本金还款法则适合有一定积蓄，但家庭负担将日益加重的借款人，如中老年人。

4. 等比累进还款法

等比累进还款法是指借款人将整个贷款期限划分为多个时间段，每个时间段内的每月还款金额按固定比例递增或递减（如±20%、±50%），且每期还款金额不得为负数。每个时间段内每月偿还的本息总额固定，但本金与利息的分配比例随时间动态调整。

此种方法又分为等比递增还款法和等比递减还款法。如果预期未来收入呈递增趋势，则可选择等比递增法，初期还款压力较小，后期适应收入增长；如果预期未来收入呈递减趋势，则可选择等比递减法，通过前期多还款减少总利息支出。

5. 等额累进还款法

等额累进还款法与等比累进还款法类似，不同之处就是将在每个时间段约定还款的“固定比例”改为“固定额度”。两种方法均需将贷款期限划分为多个时间段，且每阶段内每月还款额固定。

此种方法又分为等额递增还款法和等额递减还款法。若借款人收入增加，可与银行协商增大累进额或缩短间隔期，加速本金偿还以减少总利息；若借款人收入下降，可与银行协商减少累进额或扩大间隔期，降低当期还款压力，但需注意可能会增加借款总利息。

6. 组合还款法

组合还款法是一种将贷款本金分段偿还，根据资金的实际占用时间计算利息的还款方式。根据借款人未来的收支状况，债权人首先将整个贷款本金按比例分成若干偿还阶段，然后确定每个阶段的还款年限。还款期间，每个阶段约定偿还的本金在规定的年限中按等额本息的方式计算每月偿还额；未归还的本金部分按月计息，两部分相加形成每月的还款金额。

（三）固定利率与浮动利率

固定利率较简单，无论贷款期多长，它都不变。浮动利率则随着市场利率的变化时高时低。对大多数人来说，固定利率较易应付，有利于理财规划。利率固定的最大优点是使人安心。不管市场利率将来如何高涨都不受影响，较适合收入固定、害怕通货膨胀的人。而且，市场利率降低时，借款人又可以根据新的利率重新申请贷款。

浮动利率的起点通常比固定利率低 2~3 个百分点，可为贷款人在最初三四年节省不少钱。浮动利率的房贷合约一般规定两个上限。一是每次利率调高幅度不能超过的上限，如不能比上一年的利率高出 2 个百分点，即使市场利率在一年内升高了 3 个百分点，银行也不能将浮动利率调高 3 个百分点。二是整个贷款期内最高利率的上限，如不能比起点利率高出 6 个百分点，以保护借款人不至于过分受到利率上升的打击。

借款人必须问清楚银行调整利率是以什么经济指数为根据的，以便自己核实。浮动利率一般与为期 1 年的政府公债利率挂钩，加上 2 到 3 个百分点的差，每年调整一次。

在利率趋低时，浮动利率房贷比较合算。有的购房者可能开始时只付得起较低的月供款，但预期今后收入将增加。这类人适合借浮动利率房贷。三五年内有意卖掉新居者借浮动利率房贷也较有利，因为这种贷款的优势集中在贷期的最初三四年里。

借款人应该尽量避免浮动利率房贷，这样会省却今后许多苦恼。特别是收入不稳定的人，如果一定要买房子，应借固定利率贷款。

由于浮动利率贷款的起点利率比固定利率低，在利率走势向下时，可为借款人省钱许多。即使利率上升，但在整个贷款期内，利率不会只升不降。凡经济条件较好，收入丰厚，生活不会因月供款上升而受影响者，可尝试浮动利率房贷，说不定最后反而比固定利率省钱。

【小贴士】

为什么银行提供浮动利率贷款呢？

这是因为在 20 世纪 70 年代和 80 年代早期，美国通货膨胀率和利率扶摇直上。许多银行的房贷利率此时仍然固定在 4%、5%或 6%，而它们却不得不支付加倍的存款利率，因而亏了本。于是银行推出浮动利率房贷，以便把利率风险转移给借款人。银行有自知之明，知道自己无法推测今后利率的走向。浮动利率贷款给了它们以变应变的灵活性。

（四）初期费用的影响

期初费用包括保险费、评估费、抵押登记费及其他费用，其对实际借款利率成本有一定影响。

【例 5-2】A 机构提供 5 年期个人贷款 12 万元，名义上提供免息贷款，5 年内每月还 2 000 元，5 年还清，但收取 20 000 元的期初费用；B 机构不收取任何期初费用，本利摊还利率 7%；C 机构提供 5 年期个人贷款 12 万元，名义上提供免息贷款，5 年后一次支付 12 万元还清，但收取 20 000 元的期初费用。请问应选择哪个机构？

【解析】A 机构实际上等同于借 10 万元，每月还 2 000 元。

实际本利平均摊还月利率：

$5n$，100 000PV，2 000 CHS PMT，0FV，$i=0.62\%$

B 机构不收取任何期初费用，本利摊还利率 7%，有效年利率为 $(1+7\%/12)^{12}-1\approx 7.23\%<7.7\%$，则选择 B 机构较为有利。

C 机构提供 5 年期个人贷款 12 万元，名义上提供免息贷款，5 年后一次支付 12 万元还清，但收取 20 000 元的期初费用。

有效年利率为：$5n$，100 000PV，0PMT，120 000 CHS FV，$i=3.71\%<7.23\%$，则选择 C 机构更为有利。

（五）针对额外收入的决策

一笔钱用来还贷款时，其报酬率是确定的，就等于贷款利率。但若是用来投资，其报酬率是不确定的，因为任何无风险的投资工具，如存款与国债，其报酬率一般都不会高于贷款利率，因此若是有额外的一笔收入，建议用来提前还款而不用来投资。除非是个人创业者，将创业后高于成本与财务利息的利润用来补充自有资本，而自己又非常有把握其报酬率一定会高于贷款利率，此时才建议其获利再投入，甚至在维持固定的资本结构的前提下，在营业规模扩大时还可以向银行申请更多的贷款，充分利用信贷杠杆功能加速资产成长。

（六）通货膨胀对信用决策的影响

通货膨胀严重时，负债余额不随物价变化，对债务人有利。通货膨胀时名义利率上升，指数型房贷利率上升，对固定利率贷款的债务人有利。通货膨胀高达两位数时，如果信用卡利率维持在 20%不变，对消费者而言，其实际利率负担降低。消费者可以先刷卡消费，延后付款可锁定购物成本，因此通货膨胀情况严重时，使用消费型贷款的实际利率负担较轻。

五、偿债规划

（一）偿债现金流量规划

债务人应尽快偿还本金，降低债务余额，减少复利效果的影响。

（1）本金摊还每月还本金额=当前负债余额/拟将债务还清月数　　(5.3)

支出预算=收入-应付利息-应还本金　　(5.4)

【例 5-3】月收入 3 000 元，卡债 15 000 元，日息 0.05%，当月应付利息 225 元，打算在两年内偿还卡债，第一个月支出预算=3 000-225-15 000/24=2 150（元）。刚开始辛苦一点，随着本金逐渐偿还，利息支出减少，可逐步提高支出预算。

（2）本利摊还每月月供额=PMT(I,n,PV,FV)　　(5.5)

【例 5-4】每月收入 3 000 元，信用贷款 15 000 元，月利率 1%，打算在两年内本以利摊还的方式偿还信用贷款，每月还款额为：PMT（1，24，15 000）=-706（元），每月支出预算=3 000-706=2 294（元），在两年内保持不变。

（二）偿债顺序规划

（1）依照到期时间：优先偿还临近到期的借款。

（2）依照利率：优先偿还利率高的贷款。

如果是利率低的贷款先到期，还是以到期日为优先考虑。因为到期的贷款违约的话就有信用不良记录，可能会影响其他还未到期的贷款，如要求借款人提前偿还或增加抵押品。

（三）转贷与债务整合规划

（1）转贷：个人将原来到期的贷款，到银行重新办理借新还旧或还旧借新，是以低利率负债置换高利率负债。

（2）债务整合：在降低利息总负担的前提下把不同贷款机构的贷款整合到一家。

第二节 信用卡和消费性贷款

一、信用卡概述

按国际通行惯例上的解释，“信用卡”（credit card）是指“具有循环信贷、转账结算和存取现金等功能，具有先消费、后还款、无须担保人和保证金、可按最低还款额分期还款等特点的信用工具和支付手段”。按照一般意义上的解释，信用卡是商业银行或其他财务机构签发给资信状况良好人员的一种特殊信用凭证，可用于在指定的商家购物或消费，或在指定的银行机构存取现金的一种特制卡片。

在中国人民银行 1999 年 3 月 1 日发布的《银行卡业务管理办法》中，信用卡按是否向发卡银行交存备用金分为贷记卡和准贷记卡两类。贷记卡是指“发卡银行给予持卡人一定的信用额度，持卡人可在信用额度内先消费、后还款的信用卡”。准贷记卡是指“持卡人须先按发卡银行要求交存一定金额的备用金，当备用金账户余额不足支付时，可在发卡银行规定的信用额度内透支的信用卡”。随着时代的变迁，准贷记卡已逐渐退出主流市场。当前信用卡形态已从实体塑料卡片拓展至虚拟信用卡（如蚂蚁花呗、京东白条）和数字钱包联名卡（如微信支付绑定信用卡），支持无卡化支付。信用卡起源于 19 世纪末英国的商业赊销，1950 年大来俱乐部推出首张现代信用卡，1952 年富兰克林国民银行首次发行银行信用卡。20 世纪 70 年代，信用卡业务进入中国。1979 年，中国银行与中国香港东亚银行签订协议，将信用卡外卡收单业务引入内地，实现了我国内地信用卡受理市场与世界接轨；1985 年，中国银行发行了我国内地第一张信用卡“中银卡”；1995 年，广东发展银行发行了我国第一张符合国际标准的真正意义上的人民币贷记卡；1996 年，中国工商银行发行了我国第一张双币卡，可以采用美元和人民币结算、在国内国际通用的牡丹信用卡；2002 年，中国银联成立，实现了国内银行卡的跨行联网，大大改善了国内信用卡的受理环境，从而促进了信用卡的快速发展。2024 年国内信用卡的发卡量突破 10 亿张，但增速放缓至 5%以下，活卡率 60%～70%。当前国内的信用卡市场呈现数字化转型特征：移动支付交易占比超 60%，生物识别技术（刷脸/指纹）覆盖 90%以上交易场景，区块链智能合约应用于跨境支付和自动还款。

信用卡具备两大基本功能，即信用贷款功能和支付结算功能。信用卡持卡人在购物消费时，在规定的限额范围之内，发卡银行允许持卡人透支一定数额的款项进行消费，这是信用卡发卡行向客户提供的信用贷款；持卡人在使用贷款后，如果在规定的到期日之前一次还清贷款，可以享受发卡行提供的免息优惠，也可以选择分期付款的方式，但需要支付一定的利息，在自有资金充足时，选择偿还大部分或全部借款，并不会因提前还款而受罚，这就是信用卡的信用贷款功能。信用卡持卡人在指定的商店、饭店等商业场所购物和消费之后，可以采用信用卡进行支付结算，而无须以现金货币支付各种款项，这就是信用卡的支付结算功能。因此，拥有了信用卡，消费者在出差旅行、外出购物时就不用携带大量现金，给生活带来了极大的便利。信用卡的采用将传统的现金交易方式转变为转账结算方式，取代了一定数量的市场流通货币，减少了货币的发行量，从而减少了国家每年用于货币印刷、调拨、运输、仓储和投放所耗费的资金，加快了社会流动资金周转速度。在信用卡加速替代现金流通的同时，其数字化转型正重塑金融生态。这一转型以虚拟信用卡和数字钱包联名卡为载体，依托区块链动态验证码、生物识别等技术提升支付安全性，同时通过开放银行接口实现消费场景的无缝嵌入。信用卡的数字化跃迁不仅重构了信用服务体系，更通过智能合约与数字人民币的融合，推动支付介质从实体卡向数字信用中枢进化。未来，信用卡将依托 AI 驱动的动态授信模型和元宇宙场景延伸，持续释放信用资产的流动性价值，最终成为连接实体消费与数字金融生态的智能枢纽。

二、信用卡的免息期与计息方式

（一）免息期

银行所说的信用卡免息期，一般是最长的免息期，但不是任何一笔消费都可以获得最长免息期。免息还款期是指银行针对非现金交易且全额还款的持卡人给予免息待遇，免息时间从银行记账日起至到期还款日止。

免息期的设置一般有两种：一种由银行明确规定每月某一天为免息还款截止日，免息期就是银行记账日至截止日之间的日期，中国工商银行、中国农业银行均采用此种方法；另一种是由持卡人根据需要自行选择一个账单日，再根据账单日设定最迟还款日，那么免息期就是银行记账日到最迟还款日之间的日期，如中国建设银行和招商银行。此外，部分银行允许用户在账单日初始设置后修改账单日，但通常限制严格。例如，民生银行每年仅允许用户修改一次账单日且须还清欠款，广发银行则要求用户信用良好且无未结分期。下面两个案例能直观感受到不同时间消费获得的免息期长度的差异。

【例 5-5】账单日是每月 1 日，而还款日是每月 25 日，如果在 8 月的账单日第二天即 8 月 2 日消费了 5 000 元，银行新的记账日也是从次日即 8 月 2 日开始，那么这笔消费肯定是来不及出现在 1 日的账单上的，所以 8 月 2 日当天的消费最有可能出现在 9 月 1 日的账单上，最迟可以 9 月 25 日还，这样就有 50 多天的免息期。

【例 5-6】账单日是每月 1 日，而还款日是每月 25 日，如果是在 7 月 31 日刷了 5 000 元，那么这笔消费记录将出现在 8 月 1 日的账单上，最迟 8 月 25 日就要还，这样仅有 25 天的免息期。

不过是早刷了 1 天，免息期就相差了 25 天。所以，持卡人在账单日当天或之后几天消费，才能享受银行给予的最长免息期。

并且，各家银行的最长免息期规定也不尽相同。目前，中国银行、招商银行等多家发卡行最长免息期为 50 天，中国民生银行最长免息期为 51 天，中国工商银行、中国农业银行等 4 家银行最长免息期为 56 天。有些银行因信用卡品种不同，最长免息期也不同，如中国银行推出的中银白金卡免息期最长达 59 天，普通信用卡最长免息期则为 50

天。因此，持卡人了解信用卡免息期并计算好消费时间，可以更好地进行资金安排。

此外，信用卡入账时间直接影响免息期的计算和资金规划。入账时间决定了消费金额被正式记录到账单周期的起始点，若银行采用即时入账规则（如工商银行、江苏银行），消费交易在交易日当日即计入当期账单周期，免息期的计算起点与消费日同步；若银行采用延迟入账（如中国银行将23点后的消费计入次日周期），则免息期起始日将与实际入账日而非消费日保持一致。这种入账时间计算方式的差异可能会导致同一笔消费在不同银行的免息期相差1~2天。因此，持卡人需根据银行的入账规则精准选择消费时间，避免因入账延迟而误判还款期限。

（二）最低还款额

最低还款额是指持卡人在到期还款日（含）前偿还全部应付款项有困难的，可按发卡行规定的最低还款额进行还款，但不能享受免息还款期待遇，最低还款额比例通常为消费金额的5%~10%（不同银行比例不同）加其他各类应付款项。最低还款额列示在当期账单上。

【小贴士】

违约金

如果截至到期还款日，持卡人的实际还款额低于最低还款额，则其应按最低还款额未还部分的一定比例缴纳违约金。违约金的比例由发卡银行与持卡人通过协议约定，通常为最低还款额未还部分的5%，但具体比例因银行而异。人民币账户最低收取金额也因银行不同而有所差异，例如中国银行最低收取人民币10元，美元账户最低收取1美元。此外，部分银行对违约金设有上限，例如工商银行规定，每期违约金最高不超过500元人民币或等值外币。

（三）循环信用及利息计算方式

1. 循环信用

循环信用是一种十分方便的短期贷款工具，当无法一次付清账单上的金额时，持卡人就可以利用此功能，自行决定偿还的金额与时间，不需提供任何抵押品，并可随时结清。

持卡人在到期还款日（含）发卡机构营业网点营业终了前全额偿还所有应付款项后，可继续重新享受全部信用额度。部分偿还的，只可重新享受部分信用额度。循环信用可让持卡人暂时不必清偿全部账款，持卡人可以按照自己的财务状况，每月在信用卡当期账单的到期还款日前，自行决定还款金额的多少，但每个月须至少缴付月结单上所列的最低还款额。若偿还的金额大于等于账单中的最低还款额（但小于应还金额即欠款总额）时，持卡人就可使用循环信用，剩余的未还金额就是循环信用余额。循环信用是一种十分便捷的贷款工具，不仅让持卡人享有刷卡的便捷，更是轻松理财的好选择。

2. 利息计算

循环信用以日计息，按日息万分之五（即年化利率18.25%）的利率收取利息，并按月收取复利。利息从记账日开始计算。持卡人现金类交易（如取现）不享受免息还款期待遇，从记账日开始按日息万分之五计息。

各家银行在使用循环信用时的计息方式不同，按照对已还款金额处理的不同分为全额罚息和未还计息两种方式，具体视各家银行卡章程而定

（1）全额罚息。

按最新的国际信用卡章程对全部消费款计息，即若使用了循环信用，发卡机构对全部消费款按每日万分之五计收从银行记账日起至还款日终的贷款利息。

在国内银行中，中国工商银行是首家取消了信用卡全额罚息的银行，于 2009 年 2 月率先取消了信用卡全额罚息制度。如持卡人按照最低还款额还款，中国工商银行只对未还金额征收利息，已还款部分不再计息。

自 2013 年 7 月 1 日《中国银行卡行业自律公约》实施后，不少银行开始采取容差容时的政策。也就是说，对于持卡人一定额度内，超过还款日一定时间内的还款，仍然算正常还款，不再收取滞纳金和罚息。比如，中国交通银行信用卡还款容差金额为 100 元人民币或等额外币，还款容时为 3 个自然日。也就是说，只要持卡人晚还款时间不超过 3 个自然日，未还款金额不超过 100 元，就不会按照全额罚息来计收利息。

（2）未还计息。

若使用了循环信用，发卡机构对未清偿部分按每日万分之五计收从银行记账日起至还款日终的贷款利息。

【例 5-7】某行信用卡持卡人刘先生信用卡账单日是每月 5 日，到期还款日为每月 25 日，刘先生本月 1 日刷卡消费金额为 10 000 元，到期还款日，刘先生还款 5 000 元，剩余的 5 000 元在 10 天以后偿还。请计算刘先生需要承担的信用卡利息。

【解析】按照全额罚息的规定，刘先生要承担的信用卡利息计算如下：10 000 元×0.05%×25 天（1 月 1 日-1 月 25 日）+5 000 元×0.05%×（1 月 26 日-2 月 4 日=10 天）=150 元。

【例 5-8】李先生的账单日为每月 18 日，到期还款日为每月 7 日；4 月 18 日银行为李先生打印的本期账单包括了他从 3 月 19 日至 4 月 18 日之间的所有交易账务；本账单周期李先生仅有一笔消费——4 月 15 日，消费金额为人民币 1 000 元；李先生本期账单的“本期应还金额”为人民币 1 000 元，“最低还款额”为 100 元。请计算李先生全额还款、偿还最低还款额时，按照全额罚息、未还计息方式应计算的循环利息。

【解析】不同的还款情况，李先生的循环利息分别为：

若李先生于 5 月 7 日前，全额还款 1 000 元，则在 5 月 18 日的对账单中循环利息=0 元。

若李先生于 5 月 7 日后，只偿还最低还款额 100 元，按全额罚息方式计算，在 5 月 18 日的对账单的循环利息等于 16.40 元。

具体计算如下：循环利息=1 000 元×0.05×22 天（4 月 15 日-5 月 7 日）+（1 000 元-100 元）×0.05×12 天（5 月 7 日-5 月 18 日）=16.40（元）

若李先生于 5 月 7 日后，只偿还最低还款额 100 元，按未还计息方式计算，在 5 月 18 日的对账单的循环利息等于 15.30 元。

具体计算如下：循环利息=（1 000 元-100 元）×0.05×34 天（4 月 15 日-5 月 18

日）＝15.30（元）

目前两种计息方式在国内并行，这就会使不了解情况的持卡人对银行收取的利息费用产生误解。中国人民银行发布的《信用卡业务管理办法》关于免息还款的条件没有细节规定，由各个银行自行规定。国际上两种计息方式并行，主流的做法还是趋向多收取利息。因为按照约定，持卡人应该在还款期限内全额还款才能享受免息待遇，只还其中的一部分可以视为一种违约行为，计息是银行对持卡人违约行为的一种警告性措施。而银行把一笔消费信贷看作一个整体，因此也要对已偿还部分计息。

三、消费性贷款

消费性贷款可以定义为面向消费者提供的信贷服务，这种信贷服务是计算利息的，可以是有担保的或无担保的，可分为长期的和短期的。广义的消费性贷款包括住房贷款在内的所有面向个人消费者提供的贷款，狭义的消费性贷款指除住房贷款以外的向自然人发放的，用于购车、装修、教育、大宗消费购物、旅游等个人或家庭合法消费用途的贷款。对消费性贷款的提供者来说，消费性贷款是一项服务性事业，是向自然人发放的，用于购车、装修、教育、大宗消费购物、旅游等个人或家庭合法消费用途的贷款。

谁是消费性贷款的提供者呢？各国的法律对这个问题有不同的规定。一般来说，消费性贷款的主要提供者有三类：银行、非银行的金融机构及非金融企业机构。在银行中，大型的全国性商业银行和中小型的地方银行一般都从事面向消费者的信贷服务，例如各种信用卡透支服务、抵押贷款服务等。非银行的金融机构包括专门向消费者提供汽车购买分期付款的财务公司及信用合作社等。非金融企业机构主要指一些向商品和服务的个人购买者提供赊欠便利的厂商。

个人消费性贷款作为商业银行众多贷款种类中的一种，其操作也必须符合《中华人民共和国商业银行法》《中华人民共和国贷款通则》等相关法律法规的规定，必须经过贷前调查、贷时审查和贷后检查三个基本环节。由于个人消费性贷款的贷款用途限定为消费，作为贷款主体的自然人流动性很大，不易控制，在实际操作中，除封闭性贷款外，其他种类贷款的实际使用方向根本无法控制，所以，在这三个环节中，商业银行更着重于贷前调查和贷时审查两个关键环节。个人消费性贷款的借款人为自然人，借款又为非营利目的，他们相对更注意贷款的成本，如果花了费用而最终未得到借款，往往会引起矛盾，对商业银行的信誉也会造成负面影响。

个人消费性贷款的操作流程如下：

申请→贷前调查→审查、审批→签订合同→办理保险、公证、担保手续→发放贷款→贷款偿还→清户撤押

个人消费性贷款的初审由资信调查组审验，主要审查借款人的资信情况，包括借款人的年龄、职业、收入、家庭情况、抵（质）押品、工资发放情况等。特别是在办理抵押贷款时，初审显得尤为重要。因为办理抵押品登记、评估、保险、公证等均需交纳一定的费用，有了初审既可避免借款人盲目花钱办理各项手续，也可避免抵押物价值高估给银行带来的潜在风险。

四、个人消费性贷款的特点

个人消费性贷款具有以下特点：

（1）贷款投向的个人性，指该信贷以自然人为特定信用对象，而非一般的法人或组织。

（2）贷款用途的消费性，指该类信贷用途以消费性需求为目的，而非以经营营利为目的。

（3）贷款额度的小额性，指该类信贷一般只有较小信用额度，通常在 1 000 元至 50 万元之间，不大量占用银行的信贷资金。

（4）贷款期限的灵活性，指该类信贷期限灵活，买方信贷一般在 6 个月至 5 年，卖方信贷期限相对较长，如个人住房贷款期限最长可达 30 年。

（5）贷款资金的安全性，指该类信贷都有抵（质）押物担保或保证，信贷资金的安全性一般都有保证。

五、消费性贷款种类

（一）商业银行个人消费性贷款

中国商业性银行个人消费性贷款已形成差异化竞争格局，在监管规范与科技赋能下加速产品创新迭代。目前各大商业银行主要的消费性贷款种类有：

1. 短期信用贷款

短期信用贷款是贷款人为解决由本行办理代发工资业务的借款人临时性需要而发放的，期限在一年以内、额度在 2 000 元至 2 万元且不超过借款人月均工资性收入 6 倍的、无须提供担保的人民币信用贷款。该贷款一般不能展期。

2. 综合消费贷款

综合消费贷款是贷款人向借款人发放的不限定具体消费用途、以贷款人认可的有效权利质押担保或能以合法有效房产做抵押担保，借款金额在 2 000 元至 50 万元、期限在 6 个月至 3 年的人民币贷款。

3. 旅游贷款

旅游贷款是贷款人向借款人发放的用于支付旅游费用、以贷款人认可的有效权利做质押担保或者由具有代偿能力的单位或个人作为偿还贷款本息并承担连带责任的保证人提供保证，借款金额在 2 000 元至 5 万元、期限在 6 个月至两年且提供不少于旅游项目实际报价首期付款的人民币贷款。

4. 国家助学贷款

国家助学贷款又分为一般助学贷款和特困生贷款，是贷款人向全日制高等学校中经济困难的本、专科在校学生发放的用于支付学费和生活费并由教育部门设立“助学贷款专户资金”给予贴息的人民币专项贷款。

5. 汽车贷款

汽车贷款是贷款人向在特约经销商处购买汽车的借款人发放的用于购买汽车、以贷款人认可的权利质押或者具有代偿能力的单位或个人作为还贷本息并承担连带责任的保证人提供保证，在贷款银行存入首期车款，借款金额最高为车款的70%、期限最长不超过5年的专项人民币贷款。

6. 住房贷款

住房贷款是贷款人向借款人发放的用于购买自用普通住房或者城镇居民修房、自建住房，以贷款人认可的抵押、质押或者保证，在银行存入首期房款，借款金额最高为房款的70、期限最高为30年的人民币专项贷款。个人住房贷款又分为自营性个人住房贷款、委托性个人住房贷款和个人住房组合贷款三种。

7. 互联网贷款

互联网贷款是指商业银行运用互联网和移动通信等信息通信技术，基于风险数据和风险模型进行交叉验证和风险管理，线上自动受理贷款申请及开展风险评估，并完成授信审批、合同签订、贷款支付、贷后管理等核心业务环节操作，为符合条件的借款人提供的用于消费、日常生产经营周转等的个人贷款和流动资金贷款。

（二）互联网生态下的新型消费信贷产品

另外，在数字经济深化演进的时代背景下，依托互联网生态衍生的新型消费信贷产品正加速渗透大众生活。头部互联网企业凭借其母公司的场景资源与技术优势，通过深度嵌入电商交易、社交支付、本地生活等高频消费场景，构建起覆盖多维度需求的信用服务体系，逐渐成为年轻群体消费支付的首选工具。这些新型消费性贷款产品大致可以分为以下几个类型：

1. 场景消费信贷

场景消费信贷是指与特定消费场景深度绑定的信贷产品，其资金流向受控于合作商户生态，具有“消费即授信”的闭环特征。这类产品通过嵌入支付环节，实现“先消费后付款”的购物体验。典型的场景消费信贷产品有蚂蚁花呗、京东白条、微信分期支付等。

2. 现金消费信贷

现金消费信贷是指无特定消费场景约束的现金贷款产品，其资金可提现至个人账户，具有“即申即用”的灵活性。这类产品依赖多维数据建模，年化利率通常高于场景类产品。典型的现金消费信贷产品有蚂蚁借呗、微粒贷、度小满有钱花等。

在低门槛信贷产品快速渗透现代生活的当下，年轻群体正面临着便捷金融工具与潜在风险并存的复杂生态。消费信贷的数字化革新虽然降低了信贷业务的服务门槛，却也模糊了用户理性消费的边界，容易促使用户形成“即点即贷”的消费惯性。因此，我们更应建立理性消费观念，警惕因为频繁借贷产生债务循环风险。

六、互联网消费信贷对家庭信用管理的双重作用

（一）积极作用

1. 大数据征信重塑信用评估维度

互联网消费信贷平台可以通过整合用户的电商消费、社交行为、地理位置等多维度数据，构建比传统征信更立体的家庭信用画像。以支付宝“花呗”为例，其信用评估体系不仅包括用户在淘宝的消费频次、退款率、收货地址稳定性等基础指标，还结合了支付宝生态内的水电煤缴费记录、余额宝理财行为、芝麻信用履约历史等多维数据标签，动态构建家庭信用模型。这种立体化评估机制已覆盖超过 4 亿用户，形成了“数据驱动授信—场景定向消费—信用正向积累”的闭环生态。

2. 场景化信贷优化家庭资金流动性

互联网信贷平台通过将信贷服务深度嵌入教育消费场景，构建起“需求触发—定向放款—资金监管”的闭环体系，显著优化家庭资金流动性配置效率。以美团“生活费·教育分期”为例，其与新东方、学而思等多培训机构建立的区块链资金监管系统，不仅实现学费直付机构账户，更通过智能合约将放款节奏与课程进度绑定——家长只需预付一定学费即可启动课程，剩余学费按周次自动划转，这种“用多少贷多少”的模式使家庭显著降低资金占用压力。

3. 智能风控降低家庭信用违约概率

互联网信贷平台通过引入人工智能与机器学习等模型，实时监测用户异常行为，显著降低家庭信用违约风险。在信贷申请阶段，平台通过对申请人的个人信息、财务状况、消费习惯等多维度数据进行分析，快速评估其信用风险和还款能力；在信贷审批阶段，平台可进一步结合市场趋势、政策变化等因素，对信贷项目进行全面风险评估；在贷后管理阶段，平台持续监测借款人的还款情况和信用状况，及时发现潜在风险隐患，为金融机构提供预警和处置建议。例如，海尔消费金融目前部署了 DeepSeek 私有化版本，目前正在打通公域私域大小模型，接入智能体平台，开始进入营销、风险、贷后等多个场景。

（二）消极作用

1. 隐蔽费用导致非理性负债

互联网信贷平台通过隐蔽费用设计加剧家庭非理性负债的现象日益凸显，部分平台通过默认勾选担保服务、模糊展示综合年化成本诱导用户过度借贷。以“易××”平台为例，借款人在完成身份认证、人脸识别等流程后，直至放款前最后一刻才显示隐藏的“综合服务费用”，例如 13 000 元借款中利息仅 860.42 元，但折叠的担保费、融资管理费高达 3 799.86 元，导致实际综合年化利率飙升至 35.85%。这种隐蔽收费机制导致家庭实际负债规模显著增加，成为诱发多头借贷与债务崩盘的重要推手。

2. 信息滥用影响家庭正常生活

互联网消费信贷平台正借助隐蔽的信息滥用机制威胁家庭成员的正常生活，其核心

风险源于数据采集失控与共享规则失序。以“分××”等平台为例，用户在申请贷款时被迫勾选长达数万字的隐私协议，默认授权平台调取通讯录、地理位置、人脸信息等20余项敏感数据，这些信息不仅被实时用于风险定价，更被共享至近60家关联企业形成数据黑市。这也就导致了在借贷者贷款逾期后，网贷平台往往对其通讯录好友、领导同事等多人进行“狂轰滥炸式”骚扰。部分互联网信贷平台贷款门槛过低导致其坏账率较高，只能将希望寄托在催收环节，而这可能导致更多的人无辜受到骚扰，严重干扰正常生活。

本章小结

(1) 信用的本质是一种借贷行为，是有条件的商品或货币的转让行为。信用的出现改变了传统的以物易物的交易模式，使得人们可以进行超前消费或者置产。信用丧失会造成许多不良后果。本章介绍了信用损失的原因及预防措施。

(2) 中国人民银行建立个人信用信息基础数据库的目的是帮助商业银行提高风险管理能力和信贷管理效率，防范信用风险，促进个人消费信贷的健康发展，为金融监管和货币政策制定提供服务。建立个人信用信息基础数据库对个人最大的好处是为个人积累信誉财富。个人信用报告是全面记录个人信用活动、反映个人信用状况的文件，是个人信用信息基础数据库的基础产品。个人应该尽早建立个人信用记作录。

(3) 家庭财务离不开借贷，每个家庭都会或多或少地使用信贷，家庭融资渠道有银行、信用社、寿险公司、典当行和小额贷款公司。个人贷款有以下六种还款方式：①到期一次还本付息法；②等额本息还款法；③等额本金还款法；④等比累进还款法；⑤等额累进还款法；⑥组合还款法。固定利率与浮动利率、期初费用、额外收入、通货膨胀都会对信用决策产生影响。

(4) 信用卡是具有循环信贷、转账结算和存取现金等功能，具有先消费、后还款、无须担保人和保证金、可按最低还款额分期还款等特点的信用工具和支付手段。免息还款期是指银行针对非现金交易且全额还款的持卡人给予免息待遇，免息时间从银行记账日起至到期还款日止。循环信用以日计息，按日息万分之五的利率收取利息，并按月收取复利。各家银行在使用循环信用时的计息方式不同，按照对已还款金额处理的不同分为全额罚息和未还计息两种方式。

(5) 广义的消费性贷款包括住房贷款在内的所有面向个人消费者提供的贷款，狭义的消费性贷款指除住房贷款以外的向自然人发放的，用于购车、装修、教育、大宗消费购物、旅游等个人或家庭合法消费用途的贷款。个人消费性贷款具有投向的个人性、用途的消费性、额度的小额性、期限的灵活性、资金的安全性等特点。

复习思考题

1. 什么是信用？为什么要重视个人信用？
2. 从哪些渠道可申请到个人/家庭贷款？每个渠道的特点是什么？
3. 信用卡循环信用的利息应如何计算？

第六章

投资规划

学习要点及目标

- 了解单一资产的预期收益与风险指标的测算。
- 重点掌握马柯维茨资产组合理论及资产组合的预期收益率和方差等相关计算。
- 重点掌握资产组合的有效集与资本市场线的内涵和相互关系，及如何构造最优的投资组合。
- 了解资产配置过程及各种资产配置策略之间的比较。
- 掌握持有期收益率及其他投资组合的业绩评估指标的含义及运用。

核心概念

投资组合　预期收益率　方差　资本市场线　资产配置　投资业绩评估

引导案例

如何做出正确的投资决策

假设你很幸运，从亲戚那儿获得了100万美元的遗产。他只规定你必须在随后的6个月之内明智地将这笔钱投资于金融资产，而不是将其用于消费，你必须对受托人负责，如果你不能做出合理决策的话，他们会有最终的裁决权。现在，你面对一个不可回避的任务——构建一个由股票、债券等资产形成的组合。你很快会明白你不单单是不知道所有的答案，甚至不知道其中的一些问题所在。

虽然在大学里学习了金融课程，了解了风险与收益，但是现在你必须真正理解这些概念的含义。你也许听说过某人谈论“在市场上劫掠”，但是常识告诉你不可能这么简单。就像经纪人在向潜在投资者炫耀其他经纪人的游艇时，投资者会问经纪人：“客户的游艇在哪里?”同样地，你在某些场合读到过投资欺诈事件使得人们受伤害，这种事更加难以防范。所以你决定由自己来做这件事。你需要寻找到其中的关键，提出正确的问题，并学习成功投资的基本要点。

实际上，通过对投资规划的学习，任何人都能够构建并管理自己的资产组合，但要掌握构建聪明投资计划的精髓，你需要付出更多的努力去学习有关投资的基础知识。

（资料来源：琼斯. 投资学原理与概念［M］. 北京：机械工业出版社，2016：2.）

案例导学

一个成功的投资规划是从了解自身的风险承受水平开始的，我们选取资产，构造投资组合，都是为了追求自己所能承受的风险水平上的最大收益。因此，通过有效的方法去测量各项资产及资产组合的风险和收益也是尤为重要的，这不仅仅是做出投资决策、进行资产配置的基础，同样也是我们通过业绩评估来对投资组合进行修正的依据。近年来我国居民的投资意识明显增强，但由于资本市场的不完善，股票市场波动剧烈，从而使得资产配置仍然失衡。在这样的经济环境背景下，我们需要对资产的风险及收益有更加全面的认识，并以此为基础，量身打造适合自身风险收益需求的投资组合。

第一节 投资组合理论

一、风险的定义

不要将鸡蛋放在同一个篮子里，这是大多数人接触到投资时学到的第一句话，其中，鸡蛋比喻的是你所拥有的总资产，而篮子代表的是你的资产选择。这么做的目的，便在于规避风险。对于风险的定义，我们认为它指的是对于未来结果将可能出现的不确定性。对于事物的未来发展，我们心里总会有个预期，但由于不可预见的情况太多，实际结果与预期往往有所出入，可能超出所想，也有可能远不及所料，这就是风险的体现。

在对于风险的偏好上，我们的研究始终基于一个很重要的假设，即所有投资者都是风险厌恶者（或风险规避者），在给定的风险水平上，一定会选择收益率更高的投资选择；在给定收益率的情况下，一定会选择风险水平更低的产品进行投资。同时，风险和收益往往是正相关的，投资者在承担更高风险的同时，总是会要求更高的收益率，这也说明了投资者都是风险规避的，也就是我们所说的“理性人”。

当然，在现实生活中并非不存在“非理性人”，相反，这种喜好风险、追逐风险的人也广泛存在。风险的偏好并不是绝对的，一个人会在为他的人身和财产购买保险的同时，也有可能在赌场上挥金如土。这种风险喜好与风险规避并存的现象可以用参与者对待风险的态度加以解释，而这种对待风险的态度取决于涉及的资金数额。

虽然风险的存在是毋庸置疑的，但预期收益率与预期风险的正相关关系也得到了历史数据的普遍证明，因此我们仍然假设投资者是风险厌恶或风险规避的，且在选择一定风险水平的资产组合时，会追求最大化的投资收益。好的资产组合并不是不同类别的资产放在一起的简单组合。投资者在选择资产组合之前，应该了解每类资产的风险水平和预期收益，以及各资产之间的相互关系。在接下来的学习中，我们将会介绍与资产组合相关的风险指标及其测算。

二、马柯维茨资产组合理论

哈里·马柯维茨早在 1952 年就提出了投资组合理论，并提出了预期收益率的计算方法及量化预期风险的方法。在他的理论假设下，投资组合的价格变化是随机变动的，投资者可以随机变动的价格均值来衡量预期收益，并且以它的方差来衡量风险。具体假设如下：

（1）所有资产都是可分的，能够根据投资者的意愿选择各种不同比重的资产组合，不受资产的性质、金额的影响，即不考虑各类资产的投资门槛。

（2）投资者完全根据预期收益率和风险来进行资产选择，即资产组合的效用仅为预期收益率和方差的函数。

（3）投资者能够知道投资收益率的概率分布，且投资收益率是服从正态分布的，投资者能够一一对应地得到均值和方差（预期收益率和预期风险）。

（4）投资者都是理性人，会进行风险规避来得到最优的投资组合选择，以期获得更高的收益率并且承受更低的风险水平。

（一）单项资产的预期收益率及方差

1. 单项资产的预期收益率

在前面我们已经提到，资产的预期收益率是根据资产价格的概率分布测算的，即我们事先能够知道各种情况的概率，以均值来测算预期收益率。在表 6-1 中，我们可以清楚地了解计算过程。

表 6-1　单项资产的预期收益率

概率	收益率/%	预期收益率/%
P_1	r_1	P_1r_1
P_2	r_2	P_2r_2
P_3	r_3	P_3r_3
…	…	…
		$E(r) = \sum_{i=1}^{n} P_i \cdot r_i$

【例 6-1】已知某一金融资产 A 在经济萧条时的收益率为-5%，在经济正常时的收益率为 3%，在经济繁荣时可获得的收益率为 12%；金融资产 B 在经济萧条时的收益率为-7%，在经济正常时的收益率为 5%，在经济繁荣时的收益率为 10%，且以上三种经济状况的可能性均等，问在金融资产 A 和 B 当中，哪一个的预期收益率更高？

【解析】我们可以根据以上信息做出表格，如表 6-2 所示，则金融资产 A 的预期收益率为（-5%）×33. 33%+3%×33. 33%+10%×33. 33% = 2. 67%，同理可得出金融资产 B 的预期收益率为 3. 33%，故金融资产 B 的预期收益率更高。

表 6-2　金融资产 A 和 B 的预期收益率

经济状况	概率	收益率	
		A	B
萧条	33.33%	-5%	-7%
正常	33.33%	3%	5%
繁荣	33.33%	10%	12%
		$E(r_A)=2.67\%$	$E(r_B)=3.33\%$

2. 单项投资收益率的方差

马柯维茨证明了收益率的方差是资产组合的理想衡量标准，方差或者标准差衡量的是收益率的波动幅度，即各种情况可能得到的收益率与预期收益率（均值）之间的偏离程度。单项资产的收益率方差的计算公式为

$$\sigma^2=\sum_{i=1}^{n}[r_i-E(r)]^2\cdot P_i \tag{6.1}$$

其中，σ^2 为收益率的方差；P_i 为可能收益率 r_i 的概率。

所以，标准差的公式则为

$$\sigma=\sqrt{\sum_{i=1}^{n}[r_i-E(r)]^2\cdot P_i} \tag{6.2}$$

【例 6-2】接【例 6-1】，判断金融资产 A 和 B 哪一个方差更大？

【解析】根据上题数据及给出的公式，金融资产 A 的方差等于 $(-5\%-2.67\%)^2\times 33.33\%+(3\%-2.67\%)^2\times 33.33\%+(10\%-2.67\%)^2\times 33.33\%\approx 0.0038$，金融资产 B 的方差同理得 0.006 2，因此，金融资产 B 的方差更大。其实该题有更加简单的判断方法，在比较的两者单位相同的情况下，我们可以将 A 和 B 的预期收益率及各种可能的收益率作图，如图 6-1 所示。从图 6-1 中可以看出 B 的可能收益率的分布点对于预期收益率均线的偏离程度要大于 A，因此也可得出 B 的方差要大于 A 的结论。

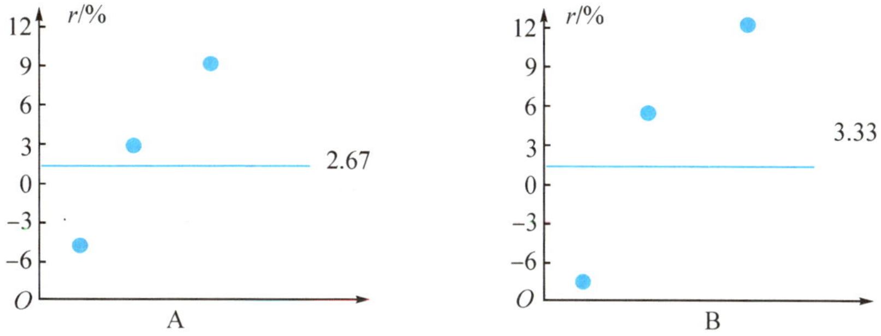

图 6-1　金融资产 A 和 B 的方差分布

（二）资产组合的预期收益率和方差

1. 资产组合的预期收益率

关于资产组合的预期收益率，我们能够很好地理解。在之前我们已经了解了如何得到单个资产的预期收益率，而资产组合的预期收益率等于该组合中所有资产预期收益率

的加权平均值，因此我们只需将各项资产的预期收益率乘以该资产在组合中的占比，再进行求和，便可得到资产组合的预期收益率。表 6-3 给出了资产组合中各项资产的占比及预期收益率。资产组合的预期收益率的计算公式为

$$E(R) = \sum_{i=1}^{n} \omega_i \cdot R_i \tag{6.3}$$

其中，ω_i 为各项资产在资产组合中的比重；R_i 为各项资产的预期收益率。

表 6-3 资产组合的预期收益率

占比(ω_i)	单项资产预期收益率(R_i)	资产组合的预期收益($\omega_i \cdot R_i$)
0.2	0.08	0.016
0.35	0.11	0.038 5
0.25	0.07	0.017 5
0.1	0.05	0.005
0.1	0.10	0.010
		$E(R) = 0.087$

2. 资产组合收益率的方差

资产组合的预期收益率为各项资产的预期收益率的加权平均值，但我们在计算资产组合的收益率方差时，不能进行简单的加权求值。在介绍资产组合收益率的方差之前，我们必须先了解两个相关的统计概念：协方差和相关系数。我们将由公式的推导来引入这两个概念。

假设资产组合由资产 A 和资产 B 组成，A 的预期收益率为 $E(R_A)$，B 的预期收益率为 $E(R_B)$，其中 A 在资产组合中占比 ω，则 B 占比（$1-\omega$），通过这些条件我们可以计算资产组合的预期收益率和收益率方差：

预期收益率：$E(R) = \omega E(R_A) + (1-\omega)E(R_B)$ (6.4)

方差：
$$\begin{aligned}\sigma^2 &= E[R - E(R)]^2 \\ &= E\{[\omega R_A + (1-\omega)R_B] - [\omega E(R_A) + (1-\omega)E(R_B)]\}^2 \\ &= E\{\omega[R_A - E(R_A)] + (1-\omega)[R_B - E(R_B)]\}^2 \\ &= E\{\omega^2[R_A - E(R_A)]^2 + (1-\omega)^2[R_B - E(R_B)]^2 + \\ &\quad 2\omega(1-\omega)[R_A - E(R_A)][R_B - E(R_B)]\} \\ &= \omega^2\sigma_A^2 + (1-\omega)^2\sigma_B^2 + 2\omega(1-\omega)E[R_A - E(R_A)][R_B - E(R_B)] \end{aligned} \tag{6.5}$$

至此我们可以看出，资产组合的方差是由组成资产的方差乘以权重平方的和，及 $2\omega(1-\omega)E[R_A - E(R_A)][R_B - E(R_B)]$ 组成。我们把 $E[R_A - E(R_A)][R_B - E(R_B)]$ 称作资产 A 和资产 B 收益率的协方差，记作 $Cov(R_A, R_B)$，因此，资产组合的收益率方差为

$$\omega^2\sigma_A^2 + (1+\omega)^2\sigma_B^2 + 2\omega(1-\omega)Cov(R_A, R_B) \tag{6.6}$$

协方差衡量的是两个变量相对于它们各自均值的偏离情况，在资产组合中，协方差表示的便是不同资产的收益率相对于预期收益率的变动关系，若协方差为正，则说明两个资产的收益率相对于预期收益率是同向变动的，可能都大于或可能都小于预期收益

率；若协方差为负，则说明两个资产收益率相对于预期收益率是反向变动的，它们总是一个大于预期收益率，一个小于预期收益率。

协方差能够直观地表明资产收益率之间相互的变动关系，我们可以通过协方差的正负立刻判断相关关系的正反。协方差的绝对值越大，代表相关关系越强烈。但协方差也有一个明显的缺点，那就是难以给出确切的标准来衡量其大小，即当你得出协方差时，你只能知道相关关系是正还是负，却无法判断这个值到底是大还是小，相关关系是否显著。这个时候，我们便需要借助相关系数来进行判断。

将协方差除以两个资产的收益率的标准差的乘积，便可以得到相关系数，因此相关系数可以看作标准差的协方差，具体公式为

$$\rho_{AB}=\frac{Cov_{AB}}{\sigma_A\sigma_B}=\frac{E[R_A-E(R_A)][R_B-E(R_B)]}{\sqrt{E[R_A-E(R_A)]^2\cdot E[R_B-E(R_B)]^2}} \tag{6.7}$$

ρ_{AB}代表的相关系数的变动范围是［-1，1］，若相关系数等于1，则说明 R_A和 R_B存在完全正相关的相关关系，两者的收益率会以完全线性关系同向变动；若相关系数等于-1，则说明 R_A和 R_B之间存在着完全负相关的线性关系，二者的收益率相对于预期收益率的变动是呈线性且完全相反的；若相关系数等于0，则说明 R_A和 R_B没有线性关系，但不代表它们是相互独立的，在这一点上必须明确，相关系数为0只是两者相互独立的必要非充分条件，它只能说明两者没有线性相关关系，但不能证明两者完全独立。

通过相关系数我们便可以衡量资产组合中资产的收益率之间的相关关系是否显著。相关系数的绝对值越接近1，相关关系越强；绝对值越接近0，相关关系越不显著。

在得到协方差及相关系数之后，我们就能够开始对资产组合的收益率及风险进行研究。接下来我们将通过一个例子来说明资产组合中资产权重、收益率及风险的相互关系，并且从中得出资产组合是如何规避风险（并进行最佳资产配置的选择）的。

假设资产组合P由资产A和资产B组成，已知两者权重各为50%，且相关系数为0，$E(R_A)=0.1$，$E(R_B)=0.2$，其他条件如表6-4所示。

表6-4　其他条件

资产	$E(R_i)$	ω_i	σ_i^2	σ_i
A	0.1	0.5	0.004 9	0.07
B	0.2	0.5	0.010 0	0.10

通过这些条件，我们可以计算资产的预期收益率及标准差：

$E(R_X)=0.5\times0.1+0.5\times0.2=0.15$

$\sigma_X=(0.5^2\times0.07^2+0.5^2\times0.10^2+2\times0.5\times0.5\times0.07\times0.10\times0)^{1/2}\approx0.0610$

从以上计算结果来看，在资产组合X得到0.15的预期收益率的同时，标准差为0.061 0，较A、B的标准差都更低，这说明与只投资A资产相比，资产组合X能够获得更高的收益率，且风险还更低。虽然不是每一种资产组合都能有如此效果，这主要与相关系数的大小及各资产所占的比例有关，但我们仍然能够从中证明资产组合拥有获取折中收益并规避一定风险的能力。

如果改变资产 A 和资产 B 各自的占比会发生什么？表 6-5 展示了不同比例情况的资产组合的计算结果：

表 6-5 不同比例下的资产组合情况

情形	ω_A	ω_B	$E(R_X)$	σ_X
1	0.0	1.0	0.20	0.100 0
2	0.2	0.8	0.18	0.081 2
3	0.4	0.6	0.16	0.066 2
4	0.5	0.5	0.15	0.061 0
5	0.6	0.4	0.14	0.058 0
6	0.8	0.2	0.12	0.059 5
7	1.0	0.0	0.10	0.070 0

我们为了更方便观察，将表 6-5 的数据作图，横轴为资产组合收益率的标准差，纵轴为资产组合的预期收益率，如图 6-2 所示。

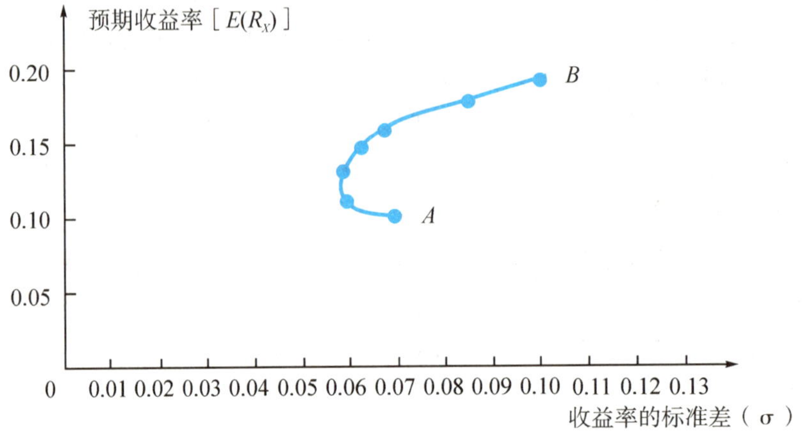

图 6-2 不同比例的资产组合收益风险图

不同比例的资产组合在风险收益图是一条向后弯曲的曲线，而这条线上是该资产组合的所有组合比例的情况，从 *A* 点开始，代表着将所有资产全部投资于 A；然后随着资产 A 的比例下降，资产 B 有了一定的份额后，资产组合的预期收益率开始上升，并且风险开始下降，而后到达了一定拐点，B 资产的份额逐渐增多，收益率继续上升，但风险也开始上升；最后结束于 *B* 点，代表整个资产组合都投资于 B。起始的两个点代表另一资产的份额为 0，资产组合成为单项资产。

这就是在相关系数确定的情况下，资产组合中不同比例的资产配置所得到的预期收益率和风险水平。那么我们再来看看当相关系数变动时，上述资产组合的收益及风险的变化。我们仍然使用本例的数据，只是另外设置了五个不同情形的相关系数，它们分别是相关系数为 1、0.5、0、-0.5、-1 的情景，需要注意的是，由于相关系数的变动，协方差也跟着变动了，大致如图 6-3 所示。

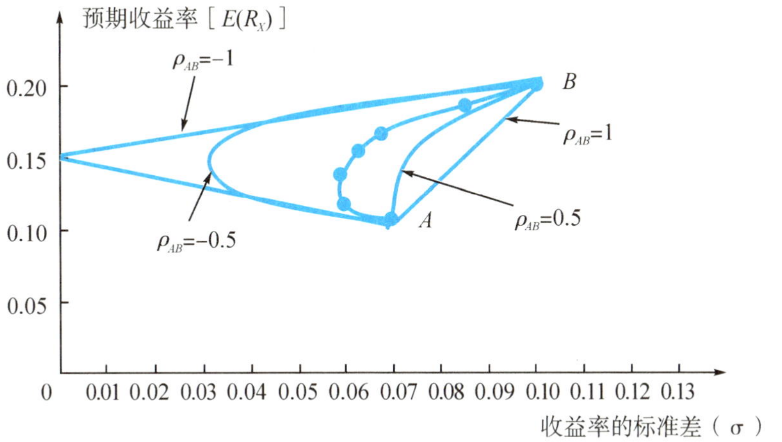

图 6-3 不同相关系数情形下的资产组合收益风险图

图 6-3 包含了大量的信息。我们可以看到，从右至左，五条弯曲程度不同的曲线连着 *A* 点和 *B* 点。最右边是一条连接 *AB* 点的直线，它代表相关系数为 1 时所有资产组合的资产配置比例的选择，由于相关系数为 1，因此在这一资产组合当中，随着高风险资产（资产 B）比例的增加，组合的预期收益率和风险是呈线性同向增加的；最左边的则是当相关系数为-1 时资产组合的资产配置比例的所有选择，由于相关系数为-1 时它也是呈线性的，且它与纵轴有交点也就是说在该组合中存在风险为 0 的收益率，事实上这种情况很少见，几乎不存在。事实证明多数的资产都是正相关的。

图 6-3 中的五条线从右至左弯曲程度越来越大，而相关系数却越来越小。弯曲程度越大，说明在同样的收益率水平下风险更小，这也就证明了相关系数越小，资产组合规避风险的效果就越好。当然，并不是每一条曲线都能弯曲到向后拐的程度，只有当相关系数小到一定程度时才会出现。事实上，这个现象经常出现在相关系数小于 0 的情况下，而在相关系数大于 0 时，可能会也可能不会。

以上我们讨论的都是资产组合中只有两种资产的情况。资产组合中的资产数量越多，其风险规避作用越好。但重要的是我们必须区分系统性风险和非系统性风险，系统性风险是全局性的、对所有资产起同向作用的影响，非系统性风险是单个或部分资产的风险，对其他资产不产生影响。资产组合只能分散非系统性风险，当单项资产发生非系统性风险时，由于其在资产组合中所占比例有限，不会对整体组合产生太大影响，甚至有可能因组合中其他资产收益率上升而彻底抵消，但是系统性风险则会对资产组合内的所有资产产生负效应，不可抵消或分散。因此区分系统性风险和非系统性风险是我们学习投资组合的重要原则之一。

（三）最优投资组合及投资选择

前面我们介绍的资产组合考虑的都是风险资产的投资组合，但在现实中投资者进行资产配置时还有无风险资产可供选择，同时投资者对风险的偏好也是其做出投资选择的重要影响因素。

1. 有效集和投资者效用

资产组合大多都由两种以上的资产组成，图 6-4 所示的图形包含了资产组合当中所有的可能组合。假设组合中有 100 种资产，点 *A* 可能是 40 种资产的组合，点 *B* 可能是 60 种资产的组合，点 *C* 可能是 80 种资产的组合。这块图形包含了各种不同资产、不同比例的无数种资产组合，是投资者可任意选择的资产组合的可行区域。

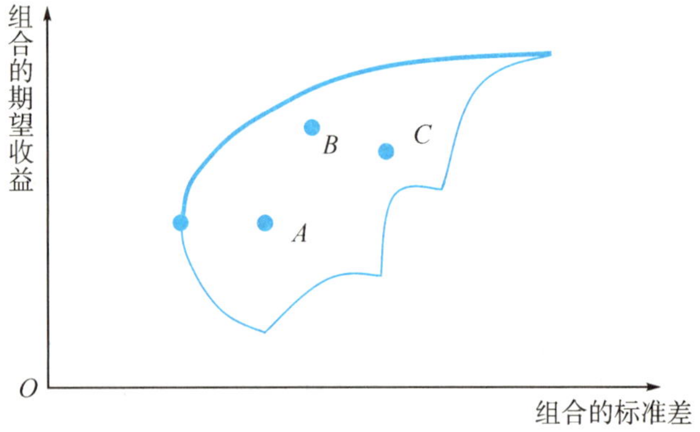

图 6-4　投资组合的可行区域

虽然在这一图形内的所有组合都是可选的，但人们只会选择图形上方较粗的部分曲线上的资产组合，因为我们不可能获得在该曲线之上的期望收益，同时也不会去选择拥有同样风险但期望收益率更低的区域内的资产组合，而这也恰好符合此部分最早提出的四个理论假设中的最后一条：投资者总是会追求最优的资产组合，在相同风险水平下总是会选择预期收益率更高的组合。因此，这条曲线被我们称为有效集。

有效集也证明了组合的预期收益率和标准差之间的关系，沿着有效集的曲线向上，组合的期望收益越高，同时也伴随着风险水平的上升。同时，该曲线还是一条越向上，斜率越小的曲线，这说明组合同等程度风险的上升，带来的收益率的上升是越来越小的。

也许你会认为，只需要在有效集上的资产组合做出选择，这看起来似乎挺简单。没错，这并不是很困难的事情，但我们仍然要去分析投资者是依据什么来在有效集上选一个确定的资产组合。投资者效用曲线代表投资者对于该曲线上任意一点的收益——风险组合的偏好是相同的，它与有效集的交点就决定了最终投资者选择的最优风险资产组合。如图 6-5 所示，*X* 组和 *Y* 组的效用曲线分别相交于有效边界。*X* 点和 *Y* 点则分别为其最终选择的风险资产组合。我们可以看出，*Y* 组的曲线斜率远高于 *X* 组，这说明 *Y* 的投资者是一位高度的风险规避者，在组合风险上升的同时，要求更高的回报收益。而其最后与有效集产生的资产组合的期望收益与风险水平也要低于 *X*。因此投资者效用曲线体现了投资者在风险和收益之中的权衡。

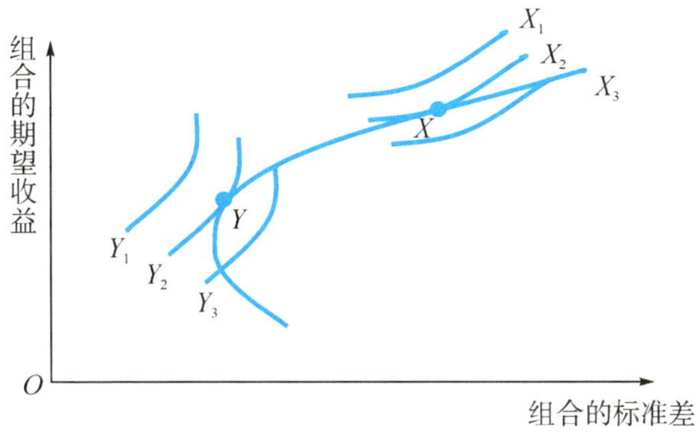

图 6-5 最优风险资产组合的选择

2. 无风险资产和资本市场线

资产组合中往往还有无风险资产供投资者进行选择，例如国债等货币市场工具。无风险资产由于收益稳定且无风险受到诸多投资者的喜爱，也是大多数投资者资产配置中必不可少的一种资产。

【例 6-3】投资者手上现在有 1 000 元，他打算投资 50%A 公司的股票，将另外 50%投资于国债。已知 A 公司股票的期望收益率为 12%，标准差为 0.20；国债的期望收益率为 6%。求该投资者这一资产组合的预期收益率和标准差。

【解析】该资产组合的预期收益率仍然为各单项资产预期收益的加权平均数，所以 $E(R)=0.5\times0.12+0.5\times0.06=0.09$，$\sigma=(0.5^2\times0.20^2+0.5^2\times0+2\times0.5\times0.5\times0.20\times0)^{1/2}=0.1$。由于无风险资产的标准差为 0，从标准差的公式我们可以得知，与无风险资产构成的资产组合的标准差只与风险资产的标准差和比例有关。因此，在无风险资产和风险资产的期望收益及标准差已知的情况下，组合的期望收益与标准差之间呈线性关系，我们从图 6-6 中可以直观地了解两者之间的关系。该直线连接着纵轴上的一点及股票 A 的期望收益。从纵轴起，代表全部资产投资于无风险资产，可获得 6%的无风险收益，经过题目中所示比例各占 50%的资产组合，再到全部资产投资于股票 A。

但该直线并没有停下来，而是继续向后延伸，这一部分的资产组合代表以无风险利率进行借贷，再投资到风险资产中的资产配置，因此该直线是没有尽头的（在我们假设融资没有上限的情况下）。随着组合的期望收益无限增大，其标准差也是无限增大的。

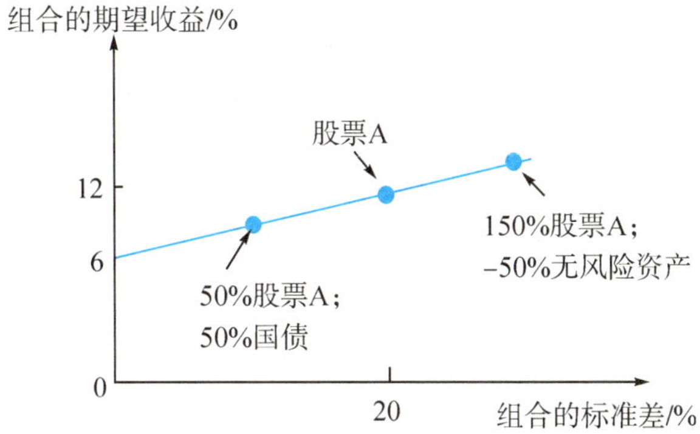

图 6-6 单个风险资产和无风险资产构成资产组合的收益—风险

介绍完无风险资产与单个风险资产的组合之后，我们不妨把单个风险资产替换成多个风险资产的组合，如图 6-7 所示。

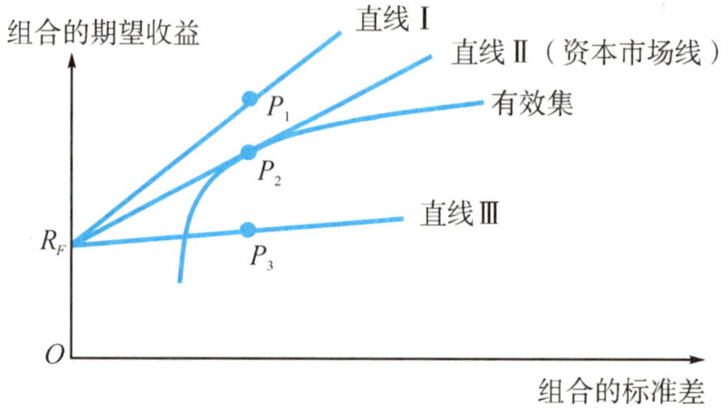

图 6-7　风险资产组和无风险资产构成资产组合的收益—风险

我们用 R_F 来代表无风险利率，从 R_F 分别射出的三条直线代表三种不同风险偏好下的资产组合，其中直线 I 与有效集相离，两者无交点；直线 II 与有效集相切于 P_2 点，直线 III 与有效集相交。

实际上直线 I 是不存在的，它在同样风险水平上，要求获得比直线 II、III 都要更高的收益率，但在市场上所有的资产组合都在有效集上，因此不存在满足直线 I 的资产组合；也不会有投资者去选择直线 III 上的资产组合，它虽然与有效集有交点并在可行区域之内（所有资产组合都可获得），但它不是收益最高的，在同等的风险水平上，直线 II 拥有比它更高的期望收益；直线 II 才是最优的投资组合集，它的所有资产组合都是可获得的，并且在同等风险水平下它能够获得最高的期望收益，我们把这样的一条直线称作资本市场线。

同样，在资本市场线上 R_F 到 P_2 之间，代表投资者所有风险资产和无风险资产的比例组合，而在 P_2 点之后，代表着投资者能以 R_F 的无风险利率进行借贷，并投资到风险资产组合当中进行资产配置。

3. 分离原理

资本市场线说明了一个要点：无论对风险偏好的大小如何，所有投资者都只会选取 P_2 点的风险资产组合作为风险资产的配置，没有人会选择除了 P_2 点以外有效集上的任意其他的风险资产组合，因为那样他们将错失本可以获得的更高的期望收益率。不同风险偏好的投资者只能通过选取不同比例的无风险资产和风险资产来达到他们的期望收益和期望风险。而这就确立了我们所说的分离原理，分离原理针对的是投资者在做出投资决策时的两个决策步骤：

（1）在获得所有风险资产的预期收益率、方差和各风险资产之间的协方差后，投资者可以据此得到所有风险资产的有效集，再通过无风险资产的收益率来确定和有效集的切点 P_2。而 P_2 点的风险资产组合是所有投资者都会选择的风险资产组合，它只和风险资产的预期收益率、方差和协方差及无风险资产的预期收益率有关，与投资者的风险偏好或内在风险承受能力是无关的。它是独立于投资者内在特征，而由外在客观条件决定。

（2）在确定了风险资产组合 P_2 之后，投资者将要决定如何构造自己的投资组合。这一步则是根据投资者自身的风险偏好来决定，倾向于风险规避的投资者会选择配置较高比例的无风险资产，而风险承受能力更强的投资者则会配置较高比例的风险资产。在能够通过无风险利率借贷的条件下，投资者若想追逐更高的投资收益，也可以选择通过借贷，再加上自己拥有的本金，增加对 P_2 点风险资产组合的投资。

第二节 资产配置策略

一、资产配置的含义

资产配置即落实投资组合的一个过程，从宏观经济环境的分析开始，到不同资产的选择，再到具体投资决策的实施，甚至最后对资产组合的调整，这一系列完整的过程就是整个资产配置的流程。各种资产根据类别有着完全不同的特质，从风险上看，既包括国债类的无风险资产，也包括股票、期货、期权等风险大小不同的风险资产；从载体上看，既包括证券、外汇、衍生品类的金融资产，也包括房地产、贵金属类的实物资产；从投资区域上看，既包括国内资产，也包括国外资产。而资产配置则是投资者从这些不同种类的资产中，根据自身对于风险的偏好、收益的追求、资金流动性的要求等特性构造资产组合。

资产配置不仅实现了多种类别资产与特定投资品种的分散投资，还体现了投资者主观的内在投资特征，是投资者在时间跨度、资金安全和财富增值之间进行权衡并且不断调整和认知的过程。资产配置最重要的特点即通过资产组合的分散投资来规避风险，使投资者承担尽可能小的、剩余无法分散的风险，并且获得在同一风险水平上最大的期望收益。

因此资产配置是外部经济因素和投资者个人内在因素共同影响的结果。具体来说，影响资产配置的因素有如下：

（1）对个人投资者的风险承受能力及要求的回报率产生影响的各个因素。这客观上涉及投资者的生命周期、资产负债结构及市场上各种资产的收益分布，主观上涉及投资者的风险偏好及对自身未来财务状况的预期。

（2）对市场上各类资产的风险收益变动及资产之间相关关系产生影响的各个因素。这主要包括国内甚至国际宏观经济形势、国家政策导向及经济周期的波动等因素。

（3）流动性。这里的流动性是指资产的流动性特征是否与投资者对于资产流动性的要求相匹配，及不同资产的投资期限的问题。

（4）税收及交易成本。真正的投资收益是扣除税收及交易成本后的净收益，且不同资产配置策略往往会使交易成本有很大差别。

二、资产配置的过程

资产配置是一个“分析—决策—实施—调整”的整体过程，在第一节我们学习了资产的预期收益率、风险指标及有效集和资本市场线的相关知识，这正是资产配置分析和决策的重要一环。我们将具体的资产配置过程分为以下几个步骤（如图 6-8 所示）：

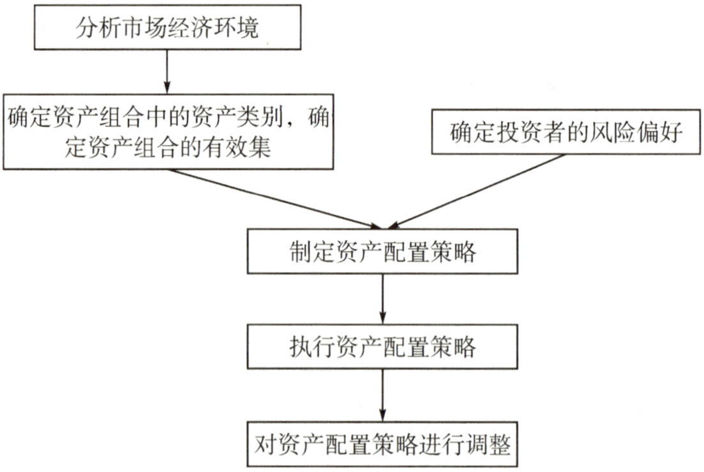

图 6-8　资产配置的过程

（1）分析市场经济环境。分析市场的经济状况，包括全球经济形势、国家宏观经济政策导向、所处的经济周期位置、通货膨胀、利率水平等，综合这些情况了解当前市场的资产价格水平，及各类资产风险收益之间的相互关系，这也是获得资产的风险收益率的基础。因为资产在不同的经济环境下的价格表现总是存在很大的差异，投资者只有通过对市场环境的把握，才能更清楚地了解这些资产的价格波动特征，做出正确的资产配置选择。

（2）确定资产组合中的资产类别，确定资产组合的有效集。在获得了各类资产的预期收益率及风险之后，投资者就要确定资产组合中应该选择的风险资产，如股票、债券、基金和不动产等，根据其选择的资产类别即可得到这些风险资产组的有效集。同样，无风险资产也可由银行活期存款、国债或者其他货币市场工具构成。

（3）确定投资者的风险偏好。前面我们已经知道了风险资产的构成是由资本市场线和有效集的切点确定的，它是所有投资者风险资产组合的选择，是客观决定的，投资者能决定的只是根据自身风险偏好选择无风险资产和风险资产的比例。而这对资产配置决策有很大的影响，投资者只会做出自己风险承受能力范围之内的资产配置决策。影响投资者风险承受能力的因素主要有投资者的财富净值、流动性需求等。投资者财富净值越高，一般风险承受能力也就越大；流动性需求较强则需要配置易变现的资产以满足流动性；若是闲置资金近期没有需求规划，则可以选择投资期限较长的资产进行配置。

（4）制定资产配置策略。投资者在制定资产配合策略，考虑的不光是资产的风险收益构成，还要考虑资产的期限结构。如具有具体期限的资产在到期后的再投资问题，或者在投资期间可能发生的变动情况及其相应的对策。

（5）执行资产配置策略。执行资产配置策略便是严格按照资产配置策略进行投资，投资者可以选择任意时间购买被动式的资产指数，也可以选择投资时机主动选择相应的资产进行投资。总之，投资者必须按策略要求达到各类资产的相应比例，以期在预期的风险水平上获得预期收益率。

（6）对资产配置策略进行调整。在投资过程中，难免遇到宏观形势发生变动或其他无法预见的事项使得影响资产配置的因素发生变化，此时，投资者可以根据自己的投资预期对资产配置的策略及具体的投资执行进行调整及修正，以实现最大化的收益水平。

三、资产配置的类型与策略

（一）资产配置的类型

根据投资期限的长短，资产配置可分为战略型资产配置和战术型资产配置，这也是最常见的一种资产配置分类的方法。

1. 战略型资产配置

战略型资产配置又称为长期资产配置，其目的在于满足投资者在一个较长的投资期限内，能获得一定风险水平上的最大回报率的目标。投资者可通过测算资产的长期预期收益和风险水平及资产之间的相互关系，并根据这些指标找到有效集，确定各类资产的权重，然后构建最优投资组合。之后其可根据这一固定的资产权重对资产组合进行周期性的再平衡调整。一般战略型资产配置的投资期限跨度在五年以上，以追求长期的回报为目标，因此投资者往往会忽略资产的短期波动。整个资产组合在投资期内都较为稳定，虽然投资者可以对资产组合进行调整，但其调整的频率较低且幅度一般不会太大。

战略型资产配置体现了投资者对于未来市场中长期的看法，且其有明确的资产选择范围，例如高风险承担者偏向在资产组合中选择成长性和风险性都较高的新兴市场股票，而稳健投资者会将更多的资本投资于固定收益债券或者优先股当中。

2. 战术型资产配置

相较于战略型资产配置，战术型资产配置是一种更为主动、积极且灵活的资产配置。它侧重于短期资产，投资期限的跨度也通常在一年左右。它主要是通过短期的市场趋势变化，来对资产配置进行适当的调整。其重点在于观察市场上的热点情况，并估计未来市场上的热点变化，然后提前卖出估值相对过高的资产，转而布局预期中估值较低且会成为下一个市场热点的“价值洼地”，利用市场机会来获取超额收益。例如当资产组合中股票的收益率是债券的两倍时，投资者会认为债券的价值相对于股票被低估了，股票具有更高的风险。且其判断债券市场将会是市场的下一个热点时，他将会重新计算投资组合中股票和债券的预期收益率及应有的相应权重，然后减持部分股票，并把这部分的份额用于调增债券的持有比例，例如之前股票和债券的资产权重分别为60%和40%，在重新测算后投资者认为应该把投资组合调整为各占50%，于是他将会卖出10%的股票然后增持10%的债券。

战术型资产配置是一种动态调整的资产配置，由于其需要短期地、频繁地调整资产配置，因此其交易成本也远高于战略型资产配置。同时，在每一次调整时，投资者都要根据资产未来预期收益率和资产组合的比例权重重新测算整体的预期收益率和风险水平（投资者的风险偏好假设不变，不在重新测算的范围之内），不同于战略型资产配置基本保持资产权重，在一定风险水平上获得较为稳定的最高期望收益。

（二）资产配置策略

我们在这里具体讲三种资产配置策略，分别是买入并持有策略、恒定混合策略及投资组合保险策略。这三种动态资产配置策略是指在确定了战略资产配置之后，对资产配置的比例进行动态的调整管理。

1. 买入并持有策略

买入并持有策略即自购入整个资产组合起，始终保持既有组合，无论组合中资产价值由于市场趋势发生怎样的变化，都不对资产配置做任何改变的资产配置策略。这是一种消极被动式的资产配置策略，由于其只在买入和卖出时产生交易成本，故其操作简单，相较于其他两种策略具有最低的交易成本和主动风险。

该策略完全忽视市场的短期波动，放弃从市场变化中获取超额投资收益的机会，也因此将投资组合完全暴露在市场风险之下。在这种策略之下，投资组合的价值与风险资产的价值保持正比关系，而投资组合的价值线斜率由资产配置的比例决定。这种策略适用于资本市场趋势变化不大，或者资产配置的变动成本大于可获得的收益的情况。

【例 6-4】投资者在选择资产组合时选择了 A、B 两种资产，并且各占 50%，初始投资额各为 100 万元，A、B 两种资产未来五年的收益率如表 6-6 所示，假定采取买入并持有策略，试计算该资产配置的年复利收益率。

表 6-6　A、B 资产未来五年的市场收益率　　单位：万元

资产	第一年	第二年	第三年	第四年	第五年
A	5%	5%	5%	5%	5%
B	5%	10%	-2%	15%	12%

【解析】由于采取的是买入持有策略，故我们不需要对资产配置进行调整，直接计算年末收益即可（注意为复利收益）。由于资产 A 每年收益 5%，则第五年年末的资产价值为 $100\times(1+5\%)^5\approx127.63$（万元），而资产 B 每年收益则不同，需分别计算。我们根据每年年末的资产价值制成表 6-7，来展示每年的收益情况。

表 6-7　各年年末资产价值情况　　单位：万元

资产	第一年	第二年	第三年	第四年	第五年
A	105	110. 25	115. 76	121. 55	127. 63
B	105	115. 5	113. 19	130. 17	145. 79
总值	210	225. 75	228. 95	251. 72	273. 42

最后我们得到投资组合在第五年年末的总值为 273. 42 万元，据此可以得到年复利收益率为 $(273.42\div200)^{1/5}-1\approx6.42\%$。因此该组合在买入并持有策略下的年复利收益率为 6. 42%。

2. 恒定混合策略

恒定混合策略是为了保持固定的资产配置比例，即当投资组合中资产价值发生相对变化时，对组合中的资产配置进行调整，使其重新回到原有的资产配置比例。如初始的资产配置为资产 A 占 40%，资产 B 占 60%，当资产 A 的价值上升后，该投资组合的资产比例为资产 A 占 50%，资产 B 占 50%，这时就应该卖出 10%的资产 A，并同时买入 10%的资产 B，使得资产比例重新回到 40∶60；同理，当资产 A 价值下降，应该卖出资产 B，同时买入资产 A，来维持原有的固定资产比例。

总之，我们用四个字可以概括恒定混合策略的主要操作：卖涨买跌。但其与战术资产配置相比仍然要维持原有的资产比例，且其变动并不是以资产的预期风险和预期收益率的变化为根据的。恒定混合策略在资产风险随着价格上升而上升时会选择切换低风险的资产，这也使得其在市场持续上涨时无法获得更多的收益，在市场持续下跌时会将收益更好的无风险资产切换为收益更差的风险资产而承受更大的损失。故该策略更加适合市场趋势转换频率更高的震荡行情，当市场处于持续上升或持续下降时其表现均不如买入并持有策略。

【例 6-5】接上例，假设投资者选择的是恒定混合策略，且在每年年末进行资产配置比例调整，试计算该投资组合的年复利收益率。

【解析】我们同样通过表格的形式来逐步计算。如表 6-8 所示，在计算出年末价值之后我们将对资产 A、B 的比例进行调整，以调整后的资产价值为基础来计算下一年年末的资产价值。

表 6-8 各资产年末及调整后价值情况 单位：万元

资产	第一年	第二年	第三年	第四年	第五年
年末价值 A	105	110.25	118.52	120.30	132.33
年末价值 B	105	115.5	110.62	131.76	141.15
调整后价值 A	105	112.875	114.57	126.03	136.74
调整后价值 B	105	112.875	114.57	126.03	136.74
总值	210	225.75	229.14	252.06	273.48

通过每年年末调整比例，最后投资组合的价值为 273.48 万元，年复利收益率为 $(273.48\div200)^{1/5}-1\approx6.46\%$。我们可以对比上例，虽然两种策略最后的差距并不是很大，但在该种收益率波动的趋势下恒定混合策略的年复利收益率还是要略高于买入持有策略。

3. 投资组合保险策略

投资组合保险策略即将一部分资金投资于保险资产，也就是无风险资产，其余资产都投入风险资产当中。且假设投资者的风险承担能力是随着投资组合的价值上升而上升的，因此在风险资产价格上升时，其风险资产的投资比例将会持续增加，而风险资产的价格下降时，则减少风险资产的资产权重而增加无风险资产的比例。在这一策略中，风险资产的投资等于组合资产与最低资产差额的既定倍数，即风险资产投资 = 投资倍数 ×（组合资产 - 最低资产）。该策略的目标在于构造一个具有保险收益，同时也保持追求投资组合高增长机会的资产组合。

由于其主要思想为“追涨杀跌”，与恒定混合策略的“卖涨买跌”完全相反，因此其在市场持续上涨或持续下跌的强趋势行情中的表现会优于买入并持有策略及恒定混合策略。但在趋势逆转频率较高的行情中，其操作始终是落后于市场趋势变化的，因此表现要劣于另外两种策略。

【例 6-6】假定投资者投资于 A、B 两种资产，其中 A 资产为无风险资产，B 资产为风险资产，投资总额为 100 万元，最低保险价值为 80 万元，投资倍数为 2，则应该如何进行资产配置？在经过一段时间之后 B 资产价格下跌了 20%，则又该如何调整资产配置？

【解析】从题目中已知道投资组合及最低资产和投资倍数，则初始的资产配置为风险资产 B 投资 = 2×（100−80）= 40（万元），无风险资产 A 投资 = 100−40 = 60（万元）。在 B 资产价格下跌 20%后，B 资产总额为 40×（1−20%）= 32（万元），投资组合总价值为 32+60 = 92（万元），重新计算风险资产 A 投资 = 2×（92−80）= 24（万元），因此应该减持 32−24 = 8（万元）的风险资产 B，增持 8 万元的无风险资产 A。

最后，综合上述的三种资产配置策略在各种市场的表现，我们可以归纳为两种情况（如图 6-9 所示）：

（1）持续上涨或持续下跌的强趋势市场：

投资组合保险策略>买入并持有策略>恒定混合策略

（2）趋势逆转的震荡市场：

恒定混合策略>买入并持有策略>投资组合保险策略

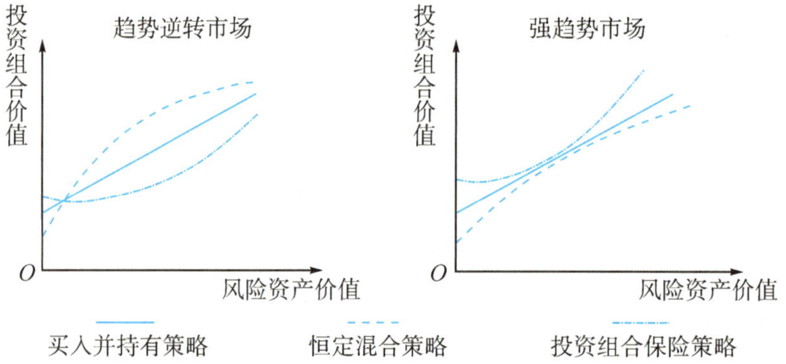

图 6-9　三种资产配置策略在不同市场中的比较

第三节　投资绩效评估

对投资组合的业绩进行评价，就是检验整个投资规划的效率。我们已经学习了如何构造一个最优的投资组合，并且从数字的角度去认识它，包括计算它的预期收益率、风险水平还有各资产之间的相互关系，及一些资产配置的类型及策略。但在投资执行之前我们能得到的仅仅只是预期的数字，而真正的投资结果还需要看市场的走势变化以及投资者对投资组合进行的相关调整变动。最后得到的结果和之前预期的情况并不一定总是相同的，而我们则可以通过对该投资组合的业绩评估辨别投资过程中的缺陷，并不断加以改进，使其在之后的表现中能获得更好的投资回报。因此，投资绩效评估也可以作为投资管理过程中的一种反馈机制。

一、投资绩效评估的原则

在现实中，真正的投资者和投资组合之间往往并不是直接的投资关系，由于投资者受到专业水平及空闲时间的约束，因此投资者会委托投资管理人或基金经理来对投资组合进行管理。因此，对投资绩效的评估主要有两个评估对象：一个是对投资组合的绩效评估，另一个则是对投资管理人的业绩评估。投资组合绩效评估主要有以下几个原则：

（1）是否违反原定投资纪律。如果委托专业的投资管理人进行投资代理，则投资过程中存在着委托-代理问题，即投资管理人存在逆向选择或道德风险的问题，而违反了投资纪律，违背了投资者的初衷。对投资纪律的遵守情况也反映了投资管理者的个人道德和素质，也是保持委托者与受托者之间相互信任的基础。若投资者与投资组合之间为直接的投资关系，投资纪律则体现在投资者是否能严格遵守原定的投资策略。投资并不是简单地执行策略，更是考验投资者的胆识、勇气及执行力，市场上的投资机会稍纵即逝，草率鲁莽和犹豫不决都有可能使预期的投资收益大打折扣。因此，严格遵守投资纪律也是培养投资者良好投资行为的基础。

（2）与预期比较。与预期比较是组合绩效评估的基础，投资者应根据比较得出的差异，找出偏差的原因所在，并对此做出相应调整，甚至更改投资策略，以达到更优的投资目标和投资效果。投资者不光要比较预期的收益率，也要同预期的风险水平进行比较，若投资组合虽然达到了目标的收益率，但带来的风险已高出投资者可承受的风险水平，则需要调整组合的风险水平。

（3）绩效比较。我们可以把上面的与预期的比较看作纵向的比较，而该绩效比较则是横向的比较，即与市场平均收益率做比较，只有当投资组合的收益率不低于市场平均收益率时，该投资组合的经营才能算是合格的。因为在假设任何资产都是可分的情况下，所有投资者都可以按相同比例投资于市场上所有的资产，以获得市场平均收益，所以在投资组合的收益当中，低于市场平均收益的部分是由市场客观因素带来的，而只有高于市场平均收益的部分才是投资组合的主动效果。例如在我国市场，投资者若投资于股票组合，则可以参考上证综合指数、深证成份指数、沪深 300 指数等；若投资于债券，则可参考企债指数、国债指数等。与其他投资组合比较，就能在整个市场中找到预期收益风险目标相近的投资组合，那么投资者便可以在相同的收益水平上对比风险，也可以在相同的风险水平上对比收益。虽然资产配置的种类相同，比如都选择了股票，但在具体的股票选择上不一定会相同，因此投资者可以通过与其他投资组合相比较来知晓该投资组合的风险收益水平处于什么级别，并借鉴更优的投资组合，汲取优点，加以改进。

（4）评估期限。确定评估的期限是前面比较的基础，只有两个相同的评估期限才有比较的价值。我们一般都以年为评估的期限单位，如年利率、年化收益等。当然也有以月为评估的期限，其转化为年时要注意是否需要按复利计算。对于经营成果的评估，我们通常至少要观察一个市场周期，因为期限太短，投资组合的收益率容易受到突发事件的干扰并引起较大的波动而失实。当然，根据评估期限的不同，我们也可以运用不同的评估指标，这在后面的学习中我们会详细介绍。

（5）危机的处理。投资管理者对危机的处理也是投资组合绩效评价的重要参考，当市场由于宏观经济波动而受到系统性风险的威胁或者其他不可逆转的影响时，投资管理者要考虑如何应对并做出调整措施，使投资组合规避风险或者减少损失。优秀的投资管理者在预见风险或者面对风险时都是当机立断，绝不拖泥带水的，这都体现了投资管理者对于风险的预见能力和敏感的嗅觉以及在面对危机时的应对能力。

二、单一投资的业绩评估

对于投资组合来说，我们对单一投资的业绩进行评估也是有意义的。我们可以通过对单一投资业绩的评估来筛选出具体的投资对象，从而构造合理的投资组合。对于单一投资，我们通常采用持有期收益率这一指标来作为评估指标，它是指在持有资产期间所获得的全部投资收益与初始的投资成本的比值，时间长短不定，可以为任意时段。但若超过一年，由于持有期收益率并不考虑现金流的时间价值，因此不再适合用于评估。

投资收益一般分为两大部分，第一部分为资本利得，即资产在持有到期后的价格与初始投资成本的差价；第二部分为投资利息，比如债券的每期付息，股票的股利分红。由此我们可以得到持有期收益率的计算公式：

$$\mathrm{HPY}=\frac{\mathrm{CI}+(V_1-V_0)}{V_0}=\frac{\mathrm{CI}+\mathrm{CG}}{V_0} \tag{6.8}$$

其中，CI 表示投资利息，CG 为资本利得，V_0和 V_1分别代表资产的初始投资成本和期末价值。

接下来我们将介绍各种单一投资的持有期收益率的计算。

（一）股票与债券

股票和债券的投资收益包括利息和红利收入。因为大多数股票和债券拥有活跃的交易市场，因此投资者也方便获得价格变动带来的资本利得收入。

【例 6-7】投资者于 20×7 年 1 月 1 日购买了 1 000 份 A 债券和 1 000 股 B 股票，并于 20×8 年 1 月 1 日全部卖出。A 债券的买入价格为 98 元/份，手续费共 20 元，期间 6 月 30 日获得利息收入 5 元/份，利息税为 20%，卖出价格为 99.5 元/份，无手续费支出；B 股票买入价格为 50 元/股，手续费共 25 元，期间公司宣布发放每 10 股 30 元的股利，于 12 月 30 日发放，股利税 10%，卖出价格 55 元。分别计算 A 债券和 B 股票的持有期收益率。

【解析】由于买入支付手续费，因此 A 债券的初始成本为 98×1 000+20=98 020（元），卖出总价共计 99.5×1 000=99 500（元），资本利得收入为 99 500−98 020=1 480（元）；

期间获得利息收入共 5×1 000×（1−20%）= 4 000（元）。则 A 债券的持有期收益率为：

HPY=（1 480+4 000）/98 020≈5. 59%

同理，B 股票的初始成本为 50×1 000+25 = 50 025（元），卖出价格为 55×1 000 = 55 000（元），资本利得收入为 55 000−50 025 = 4 975（元）；期间获得股利（1 000/10）×30×（1−10%）= 2 700（元）。则 B 股票的持有期收益率为：

HPY=（4 975+2 700）/50 025≈15. 34%

因此 A 债券的持有期收益率为 5. 59%，B 股票的持有期收益率为 15. 34%。需要注意的是，资产的初始成本不仅包含资产的买入价格，还包含各种为了取得资产而直接发生的手续费。另外在获得收益时，必须区分税前和税后的差异，真正获得的投资收益都是扣除了相关税费后的收益，因此持有期收益率也应该是税后的。

（二）期货

期货的投资收益只包含资本利得，但期货交易采取的是保证金交易制度，因此其交易时只需支付标的合约价格乘以一定的保证金比例即可，并不需要支付标的合约全额价款。当标的合约的价格变动时，保证金账户的余额也会等额变动，但是当保证金账户的余额不足以抵扣合约的价格亏损时，将会强行平仓结算，本金全部亏空，这也是我们所说的爆仓。另外，期货的交易方向不仅可以买入，也可以卖出，在选择持有空头头寸（即卖出）时，标的合约价格下跌方可获得收益。

【例 6−8】投资者于 20×7 年 7 月 1 日在期货市场上持有 10 份期货合约 A 的多头头寸，每份价格 50 000 元，手续费为每份 25 元；持有 8 份期货合约 B 的空头头寸，每份价格 100 000 元，手续费为每份 50 元。于 20×7 年 8 月 1 日全部平仓，其中期货合约 A 的平仓价格为每份 51 000 元，期货合约 B 的平仓价格为 98 500 元。保证金比例为 10%，期间未曾增加过保证金余额。试求两种合约的持有期收益率。

【解析】先来计算多头合约，由于手续费和价格均为按份计算，因此我们可以直接计算每份的持有期收益，省去了加总计算的麻烦。期货合约 A 每份的初始成本为 50 000×0. 1+25 = 5 025（元），每份的资本利得为 51 000−50 000 = 1 000（元），则期货合约 A 的持有期收益率为：

HPY = 1 000/5 025≈19. 90%

期货合约 B 每份的初始成本为 100 000×0. 1+50 = 10 050（元），每份的资本利得为 100 000−98 500 = 1 500（元），则期货合约 B 的持有期收益率为：

HPY = 1 500/10 050≈14. 93%

因此期货合约 A 的多头持有收益率为 19. 90%，期货合约 B 的空头持有收益率为 14. 93%。

（三）期权

期权与期货一样具有两个交易方向，且收益也只含有资本利得，但其交易制度与期货截然不同。期权指的是对某一资产以约定价格交易的权利，它包含交易方向、期权费、行权价格几个要素。

【例 6−9】投资者于 20×7 年 1 月 1 日买入股票 A 三个月的欧式看涨期权，行权价格为 20. 5 元，期权费为每股 2 元，当前股票 A 价格为 19 元。假设股票交易没有手续费，则求股票A价格在20×年4月1日时分别为18元、21元和24元时的持有期收益率。

【解析】看涨期权的行权价格为20.5元，即只有当股票A的价格高于20.5元时，股票投资者的股票交易收益才为正，但是考虑到期权费为每股2元，因此投资者只有在股票A价格在20.5+2=22.5（元）以上时，行权才能获得正收益。该期权的初始成本为每股2元的期权费。

当股票A价格为18元时，低于行权价格20.5元，若此时仍要行权，则亏损为每股20.5-18+2=3.5（元），若不行权则只亏损每股2元的期权费，因此投资者不会选择行权，持有期收益率则为：

HPY=-2/2=-100%

当股票A价格为21元时，虽然没有高于22.5元，无法获得正的投资收益，但此时行权仍能减少损失，其损失为每股2-（21-20.5）=1.5（元），因此其持有期收益率为：

HPY=-1.5/2=-75%

当股票A价格为24元时，高于22.5元的成本线，此时的资本利得为24-22.5=1.5（元），则此时的持有期收益率为：

HPY=1.5/2=75%

看跌期权也同理，只是方向相反。

通过以上计算我们可以得出，期权的损失是有限的，最大的损失限度即为期权费，但是可以换来的利润是巨大的。尤其是看涨期权，随着价格的无限上升，获得的利润也是无限的，而看跌期权的最大收益则为股票价格跌至0元时，其收益为行权价格减去期权费。

（四）基金

基金的投资收益包括期间分红收入和净值变化带来的资本利得，因此基金的持有期收益率和股票债券的计算方法类似。

【例6-10】投资者于20×7年1月1日买入某一开放式基金，买入价格为每份0.98元，一共买入100 000份，手续费和管理费共计1.5%，期间6月30日发放分红，每份0.20元，红利税10%，于20×7年12月31日全部卖出，卖出价格为每份1.07元。试计算该基金的持有期收益率。

【解析】该基金的初始投资成本为0.98×100 000×（1+1.5%）=99 470（元），资本利得收入为（1.07-0.98）×100 000=9 000（元）；期间获得分红0.20×100 000×（1-10%）=18 000（元）。则该基金的投资收益率为：

HPY=（9 000+18 000）/99 470≈27.14%

因此该基金的持有期收益率为27.14%。

三、投资组合的业绩评估

与单一投资相同，在一年期以内的投资组合我们同样可以用持有期收益率来衡量它的业绩，用期间的投资利息与资本利得之和除以初始的投资成本即可得到持有期收益率。不同之处在于对投资组合进行调整变动时，要考虑其初始成本的相对变动。具体的

持有期收益率公式可以表示为

$$HPY_P = \frac{CI_P + RCG + UCG}{VP_0 + NF \times \frac{np}{12} - WF \times \frac{wp}{12}} \tag{6.9}$$

其中，CI_P代表投资组合期间获得的投资利息，如债券付息和股利分红；RCG 和 UCG 分别代表的是投资组合中各项资产已实现和未实现的资本利得，因为在我们计算持有期收益率时，投资组合并不一定已经完成清算出售，因此我们大多是根据各项资产的当前价格来进行计算；VP_0代表初始的投资成本；并且，若期间投资组合的总投资金额出现新增或收缩，则需要对成本进行调整，NF 和 WF 分别代表新增和收缩的投资金额，np 和 wp 分别代表各项资产在组合中持续的有效月份，以此对新变动的金额进行时间加权，这也是与单一投资的最大区别所在。

下面我们将用一个综合案例来说明具体的计算过程：

某一投资者精心挑选了五只股票构造了一个股票投资组合，并且于 20×7 年 1 月 1 日执行了该投资组合，假设不考虑交易税费。具体买入价格如表 6-9 所示：

表 6-9 股票投资组合相关信息

股票名称	购买价格/元	购买数量/股	投资金额/元
A	10. 82	1 000	10 820
B	5. 34	2 000	10 680
C	4. 50	2 000	9 000
D	13. 45	1 000	13 450
E	9. 78	1 500	14 670

20×7 年 6 月中旬，五只股票均宣布发放现金股利，且于一个月之内均已发放。假设红利税为 10%，具体个股分红如表 6-10 所示：

表 6-10 个股现金股利发放情况

股票名称	每股分红/元	税后红利/(元·股$^{-1}$)	红利收入/元
A	0. 35	0. 315	315
B	0. 20	0. 180	360
C	0. 08	0. 072	144
D	0. 50	0. 450	450
E	0. 10	0. 090	135

因此，投资期间该股票投资组合一共获得红利收入：

$$CI_P = \sum_{i=1}^{n} CI_i = 315 + 360 + 144 + 450 + 135 = 1\ 404 \text{（元）}$$

20×7 年 8 月初，该投资者认为股票 E 已达到最理想的价位，后续投资价值不大，于是将 1 500 股股票 E 全部卖出，卖出价格为每股 11. 25 元，并买入股票 F 2 000 股，每股价格 7. 38 元。卖出股票 E 实现的资本利得为 RCG=（11. 25−9. 78）×1 500=2 205（元）。而卖出股票 E 一共减少投资 11. 25×1 000=11 250（元），但新购入的股票 F 总共增加投资 7.38×2 000＝14 760（元），因此在 20×7 年 8 月初该投资组合新增投资金额为 14 760－11 250＝3 510（元），且有效月份数为 5 个月。

20×7 年 11 月末，该投资者又卖出股票 C 1 000 股，每股价格 5.21 元。没有进行其他的投资操作。卖出的股票 C 获得已实现的资本利得（5.21－4.50）×（2 000－1 000）＝710（元），没有新增的其他投资，因此该投资组合缩减了投资金额 5.21×1 000＝5 210（元），且有效月份数为 1 个月。

20×7 年 12 月 31 日，该股票投资组合所有个股价格如表 6-11 所示：

表 6-11　期末股票投资组合个股价格情况

股票名称	期初价格/元	期末价格/元	持有股数/股	资本利得/元
A	10.82	10.52	1 000	-300
B	5.34	5.84	2 000	1 000
C	4.50	5.05	1 000	550
D	13.45	15.81	1 000	2 360
E	9.78	11.03	0	0
F	7.38	8.54	2 000	2 320

表 6-11 中所示的资本利得均为未实现的资本利得，共计（－300）＋1 000＋550＋2 360＋2 320＝5 930（元），则该股票投资组合在投资期间共获投资收益 1 404＋2 205＋710＋5 930＝10 249（元），初始的投资成本经过调整为 10 820＋10 680＋9 000＋13 450＋14 670＋3 510×5/12－5 210×1/12≈59 648.33（元）。因此最后算出该股票投资组合的持有期收益率为：

$HPY_p = 10\ 249/59\ 648.33 \approx 17.18\%$

根据上述计算，该股票投资组合在 20×7 年的持有期收益率为 17.18%。

四、其他业绩评估指标

前面我们提到过，当要评价一年以上的投资组合时，持有期收益率则不再是合适的选择，事实上，当投资期间追加或抽出资金时，持有期收益率的表示也不再那么直观。因此，当评价一年期以上且投资金额发生变动的投资组合时，我们可以采用另外两个指标来进行衡量，这两个指标就是时间加权收益率和金额加权收益率。

（一）时间加权收益率

时间加权收益率即各个时期的持有期收益率的平均数，根据计算方法不同可以划分为算术平均时间加权收益率和几何平均时间加权收益率。

算术平均时间加权收益率即各个时期的持有期收益率的算术平均值，即将各个时期的持有期收益率加总，再除以总的期数。具体公式表示为

$$R = \frac{\sum_{t=1}^{T} R_t}{T} \tag{6.10}$$

其中，R_t 代表各期的持有期收益率，T 代表总期数。

几何平均时间加权收益率则是参考复利的计算，认为资产的投资收益是以上一期的投资本金和投资收益之和为基础进行计算的。具体公式表示为

$$(1+R)^T=\prod_{t=1}^{T}(1+R_t) \tag{6.11}$$

与上一条公式相同，R_t 代表各期的持有期收益率，T 代表总期数。

【例 6-11】某投资者在 20×7 年年初买入了 1 000 股股票 A，买入价格为 100 元，于年末获得股利分红每股 5 元，假设不考虑交易手续费与红利税。20×7 年 12 月 31 日，该股票价格为 105 元，该投资者追加投资，又买入了 500 股。20×8 年年末，该股票价格为 112 元，且当年无分红，投资者于年末将该股票全部卖出。试分别计算算术平均时间加权收益率和几何平均时间加权收益率。

【解析】我们需要先求得 20×7 年和 20×8 年两期各自的持有期收益率。20×7 年获得的投资收益为资本利得和股利分红两部分，共计 5×1 000+（105－100）×1 000＝10 000（元），初始投资成本为 100×1 000＝100 000（元），因此 20×7 年该股票的持有期收益率为 10 000/100 000＝10%；20×8 年由于未发放股利红利，因此获得的投资收益只有资本利得（112－105）×1 500＝10 500（元），这一期的初试投资成本则为 105×1 500＝157 500（元），则 20×8 年该股票的持有期收益率为 10 500/157 500≈6.67%。

得到了两期各自的持有期收益率，则算术平均时间加权收益率为 $(10\%+6.67\%)/2\approx 8.34\%$；几何平均时间加权收益率为 $[(1+10\%)\times(1+6.67\%)]^{1/2}-1\approx 8.32\%$。

通过结论可以看出几何平均时间加权收益率要略小于算术平均时间加权收益率，这是因为考虑复利的原因。因为投资收益也会产生增值，所以相较于算数平均的方法，本期的初始投资成本要更大一些，从而使得收益率略微缩小。但也存在着极端情况，使算数平均和几何平均这两种计算方法得出差异较大的结果，同学们可以自己思考一下怎样的极端情况会使这两种方法得出的结果存在较大差异。

在实际运用当中，几何平均时间加权收益率考虑了复利这一实际的投资情况，因此在计算往年的平均收益率时大部分都采用的是几何平均的方法；但是，由于算术平均时间加权收益率是预期收益率的无偏估计量，因此在考虑未来的预期收益率时，人们更多采用的是算术平均的方法。

（二）金额加权收益率

金额加权收益率即使资产在各个时点的资金流入的贴现值总和等于资金流出的贴现值总和的贴现率，简单地说，就是使资产在初始时点的净现值为 0 的贴现率，因此它也被称作内部收益率。它作为衡量内部成本的指标，其在投资组合中代表着最低的要求收益率，若市场平均收益率低于它，则说明该投资组合的收益率是合格的。与时间加权收益率相比，金额加权收益率不仅考虑了资金的时间价值，也考虑了各个时期投资金额的变动对收益率带来的影响。具体的公式表示为

$$\sum_{t=1}^{T}\frac{\mathrm{CIF}_t}{(1+R)^t}=\sum_{t=1}^{T}\frac{\mathrm{COF}_t}{(1-R)^t} \tag{6.12}$$

其中，CIF_t 和 COF_t 分别代表投资组合在 t 期流入和流出的现金流，折现后两边总和相等。

【例 6-12】接【6-11】，计算该股票的金额加权收益率。

【解析】我们可以通过图 6-10 来说明现金流的流入和流出情况，在 20×7 年年初，投资者投入 100 000 元，年末获得股利分红 5 000 元，并追加投资 52 500 元，在 20×8 年年末，卖出股票共获得 168 000 元。

因此金额加权收益率计算为：

$100\,000 + 52\,500/(1+r) = 5\,000/(1+r) + 168\,000/(1+r)^2$

$r = 8.02\%$

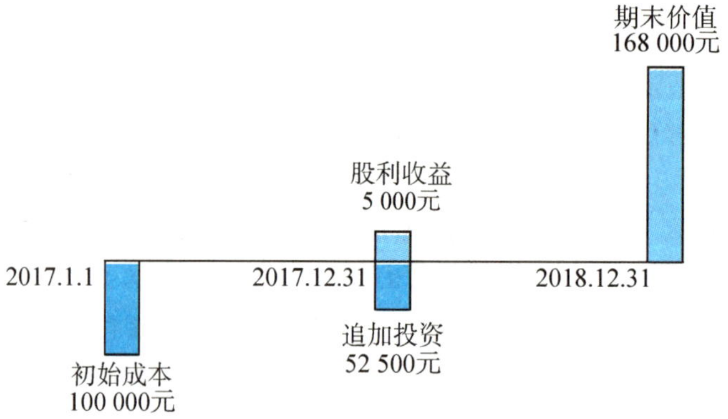

图 6-10 资产现金流情况

五、投资组合业绩的综合衡量指标

前面我们只是单纯地比较单一资产和资产组合的收益率来作为业绩评估的标准，但由于高风险往往对应较高的预期收益，那么将高风险的投资组合与低风险的投资组合的收益率相比较，我们总是会得出高风险的投资组合拥有更优秀的表现。但事实真是如此吗？下面我们将介绍引入风险调整之后，投资组合业绩综合衡量的方法。

（一）特雷诺指标

作为首个提出将风险因素引入投资组合业绩评估的人，特雷诺认为在投资组合中主要受到两种风险的影响：第一种是由市场整体波动带来的影响，即系统性风险；第二种是投资组合中单个资产自身波动的影响，即非系统风险。而在投资组合的分散投资当中，非系统性风险能够被抵消，因此，影响到投资组合的风险因素就只有系统性风险。特雷诺指标的具体公式表示为

$$T_{R_P} = \frac{\bar{R}_P - R_f}{\beta_P} \tag{6.13}$$

其中，分子代表投资组合的平均收益率与无风险收益率的差，即代表风险溢价，而分母 β_P 来自资本资产定价模型，用于衡量投资组合系统性风险的大小。

结合其他相关所学，我们不难看出，特雷诺指标类似于资本资产定价模型中，投资组合的风险—收益关系线的斜率。它表示的含义是每单位的系统性风险所获得的风险溢价，这个值越高，说明每单位的系统性风险可以获得更多的风险溢价，而这样的投资组

合表现也越好。

我们同样可以将它运用到市场组合中，计算市场组合的 T 值。由于市场组合的系统性风险始终为 1，因此市场组合的 T 值为

$$T_{R_M} = \bar{R} - R_f \tag{6.14}$$

将投资组合的 T 值与市场组合的 T 值相比较，若投资组合的 T 值大于市场组合的 T 值，则该投资组合处于资本市场线的上方，说明其拥有高于市场平均效率的投资业绩。

【例 6-13】假设市场组合的平均收益率为 10%，国债的平均收益率（无风险收益率）为 5%，现有三位投资经理，他们的投资业绩分别如表 6-12 表示，试对三位投资经理的投资业绩进行评估。

表 6-12 投资业绩情况表

投资经理	平均收益率	β
A	12%	0.80
B	16%	1.25
C	15%	1.05

【解析】首先分别计算市场组合及三位投资经理的 T 值：

T_{RM} =（10%-5%）/1.00=0.050 0

T_{RA} =（12%-5%）/0.80=0.087 5

T_{RB} =（16%-5%）/1.25=0.088 0

T_{RC} =（15%-5%）/1.05≈0.095 2

根据 T 值的计算，三位投资经理的 T 值均大于市场组合的 T 值，证明三位投资经理的业绩都是高于市场效率的。同时，三位之中，B 经理的平均收益率最高，但 T 值最高的却是 C 经理，表明 C 经理的投资业绩是最好的；而 A 经理虽然平均收益率较低，但是与 B 经理相比，T 值的差距并不如平均收益率那么明显。

（二）夏普指标

夏普指标看起来尽管和特雷诺指标相差不大，但两者区别的核心在于它们基于不同的风险假设。在讨论对投资组合产生影响的风险时，特雷诺认为投资组合的非系统性风险能被完全分散，而夏普则认为只有在完全分散化的投资组合中才不会受到非系统性风险的影响，而大多数投资组合是无法做到这点的。因此，在衡量风险时，夏普指标运用的则是投资组合收益率的标准差。具体公式表示为

$$S_{R_P} = \frac{\bar{R}_P - R_f}{\sigma_P} \tag{6.15}$$

根据公式我们可以发现，夏普指标其实是和资本市场线紧密相关的，它代表着每单位的投资组合总风险所能获得的风险溢价，同样，这个值越高，说明投资组合拥有越高的业绩水平。

【例 6-14】假设市场组合的平均收益率为 10%，国债的平均收益率（无风险收益率）为 5%，且市场组合收益率的标准差为 0.2。分别有三个投资组合，具体的投资业绩如表 6-13 所示，试考察下列投资组合的业绩表现：

表 6-13　投资组合投资业绩情况表

投资组合	平均收益率	σ
D	8%	0.18
E	12%	0.21
F	15%	0.32

【解析】根据上表数据我们首先分别计算市场组合与投资组合的夏普指标：

SRM＝（10%－5%）/0.20＝0.250 0

SRD＝（8%－5%）/0.18≈0.166 7

SRE＝（12%－5%）/0.21≈0.333 3

SRF＝（15%－5%）/0.32＝0.312 5

根据计算我们发现，投资组合 D 的平均收益率及夏普指标均低于市场组合，说明投资组合 D 的投资效率是低下的，低于市场整体平均水平，而投资组合 E 和 F 均高于市场平均水平，且投资组合 E 要高于 F。

将特雷诺指标与夏普指标进行对比我们可以发现，由于两种指标所基于的风险假设不同，因此对相同的投资组合进行评估，特雷诺指标所得出的数据总是大于或等于夏普指标。原因就在于特雷诺指标只衡量系统性风险，而忽视了投资组合的非系统性风险，对非系统性风险未能完全抵消的投资组合存在风险低估。因此对于完全分散化的投资组合，两种指标能得出同样的结果，此时总风险就等于系统性风险；而对于分散化程度较低的投资组合，采用特雷诺指标衡量会获得较高的评估等级，而用夏普指标衡量会得到较低的评估等级。

（三）詹森指标

詹森指标又称为詹森 α，它衡量的是投资组合获得的超额收益及投资组合的实际收益率与预期收益率的差额。不同于上面的两种指标，詹森指标是投资组合自身的实际与期望的比较，而不与其他组合进行比较。但类似的是，詹森指标同样是基于资本资产定价模型（CAPM）建立的，而根据 CAPM 模型，预期收益率的公式为

$$E(R_P) = R_f + \beta_P[E(R_M) - R_f] \tag{6.16}$$

其中 R_f 代表无风险收益率，β_P 衡量的是投资组合的系统性风险，$E(R_M)$ 代表的是市场平均收益率。

因此詹森指标的具体公式为

$$\alpha_P = \bar{R}_P - E(R_P) \tag{6.17}$$

α_P 衡量的是投资组合的超额回报，该值越大，说明投资组合的业绩水平越高；当然该值也可以为负，这时说明投资组合没有实现超额回报，且实际获得的收益率要小于预期收益率，投资组合的业绩表现情况不佳。詹森指标计算简便，意义明了，因此在进行投资组合的评估时，使用频率也要高于特雷诺指标和夏普指标。

【例 6-15】假设已知某一投资组合的持有期收益率为 10%，当期的市场平均收益率为 7.5%，无风险利率为 6%，该投资组合的 β 值为 1.5，试计算该投资组合的詹森指标。

【解析】我们先来计算该投资组合的预期收益率：

$E(R_P) = 6\% + 1.5 \times (7.5\% - 6\%) = 8.25\%$

题目已知持有期收益率为10%，则詹森指标为：

$\alpha_P = 10\% - 8.25\% = 1.75\%$

说明该投资组合获得了1.75%的超额回报率。

（四）信息比率

信息比率基于詹森指标，衡量的是平均超额回报和非系统性风险之间的关系，即每单位的非系统性风险所带来的超额回报。信息比率越大，说明投资者通过信息获取额外回报的能力就越高，而反映出来的信息质量也越高。具体的公式表示为

$$I_{R_P} = \frac{\bar{R}_P - \bar{R}_M}{\sigma_{ER}} \tag{6.18}$$

其中分子代表平均超额回报，分母代表超额收益率的标准差。

六、投资组合调整

投资组合的调整，即在整个投资过程中，根据投资组合的表现反馈，来对投资组合进行修正，以达到比预期更优的投资目标。由于实际和预期总会存在一定的偏差，当偏差超出了既定范围时，对投资组合的调整也就在所难免了。

以下原因将导致我们需要对投资组合进行调整：

（1）人生规划发生重大变动。根据生命周期理论，投资者的投资行为是依据对未来的人生规划及人生目标制定的，而当其人生规划发生重大变动时，例如工作上的重大变动导致未来预期收入的较大变化，及国家政策的变动如新的养老政策的出台，投资者的投资目标也会发生相应改变，因此投资者需要根据新的投资目标调整投资组合。

（2）投资组合实现的风险及收益不符合要求。由于市场的波动及预期条件的变化，在一定风险水平上的预期收益不一定能达到时，或者预期收益所带来的风险已经超出了投资者所能承受的风险水平时，投资者都应该重新调整投资组合，使其能最大化地满足预期。

（3）投资组合标的资产性质变化。当投资组合中的某项或者某一部分资产由于自身性质变化，例如债券评级下降，所持股票企业出现重大变化，使得其不再具有预期的风险收益水平，或者不再满足原定的投资策略中的资产条件时，投资者应该对投资组合进行调整，剔除不符合投资策略的资产，选择其他资产进行替代。

（4）投资者预期的变化。随着市场走势及宏观经济的变动，投资者发现新的市场机遇和方向，能够获得更优的预期收益或者更小的风险水平，尽管与原定的投资策略不符，但根据市场时机对投资组合进行调整，也有利于投资组合实现更好的收益。

当然，投资者还是要遵循投资组合的稳定性原则，对投资组合的变动要考虑到交易成本的问题。对投资组合进行调整是基于未来能够获得更好的收益或者产生更小的亏损，是一种正向的变动。只有在新增的预期收益大于对组合调整的交易成本时，该调整才是有价值的。同时，投资者还要考虑到不同资产的税负问题，例如有的资产需要缴纳

红利税，而有的资产则要缴纳资本利得的所得税，不应该根据名义上的投资收益率来进行资产的调整，名义上的投资收益率扣除税费才是实际的投资回报率。

本章小结

（1）本章在单一资产的预期收益率和风险的基础之上，介绍了马柯维茨资产组合理论中资产组合的预期收益率是各单项资产的预期收益率的加权平均数，而资产组合的风险并不是由各单项资产风险的简单加权，更重要的是各项资产之间的协方差在起作用。在一个规模较大、种类齐全的资产组合中，各项资产的自身风险，即非系统性风险可以被完全分散，而资产之间的协方差将是资产组合标准差的决定性因素。

（2）资产组合可以由风险资产与无风险资产共同构成，不同比例的风险资产组合可以构成一个风险资产组的可行区域，而该可行区域最上方的边界称为风险资产的有效集，它代表在每一个风险水平上投资者能获得的最大预期收益。与有效集相切，且连接无风险收益率的直线叫作资本市场线。根据分离定理，它确定了投资者会选择的风险资产组，即与有效集相切的点，而投资者会根据自身的风险收益要求选择不同的风险资产和无风险资产的比例来配置资产组合。无风险资产的比例为负，代表投资者按无风险收益率进行融资，借助杠杆来投资风险资产。

（3）资产配置过程是一个包括事前分析、事中执行、事后调整的完整流程。投资者需要根据自身的风险承受能力、流动性要求来选择资产并进行配置，并根据自身的投资能力和投资目标来选择稳定被动的战略型资产配置或者灵活积极的战术型资产配置。

（4）区分买入并持有策略、恒定混合策略及投资组合保险策略三种具体的资产配置策略。这三种策略各有特色，且在不同的市场趋势中有不同的业绩表现，投资者应根据自己对市场的预期及自身的投资需求来选择适合的资产配置策略。

（5）投资业绩评估不仅仅是要考察投资组合的业绩表现，同样也要考虑投资人的投资能力及对投资组合的运营管理能力。同时，投资业绩评估也是投资过程中的重要反馈，投资管理人根据评估结果对投资组合进行修正和调整，以期达到更优的预期收益水平。

（6）从投资评估的期限考虑，我们介绍了最简单的持有期收益率、考虑了资金时间价值的时间加权收益率及考虑投资金额变化的金额加权收益率，还有对风险进行调整后的业绩评估指标。投资者要牢牢掌握这些指标的含义及计算方法，思考不同的指标分别适用于什么样的情况。

（7）特雷诺指标、夏普指标、詹森指标和信息比率这四个对风险进行调整后的评估指标都是以资本资产定价模型为基础的，但是它们所考虑的风险并不相同，特雷诺指标只考虑了系统性风险，信息比率考虑的是非系统性风险，而夏普指标考虑的是总风险。对同样的投资组合，它们的评估结果可能会有所不同，投资者必须根据实际情况来选择不同的评估指标。复杂的指标不一定最适用，在评估要求不高或者投资组合较为简单的情况下，选择合适的简单指标要更为实用和方便。

(8) 对投资组合进行调整是整个资产配置过程的最后一步。投资者要根据投资业绩评估的结果反馈，结合自己的预期投资目标和组合变动的成本来决定是否需要对投资组合进行调整。

思考讨论题

1. 投资组合是如何分散非系统性风险的?
2. 阐述风险资产组合的有效集为何会向后弯曲。
3. 资产配置策略在各市场趋势中为什么会有不同的表现?
4. 时间加权收益率在怎样的极端情况下，使用算术平均法和几何平均法会得出较大差异的结果?
5. 风险调整后的业绩评估指标分别适用于怎样的投资组合?

第七章

房产规划

学习要点及目标

- 了解房地产的基本含义及主要内容。
- 掌握进行房地产规划的原因。
- 掌握租房、购房、换房规划的基本方法。
- 掌握房产投资的基本原理和方法。

核心概念

房地产　购房规划　租房规划　换房规划　房产投资

引导案例

租下4个月前刚刚卖掉的那套房子——这个想法有些疯狂。但提出这个想法后，陈菁很快得到了丈夫林文彬的支持。

自从2023年2月份卖出这套位于北京东四环的小一居后，他们就卸下了房屋业主的身份，成为租客。一同卸下的，还有2016年买房申请的152万房屋贷款，以及附带产生的90多万利息。2023年5月中下旬，二人重新投入租房市场，看房2、3周无果。眼看交房期限在即，他们只好和新房主商量，以租房的方式继续住在卖掉的房子里。

在厨房里那张使用了近7年的小吧台上，林文彬代表自己和妻子，与房东一一对过租房条款，而后在合同上签下了名字。短短4个月，他们的身份就从这间房屋的持有者变成了租客。失去了唯一的刚需住宅，林文彬此刻却觉得轻松。

结清剩余的贷款后，他们无需背负每月7 300元的房贷，也不必再为近30年借贷所产生的高额利息烦心。在租房合约到期前，他和妻子凭借每月5 000元的租金，不仅能继续安心住在这套他们亲手装饰起来的小屋里，还能将楼市房价涨跌带来的欣喜与焦虑一律隔绝在外，可谓一举两得。

然而，还是有一些细微之处发生了变化。在获得经济上利好的同时，他们失去了对房屋的自由支配权。

2023年，几场大雪让北京的冬天异于往年地冷。一天晚上，夫妻俩准备入睡，丈夫林文彬提出，想在家中加装一个暖气，用以抵御夜晚的寒冷。妻子陈菁打趣地和丈夫说："现在都不是你的房子啦，可不是你花钱就能加的。"

陈菁夫妇的故事是一个关于在高压力的房地产环境下寻求"解脱"的典型案例。它清晰地展示了租房在减轻即时经济负担、规避市场风险方面的同时，也毫不避讳地揭示了租房在丧失自主权和稳定性方面的核心劣势。

（资料来源：肖思佳. 卖掉北京房子去租房的人. 新浪财经. 2024）

案例导学

因城施策调减限制性措施，更大力度促进楼市股市健康发展，推动建设安全、舒适、绿色、智慧的好房子成为2025年房地产工作重要方向。

2025年3月5日上午9时，十四届全国人大三次会议在人民大会堂开幕，国务院总理李强代表国务院向大会作政府工作报告。这是李强总理的第二份政府工作报告。

本次政府工作报告对房地产相关工作着墨颇多，对于房地产定调多次提到要“稳”，比如“稳住楼市股市”“持续用力推动房地产市场止跌回稳”，再比如进一步的表述“更大力度促进楼市股市健康发展”。

多位房地产和经济界受访人士认为，今年政府工作报告从宏观政策、财政政策、货币政策到楼市政策均释放了积极的信号，强调“出台实施政策要能早则早、宁早勿晚”，财政、货币政策将持续发力，特别是财政政策不断落位，有利于改善地方回收闲置存量土地、收购存量商品房等的推进节奏，建设“好房子”首次写进政府工作报告，也将更好地适应人民群众的高品质居住需求。

此次政府报告体现了党的二十大报告精神：“坚持房子是用来住的、不是用来炒的定位，加快建立多主体供给、多渠道保障、租购并举的住房制度。”那么人民群众的高品质居住需求是什么，接下来我们将从租房和购房等角度学习和理解。

（资料来源：许倩. 政府工作报告首提“好房子”房地产市场打开发展新天地. 中国房地产网. 2025）

第一节 居住规划

一、房地产的基本含义

（一）房地产的概念

房地产是指土地、建筑物及固着在土地、建筑物上不可分离的部分及其附带的各种权益。房地产由于其自身的特点即位置的固定性和不可移动性，又被称为不动产。其可以有三种存在形态，即土地、建筑物、房地合一。在房地产拍卖中，其拍卖标的也可以有三种存在形态，即土地（或土地使用权）、建筑物和房地合一状态下的物质实体及其权益。随着个人财产所有权的发展，房地产已经成为商业交易的主要组成部分。

对于个人投资者来说，房地产一般是指房产。而现代家庭购买房产的目的一般有两个：一是通常意义上的供自己和家庭居住，这是消费行为。二是获得增值收益，这是投资行为。但是在现实中，消费和投资区分得特别严格，房产的一大特点就是同时具备消费特性和投资特性，有时消费性的房产也可以作为投资对象，例如用于出租和出售等；同样，投资性的房地产在出售前也可以用于消费。

（二）房地产的分类

一是按用途（功能）划分。根据这种划分标准，房地产可分为居住房地产市场和非居住房地产市场两大类。居住房地产市场可进一步分为普通住宅市场、高档公寓市场、别墅市场等。非居住房地产市场可进一步分为写字楼市场、商铺市场、工业用房市场等。

二是按交易目的划分。根据这种划分标准，房地产可分为房地产使用市场和房地产投资市场两大类。房地产使用市场是指买卖或租赁房地产的目的是自用的市场。房地产投资市场是指买卖或租赁房地产的目的是投资（再卖、出租或转租）的市场。从购买房地产的目的来看，其还可分为自用、出租、消极性保值、准备积极转手。

三是按流转次数划分。根据这种划分标准，房地产可分为房地产一级市场（具体为土地使用权出让市场）、房地产二级市场（具体为开发的商品房的初次交易市场）和房地产三级市场（具体为商品房、经济适用住房、已购公有住房等的再次交易市场）。相关的分类还有新房市场和旧房市场。其中的旧房市场又称为二手房市场、住房二级市场、存量房市场等。

四是按照取得的时间分类。根据这种标准，房地产可以分为期房和现房。期房是指在建的、尚未完成建设的、不能交付使用的房屋，即指开发商从取得商品房预售许可证开始至取得房地产权证（大产证）止，在这一期间的商品房称为期房，消费者在这一阶段购买商品房时应签预售合同。现房是指开发商已经办妥所售项目的“房地产产权证”的商品房，现房必须是整体竣工并通过验收，购房者在购买现房时签订“商品房买卖合同”，购买后即可入住。

（三）为什么要进行房地产规划

一个人生活在社会上，他必须满足最基本的需要——吃、喝、住、穿，然后才能从事政治、经济、文化等其他活动。如果一个人连饭都吃不上，他也就谈不上其他的什么政治、经济、文化了，所以人活着首先要糊口，其次就是住。住，就要有房子。一个人、一个家庭，如果没有房子住或者住在一个破旧不堪、寝食不安的房子，那他怎么能安心地工作呢？只有有了安定的住所，其才能以愉快的心情从事自己的工作。可见，住房对一个人来说是多么重要。

对于大多数人来说，买房子是人生大事，也需要很大一笔资金。买房首付款的筹备与买房后贷款的偿还，对个人和家庭的现金流量和以后生活的影响可以延续十几年甚至是几十年。因此，如果没有一个好的房产规划，人们可能陷入下列困境：首先，购房需要大量的资金，如果没有事先的房产规划，可能无法合理使用家庭财富，如在计划买房的时候，遇到结婚或子女上学等其他需要家庭财富的情况。这时候的资金难以同时满足多项目标，势必会影响人们的生活。其次，未来的收支变化无法充分预期。个人如果没有一个合理的规划，那么购房计划难以按照预期实现。当收入良好的时候超前购置房产，之后若是出现了收入中断或其他导致收入减少的情形，可能最终会导致拍卖房产。最后，事先规划房产投资现金流量，可以选择最佳的贷款组合。

（四）房地产规划流程

个人首先必须根据自身的居住需求制定居住规划目标。居住需求主要包括空间需求和环境需求两方面。空间需求是指对房屋大小的要求，它常常取决于家庭人口数。随着人们生活水平的日益提高，人们对居住环境的要求也越来越高，环境需求往往决定于对生活品质的要求。人们需要根据自己的目标测算购房价格、购房总价款，并结合自身的资产和收入状况进行比较，评估自身是否有能力达到目标，并根据自己的实际情况调整房产目标。

明确了居住需求之后，个人就需要进行购房或租房决策，这主要取决于房租成长率，房价成长率、居住年数、利率水平和自身的负担能力。若是决定购房，则还要考虑购房的总价，而总价中包含首付款和贷款，这取决于区位、类别、户型、大小和用途。

另外，若购买房屋并不是为了自住，而是用于投资，个人则需要对房价进行估价，制订房地产投资计划。

如图 7-1 所示，个人的房地产规划就是根据自己的房产目标和实际情况作出最佳的购房或租房的决策。

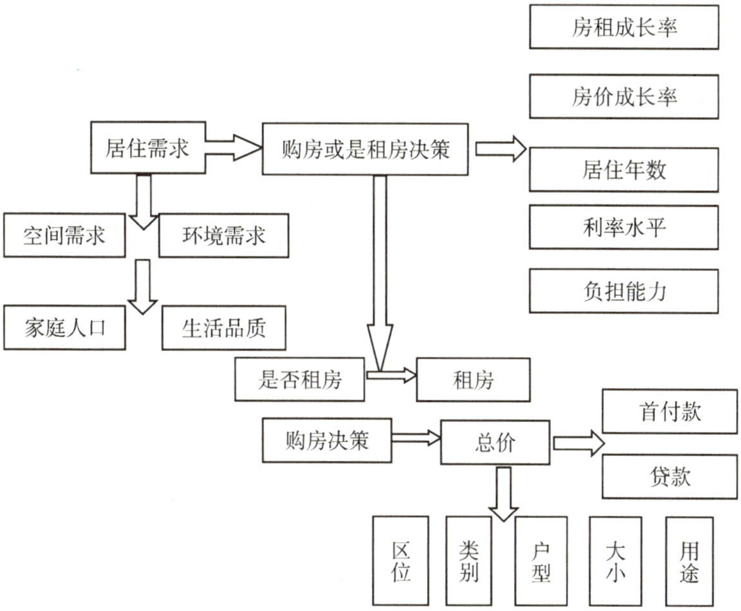

图 7-1　个人房地产规划流程图

（资料来源：谢怀筑. 个人理财［M］. 北京：中信出版社，2004：360）

第二节　租房与购房规划

尽管大多数人都将购买并且拥有一套房屋作为自己人生的目标，但不是每个人都要拥有房屋的所有权。

是否买房，何时买房，这些问题可能会非常复杂。钱当然很重要，但是个人问题和感情问题也必须要考虑到。买房子对一个家庭来说是大事，这代表着你要安定下来了。购买房屋就意味着你要日复一日、年复一年地回到同一个地方，租房就意味着你要应对一个财务负担了。

下面是对购房与买房优缺点的比较。

一、租房和购房的优缺点

（一）租房的优点

1. 资金较为自由，可以寻找更加有利的运用渠道

比如若是资金没有用于购买房屋，则节省出来的资金可以用于投资。若是投资渠道得当，其可以取得更高的收益。

2. 可以避免承担房屋风险和相关问题

若是选择租房，由于居住者并没有房屋的所有权，则房屋的一些重大瑕疵或是毁损风险，如房屋的建筑质量问题或是自然灾害毁损的风险由房屋的主人承担。但是如果居住者选择购房，则必须要自己承担这些风险。

3. 避免承担房屋价格下跌风险

当前的房地产市场价格缺乏统一的标准，房价的变化会大大影响房屋的价值，购房者在变现或转售时，要承担房价下跌的风险。租房者并不拥有房屋所有权，所以不用承担房价下跌的风险。

4. 比较适用于迁徙自由度比较大的居住者

若是居住者职业的流动性较大，比如经常需要在全国各地甚至是国外出差，房屋的迁徙自由度是很重要的考虑因素。流动性较大的居住者购房后就只能进行换房，其带来的转换成本，包括中介费、出售时的相关税费等，明显比租房更加昂贵。

5. 拥有较大的财务弹性

若是用住房贷款的方式购买房屋，家庭每个月的购房成本都是固定的，无论收入如何，都要负担相同金额的房贷，这可能会给家庭经济带来巨大的负担，这比较适合于拥有固定收入来源的家庭。若是家庭收入不稳定，其就可以根据每一个阶段不同数目的家庭收入选择不同开销的租房，即租房的财务弹性更大。租房可以根据收入的变化隔一段时间就进行更换，而购房的话不容易更换房屋。

6. 有能力使用更多的居住空间

这里通过举例来进行说明，若是租房价格每平方米 40 元，则一套 100 平方米的房屋一个月的租金费用为 4 000 元，若是家庭月收入为 20 000 元，则需要拿出 20%的收入用于租金支付，同时需要支付一个月房租的押金，即 4 000 元。但是，若是以相同的预算来购买房屋的话，除了要准备远远高于押金的首付款之外，在假设贷款利率为 6%、20 年房贷的情况下，月储蓄 2 400 元，可以实现贷款总额 55. 83 万元，以贷款七成计算，可以买到 79. 76 万元的房屋，若是购买房屋的每平方米年价为 10 000 元，即可以买到同样情况下的 79. 76 平方米的房屋。相比较来看，在相同的预算下，租赁可以比购房获得更多的居住空间。

（二）租房的缺点

1. 房租可能调高

房租由于缺乏统一的标准，房东有权力调高房屋租金，可能会让租房者无法承受。

2. 无法享受房价差价利益

当房价有上涨机会的时候，由于购房者成本是固定的，并且可以利用贷款，购买房屋的人就可以利用这种房屋的差价获得丰厚的利润，而且只要得到的房价差价报酬率高于贷款利率即可实现。而租房者却无法获得房价上涨带来的收益。

3. 租房时间被动

由于租房者并不拥有房屋的所有权，当房东需要出售房屋或收回房屋自住时，租房者处于被动局面，一旦租赁契约到期，租房者只能搬出房屋。

4. 对居住房屋的风格和装潢没有自主权

租房者没有经过房东的同意，不能随意装修房屋。租房者只能被动接受房东房屋已有的装潢和家庭设施，其可能并不符合租房者自身的风格，而租房者并不能按照自身的期望和要求来装修房屋，这会大大降低居住质量。

（三）购房的优点

1. 提升房屋所有者的信用

房产作为财富的重要象征，拥有房产的人，会给人留下信用好的印象。

2. 便于累积财富，践行储蓄计划

租房在短期之内可以省钱，但是并不一定会获得更高的投资收益；购房虽然在短期之中会耗费大量的费用，但是它可以起到强制储蓄的作用，便于人们累积财富，践行储蓄计划。

3. 拥有更多的自主权，有利于提升生活品质

由于拥有房屋的所有权，所以房屋所有人可以根据自己的喜好对房屋进行装潢，可以提升自身的生活质量。

4. 作为保值工具

人们常常购买房产作为一种保值工具。当物价上涨的时候，房产也会增值。房产的增值可以弥补因为物价上涨带来的购买力下降。租房者每月都要支付租金，会受到物价上涨的影响，无法进行保值。

5. 增强自我满足感

拥有自己的房屋，可以给人带来安定的心理感觉，也是购房最主要的决策因素。

6. 居住与资本增值的双重功效

很多的金融工具只能获得资本增值的收益，无法自用。房屋则罕见地融合了自用和资本增值两种功效。房屋所有者在自用一段时间后，在房产增值时，可以选择出售房屋获得价差收益，即可以同时满足居住效用与资本增值。

（四）购房的缺点

1. 房屋维护成本高

购房虽然可以拥有房屋的所有权，但在后续房屋的维护上却需要花费大量的费用，这在一定程度上会加大购房的成本。

2. 房屋处置难度大，可能导致被迫降价出售

购买房屋后，如果要处理房产，就需要较长的时间，这是因为房屋是高价值资产，要找到合适的购买者不容易。有时在急需换房或变现的时候，由于房屋的变现能力有限，购买者可能会抓住房屋在短时间内极难脱手的特点，竭力压低房屋的价格。

3. 承担更多的风险

房屋购买后，拥有了房屋的所有权，房屋可能会发生毁损，这是需要购房者自身承担的风险。购买房产后，其可能因为房价下降而贬值，使得购房者承担损失。

二、租房或购房的决策方法

当居住的房屋可租可买时，不同的人在租购之间会做出不同的选择。购房的人拥有房屋的所有权，因而自主权较大。而租房不拥有房屋的所有权，当房东要求搬家时可能会面临窘境。租房和购房究竟哪种方式划算，这其中既涉及成本问题，这是客观的因素；又涉及购房者的心理问题，具有很大的主观性。成本因素就是将购房和租房的成本全部列出并计算出结果进行比较，选择成本较低的一个。而心理因素，主要是指居住者对房屋的定义，如仅仅将房屋看作“居住场所”的人偏向于租房，而将房屋赋予“家”的定义的人偏向于购房。在计算相关成本时，我们使用年成本法和净值法。

（一）年成本法

如果房屋的作用仅仅是自住，购房者的成本主要包括首付款的机会成本、房屋的贷款利息及一些住房维护成本。而租房者的使用成本主要是一些房租和房租押金的机会成本。其中，租房年成本=押金×投资收益率+年租金，购房年成本=首付款×机会成本率+贷款余额×贷款利率+年维修费及税金-房价每年涨幅，成本较小的就是更加划算的方式。

下面通过一个具体的例子来说明年成本法：

张先生看上了一套 100 平方米的房子，该住房可售可租。如果租房，房租每月 4 000 元，以 1 个月房租作为押金。如果购房，总价为 100 万元，可以申请 50 万元贷款，房贷利率为 5.5%，自备首付款 50 万元，假定房屋的维护成本为 6 000 元/年，预

计房价每年涨 100 元/平方米，押金与首付款投资收益率均为 2%。问：该房屋应该租还是购?

在这个例子中，租房年成本：4 000×12+4 000×1×2% = 48 080（元），而购房年成本：500 000×2%+500 000×5.5%+6 000−100×100 = 33 500（元），购房的平均年成本为 33 500 元，比租房年成本 48 080 元低。此时应该选择购房策略。

但值得注意的是，年成本法只限于对当前成本的衡量。对于成本的计算，我们应该将其视为一个动态的过程，充分考虑到房价及租金的变化。随着这些因素的变化，租房和购房策略可能会发生转变。

例如如果房价下降，根据购房年成本的公式，购房成本值会增大，其可能会超过租房年成本，这时租房决策就优于购房决策。因此，比较租房与购房哪种划算，不光要考虑两者当前的成本，还需要对未来的房价走势进行预测。若是房价在未来看涨，那么即使当前算起来购房年成本高一点，但是，未来出售房屋的资本利得也可能弥补居住期间的成本差异。对于本例中的张先生，租房成本率 = 48 080÷1 000 000 = 4.8%，购房成本率 = 33 500÷1 000 000 = 3.35%，差距只有 1.45%，若投资者计划住 5 年，则 $(1+1.45\%)^5-1\approx7.5\%$，只要房价可能在 5 年内涨 7.5%以上，购房依然划算。

（二）净现值法（NPV）

这种方法即在一个固定的居住期间内，将租房及购房的现金流量还原成现值，比较两者的净现值。我们可以使用财务计算器现金流计算功能计算 NPV，或是 EXCEL 的 NPV 财务函数进行分析。注意计算 NPV 时只考虑现金流量，在年成本法中计算的租房押金利息与购房折旧成本并非实际的现金流出，所以不用作为现金流出；还有在年成本中房贷只计算利息，而在净现值法中房贷计算的是本利平均摊还额。比较租房和购房的净现值，净现值大的更加划算。计算公式为

$$NPV=\sum_{t=0}^{n}\frac{CF_t}{(1+i)^t}$$

下面通过一个案例进行说明：

李先生已经确定要在该处住满 4 年，如果租房，房租每月 3 000 元，月房租每年增加 100 元，押金为 10 000 元；如果购房，房价 70 万元，李先生自己可以支付 30 万元，另外 40 万元向银行贷款，利率为 6%，贷款一共需要 15 年，采用本利等额偿还的方式，此外还需要装修费等费用 10 万元，该房屋在 4 年后仍按照 70 万元售。李先生的投资回报率为 4%。计算过程如下：

首先计算租房的净现值：$i=4\%\div12=0.33\%$

则根据公式：$NPV=\sum_{t=0}^{48}\frac{CF_t}{(1+0.33\%)^t}=-141\ 229$ 元

然后计算购房的净现值：

首先计算每月的贷款利率：6%÷12 = 0.5%，贷款需要 15 年还清，一共 180 期，每月还款额 = 40 000÷（P/A，0.5%，180） = 3 375（元）。4 年之后，李先生卖出房屋可以得到 70 万元，此时还需要偿还贷款 = 3 375×（P/A，0.5%，132） = 325 592（元），

4 年后的净现值流量为：700 000-325 592-3 375=371 033（元），这样计算出李先生买房的净现金流量现值：

$$NPV_{购房}=\sum_{t=0}^{48}\frac{CF_t}{(1+0.33\%)^t}=-230\ 340\ 元$$

由于买房净现值-230 340 小于租房净现值-141 299 元，因此租房更加合算。

三、租房、购房决策影响因素

总结起来说，居住者的住房可租可购时，居住者的决策主要取决于以下几个因素：

1. 房价成长率

房价成长率越高，意味着房屋增值的空间越大，这时购房就越划算。

2. 房租成长率

当房租成长率越高的时候，相较于租房，购房就会越划算。

3. 居住年数

居住者在房屋中的居住时间越长，购房越划算。

4. 利率水平

利率水平越高，购房所付出的成本就会越高，这时租房就会越划算。

5. 房屋的持有成本

房屋持有成本越高，租房越划算

6. 租房押金

押金水平越高，相较于租房，购房越划算。

除了以上这些因素，若是首付款机会成本低，房贷利率低及房屋持有成本低，房价预期涨幅高，则购房会是更好的选择。

相反，若是房租涨幅低，租房押金抵，或是有一份已经明确约定房租涨幅的长期合约，租房现值的确定性较高，则租房会是更好的选择。

第三节　购房与换房规划

一、购房相关问题

（一）购房规划的流程（见图 7-2）

购房规划的流程见图 7-2。

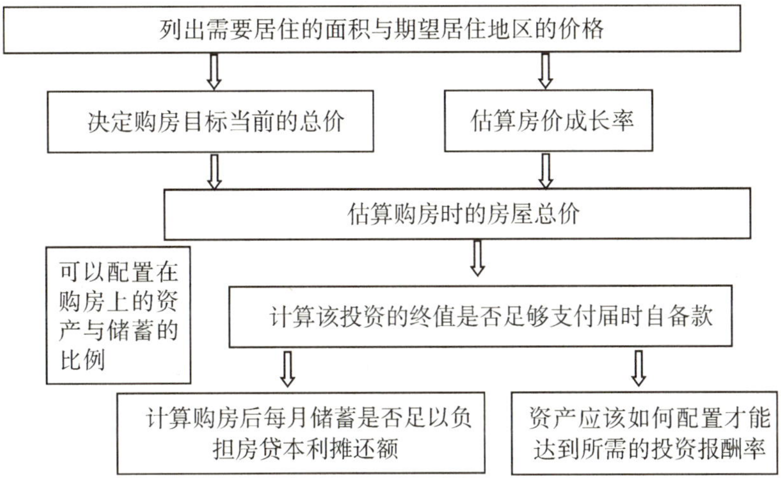

图 7-2　购房规划的流程

根据以上的流程，若是居住者已经决定购买房屋，则其首先应该列出需要居住的面积与期望居住地区的价格，计算出决定购房目标当前的总价，同时估算出房价成长率，以估算出购房时的房屋总价。分摊到每个月，计算购房后每月储蓄是否足以负担房贷本利摊还额，及资产应该如何配置才能达到所需的投资报酬率。

（二）测算可以负担的购房费用

购房规划中很重要的一个环节就是测算可以负担的房价，即根据居住者本身的经济实力和资产状况，并充分考虑居住者对房屋的要求，进而估算居住者可以承担的购房总价。

1. 可以负担的购房总价计算

可负担的购房首付款=可用于购房的资产额度×复利终值系数+每年可供购房的储蓄×年金终值系数

可负担的购房贷款总额=每年可供购房的储蓄×年金现值系数

可购房屋总价=可负担的购房首付款+可负担的购房贷款总额

例如，赵先生一家准备在某地定居，计划 4 年后购买一套房屋，贷款最多 20 年，赵先生目前拥有金融资产 70 万元，其中 35 万元可以用于购房。赵先生每年的储蓄有 20 万元，其中可用于购房的有 15 万元。银行的贷款利率为 5%，投资报酬率为 6%，赵先生 4 年后可以购买总价多少的房屋？

赵先生可以负担的购房首付款 = 35×（F/P，4，6%）+15×（F/A，4，6%）= 109.81（万元）

赵先生可以负担的购房贷款总额=15×（P/A，20，5%）= 186.93（万元）

则 4 年后可以负担的房屋总价为=109.81+186.93=296.74（万元）

2. 可负担的购房单价

若是赵先生根据家庭人数和居住空间要求，选择决定购买一套 120 平方米的房子，则其可以负担的购房单价=296.74÷120=2.47（万元/平方米）

二、换房相关问题

当居住者的收入和负担能力逐渐提高的时候，或是由于家庭成员的增加或成长时，其就会产生换房需求。换房时我们需要考虑以下几个问题：

（一）换房能力概算

首先计算需筹首付款，应酬首付款=新房净值-旧房净值=（新房总价-新房贷款）-（旧房总价-旧房贷款）。举个例子来看：如果旧房值 100 万元，贷款尚有 40 万元，新房值 120 万元，拟贷款 40 万元，则应筹首付款=（120 万元-40 万元）-（100 万元-40 万元）= 20（万元）。这个时候就要保证家庭中有 20 万元可以用于支付换房的首付款，鉴于新房的购买需要贷款，还要保证家庭将来能够承受 40 万元的贷款额度。

我们要注意，购房不是理财的唯一目标。若把所有的资源全部用于购、换房需求，则可能会耽搁子女教育基金或是退休金的筹措。因此我们可以在准备充分前暂时租房。下面给出的是不同年龄阶段的房产规划表（见表 7-1）：

表 7-1　房产规划表

年龄	购换房	选房因素	月收入	可负担房价
青春期<30 岁	首次购房	房价、便利	3 000~5 000 元	20 万~35 万元
前中年 30~40 岁	第一次换房	学区、交通	5 000~10 000 元	35 万~70 万元
后中年 41~55 岁	第二次换房	环境、治安	10 000~15 000 元	70 万~100 万元
老年期>55 岁	第三次换房	养老、遗产	5 000~8 000 元	30 万~50 万元

下面我们以一个案例进行具体说明：

假定小林 25 岁时开始工作，工作 10 年后购房，房价 50 万元，投资报酬率 8%，房贷利率 6%，贷款 20 年，贷款六成，居住 10 年后换房 100 万元，假设旧房届时按照原价出售，则各个阶段所需储蓄或房贷年供额为多少？第一段：25~35 岁储蓄，年储蓄：PMT(8%,10,0,200 000) = -13 806（元）。第二段：35~45 岁还贷款，年供额：PMT(6%,20,300 000) = -26 155（元）。第三段：45 岁以后换房，计算旧房房贷余额。即是，PV(6%,10,-26 155) = -192 503（元）。而出售旧房后净收入：500 000 元-192 503 元=307 494（元），新房贷款需求：1 000 000 元-307 497=692 503（元），年供额=PMT(6%,20,692 503) = -60 376（元）。

（二）换房的步骤：先买后卖

在换房的过程中，如何筹集到首付款是一个大问题，这其中可能面临着短期的资金链条的断裂。比如居住者拥有的旧房 70 万元，新房需要 150 万元，新房可贷款 100 万元，首付款 50 万元。如首先购买了房屋，3 个月后再卖出原来的房屋，这时若是之前的房屋没有使用贷款或是贷款额已经还清，则可用旧房抵押贷款 50 万元，来当新房的首付款。等到卖旧房之后，再还此笔贷款。若是旧房还有贷款未能还清，则很难再增加贷款，此时若是无其他资金来源，我们要另外寻找途径筹集到 50 万元来支付新房首付款。此时若筹集资金的成本为6%，按年计算，需要额外支付的利息为：500 000元×6%×4/12=10 000元。我们如果不能寻找到其他的筹款途径，则需要依赖之前的储蓄来支付首付款。

同时还要考虑的一个重要问题是卖房和买房的间隔期，家庭成员的居住问题。当把房屋卖出之后，到搬入新的房屋，中间可能会有一段间隔。若是间隔期较短，比如在一周之内，则可以选择居住酒店。若是间隔期较长，但是没有达到最低的租赁期限（现今租赁市场的房屋的最短租期一般为3个月），则较难选择住处，此时可以选择居住在亲戚家或是与购买旧房者签订售后租回的协议。

第四节　房地产投资

一、房地产投资的概念

所谓房地产投资，是指资本所有者将其资本投入房地产业，以期在将来获取预期收益的一种经济活动。同时，房地产投资还涉及房地产与金融资产的组合安排。因此，房地产投资一方面表现为实物资产的投资活动，另一方面又表现为金融资产的投资活动。

二、房地产投资的方式

（一）房地产证券

发行证券，可以将小资金汇集后购买房地产或是产权单位。所购买的房地产可以通过统一的管理机构出租，从租金中分得利润。这种方式将房地产所有权与使用权分离，可以提高经营效率。这种方式比较适合小额投资者。

（二）直接购房

投资者可以用分期付款的方式直接购置房屋，可以自住，也可以出租或是出售，以此获得利润。这种方式适合资金实力较强的家庭。

（三）以租代购

投资者签订购租合同，租户可以在一定的期限内购买此房，并以租金抵消部分房款。这种方式适合开始资金不够、收入增加后有能力购买的家庭。

（四）以租养贷

投资者先付首期房款（一般是全部房款的两到三成），其余部分通过银行贷款解决，然后出租此房屋，用租金来偿还贷款，贷款还清后将完全拥有此套房屋。此种方式与“以租代购”相反，适合当前已经有大数量资金、但是以后收入可能极不稳定的家庭。

（五）买卖楼花

购买预见的楼盘（可能要两三年后才能建成），只需要房价的10%左右，如果房价上升，可以卖出获利。其相当于期货功能，风险较大。这种方式适合风险承受力较强、激进型的投资者。

（六）房地产投资券

购买房地产投资券到期可以获得本息。这种方式实际上不通过房屋的租售来获得，相当于股票，流动性好，收益稳定。

三、房地产投资的优缺点

（一）房地产投资的优点

居住者投资于房地产，主要有以下几个优点：

1. 获得心理满足

在当今社会，房地产被看作重要的财富象征，投资于房地产可以获得心理上的满足。

2. 满足基本的家庭居住的需要

房地产最基本的一个功能就是可以家庭居住。

3. 利用房价的变化获得增值

在房价增长较快的今天，拥有一套房产就可能实现增值，获得更多的私人财富。

4. 在通货膨胀的情况下进行保值

通货膨胀发生时，房价的增长可以在一定程度上补偿由于物价上涨带来的购买力下降。

5. 是一种安全性较高的投资模式

当前房地产市场价格的增长是比较稳定的，房地产投资是一种安全性较高的投资模式。

6. 实现财富增值

投资于房地产可以充分利用贷款的作用撬动杠杆，实现财富增值。

7. 拥有自由处置权

自我投资的房产拥有控制权，可以在价格合适的时机自由进行处置。

8. 分散投资风险

对于当今的投资者来说，房地产已经成为一个重要的投资工具，投资于房地产可以实现不把鸡蛋放在同一个篮子里的目标，可以有效地分散风险。

（二）房地产投资的缺点

1. 流动性差

由于房地产的流动性较差，所以房地产的变现率较低。

2. 交易成本高

房地产进行交易时需要交纳大量的税金和交易费用，带来较高的交易成本。

3. 维护管理成本高

投资于房地产后，可能需要对房地产进行装修、维护等，其管理较麻烦。

4. 可能导致个人财富的减少

房价的升降一直没有定数，房价贬值可能会造成个人财富的减少。

5. 房地产泡沫可能破灭

由于房地产泡沫的存在，房屋的市场价值已经偏离了房屋本身的价值，价值市场中对房地产价值的估算缺乏统一的标准，可能会使得房地产价值的估算失误。

6. 房地产手续繁杂

无论是买房还是卖房，都需要履行一系列繁杂的手续。

7. 信息不对称

房屋买卖者之间的信息不对称，可能会使买房者相较于卖房者缺乏信息。

8. 房地产花费高

房价较高，对于大多数投资者而言，投资于房地产的资金占了他们的财富总额的很大一部分。

综上所述，投资于房地产的优点主要在于它能带来可观的收益和财务杠杆效应，能够充分利用所得税优势（房贷利息、折旧抵税），还可以对抗通货膨胀。而缺点主要在于房地产投资缺乏流动性且需要大笔首期投资，房地产的周期性与杠杆因素也会带来的不利影响。此外，投资于房地产所带来的高风险也是我们需要考虑的因素。

（三）投资房地产出租的考虑因素

我们如果要投资于房地产出租，需要考虑到投资的总成本和资金的机会成本，其中投资的总成本=资金成本+折旧+修缮管理+空置成本。资金的机会成本=房价×利率。其次要考虑到流动性问题，当有租约时，流动性会受到限制。同时我们也要注意购房后可以出租来预防房价大幅度上涨的风险。

（四）房地产投资的形态

房地产投资的形态，可以分为以下几种类型：

（1）直接购房投资：投资者用现款或以抵押贷款的方式直接向房主或是房地产开发商购买住房，并且适当装修、装饰后，进行出售或是出租以获取投资回报。

（2）期房投资：期房投资指购买期房（预售房或是楼花）的投资者在房屋还没有完工交付的时候便将购房合同更名转让，赚取差价。

（3）住宅：大多投资于商品房，利用房价的增长增加自己的财富。

（4）商场或是沿街商业房：多是重要的商圈和城市 CBD（中央商务区），虽然拥有较大的增值潜力，但是需要较高的投资成本。

（5）写字楼：多是大型的机构投资者购买投资，然后将其租用给各个企业，需要的成本也比较高。

（五）房地产投资信托（REIT）

下面介绍一下目前比较新颖的房地产融资方式：房地产信托。

（1）房地产信托的基本原理：将小额投资者的钱集中起来组成一个投资公司，该公司在大多数情况下经营那些收益性房地产（如公寓、购物中心、办公楼、酒店、工业厂房和仓库），并将其收入分配给投资者。

（2）大多数这样的公司都在股票交易所上市交易，因此克服了房地产投资的低流动性、投资额巨大的缺点，同时专家管理也可以节约投资者的时间。

（六）房地产投资的步骤

投资者首先必须决定投资策略，明确以资本利得或以房租收益为主。其次需要寻找各种投资方案，根据投资前景来投资，至于投资的收益可以利用简单的财务模型进行分析。接下来就可以和卖主协商基本条件，在这个过程中要结合估计自己的财务实力确定贷款额；必要的时候需要寻求律师帮助，以获得专业性的管理服务；还要根据需要购买房屋保险。最后需要时刻关注房地产市场的信息，找准时机出售房地产，计算投资报酬率。

（七）房地产报酬率分析

所有的现金流量按照统一的折现率折现，净现值为0时的折现率为内部报酬率，然后比较房产投资与其他投资工具的内部报酬率。

本章小结

（1）作为一种客观存在的物质形态，房地产是房产和地产的总称，包括土地和土地上永久建筑物及其所衍生的权利。

（2）房地产可以按照用途、交易目的、流转次数、取得的时间分成不同的种类。

（3）个人的房地产规划是根据自己的实际情况和具体需要寻找最佳的购房或是租房决策。

（4）租房和购房各有优缺点。

（5）租房或是购房的决策方法有年成本法、净现值法。

（6）所谓房地产投资，是指资本所有者将其资本投入房地产业，以期在将来获取预期收益的一种经济活动。同时，房地产投资还涉及房地产与金融资产的组合安排。因此，房地产投资一方面表现为实物资产的投资活动，另一方面又表现为金融资产的投资活动。

（7）房地产投资的方式包括房地产证券、直接购房、以租代购、以租养贷、买卖楼花、房地产投资券。

思考题

1. 为什么要做房地产规划？
2. 怎么做一个合理的房地产规划？
3. 对于住房和购房的选择，你有什么看法？
4. 对于计划购买第一套房子的人，其应该如何进行规划？
5. 你对住房贷款了解多少？你会选择哪种还款方式？
6. 你投资房地产的动机是什么？你的投资目标和需求受什么因素的影响？

第八章

子女教育金规划

学习要点及目标

- 掌握子女教育金的特点。
- 子女教育金需求分析。
- 掌握子女教育金规划的特点。

核心概念

子女教育金　　教育金需求　　教育金规划

引导案例

教育规划是根据社会发展和教育进步的需要，在确立教育发展总目标的同时，对教育发展的子目标、相关因素进行必要的划分和分析，以此为基础提出实现规划目标的合理方法和途径。教育规划既为教育事业确定了行动的指南，又为教育提供了重要的理论依据。

子女教育又可分为基础教育和大学教育，无论是何种教育消费，其使用的规划技术都十分相似。大学教育费用普遍很高，对其进行理财规划的需求也最大。个人教育规划在消费的时间、金额等方面的不确定性较大，子女教育规划通常是个人家庭理财规划的核心。

（资料来源：黄祝华，韦耀莹. 个人理财［M］. 2版. 大连：东北财经大学出版社，2010.）

案例导学

培养一个大学生到底要花多少钱？一个普通家庭每年能承担的学费是多少？《中国青年报》的社会调查显示：41%的公众认为每年2 000元至4 000元的学费是可以承受的，而高于1.5万元学费，只有8%的公众认为是可以承受的。

将大学生的实际花费与公众的承受力相比，我们发现，目前上大学所需支出的费用是高于公众承受力的。特别是对于部分农村贫困学生来说，每年15 000元左右的支出几乎是不可想象的。不光是贫困家庭，生活在城市中的一个家长说，我们城市工薪阶层的工资收入普遍不高，每月收入不超过10 000元，真的无法承受高校过高的学费。我们希望大学学费及住宿费等应充分考虑到中低收入家庭和贫困家庭的实际经济情况。

如今大学生家长所付出的教育成本占家庭总收入的比例是非常高的。究其原因，除了国家的财政支出还未达到《中国教育改革和发展纲要》所规定的指标和社会资金投入教育不足外，一个重要的原因就是学校对教育成本的控制没有到位。

有关人士指出，实际上高校节约成本的空间非常大。现在很多院校一味地讲究高标准，新建的学生公寓4人一间还要带卫生间，还要电话等设施齐全，比人均收入数万美元的国家还要考究，这实际上都是大可不必的。另外，高校的行政管理费用居高不下，也加重了教育成本。此外，相当一部分师资、教室、图书资料、设备等资源投入被安排在计划外创收的办学上，不足的部分便转嫁到学生身上。这也增加了学生家长支付的教育成本。

大学生教育成本投入偏重是当前各高校的普遍反映。要从根本上解决这一问题，各高校要端正办学思想，拿出切实有效的行动，把各级各类学校的教育成本降下来。如果各高校多倡导厉行节约风气，加强成本控制，那么降低教育成本是可以做到的。

第一节 子女教育金特点

一、教育规划的概念

教育规划是根据社会发展和教育进步的需要，在确立教育发展总目标的同时，对教育发展的子目标、相关因素进行必要的划分和分析，以此为基础提出实现规划目标的合理方法和途径。教育规划既为教育事业确定了行动的指南，又为教育提供了重要的理论依据。

个人教育是指个人接受政治、经济、科学、技术等方面的继续教育、培养教育和社会文化生活教育，是个人自我完善和终身学习的重要形式，是提高个人素质、提高劳动生产率、提高个人生活质量的重要途径。

子女教育又可分为基础教育和大学教育，无论是何种教育消费，其使用的规划技术都十分相似。大学教育费用普遍很高，对其进行理财规划的需求也最大。个人教育规划在消费的时间、金额等方面的不确定性较大。子女教育规划通常是个人家庭理财规划的核心。

二、子女教育规划的特点

子女教育规划与一般理财规划的区别在于：子女教育基金理财规划必须是专款专用，不能将这一笔资金挪去购房或购车；另外，子女教育基金的理财工具宜保守，而保本是最高指导原则，获利性高的理财工具风险性也高。子女教育基金开始累积的时间要早。具体而言，子女教育基金的特点包括：

（1）没有时间弹性。子女到了一定的年龄要上学（如 18 岁左右上大学），不能因为没有足够的学费而延期。

（2）没有费用弹性。各阶段的学费相对固定，这些费用对每一个学生来说都是相同的。

（3）子女的资质无法事先把握。每个学生在求学期间所花费的费用差距巨大。

（4）子女教育基金必须由自己来准备。对于在单位就职者，其个人养老基金账户用在退休方面，住房公积金账户用在购房方面，但是没有为子女教育强制储蓄的账户。

（5）子女教育基金支出占当年支出的金额不是最多，但是子女从小到大将近 20 年的持续支付，总金额可能比购房支出还多。

基于以上特点，子女教育规划的重点和注意事项主要包括：

（1）开始规划子女的年龄（准备累积期间）。利用时间复利的效果，开始规划的年龄越早越好。

（2）理财工具的选择。越接近学费高峰期，投资就越需要保守。

（3）所需费用。根据自身的目标和所在地区的教育消费水平，计算子女所需的资金数额。

三、我国子女的教育规划现状

首先，随着社会经济的发展，人们的收入水平有了很大的提高，这为提高教育费用负担水平提供了基本保证。

其次，生育制度的改变使得家庭加大了对子女教育的投入。一方面，一个家庭的子女较少，使得家庭的教育资源可以集中投入；另一方面，为了使得子女能够立足于竞争日益激烈的社会环境，各个家庭普遍加大了对子女教育的投入力度。

最后，教育经费急剧增加，占家庭开支的比例日益扩大，已经成为很多家庭沉重的负担，甚至有的家庭会因此陷入贫困。

第二节　子女教育金需求分析

一、教育体系

教育体系包括学前教育、小学、初中、高中、大学、研究生阶段。其中九年义务教育包括了小学和初中的教育。

二、教育成本

教育成本包括直接成本和间接成本：直接成本是指学生及家庭为教育所支付的金钱，包括学费、书籍费、交通费及额外的吃、穿、住等费用；间接成本是指机会成本，如为了上学而放弃当时工作的收入。

（一）教育投资分析

如果准备的子女教育基金的投资报酬率等于学费成长率，那么，子女教育基金的总支出现值= $\sum$ 各个阶段的年教育金支出额×就学年数。

如果子女的教育金支出的增长率与子女教育金的投资报酬率不等，那么要以真实报酬率为折现率：

真实报酬率=（1+投资报酬率）/（1+教育金支出增长率）

（二）教育投资产品

1. 教育储蓄

教育储蓄具有储户待定、存期灵活、总额控制、利率优惠、利息免税的特点。教育储蓄最大的优势在于可以零存整取，却享受整存整取的利息，同时还可以免除个人利息所得税。

而教育储蓄的局限性也是存在的，主要有以下几点：①存款的对象有比较严格的限制。享受免征利息税优惠政策的对象必须是正在接受非义务教育的在校学生。②手续繁琐。③只有一年期、三年期和六年期三种存期模式。于是这项业务比较适合那些家里只有一年、三年或六年后可以升入高中的孩子的储户，即在校小学四年级（含）以上学生。④最高存款的限额仅为 2 万元。

2. 教育保险

相对于教育储蓄，教育保险在投保的限期和投保金额方面的可操作性要灵活得多。子女教育保险使用保险的方法协助父母为其子女积累教育费用，保证子女教育“专款专用”，起到了一种强制储蓄的作用。教育金保险投资年限通常最高为 18 年（高中和初中更短），越迟购买（由于投资年限短），保费越高，从投入产出比来看，越早投资越划算。

教育保险有分红型和非分红型两种保险。教育保险与教育储蓄一样享有豁免利息税的优惠，而且不设保金上限。除了提供教育金，有的险种还将创业金、婚嫁金甚至养老金的一样或是几样纳入了保障范围。

教育保险具有储蓄投资的功能，虽然收益较低，即使加上分红也很难与股票、基金相比，但是更加强调保障功能，具有豁免保费的功能。

同时，教育保险也具有较大的缺陷，例如流动性较差，而且一旦投保，就需要按照约定定期支付保费给保险公司。因此如果保户投保期间需要较大的开支时，经济压力会比较大，而如果保户选择早期退保，则可能导致本金损失。

家长在选择教育金保险时要做到“量体裁衣”，根据自己的收入情况和子女的预期选择险种，要注意从实际的教育费用需求出发，进行功能和价格两方面的分析。

教育保险的支出，需要根据家庭的承受能力进行设计。教育保险与其他教育理财支出相加，以家庭收入的 10%左右为佳。

3. 子女教育金信托

子女教育金信托是指家长通过信托机构进行投资理财规划（例如投资境内外基金等），待资产累积到一定的程度时，在子女的未来教育某一条件成立时（例如：子女某阶段学业毕业），将信托的资产转移给子女（可以分阶段实行），让子女未来的教育和生活更加有保障。

子女信托基金的优点为：①信托财产的隔离机制使得信托财产在依法设立后即可以免于委托人、受托人的债务纠纷，成为一种安全的财产管理制度；②能够节省赠与税，轻松完成财产转移；③赠与后仍然享有对财产的掌控权；④信托财产由专业投资机构管理，专款专用，可以避免子女挥霍财产；⑤专业机构投资管理的收益高、稳定性好，委托人还可以随时了解财产状况。

4. 风险型的金融投资

主要的风险型金融投资品有股票、基金、外汇、期货和房地产等。在我国经济发展总体环境较好的背景下，适当地进行一定风险的金融投资能在较短的时间内得到较高的收益。但是对于抚养子女成才的家长们，投资风险型的金融产品最好采用手中多余的闲置资金，而且尽量选择风险较低的品种，如定期定投收益好又稳健的基金产品。

5. 投资产品的组合优化

教育投资最重要的一点就是合理考虑风险、收益及投资期限，在小孩不同的年龄阶段应该选择不同的投资。

第三节　子女教育金规划

一、子女教育投资规划的原则

子女的教育投资规划，主要遵循以下几个原则：

（1）早规划原则：对教育投资准备时间越长，给家庭带来的财务压力越小。

（2）资金充裕原则：子女受教育程度取决于父母期望、子女资质、学习能力、兴趣爱好等，教育费用难以准确估算且难缩减，教育费用的准备应该宁多勿少。

（3）稳健投资原则：首先，高风险投资工具容易导致投资损失，影响子女教育投资规划的实施；其次，用于银行储蓄，容易遭受通货膨胀侵蚀。

教育投资准备时间不同的比较见表 8-1。

表 8-1 教育投资准备时间不同的比较

客户	甲（孩子刚出生时进行大学教育基金规划）	乙（孩子上小学时进行大学教育投资规划）	丙（孩子上中学时进行大学教育投资规划）
每月投资金额/元	150	225	450
投资总年限/年	18	12	6
投资收益率/%	5	5	5
投资总额/元	32 400	32 400	32 400
孩子上大学时的投资总价值/元	52 380	44 272	37 694

二、 子女教育投资的工具

当今的子女教育投资基金主要有以下几种，它们各有特点：

（1）个人储蓄：收益率较低，可能低于通货膨胀率且要求客户自觉定期储蓄；有急需时，容易挪作他用（既是缺点，又是优点）；此外如果父母去世，教育投资规划将无法继续，子女将缺乏教育资金。

（2）子女教育保险：既有保险保障，又有储蓄作用；如果父母出意外，可以豁免以后要缴纳的保费；投资收益率低。

（3）银行理财产品：风险较小，收益比储蓄高；需要投资的初始资金较多，一般在5万元以上。

（4）国债：无违约风险、安全性高、容易变现；收益率低于同期银行存款。

（5）证券投资基金：与股票相比，风险较低；需要注意基金投资的方向和风险。

（6）股票：一般不鼓励客户采用；如果教育规划较长，在早期可以采用股票投资方式。

三、 子女教育投资规划流程

父母首先必须明确子女教育目标，确定目前该教育目标所需费用。这时需要考虑的因素主要有

（1）子女目前的年龄：年龄越小，需要的教育费用越高。

（2）希望子女完成哪个级别的教育：子女教育级别越高，费用就越多。

（3）希望子女在何地完成教育，不同的地区教育费用有很大的差异。

（4）希望子女在何种类型的学校完成教育。

（5）这些教育目标对子女有多重要。

其次，父母还必须考虑子女教育费用增长率。教育费用往往与物价同步上涨，父母要考虑未来的通货膨胀率。随着人们越来越重视教育，教育需求持续增加，扣除通货膨胀率的教育费用可能上涨。实际操作中，人们往往在通货膨胀的基础上增加几个百分

点，作为教育费用的预期通货膨胀。而且根据资金充裕原则，当教育费用增长不确定性较大时，我们应该调高教育费用增长率，然后估算未来所需教育资金，确定当前所需总投资额和分期投资额，即根据教育费用增长率，估算未来所需教育资金，计算未来所需教育资金在目前时点的时间价值，确定当前所需总投资额和分期投资额。

最后，父母要选择适当的投资工具。

子女教育规划流程示意图见图 8-1：

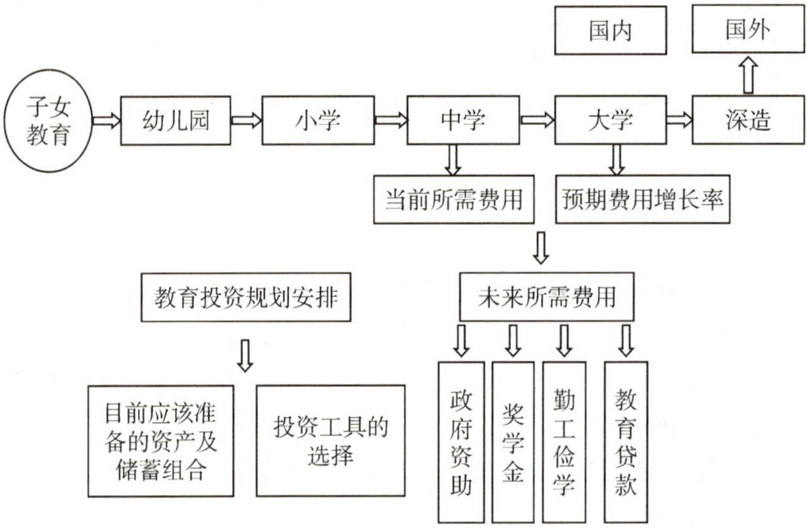

图 8-1　子女教育规划流程示意图

四、 一个教育规划的案例

客户王先生的儿子今年 6 岁。王先生估计儿子上大学之前的教育费用不多。他的子女教育投资教育规划目标是：在儿子 18 岁上大学时能够积累足够的大学本科和硕士的教育费用。

王先生目前已经有 3 万元的教育准备金，不足部分打算以定期定额投资基金的方式来解决。王先生投资的平均回报率大约为 4%。

为了实现这个目标，王先生可以进行以下的规划：

（1）确定实现教育目标的当前费用：我国目前大学本科四年需要花费 48 000~72 000 元，取中间值 60 000 元。硕士研究生需要花费 48 000~72 000 元，取中间值 60 000 元。博士研究生需要花费 30 000~40 000 元，取中间值 35 000 元。简便起见，假设学费入学时一次性支付，不考虑学费支付的时间差异。

（2）预测教育费用增长率：结合通货膨胀率、大学收费增长、经济增长等因素，预测教育费用年均增长率为 5%。

（3）估算未来所需教育资金和当前现值：

12 年后上大学的费用：$60\ 000\times(1+5\%)12=60\ 000\times(F/P,\ 5\%,\ 12)=107\ 751$（元）；

已准备金额：30 000×(1+4%)12=30 000×(F/P, 4%, 12)= 48 031（元）；尚需准备金额：107 751−48 031 = 59 720（元）；每年应该提取的金额：59 720/(F/P,4%,12)= 3 975（元），每年应该提取金额：3 975/12 = 331（元）（简便起见，不考虑每月提存的时间价值差异）。

简便计算方法：每期金额 PMT（i=4%，N= 12，PV = −30 000，FV = 107 751），使用 Excel 函数计算 PMT（4%，12，−30 000，107 751）= 3 975（元）。

16 年后王先生的儿子读博士的教育规划：应当准备硕士教育费用：35 000×（1+5%）^{16}= 35 000×(F/P, 5%, 16)= 76 401（元）；每年应该提取的金额：76 401/(F/A, 4%, 16)= 3 501（元）；每月应当提存金额：3 501/12≈292（元）。

即现在到儿子上大学期间，王先生每月必须定期定额提存资金 331+292 = 623（元）；儿子上大学到读硕士的四年间，王先生每月必须定期定额提存资金 292 元。

本章小结

（1）教育规划是根据社会发展和教育进步的需要，在确立教育发展总目标的同时，对教育发展的子目标、相关因素进行必要的划分和分析，以此为基础提出实现规划目标的合理方法和途径。教育规划既为教育事业确定了行动的指南，又为教育提供了重要的理论依据。

（2）子女教育又可分为基础教育和大学教育，无论是何种教育消费，其使用的规划技术都十分相似。大学教育费用普遍很高，对其进行理财规划的需求也最大。个人教育规划在消费的时间、金额等方面的不确定性较大，子女教育规划通常是个人家庭理财规划的核心。

（3）子女教育规划的特点：没有时间弹性；没有费用弹性；子女的资质无法事先把握，不同学生在求学期间所花费的费用差距巨大；子女教育基金必须自己来准备，对于在单位就职者，其个人养老基金账户用在退休方面，住房公积金账户用在购房方面，但是没有为子女教育强制储蓄的账户；子女教育基金支出占当年支出的金额不是最多，但是子女从小到大将近 20 年的持续支付，总金额可能比购房支出还多。

（4）教育成本包括直接成本和间接成本：直接成本是指学生及家庭为教育所支付的金钱，包括学费、书籍费、交通费及额外的吃、穿、住等费用。间接成本是指机会成本，如为了上学而放弃当时工作的收入。

（5）教育投资产品包括教育储蓄、教育保险、金融投资等。

（6）子女教育投资规划的原则：早规划原则、资金充裕原则、投资稳健原则。

（7）子女教育投资规划流程：明确子女未来能够接受的教育目标，了解实现该目标当前所需费用；预测教育费用增长率，计算实现该教育目标未来所需费用；计算一次性投资所需资金和分期投资所需资金；选择适当的投资工具进行投资。

思考题

1. 什么是教育规划？它在理财中起到什么作用？
2. 你认为教育规划在人生的哪个阶段是最重要的？
3. 子女教育规划应当遵循哪些原则？
4. 子女教育规划如何与投资规划协调？
5. 你所了解的子女教育规划的投资工具有哪些？各自的特点是什么？
6. 子女教育规划有哪些步骤？

第九章

退休规划

学习要点及目标

- 了解退休规划的含义。
- 掌握退休规划的必要性、原则和影响因素。
- 了解养老保险的类型。
- 学会制定退休规划。

核心概念

退休　退休规划　养老保险　企业补充养老保险　个人储蓄养老保险

引导案例

道恩·强森（Dwayne Johnson），也被称为“巨石”，是一位美国演员、制片人和退役职业摔跤选手。他于 1972 年 5 月 2 日出生于加州的海沃德，并在佛罗里达州的迈阿密长大。强森在大学时期是美国橄榄球联合会的明星运动员，之后转向职业摔跤，成为了世界摔跤娱乐（WWE）的超级巨星，赢得了多个世界冠军头衔。之后，他成功转型为好莱坞演员，参演了众多热门电影，如《速度与激情》系列、《废柴联盟》和《摩登时代》等，成为全球顶级票房明星之一，被称为“好莱坞吸金王”。

尽管道恩·强森的职业生涯仍在继续，但他对未来的退休生活已有比较详细的规划。道恩·强森早在演艺事业起步之初，就开始将收入进行多元化投资。他对于健身和健康产业的热爱使他创立了多个品牌，包括和 2020 年 3 月的“Teremana Tequila”和 2021 年 3 月的“Zoa Energy”，这些企业为他创造了稳定的收入来源，为他之后的退休生活提供了财务保障。同时强森非常注重个人品牌的塑造，他通过与知名品牌的合作，如安德玛（Under Armour）、苹果（Apple）等，扩大了自己的市场影响力。他在社交媒体上拥有大量粉丝，截至 2024 年年底，在照片墙（Instagram）的粉丝量已经超过了 3.90 亿，拥有庞大的粉丝群体使他在退休后仍有机会参与电影、电视、健身等行业，通过制作、参与项目等形式保持与行业的联系。最后，道恩·强森十分注重身体健康，作为好莱坞“体能天花板”的代名词，他每年投入超过 50 万美元用于私人训练团队、定制营养计划和恢复科技设备。这种对身体的极致管理看似奢侈，实则是延长职业黄金期的战略投资，为退休储备提供强劲现金流。

案例导学

你在年轻时似乎很难想象退休以后的情形。对于绝大多数人来说，总感觉把握好现在要比忧虑将来更重要。今年要偿还的汽车贷款或房屋抵押贷款看上去总是要比 30 年或 40 年以后的财务状况重要得多。但等你 65 岁退休之后，你发现身上没有足够的钱维持退休后的生活，那将是多么悲惨的情形。压力重重。强森的成功让他不用再担心退休后的生活，不过对于绝大多数的我们，恐怕很难获得像强森那样的成就。不过，只要你能做好全面的规划并且能够严格实施，那么就可以享受轻松自在的退休生活而不必为此担心或忧虑。

当然，退休远远不仅是获得金钱保障的问题，而是包括生活的各个层面：兴趣爱好、对创造性的不断追求、健康的身心和社会关系的维系等。全球引领创造性生活的权威厄尼泽连斯基的观点有：获得提前退休的勇气——实际上越早越好；树立正确的金钱观，不必为自己的养老费用而担心；明确创造性的有益追求，充实退休生活；追求自己的梦想，而不受他人影响；照看好自己，保证身心健康；更好地确立退休目标，包括退休后定居何处等；退休后要把过去失去的时光找回来。

第一节 退休规划概述

一、退休及退休规划的含义

退休，是指根据国家有关规定，劳动者因年老或因公、因病致残，完全丧失劳动能力（或部分丧失劳动能力）而退出工作岗位，一般在 50~65 岁退休。

改革开放以来，我国居民收入水平和人均寿命都获得了很大的提升，我国也逐步迈入老龄化社会，预计在未来的 30 年，我国老龄化将呈现加速发展态势，预计到 2050 年，我国 60 岁及以上老人将超过 30%，进入深度老龄化阶段，这必将对我国社会经济发展和人们生活产生重大影响。近年来，政府在退休年龄调整及公务员养老制度改革方面做了尝试，主要是解决我国老龄化问题及养老金缺口问题。那么，从个人理财的整个生命周期的角度来看，在面临众多不确定因素的情况下，我们应该提前制订退休规划，未雨绸缪，防患于未然，平稳地度过整个生命周期。

退休规划是保证一个人和家庭在将来有一个自主、自立、保持水准的退休生活，而从现在就开始实施的财务方案。人的一生，可以划分为三个阶段：

第一阶段是成长和教育时期，第二阶段是工作事业时期，最后一个阶段就是退休时期。成长和教育时期是人们一生当中最为重要的阶段，其核心是人力资本的投资（人力资本投资是指投资者通过一定资本的投入，增加或提高人的智能和体能，这种劳动能力的提高最终反映在劳动产出的增加上），因而人生第一阶段的成长和教育时期是未来其他两个阶段的重要基石，能影响人生的整个生命周期的运行轨迹。

第二阶段是工作事业时期，前期的人力资本投资不断转化为劳动生产力，工作赚钱养家成为这个阶段的主旋律。很多人认为只要自己能够早一点攒够钱，就可以享受高枕无忧的退休生活。而事实却并非如此，现实中很多人在其人生最为辉煌的时刻积累了大量的财富，然而由于缺乏理财的观念及面临众多不确定因素，使得晚年生活悲惨凄凉的事例比比皆是。

第三阶段是退休时期。由于退休后失去了收入来源，主要依靠前期的财富积累及社会养老保障。就现阶段而言，大多数人退休后主要依赖社会养老保障，维持一般的生活水平，这在一定程度上影响了退休后的生活质量。因而，提前做好退休规划为未来的退休生活做好准备是非常有必要的。

二、退休规划的必要性

（一）退休后收入减少

在整个生命周期当中，消费是从不间断的，将会一直持续到生命的结束，然而收入却存在一定的过渡期，人生的财富积累关键在于工作事业期，这决定了个人一生财富收入的高低。从生命周期收支图（见图 9-1）可以看出，在成长教育时期，这个阶段主要就是进行人力资本的投资，在人力资本尚未转化为有效劳动生产力时，支出将一直大于收入。在工作事业时期，随着人力资本逐步转化为有效的劳动生产力，收入水平将随着劳动生产力的提升而不断增加。从现有的统计结果来看，一般 40～45 岁是人生财富快速增长的时期，此时期也表明一个人在事业上的成就的高低，从收支曲线图中可以看出，此时期收入远远大于支出，个人或家庭通过工作获得财富的快速积累。在退休时期，没有了工作带来的收入，家庭收入水平逐渐降低，此时支出大于收入，最为糟糕的情况可能是个人或家庭处于入不敷出阶段，导致退休生活质量降低，严重影响退休后的生活。那么为什么会出现这样的情况呢？从收支曲线图可以看出，在人生的工作事业期，收入与财富达到了高峰，远远大于支出，那么在这个时期如何针对多余的财富进行合理有效的配置及制定退休规划以面对退休后面临的诸多不确定因素就显得格外重要。

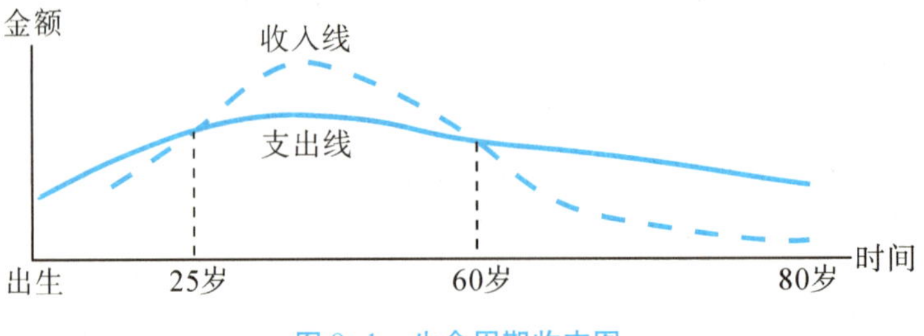

图 9-1　生命周期收支图

（二）人口老龄化趋势加快

21世纪我国将进入不可逆转的老龄社会。2001—2100年，我国的人口老龄化发展趋势可以分为三个阶段：第一阶段（2001—2020年），老龄化水平快速提升。这一阶段内，中国总人口年均增速约为0.66%，而60岁以上老年人口增速比总人口增速高3个百分点；第二阶段（2021—2050年），中国总人口开始出现负增长，人口老龄化将进一步加速，预计在2050年60岁以上人口将达到4亿，占总人口比例的30%左右；第三阶段（2051—2100年），中国进入稳定重度老龄化阶段，在这一阶段，60岁以上人口将稳定保持在3亿~4亿人，老龄化维持率在30%左右。此外，反映人口老龄化后果指标的老龄抚养比（老龄抚养比=65岁以上人口/劳动人口×100%），在我国有着显著的提升。1982年，我国老龄抚养比仅为8%，表明100名劳动人口大概要负担8名非劳动年龄人口，但是随着老龄化程度的提升，全国老龄办预测2050年老龄人口抚养比将达到27.9%，这意味着100名劳动人口大概要负担28名非劳动年龄人口。人口老龄化是我国现阶段面临的重大问题，会导致经济资源配置关系变化，将影响我国经济增长的潜在动力，同时将对保险基金的收支平衡带来巨大的压力，这在一定程度上会影响个人或家庭退休后的基本保障水平。

（三）传统养老方式的弊端

随着人口老龄化进程的加快，养老逐渐成为人们关注的话题。家庭养老、社区养老和机构养老是目前我国基本的三种养老模式。家庭养老是传统的养老模式，机构养老是社会化的养老模式，社区养老是一种兼顾家庭和社会的养老模式。目前家庭养老仍是我国主要的养老模式，但家庭养老在新形势下的脆弱性显示出其历史的局限性。现代社会人际竞争加剧，生活节奏加快，工作负担加剧，导致家庭养老的人力成本剧增，子女负担比例提升；随着现代化生产节奏的加快及劳动强度的增加，以传统家庭为核心的向心力和凝聚力在不断下降；随着“421型”家庭的增多、空巢家庭等问题的出现，家庭养老这一传统模式必将随家庭结构的变化而逐步向社会养老过渡。

社区养老是兼顾家庭养老和社会养老的一种方式。它是以家庭为核心，以社区为依托，以老年人生活照料、医疗康复、精神慰藉为主要内容，以上门服务和社区日托为主要形式。社区养老具有养老社区和社区养老服务两种形态。养老社区是由政府或者集团以老年人为中心新建的供老人居养的一整套硬件、软件设施体系，承担了老人的赡养与服务功能；社区养老服务依靠政府和各种社会力量为老年人提供多样化与专业化的养老服务。社区养老有效地整合了养老资源，对居家养老进行了有效补充。

机构养老也称社会养老，是指为老年人提供饮食起居、清洁卫生、生活护理、健康管理和文体娱乐活动等综合性服务的机构。机构养老具有专业化养老综合服务、进行市场化养老等功能。机构养老尤其是由政府部门主导的养老机构充分发挥了政府的社会职能，对养老的全覆盖实施铺设了道路。机构养老具有发展一体化的趋势和优势，是养老产业发展的一个重要契机。其最大的特点就是将养老市场化，而竞争又是市场的一个基本特征，机构养老在市场竞争的背景下，无疑会提高其服务的水平和发展质量。

退休养老对于很多人来说还很遥远，也没有考虑过未来采取何种养老方式，从而忽视了退休规划在整个养老规划中的重要性。退休规划对于当下的我们是非常有必要的，其能为我们退休后的养老方式选择提供了保障，实现我们未来理想的退休生活。你现在还感觉到退休养老规划对你而言还很遥远吗?

三、退休规划的原则

退休规划通过分析和评估自身的财务状况，明确退休后的生活目标，制订合理的、可操作的退休财务规划。人们在退休前处于养老债务的分摊期，退休后即进入养老金的消费期直至死亡。因此，在退休规划一定要遵循以下重要原则：

（一）树立正确的理财观念

李嘉诚曾经说过，“其实理财没有什么复杂的技巧，最重要的是观念，观念正确就会赢”。一个理财致富的人，只不过养成了一般人不喜欢的且无法做到的习惯而已。理财是一种习惯，它体现了一个人对于家庭和社会的责任。个人或家庭要意识到晚年高品质的生活，仅仅靠政府是不够的，在很大程度上还取决于自身几十年前为退休生活做了什么。所以我们必须要有理财的意识，养成良好的理财习惯，比如量入为出，因人制宜的终身理财等习惯。退休规划是人生理财的一部分，我们要树立正确的理财观念与理财习惯，努力使自己到了退休的时候有足够的退休金过高品质的退休生活甚至早日实现财务自由提前享受退休生活。

（二）尽早开始规划储备退休基金

虽然年轻时收入不高，但每月定期定额的理财投资占收入的比例要比年长后收入较高时的比重低，这是因为人的工作收入成长率会随着工薪收入水平的提高而降低，而理财收入则会随着资产水平的提高而增加，因而我们需要尽早规划储备退休基金。比如40岁开始为退休储备基金，这样还有20年的时间来准备60岁退休后的养老金。如果再晚一些，即使你的每月投资能够达到最佳，剩下的时间已不够让退休基金累积到满足你晚年舒适、悠闲的生活，而只能够你维持基本的生活水平状态。此外，尽早开始规划储备退休基金还有利于我们在退休规划过程中按照实际状况来动态调整退休储备基金以应对资金缺口等问题，最终确定既定目标生活状态下的预备储备资金，而不会因过晚制订储备计划而面临调整规划的问题。

（三）投资要注重安全

随着资本市场体系的不断完善，各种金融市场工具满足了各类投资者的需求。对于进行退休规划的个人或家庭，其在选择金融工具时要以安全性为前提，以稳定的收益率为目的，来进行资金的有效配置。在过去很长一段时间内，定期储蓄一直是很多家庭选择的理财方式，但是随着通货膨胀水平的不断提升，扣除通货膨胀后实际利率水平俨然很低，因而定期储蓄很难实现财富的增值，这也必然无法达到退休规划所需的储备基金目标。当然，个人或家庭在规划资金的配置时，切记不可将资金高比例地投资于高风险的金融工具，因为这些金融工具可能会将你前期积累的财富消耗殆尽，这对个人或家庭来说都是难以接受的。为未来退休生活储备更多的资金，在投资过程中，我们要注重安全，亦不可过于保守。个人或家庭应当合理分配可动用的资金，不要将鸡蛋放到同一个篮子中，要分散投资过程中的风险，实现安全稳定的投资收益。

（四）不同的养老需求要有一定的弹性

以保证给付的养老险或退休年金满足基本支出，以报酬率较高但无保证的基金投资满足生活品质支出。以养老险或退休年金来准备退休金，其优点是具有保证的性质，可降低退休规划的不确定性；缺点是报酬率偏低，需要有较高的储蓄能力才能满足退休需求的资金。其解决之道是将退休后的需求分为两部分：一部分是基本生活支出，另一部分是生活品质支出。一旦退休后的收入低于基本生活支出水平，其就需依赖他人救济才能维生，因此这是必要的收入。而生活品质支出是达到退休后理想生活所需的额外支出，有较大的弹性。因此对投资性格保守但安全感需求高的人来说，以保证给付的养老险或退休年金来满足基本生活支出，另以股票或基金等高报酬 、高风险的投资工具来满足生活品质支出，是一种可以兼顾老年安养保障和充分发展退休后兴趣爱好的资产配置方式。

假如工作期 40 年，退休后养老期 20 年，退休后基本生活支出占工作期收入 40%的话，那么在工作期 40 年中，需将收入的 20%购买有确定给付的储蓄险；若储蓄率可达 40%，多出来的 20%可投资定期定额基金 ，其投资成果可作为退休后的生活品质支出；若投资绩效较好，退休后的支出可能比工作期还多，可用于环游世界等自己梦想的生活品质支出，此外的富余资金还可以成为遗产留给后代，帮助他们维持一个理想的生活水平。

四、退休规划的影响因素

退休规划是人生的长期规划，其影响因素主要有：

（1）预期寿命。预期寿命是影响退休规划制订的一个重要因素。预期寿命越长，退休生活期间就越长，所需退休总费用越高，退休储备资金的金额就越大。虽然寿命的长短不是个人所能预料的，但根据自身目前的身体健康状况、生活方式、工作压力及家庭遗传等因素进行综合的判断，然后再结合我国目前平均寿命的变化及医疗条件的不断提高等外在因素，我们可做一个大概的寿命预期。

当然，为了应对未来寿命预期的不确定性，如因实际寿命超过预期寿命而导致资金不足，我们建议在原有预期寿命的基础上加上 5~10 年的规划目标进行退休规划的储备资金积累，这样才能够解决退休规划因素中由预期寿命不确定性导致的储备资金短缺问题。

（2）通货膨胀。在宏观经济理论中，温和的通货膨胀是有利于经济发展的。但对于普通的消费者来说，在名义工资水平没有变动的情况下，通货膨胀的提高意味着实际工资水平下降，在经济生活中实际货币的购买力降低，所获得的商品或劳务将会减少。对退休规划的资金需求进行预测时，通货膨胀因素必须要考虑在内。通货膨胀率越高，退休金储备压力就越大。

（3）退休生活的需求标准。退休规划应以自己及配偶的需求为优先考虑，在退休前通过省吃俭用的方式来提高储蓄并作为未来养老储备，以保障未来退休生活费用的方式是消极的。个人或家庭退休规划不应该影响现有的生活质量水平，其应当根据自身及家庭的收入水平、现有的财富状况，合理制定未来退休生活的标准或者通过尽早的科学合理的规划来满足退休后的生活标准所需的费用。

第二节　养老保险

一、养老保险概述

（一）养老保险的概念

养老保险是社会保障的重要组成部分，是社会保险五大险种中重要的险种之一。养老保险是国家通过立法建立的养老保险制度，是国家和社会根据一定的法律和法规，为达到国家规定的解除劳动义务的劳动年龄界限的劳动者，或因年老丧失劳动能力退出劳动岗位的劳动者提供基本的生活保障而建立的一种社会保障。

我国的养老保险目前仍然与发达国家存在一定的差距。为了使养老保险既能发挥保障生活和安定社会的作用，又能适应不同经济条件的需求，以利于劳动生产率的提高，我国的养老保险制度实行社会统筹和个人账户相结合的方式。我国的养老保险由国家立法强制实行，企业单位和个人都必须参加，符合养老条件的人可以从社会保险部门领取养老金；养老保险费用一般由国家、企业和个人三方或企业和个人双方共同负担，并实行广泛的社会互济；养老保险具有社会性，享受人多且时间较长，费用支出庞大，因此，国家必须设置专门机构，实行现代化、专业化、社会化的统一规划和管理。

（二）养老保险层次体系

1. 基本养老保险

党的二十大报告指出社会保障体系是人民生活的安全网和社会运行的稳定器。要健全覆盖全民、统筹城乡、公平统一、安全规范、可持续的多层次社会保障体系。完善基本养老保险全国统筹制度，发展多层次、多支柱养老保险体系。实施渐进式延迟法定退休年龄。扩大社会保险覆盖面，健全基本养老、基本医疗保险筹资和待遇调整机制，推动基本医疗保险、失业保险、工伤保险省级统筹。

基本养老保险的特征表现为社会性、强制性、互济性。社会性体现在养老保险影响很大，享受人多且时间较长，费用支出庞大；强制性体现在由国家立法并强制实行，企业和个人都必须参加而不得违背；互济性体现在养老保险费用，一般由国家、企业和个人三方共同负担，统一使用、支付，使企业职工得到生活保障并实现广泛的社会互济。

2. 企业补充养老保险

企业补充养老保险，又称企业年金，是企业在国家统一制定的基本养老保险之外，根据自身的经济实力，在履行了缴纳基本养老保险费义务之后，专门为本企业职工建立的附加保险。企业补充养老保险在我国多层次的养老保险体系中处于第二层次，是企业对国家为企业职工实行基本养老保险的补充和完善。

企业补充养老保险的筹资模式，是指关于补充养老保险基金的收支关系的模式。我们可以将其概括为：为确保养老金的给付，通过某种财务安排，筹集一定数量的资金。当今社会主要有完全积累、现收现付和部分积累三种养老保险基金筹资模式。

（1）现收现付模式。

现收现付模式，主要是在企业短期财务收支平衡的基础上，根据未来一定时间范围内的养老金给付和指数调节情况而不断地对企业的财务收支计划进行调整以期达到平衡。其主要特点是绝大多数的情况由企业进行自我管理，退休职工养老金的支付来源于企业当期的收入。

（2）完全积累模式。

完全积累模式是指企业职工定期向企业缴纳其工作期间的部分递延工资并由企业予以积累增值，待到职工年老退休时，即可取出所积存的基金用以养老。这种模式类似于银行的储蓄，其所追求的是企业能够达到长期的财务收支平衡；稳定性强，能够长期地进行积累。但是由于其是长期的积累，总体数额较大，因此不利于抵御通货膨胀所带来的不利影响，遭遇贬值的风险系数大。此外中国老龄化阶段即将来临，如何合理安排和规划个人养老保险不仅仅是理财问题，也成为关乎稳定的社会问题。由于其涉及的金额较大，因此对基金管理的专业性要求较高。这种筹集模式缺乏集体的互助性。

（3）部分积累模式。

部分积累模式，是在以上两种筹集模式上所发展出来的一种新型筹集模式。其主要是指在经济可承受范围内，开始时让现职劳动者多承担一部分养老金成本，除用以支付当年的需求后还能够形成一定的储蓄积累，以在未来有效应对人口老龄化所带来的压力，实现收支平衡。

3. 个人储蓄性养老保险

我国自古以来就有孝道的精神，家庭养老是我国养老的传统方式，依靠子女来解决老年经济安全问题也是可行之路。但由于社会环境、家庭结构等方面的变化，比如说人口老龄化危机、生育率不断下降的同时，成年人的死亡率也在降低，中国家庭的规模越来越小，“421”家庭结构已渐渐出现，这使得完全依赖子女已不现实，我们更多的还需采用养老保险方式来解决老年经济安全问题。

个人购买养老保险可以弥补社会养老保障供给上的不足，有利于建立一个多层次的社会保障安全网。经济合作组织等国际机构的研究表明，个人购买养老保险可以替代政府在社会保障方面提供的福利，减轻国家在社会保障方面的压力。

个人储蓄性养老保险从个人和家庭的长远利益出发，为个人将来的养老储备了资金，同时作为基本养老保险的补充，使个人晚年有较高的生活水平。参加个人储蓄性养老保险是劳动者“自立，自筹、自养”意识的体现，是从经济角度进行“自我保护”的重要措施。

第三节　退休养老规划实务

制订一个周密、细致的计划可能是最理想的情况，不过即使你制订的退休计划不太复杂，没有那么细致，也能起到改善经济状况的作用。一旦退休计划成为你个人理财计划的一个组成部分，你就可以时不时地修改并扩充它。但是有一点很重要，制订好退休计划后必须立即执行，而不应当拖延。这是因为你推迟执行时间越长，实现退休目标的难度就越大。接下来我们讨论退休养老规划实务的具体过程。

一、确定退休目标

在制订退休规划时，我们应当思考退休后的目标生活状态，这种生活状态一般是以当前的生活水平来估算，以不降低现有的生活水平为基本目标；与此同时，可以合理增加老年阶段的开销，减少青壮年时期的花费。一般情况下，我们可以将退休目标分解成两个因素：退休时间和退休后的生活质量要求。

退休时间直接影响退休计划的其他内容，希望退休的时间越早，需要积累的退休储备金就越多。例如，你打算 50 岁退休，那么你就要储备足够多的退休储备基金，因为退休后的时间还是比较漫长的。如果你打算到 65 岁再退休，那么积累的储备资金只需满足 65 岁以后生活的需求就可以了，相比于 50 岁退休，你还能多出 15 年的准备时间。退休后的生活水平也是你在制订退休规划时所必须思考的问题。每个人对于退休后采取什么样的生活方式及生活水平的标准都是不同的，我们应按照自己当前的生活水平进行设定，不能完全脱离现实状况。

二、预测资金需求

每个人的退休目标都会有一定的差异，这种差异导致了人们在未来有着不同的资金需求。那么该如何去预测未来退休后的资金需求呢？进行这一预测的简单方法就是以当前的生活状态为基准，并将通货膨胀等各种因素考虑进来之后分析退休后的支出水平和支出结构变化，进行差额调整，从而得到退休后大体上的资金需求。当然，你的估计可能并不准确或可靠，但是我们只能做到这个程度。

对未来资金的需求估算，是指根据目前生活费用来估计将来退休以后维持生活需要多少收入。因为大多数人退休后都还清了房屋贷款，而且花销要少于年轻人，所以一般估计退休以后的生活开支大概相当于退休前的 70%~80%。在制订理财计划时，你要计算出自己的生活成本是多少。比方说退休之前每年的生活费是 800 000 元，那么退休之后你的生活费用是 56 000~64 000 元。

三、估算退休后的收入

个人退休收入主要包括社会基本养老保险、企业年金、商业保险、投资收益、退休时累积的生息资产、子女赡养费、兼职工作收入等，此外，还有固定资产变现、受赠等其他收入来源。退休后收入变化表见表 9-2。

表 9-2　退休后收入变化表

退休后增加的收入	退休后减少的收入
公积金	工薪收入
存款及利息	各种补贴
投资收入	福利
房租收入	奖金
……	……

需要注意的是，我们在预测退休后的收入时，不仅需要将退休收入在不同时点的额度预测出来，而且需要将退休后的总收入折现至退休的时刻，也就是要考虑货币时间价值后的折现值。在计算退休后的折现值时需要使用恰当的折现率，这个折现率应该使用退休基金的投资收益率。

【例 9-2】王先生夫妇打算 20 年后退休，于是现在想对将来的退休生活做一下规划。他们根据自身的健康状况，设定退休后能生存 25 年。另外，估计退休后每年大概能得 40 000 元的退休金，年折现率为 3%，假设每年得到的 40 000 元发生在退休后每一年的年末，如果将这笔资金折现至刚刚退休的时候，那么王先生夫妇能够得到多少退休金现值？

【解析】本题考查年金的现值系数。根据材料可知，$A=40\ 000$ 元，$N=25$，$i=3\%$，则

$$PV=A\times(P/A,3\%,25)=40\ 000\times17.413=696\ 520\ (\text{元})$$

因而，王先生夫妇能够得到的退休金现值为 696 520 元。

四、计算退休金缺口

对于绝大多数人来说，退休以后为维持一定的生活质量所需要的资金与实际收入之间总是存在一定的差距。估算退休金缺口的基本方法如下：首先估算退休期间的资金总需求至退休时的折现值，其次估算退休期间的资金总收入至退休时的折现值，再次计算准备积累的退休养老基金的终值，最后计算退休金缺口。

【例 9-3】张先生今年 40 岁，打算 60 岁退休，考虑到通货膨胀，退休后每年需要花费 10 万元，张先生预计寿命 85 岁，拿出 10 万元储蓄作为退休基金的启动资金，并

打算每年年末投入一笔固定的资金，张先生在退休前采取较为积极的投资策略，假定年回报率为9%，退休后采取较为保守的投资策略，假定年回报率为6%。计算张先生的养老金缺口。

【解析】(1) 根据材料可知，$N=25$，$i=6\%$，$A=100\ 000$ 元，则

$PV=A\times(P/A,6\%,25)=1\ 355\ 036$（元）

因此，张先生到60岁需要退休养老保障金1 355 036元。

(2) 以10万元为现付年金，计算张先生40岁时开始投资到60岁时的终值。

据材料可知，$N=20$，$i=9\%$，$PV=100\ 000$ 元，则

$FV=PV\times(F/P,9\%,20)=560\ 441$（元）

因此，张先生到60岁退休时可积累的资金为560 441元。

(3) 计算资金缺口。

退休金缺口 $=1\ 355\ 036-560\ 441=794\ 595$（元）

因此，张先生退休金缺口为794 595元。针对此缺口，张先生需要另做准备，否则就要延长退休时间或者降低生活水平。

(4) 计算张先生目前需要每年增加投入多少资金。

已知，$N=20$，$i=9\%$，$FV=794\ 594$，则

$A=FV/(F/A,9\%,20)=15\ 532$（元）

因此，张先生为了能填补退休基金的缺口，每年年末应投入15 532元。

五、退休后生活规划

一是退休前期（65岁以前）阶段，尚有工作能力，为了进一步发挥余热或想获得一些额外收入以补贴退休生活，可视工作意愿选择兼职工作，以兼职收入维持基本开销，同时保证有充分的时间享受退休生活。二是退休中期（65~75岁）阶段，具备积极的生活能力，为退休生活支出的高峰期，如国内外旅游、发展业余爱好，若无年金规划，其可能需要变现资产，这一阶段应保证留有1/3的退休金额供退休后期使用。三是退休后期（75岁以后）阶段是人生的残阳时光，个人身体健康不容乐观，活动性降低，以居家为主，腿脚可能不太灵便，日常生活需要他人照顾，医疗开支增加。这个阶段的花费比前两个阶段要多，需要年金及终身医疗保险来保障。

六、选择退休规划理财工具

在选择退休规划的理财工具时，我们需要基于审慎性原则充分考虑可接受的风险程度，兼顾"安全性、收益性、流动性、多样性"的投资组合运用，同时要考虑退休的年龄、经济状况、对资金灵活性的需求、对风险的偏好及对未来退休生活的预期等因素。

适用于退休规划的理财工具主要有储蓄、保险、国债、信托、货币市场基金、股票

等。这些投资工具的性质不同，其缴纳方式、资金流动性、账户管理模式、利息产生和分配方式及养老金的支付方法也各有不同的特点，这些都会影响我们的选择。当然，在选择投资工具方面，我们要以分散性投资组合为原则，以安全性为前提，这毕竟是未来退休生活的资金来源，切不可过于激进地投资，忽视投资过程中的风险，从而导致半生积累的财富丧失殆尽，影响未来退休生活的质量。

七、退休规划的执行与调整

退休规划制订好后，下一步就是执行，听起来这一步比较容易，实则不然。因为在实践的过程中，一方面，坚持执行你的退休规划可能会比较困难，你会受到更多的诱惑而将本应用于退休的储备资金用于其他方面，可能到最后你用于退休规划的资金与你预先设定的相差甚远。另一方面，即使你能够按照退休规划来执行，也并不意味着该计划将一直保持不变。整个退休规划的执行其实是一个动态管理的过程，会随着内外因素的不断变化而调整。世界唯一不变的是变化本身，一定要用动态的思维方式去调整你的退休规划，这样才能够最终达到理想的效果。

本章小结

（1）本章内容主要分为三个方面：退休规划概述、养老保险、退休规划实务。

（2）针对退休规划的含义、必要性、原则及退休规划的影响因素进行了介绍和分析。退休规划是为了保证一个人或家庭在将来有一个自主、自立、保持水准的退休生活，而从现在就开始实施的财务方案。退休规划是人生理财规划中的重要内容，它有助于我们平稳度过整个生命周期，每个人都应该根据自身实际状况合理制定退休规划，未雨绸缪，以实现退休后理想的生活状态。我们要认识到制定退休规划的必要性：退休后收入水平减少、人口老龄化和传统养老方式的弊端，这样才能更好地为退休规划做好准备。此外，我们要考虑退休规划的原则及影响因素，因为在其能够让我们更加合理地制定及适时地动态调整退休规划，进而达到退休规划预期所需的储备金额。

（3）对养老保险的一些基本知识做了简要的介绍，着重分析了作为我国养老体系三层次结构体系中重要组成部分的企业补助养老保险及个人储蓄养老保险发展的现状。企业补助养老保险模式分为缴费确定型补助计划和给付确定型补助计划。个人储蓄养老保险是我国多层次养老保险体系的一个组成部分，它居于我国多层次养老保险的第三层次，是由职工自愿参加、自愿选择经办机构的一种补充保险形式。

（4）退休规划实务是本章的重点，我们学完本章节要学会制定退休规划。退休规划实务具体包括以下七个步骤：确定退休目标、预测资金需求、估算退休后收入、计算退休金缺口、退休后生活规划、选择退休规划理财工具和退休规划的执行与调整。

思考题

1. 简述退休规划的必要性及其原则。
2. 什么是养老保险？我国养老保险的主要组成部分有哪些？
3. 退休规划的影响因素有哪些？
4. 简述退休规划的基本过程。

第十章

遗产规划

学习要点及目标

- 了解遗产的概念及法律特征。
- 掌握遗产的概念、范围及继承方式。
- 重点掌握各种遗嘱的类型、特征。
- 了解遗产税的基本概况及我国征收遗产税面临的问题。
- 学会制定遗产规划。

核心概念

遗产　遗产税　遗嘱　遗产规划

引导案例

已故“流行天王”迈克尔·杰克逊2002年订立的遗嘱于2009年7月1日正式呈送洛杉矶高等法院备案。迈克尔在遗嘱中声明，他的全部财产（当时估计超过五亿美元）交付迈克尔·杰克逊家庭信托基金，并指定他的母亲凯瑟琳·杰克逊和三名子女为遗产受益人。在子女监护权方面，迈克尔指定母亲凯瑟琳·杰克逊为三名未成年子女的监护人，如果凯瑟琳去世或不愿承担监护权，则由黛安娜·罗斯（美国黑人女歌手）担任子女监护人。

迈克尔遗嘱内容：

我，迈克尔·杰克逊，加州居民，宣布以下是我最后遗嘱，先前所做的遗嘱和附属条款全部无效。

（1）我声明我目前没有婚姻关系。我同黛博拉·简·罗·杰克逊的婚姻关系已经解除。我有三名在世的子女，普林斯·迈克尔·杰克逊，帕丽斯·迈克尔·凯瑟琳·杰克逊，普林斯·迈克尔·约瑟夫·杰克逊。我没有其他子女，在世的或是已经死去的。

（2）这份遗嘱代表了我处置有自由处置权的全部财产的意愿。我放弃在我死亡时的财产处置权。

（3）我将全部财产交付委托管理人管理，我曾做出一份修改和重新表述的信托声明并于2002年3月22日执行，通过迈克尔·杰克逊家庭信托基金明确了委托人和委托管理人关系，在我死前所做的任何修正都是有效的。委托管理的全部财产的保有、管理和分配都将根据规章执行，不能视为单独的依遗嘱建立的信托基金。如果因为任何原因导致这份遗产失效，或上述信托基金破产或被撤销，我将剩余财产转交给迈克尔·杰克逊家庭信托基金任命的其他委托管理人，该信托基金于2002年3月22日进行了章程修改和重新表述。我授权委托管理人按信托基金条款分割、管理、保有和分配信托基金，如上述条款同修订和重新表述的信托宣言一样适用同样范围和同等方式。修订和重新表述的信托宣言在此全文表述，但并没有规定可以进行任何的后续修改。委托管理人或任何继承委托管理人应依照执行。

（4）我指定所有因我死亡或在我死亡之时需支付的联邦遗产税和州继承税（简称“遗产税”）由迈克尔·杰克逊家庭信托基金财产支付，包括从我的遗嘱检验财产归入上述信托基金的财产，应由该信托基金的受托人按照相关条款进行支付。本遗嘱所涉遗产之外的遗产税，除了构成基金财产的部分，应由上述财产获得者支付。

（5）我指定约翰·布兰卡、约翰·麦克伦和巴里·希杰尔作为此遗嘱共同执行人。如出现他们死亡、放弃、无行为能力、未能或者拒绝继续作为遗嘱共同执行人的情形，其他执行人应继续履行，不得指定其他代执行人。共同执行人在我死后可指定一名或多名代执行人履行此三名执行人不愿或不能实现的行为。“我的执行人”一词在此遗嘱中应包括任何正式代理的财产个人代表。这样的个人无须签署任何契约。我在此授予我的执行人完全权力在任何时间出售、出租、抵押、交换或以其他方式处理财产，不论是不动产，还是个人财产，以继续企业贸易、购买资产、购买保险，包括人寿保险，或为以上目的而缔约、履行或交付契约、合同、抵押、抵押证券或其他必要的形式。另外，我赋予我的执行人完全权力对财产基金以任何形式的财产、不动产、个人或混合财产进行投资、再投资，包括但不限于各种形式的公司债务，首选或普通股，对信托基金投资和投资公司股份的投资，及由共同执行人管理的任何普通信托基金。

（6）除了在遗嘱中提到的信托基金外，我是有意识地没有留遗产给我的继承人及前妻黛博拉·简·罗·杰克逊（DEBORAH JEAN ROWE JACKSON）。

（7）在我去世时，如果我拥有加州以外的房产，或者享有加州以外房产的收益需要做附加遗产监管，我指定我的遗嘱执行人（domiciliary Executor）作为这些财产的附加遗产监管人（ancillary Executor）。我给予遗嘱执行人以下额外的权利和义务，他们可以自行处理以下提到的财产：当有遗产需要附加遗产监管时，他们可以决定是否要出售部分遗产；他们可以从遗产中直接获得，或是从洛杉矶地产的预付经费中获得来支付所有的债权、税务、花费及管理费用，其中也包括补偿附加遗产监管人及律师的费用；当附加遗产监管结束时，我授权并且指定我的附加遗产监管人将剩余财产转到遗产执行人名下，由他们监管和控制，并且在当地法律允许的情况下，可以对这些附加财产做出任何有必要的处置。

（8）如果在我死时我的孩子仍未成年，那么我指定我的母亲凯瑟琳·杰克逊（KATHERINE JACKSO）为孩子的监护人，并且保管属于这个未成年孩子的遗产。如果凯瑟琳·杰克逊已经去世，没有能力或者不愿意担当监护人，那么我指定黛安娜·罗斯（DIANA ROSS）作为监护人。

签名时间：2002 年 7 月 7 日

迈克尔·约瑟夫·杰克逊（MICHAEL JOSEPH JACKSON）

在签名时间下面，迈克尔·约瑟夫·杰克逊向我们宣布，以上的 5 页，包括我们签名作为见证人的那页，将会成为他的遗嘱，并且要求我们作为他的遗嘱见证人。他随后当着我们的面签名，当时我们所有人都在场。而我们应他的请求，当着他的面也签下我们的名字，作为遗嘱的见证人。

我们都已经过了 18 周岁，可以胜任见证人一职，我们也都居住在加州。遗产执行人必须和被继承人住在同一个州，我们都和迈克尔·约瑟夫·杰克逊意见一致。此时，他已经年满18周岁，据我们所知，意识健全，并没有受到束缚、胁迫、欺骗或是在过度压力下曲解意思。

我们宣誓没有触犯伪证罪条款，上述所有内容都属实。此遗嘱从2002年7月7日下午5点在洛杉矶开始生效。

（资料来源：根据网络数据整理。）

案例导学

迈克尔的遗嘱在处理其复杂、棘手的遗留问题方面发挥了重要作用，避免了一些因遗产问题而导致的纠纷，也能够完全代表迈克尔遗产分配的意愿。然而，在现实生活中，很多人一想到遗产规划就感觉到不舒服，这主要是因为遗产规划总是与死亡联系在一起。还有一些人认为只有富人才需要为如何处理遗产担心，自己根本没有必要考虑这么多。然而实际上，遗产规划对于每个人来说都是有意义的，它能够有效保护你的家人，确保你指定的继承人能够获得全部的遗产，它还能保证你指定的某个人能够获得孩子的监护权。在遗产规划的过程中，我们要使用各种方法尽可能地实现遗产税的最小化。

前妻黛比·罗和父亲乔·杰克逊连迈克尔·杰克逊遗产的一分钱都无法染指，如果迈克尔生前并没有订立相关遗产规划，那么这可能会导致在遗产分配方面出现纠纷。这在遗产分配过程中不仅会耗费大量的时间和金钱，而且还可能导致事与愿违的结果，损害了相关遗产继承人的利益。因而，我们要掌握基本的遗产规划工具及遗产规划的基本过程，防患于未然。

第一节　遗产的概念、继承方式及法律特征

一、遗产的含义及范围

所谓遗产，是指自然人在死亡之后遗留下来的个人合法财产，它包括不动产、动产及法律规定的其他可以继承的财产权益，它是财产继承权的客体。作为一种特殊财产，遗产只存在于由继承开始后到遗产处理结束前这段时间内。自然人生前拥有的财产不是遗产，只有在他死亡后，遗留下来的财产才是遗产。遗产处理之后，已经转归承让人所有，也不再具有遗产的性质。

根据《中华人民共和国民法典》的有关规定，遗产必须符合三个特征：第一，必须是公民死亡时遗留的财产；第二，必须是公民个人所有的财产；第三，必须是合法财

产。这三个条件必须同时具备，才能成为遗产。遗产包括以下几项：①公民的合法收入。如工资、奖金、存款利息、从事合法经营的收入、继承或接受赠予所得的财产。②公民的房屋、储蓄、生活用品。③公民的树木、牲畜和家禽。树木，主要指公民在宅基地上自种的树木和自留山上种的树木。④公民的文物、图书资料。公民的文物一般指公民自己收藏的书画、古玩、艺术品等。如果上述文物之中有特别珍贵的文物，应按《中华人民共和国文物保护法》的有关规定处理。⑤法律允许公民个人所有的生产资料。如农村承包专业户的汽车、拖拉机、加工机具等。城市个体经营者、华侨和港、澳、台同胞在内地投资所拥有的各类生产资料。⑥公民的著作权、专利权中的财产权利，即基于公民的著作被出版而获得的稿费、奖金，或者因发明被利用而取得的专利转让费和专利使用费等。⑦公民的其他合法财产，如公民的国库券、债券、股票等有价证券，复员、转业军人的复员费、转业费，公民的离退休金、养老金等。

夫妻在婚姻关系存续期间所得的共同财产，除有约定的以外，如果分割遗产，应当先将共同财产的一半分出为配偶所有，其余的为被继承人的遗产。被继承人的个人财产应从家庭共有财产中区分出来，应从合伙财产中分出，列为遗产范围。

二、遗产的继承方式

父母去世后，财产一定属于独生子女吗？从传统继承观念角度，父母去世后，子女理应继承全部的遗产。但是从法律角度，这需要根据具体的情况来确认。《中华人民共和国民法典》规定，遗产继承有两种方式：一种是法定继承，另一种是遗嘱继承。

（一）法定继承

1. 法定继承的含义

法定继承是指法律直接规定继承人的范围、继承顺序、遗产分配原则的一种形式。法定继承实质上是以被继承人生前并未留下遗嘱，或留有遗嘱却未对遗产进行处置为前提，通过法律形式推定被继承人遗产分配的意愿在近亲属之间进行分配。

2. 法定继承的顺序

《中华人民共和国民法典》第一千一百二十七条条规定，遗产继承的第一顺序为配偶、子女、父母。其中，子女包括婚生子女、非婚生子女、养子女和有抚养关系的继子女；父母包括生父母、养父母、有扶养关系的继父母。遗产继承的第二顺序为兄弟姐妹、祖父母、外祖父母；其中，兄弟姐妹包括同父母的兄弟姐妹、同父异母或同母异的父兄弟姐妹、养兄弟姐妹、有扶养关系的继兄弟姐妹。如果被继承人没有第一顺序继承人或第一顺序继承人表示全部放弃的，才由第二顺序继承人继承。

3. 法定继承人的财产分配

原则上，同一顺序的法定继承人应当平分遗产；但是，同一顺序的继承人经过协商，允许有人分得多，有人分得少。特殊情形可以特殊处理：基于对弱者一贯同情和照顾的立场，对于生活有特殊困难并且缺乏劳动能力的法定继承人，应当多分；作为激励机制，对被继承人尽了主要扶养义务（或者与被继承人共同生活）的法定继承人，可以多分；丧偶儿媳对公公、婆婆，丧偶女婿对岳父、岳母，尽了主要赡养义务的，作为第一顺序继承人。作为事后惩罚，对于有扶养能力和扶养条件却不对被继承人尽扶养义务的法定继承人，应当不分或者少分。

【例 10-1】王华与张丽育有二子，长子王林、次子王安。王林娶妻马萍，并于 2020 年生下一子王达。王林于 2021 年 4 月病故。王华因悲痛过度，于同年 5 月去世。王华去世时，留有房屋 6 间。此后，张丽一直同儿媳马萍一起生活，由马萍照顾其生活起居。房屋 6 间一直由次子王安使用。2020 年，王安准备结婚，遂欲将该 6 间房屋出让给邻居黄某，经张丽和王萍同意后，卖得价款 90 万元。

王华去世时留下的 6 间房屋应由哪些人分配？各自应分得多少？

【解析】遗产是自然人死亡时遗留的个人合法财产，在夫妻共有财产中，只有属于被继承人的财产部分，才属于遗产。《中华人民共和国民法典》第一千一百五十三条规定："夫妻在婚姻关系存续期间所得的共同所有的财产，除有约定的以外，如果分割遗产，应当先将共同所有的财产的一半分出为配偶所有，其余的为被继承人的遗产。"依据以上规定，王华去世时所遗留的 6 间房屋，有 3 间是张丽的个人财产，另外 3 间作为王华的遗产由其继承人进行继承。张丽作为王华的配偶，依法为第一顺序继承人。长子王林先于王华死亡，王林之子王达依法享有代位继承权。王安作为王华的儿子，也是第一顺序继承人。因此，3 间房屋，张丽、王安、王达各得 1 间。综上，6 间房屋应由张丽得 4 间，王达、王安各得 1 间。

（二）遗嘱继承

1. 遗嘱继承的含义

遗嘱继承，是指遗产继承人的范围及遗产如何分配均是由被继承人生前通过订立遗嘱的形式确立的，与法定继承显著不同的是遗嘱继承着重体现了被继承人的意志。《中华人民共和国民法典》第一千一百三十三条规定：公民可以按照《中华人民共和国民法典》订立遗嘱，指定自己的财产由法定继承人的一人或数人继承，并可以指定遗嘱执行人。

2. 遗嘱继承的特征

（1）被继承人生前立有合法有效的遗嘱和立遗嘱人死亡是遗嘱继承的事实构成。

（2）遗嘱继承直接体现被继承人的遗愿。

（3）遗嘱继承人和法定继承人的范围相同，但遗嘱继承不受法定继承顺序和应继份额的限制。

（4）遗嘱继承的效力优于法定继承的效力。

3. 遗嘱继承的范围

遗嘱继承的范围是指被继承人将自己的财产通过遗嘱的方式交给自己指定的那些遗产继承人。

《中华人民共和国民法典》第一千一百三十三条规定：公民可以立遗嘱将个人财产赠与国家、集体或者法定继承人以外的组织、个人。此条款规定了遗嘱继承可以是法定继承人以外的其他人，由谁继承，由被继承人生前所立遗嘱决定，如果被继承人生前其法定继承人不履行赡养义务，而法定继承人以外的其他人却尽了赡养义务，使被继承人在生活上得以照顾，在精神上得以慰藉，被继承人生前立下遗嘱，指定尽了赡养义务人（法定继承以外的）继承其遗产，是合法的，是受法律保护的。

【例 10-2】李某、张某夫妇共生育子女三人，长子李华、长女李琳、次女李珍。2011 年李、张夫妇在本村购买房屋两间，建筑面积 100 平方米，2016 年 1 月，李华结婚，并于 8 月搬出分家另过。同年 9 月，李某病故，其遗产未做处理。李某去世后，张某与女儿李琳、李珍共同生活。2018 年，李琳结婚，搬出另过。2020 年，李珍亦出嫁，张某独立生活。2021 年 6 月张某病故。其病故前，于 2019 年 4 月 8 日经县公证处立下遗嘱，全文如下："将房屋（未曾分割）都留给我的大女儿李琳"。其并将房屋产权证交给了李琳。李华认为，自己也是家庭成员，理应分得部分遗产，遂起诉到法院。

本案例中，遗产是按照法定继承还是遗嘱办理？

【解析】李某死亡后，因其未留下遗嘱，所以产生法定继承关系。《中华人民共和国民法典》第一千一百二十七条规定："遗产按照下列顺序继承：第一顺序：配偶、子女、父母。第二顺序：兄弟姐妹、祖父母、外祖父母。继承开始后，由第一顺序继承人继承，第二继承人不继承。没有第一顺序继承人继承的，由第二顺序继承人继承。"依照上述规定，李某的第一顺序继承人为其妻张某及其子女三人，他们有权继承李某的遗产。该房屋系李某与张某的夫妻共同财产，其中一半应作为李某的遗产，另一半作为张某的个人财产。李某的遗产应当由其继承人继承，但其遗产未做分割，应当认定为各共有人的共同共有财产。虽然房屋在李某去世后，一直由张某居住使用，但这并不表明其他继承人放弃了继承。因为放弃继承必须采用明示方式。这样一来，张某去世前，房屋为张某及其子女共有。然而，张某在其公证遗嘱中却将房屋指定由李琳一人继承。显然，她处分了共有房屋中属于他人所有的部分。因而该公证遗嘱部分有效，也就是说房屋中属于张某所有的部分全部由李琳继承，即房屋二分之一产权加上李某遗产中张某应当继承的部分，也就是产权的八分之五。至于房屋的剩余八分之三则应由李华、李琳、李珍依法分割。李华是能取得八分之一产权的。

（三）遗产继承中的特殊继承方式：代位继承

1. 代位继承的含义

《中华人民共和国民法典》第一千一百二十八条规定："代位继承是指被继承人的子女先于被继承人死亡时，由被继承人子女的晚辈直系血亲，代替先死亡的长辈直系血亲继承被继承人的遗产的一项法定继承制度。"比如，老王于 2015 年 11 月死亡，他的儿子王五于 2012 年先于其父死亡，那么王五应继承的老王的遗产就应该由王五的直系血亲作为王五的代位继承人来继承。

2. 代位继承的特征

（1）继承人先于被继承人死亡是发生代位继承的前提条件和法定事由，即发生代位继承必须有被继承人的子女死亡和被继承人死亡两个法律事实，且必须是被继承人的子女死亡在先，被继承人死亡在后。

（2）被代位人必须是被继承人的子女。该子女不仅包括婚生子女、非婚生子女，而且包括养子女、有事实上抚养关系的继子女。

（3）代位继承人只能是被代位人的晚辈直系血亲，亦即被继承人的晚辈直系血亲。被继承人的孙子女、外孙子女、曾孙子女、外曾孙子女都可以代位继承，代位继承人不受辈数的限制。被继承人的养子女、已形成抚养关系的继子女的生子女也可以代位继承；被继承人的亲子女的养子女可代位继承；与被继承人已形成抚养关系的继子女的养子女也可以代位继承。

（4）按照《中华人民共和国民法典》的规定，如果被代位人丧失继承权，那么代位人也无权代位继承。那么继承人在哪些情况下丧失继承权呢？《中华人民共和国民法典》第一千一百二十五条明确规定：继承人有下列行为之一的，丧失继承权：故意杀害被继承人的；为争夺遗产而杀害其他继承人的；遗弃被继承人的，或者虐待被继承人情节严重的；伪造、篡改或者销毁遗嘱，情节严重的。

（5）代位继承只适用于法定继承，在遗嘱继承中不适用。代位继承人不论人数多少，一般情况下只能继承被代位继承人有权继承的份额。即两个或两个以上代位继承人只能继承其父或母的一份，不能按人数参与平分继承遗产。

3. 代位继承财产分配

被继承人死亡后，如同一顺序的法定继承人有数人，则存在每位继承人所应继承遗产份额的问题。根据《中华人民共和国民法典》第一千一百三十条的规定，继承遗产时，应当按照如下情况确定遗产继承份额的标准：

（1）同一顺序继承人继承遗产的份额，一般情况下应当均等。

（2）对生活有特殊困难的且没有劳动能力的继承人，分配遗产时，应当予以照顾。

（3）对被继承人尽了主要的扶养义务或者与被继承人共同生活的继承人，分配遗产时，可以适当多分；有扶养义务和扶养能力的继承人，未尽扶养义务的，分配遗产时，应当不分或者少分；继承人经协商，可以自由分配。

至于代位继承遗产的份额，一般情况下，不论代位继承人人数有多少，亦不受辈数的限制，只能继承被代位继承人有权继承的份额。即两个或两个以上代位继承人只能继承其父或母的一份，不能按人数参与平分遗产。关于对弱者的保护，《最高人民法院关于贯彻执行〈中华人民共和国继承法〉若干问题的意见》第二十七条规定，代位继承人如果缺乏劳动能力又没有生活来源，或者对被继承人尽过主要赡养义务的，分配遗产时，可以多分。

【例 10-3】李宏与其妻有两个女儿，李丽和李希，且均已结婚。李宏老两口早年收养一子，取名李刚，李刚婚后生二子取名李洋、李冰。2020 年，李刚因病早逝。2022 年，李宏与其妻先后去世。李洋、李冰以李宏收养孙的身份要求继承祖父李宏的遗产房屋 6 间。李宏的两个女儿不同意。为此，发生争执，李丽、李希将李洋和李冰诉至法院。

对本案例进行分析，该如何分配遗产？

【解析】“父母和子女有相互继承遗产的权利。”“被继承人的子女先于继承人死亡的，由被继承人的子女晚辈直系血亲代位继承。代位继承人一般只能继承他的父母或者母亲有权继承遗产份额。”养子李刚有继承其养父李宏遗产的权利，他早于养父李宏死亡，其子李洋、李冰可以代位继承其应继承的遗产份额。李洋、李冰二人每人一间，二个女儿每人两间。

（四）遗产继承中的特殊继承方式：转继承

1. 转继承的含义

转继承，是指继承人在被继承人死亡后，于遗产分割前死亡，其应继承的遗产份额转由其合法继承人继承。未实际分割遗产的已死亡继承人称为被转继承人；未实际分割遗产的已死亡继承人的合法继承人称为转继承人。比如，老王于2014年死亡，其子王华尚未实际取得老王遗产时于2015年去世，则王华应继承其父老王的遗产转由其合法继承人来继承。

2. 转继承的特征

（1）只有在被继承人死亡之后，遗产分割之前，继承人也相继死亡，才发生转继承。

（2）只有继承人在前述的时间内死亡而未实际取得遗产，而不是放弃继承权，才发生转继承。

（3）只能由继承人的法定继承人直接分割被继承人的遗产。

（4）转继承人一般只能继承其被转继承人应得的遗产份额。

（5）转继承人可以是被继承人的直系血亲，也可以是被继承人的其他合法继承人。

3. 转继承的条件

“继承开始后，继承人没有表示放弃继承权，并于遗产分割前死亡，其继承遗产的权利转移给他的合法继承人”，该条款适用条件如下：

（1）继承人于被继承人死亡后遗产分割前死亡。

（2）继承人未丧失继承权，也未放弃继承权。在具备转继承的条件，适用转继承时，转继承人继承被转继承人应继承的遗产。

在法定继承中，转继承人应继承的为被继承人的应继份额；若被转继承为遗嘱继承人，则其依合法遗嘱应继承的遗产由转继承人继承。

【例10-4】老教授王某有三子一女，均已成年。1995年王某的大儿子因患癌症，医治无效死亡，留有两个儿子（王某的两个孙子）。1997年春，王某去世，遗有两个儿子、一个女儿。当时因故遗产没有分割。2000年，王某的两个儿子又在一次车祸中不幸死亡，各自遗有一个女儿（王某的两个孙女）。2001年准备处理王某的遗产，王某的女儿、两个孙子、两个孙女为继承遗产发生纠纷。试问：

（1）王某的两个孙子有无继承权？为什么？

（2）王某的两个孙女有无继承权？为什么？

（3）王某的女儿如果有子女，他们有无继承权？为什么？

【解析】（1）王某的两个孙子根据代位继承法律制度享有继承权。理由：①被代位继承人王某的大儿子于1995年死亡，早于1997年春死亡的被继承人王某。②被代位继承人王某的大儿子是被继承人王某的子女。③被代位继承人王某的大儿子没有丧失继承权。④代位继承人王某的两个孙子是被代位继承人王某大儿子的晚辈直系血亲。综上，王某的两个孙子是代位继承人，享有继承权。

（2）王某的两个孙女根据转继承法律制度享有继承权。两个孙女满足转继承的所有法律要件：①被转继承人王某的两个儿子于2000年在车祸中死亡，而王某已于1997

年死亡，继承已经开始，但是因故没有分割遗产。满足被转继承人在被继承人死亡以后，遗产分割以前死亡的要件。②被转继承人王某的两个儿子没有丧失继承权或放弃继承权。③转继承人王某的两个孙女分别是两个被转继承人王某两个儿子的合法继承人。综上，王某的两个孙女是转继承人，具有继承权。

（3）如果王某的女儿有子女，他们是不享有继承权的。这是因为王某的女儿在遗产分割时并没有死亡，其作为第一顺序继承人能够参加继承，不能发生代位继承或转继承的情况，因此，王某女儿的子女不能享有继承权。

三、遗产的法律特征

（一）时间上的时效性

自然人生前所拥有的个人合法财产只有在其死亡后方可称之为遗产，因而自然人生存时，其所拥有的个人财产不能称之为遗产；而继承人在分割完遗产之后就使遗产转化为个人合法拥有的财产，也不能称之为遗产。因此遗产在法律上具有时效性，只能在自然人死亡之时起至遗产分割完毕前这一段时间内，自然人生前遗留的财产才能被称为遗产。一般来说，这一时间存续期是短暂的。

（二）性质上的财产性

死者生前享有的民事权利包括财产权和人身权两方面，继承人可以从被继承人处继承的只能是财产权利，而不能继承本属于被继承人的人身权利，如肖像权、荣誉权等。

（三）财产的可转移性

遗产是可以与人身分离而独立转移给他人所有的财产。能够作为遗产转移给他人的并不是被继承人生前拥有的一切财产。一般来说，遗产仅指能够转移给他人的遗产，如所有权、债权等。另外，与个人身份密切结合，一旦分离便不复存在的财产权利，同样不能作为遗产。举例来说，承包经营权不能由继承人直接继承；有偿的委托合同、演出合同等的一方当事人在尚未履行时死亡，未履行的部分则自然终止，它所含有的权利不能转移，也就不能作为遗产由他人承受。

（四）财产的生前个人合法所有性

自然人死亡时遗留的财产必须是合法财产，才具有遗产的法律地位，如系非法所得，不能作为遗产，继承人不得继承。另外法律规定的不得作为遗产进行继承的财产也无遗产的法律地位。例如，《中华人民共和国民法典》规定的珍贵文物，在一定条件下就不能成为遗产。继承人与他人共有的财产中属于他人所有的部分，也不能作为遗产由继承人继承。

（五）权利义务的统一

继承人在继承遗产的同时也要以所继承的财产为限承担被继承人生前的债务。这就是遗产权利与义务的统一性。同样，如果继承人放弃了继承权，则不再承担清偿被继承人生前债务的义务。

第二节　遗嘱

一、遗嘱与遗嘱检验的含义

遗嘱指遗嘱人生前在法律允许的范围内，按照法律规定的方式对其遗产或其他事务所做的个人处分，并于遗嘱人死亡时发生效力的法律行为。在遗嘱内，你要指定有权利获得遗产的受益人；要指定一位值得信赖的遗嘱执行人，他将会负责执行遗嘱中的条款；此外，若尚有未成年的孩子，你还要指定一位监护人，他将负责监护你的孩子，并管理他们的资产。遗嘱是健全的遗产规划必要的基础。遗嘱给予了遗嘱订立人遗产分配的权利，其通过遗嘱来分配自己独立拥有的遗产，在遗嘱中详细说明遗产怎么分配，以便于遗产受益人能够按照其意愿得到应有的财产。如果没有留下遗嘱，遗产继承人就需要漫长的法律裁决过程来确定遗产分配，这不仅要支付一笔法律裁决费用，而且还会出现更多伦理道德问题。遗嘱不仅可以保证遗产按照立遗嘱人的意愿进行分配，避免出现自己去世后亲人为争夺遗产而引发的一系列问题，而且也可以缩短法庭裁决过程，并降低相关的管理费用和法律费用。

遗嘱检验是确认遗嘱的有效性并进行遗产分配的法律程序。遗嘱检验的第一步就是确认遗嘱的有效性。如果法庭认为遗嘱是有效的，那么就可以开始按照遗嘱内容进行分配遗产。首先，法庭将会指派一位执行人，一般都会选择遗嘱中指定的遗嘱执行人。由于执行人要负责管理这些遗产，所以执行人可以获得一定比例的佣金。其次，一旦遗产被分配完毕，若所在国家或地区开征遗产税，那么将相应的遗产税缴清，法庭将会收到一份遗产分配的报告，于是这个遗产分配案就结案了。

进入遗嘱检验程序的好处，或者说唯一目的就在于要确认遗嘱的有效性——允许有人提出质疑，要确定这份遗嘱实际上真是死者最后签署的遗嘱，而且反映死者的真实意愿。如果有人对遗嘱存在质疑，则遗嘱检验程序会根据这些质疑进一步查证，以解决这些疑问。对于死者没有留下遗嘱的或者遗嘱无效的，遗嘱检验程序也允许有次序地将遗产分配给相关人等。遗嘱检验程序的缺陷主要集中在费用太高和时间太长两个方面。进入遗嘱检验程序后需要支付各种各样的费用，比如法律费用、执行人的佣金、法庭费用等，这使得遗产检验的成本非常高。

二、遗嘱的类型

（一）公证遗嘱

1. 公证遗嘱的含义

公证遗嘱，指经过国家公证机关依法认可其真实性和合法性的书面遗嘱。订立公证遗嘱，须遗嘱人亲自到公证机关办理，在公证员面前亲自书写或口授遗嘱内容，公证机关对遗嘱内容的真实性和合法性进行审查后，依法做出公证。

2. 公证遗嘱的有效条件

公证遗嘱是所有的遗嘱形式中最具效力的一种。《中华人民共和国民法典》第一千一百四十二条第三款规定："自书、代书、录音、口头遗嘱，不得撤销、变更公证遗嘱。"正因为公证的法律效力最为明显，因此对于公证遗嘱本身的要求也是严格的。

（1）公证遗嘱必须严格按法定程序办理：申请人须填写公证申请书，并出具身份证明、财产证明及其他有关证明；审查遗嘱人是否有完全的行为能力，遗嘱的内容是否合法，遗嘱人对遗嘱处分的财产是否享有处分权，遗嘱人的意思表示是否真实等。

（2）公证必须到公证机关办理，一切单位领导、组织、街道、政府机关等证明都不能称为公证。

（3）公证必须由遗嘱人亲自办理。由于立遗嘱是与人身关系密切相关的民事法律行为，就像结婚、离婚、收养等一样，因此是不能由亲属朋友或律师等代理办理的。如果遗嘱人确有病而无法出门或出门有困难的，可由他人代理去请公证员到遗嘱人的住所当面办理公证手续。

（4）遗嘱的审查必须严格根据法律而办理。

【例 10-5】李某在张某家做保姆很多年，对张某非常照顾，张某基于对李某的信赖而立下遗嘱将自己名下的房产留给李某，并进行了遗嘱公证。张某去世后，李某持公证遗嘱，将老人的子女告到法院，要求将房屋过户到其名下。审理中，张某的子女对此不予认可，称张某患有老年痴呆，立遗嘱时没有行为能力，要求法院确认遗嘱无效。法院审理后认为，张某在立遗嘱时年龄很大且的确患有老年痴呆症，无法对自己的重大决策行为做出判断，公证机关公证时，未对王某的行为能力做出严格审查。

试问，该公证遗嘱是否有效？

【解析】该公证遗嘱无效。《中华人民共和国民法典》第一千一百四十三条规定："无行为能力人或者限制行为能力人所立的遗嘱无效。"《遗嘱公证细则》明确了对遗嘱审查的要求，包括：第一，遗嘱人的身份是否属实，遗嘱人是否具有遗嘱能力；第二，遗嘱人的意思表示是否真实；第三，其内容是否违反法律规定和社会公共利益；第四，办证程序是否符合规定。据此，公证机构要证明遗嘱内容的真实性、合法性，对遗嘱内容进行审查。法院审理后认为，张某在立遗嘱时年龄很大且的确患有老年痴呆症，无法对自己的重大决策行为做出判断，公证机关公证时，未对王某的行为能力做出严格审查。公证机关公证遗嘱的行为，仅仅是对有效遗嘱的见证，并不能赋予遗嘱效力，只有有效的遗嘱，经过公证后才具有更高的效力。而如果遗嘱本身无效，即使做了公证，也是无效的。

3. 公证遗嘱中遗产范围

立遗嘱只能处分个人具有所有权的合法财产，包括自己名下的和他人名下的属于自己的财产。如果遗嘱中涉及的财产是夫妻双方共同财产，立遗嘱人所立遗嘱只能处分属于自己的那部分财产，或夫妻双方共同立遗嘱处分共同财产，如遗嘱所立的遗产是房产，需向公证机关提供房产证及土地使用权证，如是机动车的应向公证机关提供行驶执照，遗嘱内容涉及其他遗产应提供遗产清单及财产所有权凭证，当事人还应向公证处提供公证员要求提供的其他证明材料。

【例 10-6】张某与刘某系夫妻关系，双方婚后共同购买了房屋一套，房屋登记在刘某名下。张某去世后，并未留有遗嘱。刘某去世前，曾立下公证遗嘱一份，表示其百年之后，其名下的该套房屋由小儿子继承。刘某去世后，小儿子起诉其他子女，要求按照公证遗嘱继承涉案房屋并办理过户手续，但其他子女不予认可，要求按照法律规定继承该房屋中属于父亲张某的份额。法院经审查认为，涉案房屋系张某与刘某在夫妻关系存续期间购买，该房屋应当为夫妻共同财产。由于张某去世时没有遗嘱，他的一半房产份额应由刘某和其他子女法定继承，而刘某对房屋享有的份额应当由小儿子按照公证遗嘱继承。

试问，公证遗嘱中财产范围如何确定?

【解析】遗嘱中涉及的财产是夫妻双方共同财产，立遗嘱人所立遗嘱只能处分属于自己的那部分财产，或夫妻双方共同立遗嘱处分共同财产。在本例中，房屋应当为夫妻共同财产。由于张某去世时没有遗嘱，他的一半房产份额应由刘某和其他子女法定继承，而刘某对房屋享有的份额应当由小儿子按照公证遗嘱继承。

（二）自书遗嘱

1. 自书遗嘱的含义

自书遗嘱指遗嘱人生前亲手书写的遗嘱。自书遗嘱应由遗嘱人亲笔书写、签名，并注明年、月、日。

2. 自书遗嘱的有效条件

（1）遗嘱人亲笔书写遗嘱的全部内容。

自书遗嘱必须由遗嘱人亲笔书写遗嘱的全部内容。这是自书遗嘱最主要的形式要件要求。只要能够确认遗嘱不是遗嘱人亲笔书写，就可以确定该遗嘱不属于自书遗嘱，不适用自书遗嘱的法律规定，不发生自书遗嘱的效力。

（2）遗嘱人亲笔签名。

遗嘱人亲笔签名，具有认可遗嘱内容是其真实意思表示，愿意使遗嘱发生效力的作用。遗嘱人在自书遗嘱上签名，有两层含义：第一，在遗嘱落款处的签名，是遗嘱全文书写完成后，遗嘱人亲笔签名，郑重承认遗嘱为本人所写，表达自己的遗愿。第二，在涂改、增删处签名，确认涂改或者增删的内容为遗嘱人本人所为，是对遗嘱内容的修正。

（3）遗嘱人亲笔注明立遗嘱的年、月、日。

遗嘱人在自书遗嘱上亲笔注明立遗嘱的年、月、日，是自书遗嘱的必备形式要件之一，是遗嘱的证据要素。其目的，一是为了判断遗嘱人立遗嘱时是否具有立遗嘱能力，二是在有多份遗嘱存在，且内容相互抵触时，确认哪份遗嘱为遗嘱人最后所立的遗嘱。

【例 10-8】钱华有两个儿子，钱华的妻子和二儿子在几年前的一场意外中不幸过世。二儿子的妻子亦改嫁，只留下尚未成年的孙女钱景由钱华抚养、照顾。在钱景 18 岁那年，钱华结识了赵玲并在同一年办理了结婚登记。为了尽量弥补孙女自小就失去的父爱，钱华对钱景疼爱有加，并在自己生病后的某天，在妻子赵玲的见证下书写了一份遗嘱，把自己名下 70 平方米的房产交由钱景一人继承。可能是由于当时疏忽或者是其他的原因，这份自书遗嘱一直都没有签上落款日期。

试问，钱华去世后，他的大儿子能通过法律程序获得70平方米房产的继承权吗？

【解析】本案例中钱某所立的遗嘱是自书遗嘱，《中华人民共和国民法典》规定自书遗嘱必须由立遗嘱人全文亲笔书写、签名，注明制作的年、月、日。钱华立的自书遗嘱上没有签上落款日期，因此，他生前立下的自书遗嘱无效。因而该遗产由赵玲、钱景、钱华的大儿子共同继承。

（三）代书遗嘱

1. 代书遗嘱含义

代书遗嘱，指由他人代为书写的遗嘱。他人代为书写遗嘱时，应当有两个以上见证人在场见证，由其中一人代书，注明年、月、日，并由代书人、其他见证人和遗嘱人签名。

2. 代书遗嘱的有效条件

（1）有两个以上的现场见证人。首先，见证人必须始终在代书现场，此时需要保证两个或两个以上的见证人完全见证了全过程。另外，以下几种人不得作为见证人：无行为能力人、限制行为能力人；继承人、受遗赠人；与继承人、受遗赠人有利害关系的人。因此为了避免将来不必要的麻烦，遗嘱人在选择见证人时最好选择和自己无任何利益纠葛的街坊邻居。

（2）由见证人之一为代书人。见证人代书遗嘱时最好由见证人手写，以最大程度保证在后续过程中可能出现的对遗嘱进行鉴定时内容的真实性。并且在书写代书遗嘱时最好由另外一个见证人监督。

（3）遗嘱上须标明年、月、日。在遗嘱写完之后，在落款处应该标明遗嘱完成时的准确时间，以免将来如果出现数份遗嘱时产生关于效力问题的不必要纠纷。

（4）代书人，其他见证人和遗嘱人签名。最后在代书内容全部完成时，最好由书写遗嘱的代书人之外的另外见证人向遗嘱人通读一遍，遗嘱人无异议时再在遗嘱上签名或者按手印（如果遗嘱人由于客观原因不能签名，也可以采取按手印的方式，但是最好不要用遗嘱人盖章的方式，以防造假）。另外所有见证人的签名也是必不可少的。

【例10-9】王阳去世后，其大女儿日前持父亲的代书遗嘱，将自己的四个弟弟妹妹起诉到法院，要求独自继承王阳的房产。王阳的其他四子女大为吃惊，认为父亲不可能立这样的遗嘱。原来，王阳老人因积劳成疾瘫痪在床，其生活由五个子女轮流照顾。据其他四个子女称，大姐沉迷于炒股，不怎么来照看父亲，是由他们照看老人到去世的。法院认为，王阳大女儿所持的遗嘱的主文及日期为他人代写，王阳仅在遗嘱下方签名。这份遗嘱并无见证人签名，也没有执笔人签名，王阳大女儿所称的代书人也没有出庭作证，此外也没有其他证据证明。

试问：该代书遗嘱是否有效？为什么？

【解析】王阳大女儿所持的遗嘱的主文及日期为他人代写，王阳仅在遗嘱下方签名。这份遗嘱并无见证人签名，也没有执笔人签名，王阳大女儿所称的代书人也没有出庭作证，此外也没有其他证据证明。由此，该代书遗嘱无效，应按照法定继承分割王阳的遗产。

【例 10-10】刘老先生一直和女儿一起生活，儿子刘先生时常来探望。刘老先生去世后，两个子女为了房产打官司。韩女士向法院提供了一份代书遗嘱，是由刘老先生的女婿陈先生代书的，明确刘老先生名下的房产归他的女儿，下方有刘老先生的签名，刘老先生的妹妹作为见证人也签了名，遗嘱上还写上了日期。

试问：该代书遗嘱是否有效？为什么？

【解析】代书遗嘱的见证人必须保持中立，不能影响立遗嘱人的独立意思，确保代书遗嘱能够反映立遗嘱人的原意。而一旦见证人与继承人有利害关系，都会导致所立遗嘱的真实性和客观性受到怀疑，所立遗嘱无效。本例中，刘老先生的女婿作为刘老先生继承人的丈夫，与该房产的继承有重大利害关系，不能作为遗嘱见证人。刘老先生的女婿作为代笔人和见证人，这违反了法律规定，因此该代书遗嘱无效，应按照法定继承处理。

（四）录音遗嘱

1. 录音遗嘱的含义

遗嘱人可以用录音（含录像、光盘及其他电子读物）的方式制作遗嘱。以录音形式设立遗嘱，应当有两个以上见证人在场见证。录音遗嘱应当由遗嘱人亲自制作，遗嘱人在录制完遗嘱后，应将记载遗嘱的磁带封存，遗嘱人、见证人应当在封存好的录音遗嘱的封口上签名并注明年、月、日。

2. 录音遗嘱的有效条件

《中华人民共和国民法典》规定，录音遗嘱必须符合以下所有条件：必须由遗嘱人亲自制作，并亲自叙述遗嘱的全部内容；必须请两个以上的见证人在场作证；录音开始时，遗嘱人、见证人必须分别说明自己的姓名、性别、年龄、籍贯、职业、所在工作单位和家庭住址等；遗嘱人必须说明制作录音遗嘱的具体地址和年、月、日、时；录音制作完毕，应当密封保存，并让遗嘱人、见证人在封面上签名，注明年、月、日。然后，由遗嘱人或交见证人保管；继承开始，由见证人及继承人到场并检验封皮的完好情况。

【例 10-11】王某中年丧夫，自己一人将两子一女抚养成人。三子女各自为生活忙碌奔波，王某也不打扰他们的生活，自己一个人过日子。78 岁那年，王某得了偏瘫，需要有人照顾，女儿就将王某接回家中，照顾七八年。由于王某偏瘫，右手麻木，不便写字，就用录音方式记录自己的遗愿。王某说女儿对自己非常好，照顾周到，待百年之后，将自己的房屋留给女儿继承。王某去世后，两个儿子将女儿起诉到法院，要求分割房屋，女儿拿出录音遗嘱。

试问，该录音遗嘱是否有法律效力，为什么？

【解析】以录音形式立的遗嘱，应当有两个以上见证人在场见证。公民可以采用录音的方式立遗嘱将自己的财产指定为部分继承人继承，录音遗嘱的内容要具体明确，符合遗嘱的实质要件。上述案件中，王某的录音遗嘱就比较清晰，处分的房产内容也比较明确。

（五）口头遗嘱

1. 口头遗嘱的含义

口头遗嘱，指遗嘱人在危急情况下以口头形式订立的遗嘱。遗嘱人在危急情况下，可以立口头遗嘱，并应当有两个以上见证人在场见证。危急情况解除后，遗嘱人能够用书面或者录音形式立遗嘱的，所立的口头遗嘱无效。

2. 口头遗嘱的有效条件

（1）口头遗嘱只能在危急情况下订立。法律规定只有在这种情况下立的口头遗嘱才有法律效力。

（2）若危急情况解除而立遗嘱人没有死亡的，口头遗嘱即失效。如果处在生命垂危中的立遗嘱人经抢救而恢复了采用其他立遗嘱的能力的，那么该口头遗嘱即视为无效，应另用其他的方式立下遗嘱。

（3）口头遗嘱必须有"两个以上证人在场见证"方为有效。

【例 10-12】丧偶的老黄有一双儿女。3 个月前，老黄遭遇了一起交通事故，由于年岁已高，身体又多处受重创，医生诊断他有生命危险。在这种危急情况下，老黄要求参与抢救的 3 名交警和医护人员当见证人，立下一份口头遗嘱，对他的财产继承事宜做了交代。如今，老黄经过治疗已经脱离了生命危险，身体也日益康复。

试问，老黄的口头遗嘱还有效吗？

【解析】《中华人民共和国民法典》第一千一百三十八条规定："遗嘱人在危急情况下，可以立口头遗嘱。口头遗嘱应当有两个以上见证人在场见证。危急情况解除后，遗嘱人能够用书面或者录音形式立遗嘱的，所立的口头遗嘱无效。"本例中，老黄当时因交通事故受重伤且有生命危险，这属于"危急情况"，且口头遗嘱时有符合要求的见证人，故该份口头遗嘱的法律要件齐备，在当时是有效的。也就是说，如果老黄当时经抢救无效而亡，该口头遗嘱自然生效。但是，现在老黄经过治疗已经脱离了生命危险，身体也日益康复，这说明他已经有条件、有能力采用其他的遗嘱形式立遗嘱，那么，这份在当时危急情况下所立的口头遗嘱也就没有法律效力了。这之后，如果老黄在未另立遗嘱的情况下不幸身故，其遗产只能按法定继承办理。

（六）遗嘱效力

立有数份遗嘱，内容相抵触的，以最后的遗嘱为准。但是，如果之前有公证遗嘱，之后再立自书遗嘱、代书遗嘱、录音遗嘱、口头遗嘱的，不得撤销变更公证遗嘱，仍以公证遗嘱有效，所有遗嘱形式中，公证遗嘱的法律效力最高。

立公证遗嘱的当事人需要更加慎重，因为它不被其他方式的遗嘱所修改，效力最高。已立有公证遗嘱的当事人处分财产的意愿发生变化时，一定要及时撤销之前的公证遗嘱，以免自己的最后意愿得不到法律的支持，难以保障自己的财产权益。

【例 10-13】老张的妻子去世后，老张再婚与老王一起生活，再婚时老张有婚前房产一套。再婚后，2012 年 1 月，老张中风，一直由老伴照顾，为了感谢老伴，就按老伴的意思写了一份自书遗嘱，声明自己去世后房子和存款都由老伴继承。可是，老张的病情长久没有起色，老伴改变了态度，对老张冷言冷语。老张的大儿子得知情况后就把父亲接到自己家照顾，老人决定把财产留给大儿子，就做了公证遗嘱。可是，过了半年，老张又觉得儿媳的态度不好，就给女儿打电话要住到医院。女儿将老张送到医院，每天去探望照顾，老张在弥留之际当着两个医生的面留下口头遗嘱，将所有的财产留给女儿。老张去世后，妻子老王和老张的儿女们就遗产问题引起纷争。

试问，如何分配该遗产？

【解析】立有数份遗嘱，内容相抵触的，以最后的遗嘱为准。但是，如果之前有公证遗嘱，之后再立自书遗嘱、代书遗嘱、录音遗嘱、口头遗嘱的，不得撤销变更公证遗嘱，仍以公证遗嘱有效，所有遗嘱形式中，公证遗嘱的法律效力最高。在本案例中，老张的自书遗嘱在公证遗嘱之后，并且在弥留之际又设立口头遗嘱。在所有遗嘱中，公证遗嘱法律效力最高，因而本案例按照公证遗嘱进行遗产分割，将遗产全部分配给大儿子。

三、遗嘱制定与撤销

（一）遗嘱制定

1. 起草遗嘱

尽管你可以自己起草遗嘱，不过这并不是一个好的主意。手写遗嘱与口头遗嘱由于容易被仿造和见证人问题，这种不规范的遗嘱风险总是要大一些，遗嘱检验法庭可以根据某些被忽视的细节而裁定遗嘱无效。你应当聘请一位律师帮你起草遗嘱或者对你已经拟订的遗嘱进行检查。一旦遗嘱拟订好了，你就可以在上面签名了，注意签名时需要两位以上的证人在场做见证。然后遗嘱必须保管在一个安全的地方，而且要定期检查更新。

2. 遗嘱包含的基本内容或条款

（1）介绍性陈述。在介绍性陈述部分要说明这份遗嘱是谁的遗嘱，并宣布之前签署的遗嘱全部作废，这一点非常重要，这样就不会有多个版本彼此互相矛盾的遗嘱同时存在。多个版本的遗嘱会导致检验程序陷入混乱，而且会大大拖延遗嘱检验的时间。

（2）债务与税负支付条款。这个条款说明的是在分配遗产之前要先付清债务、丧葬费用和税负。

（3）财产处理条款。这一条款说明遗产的分配方式。遗产处理条款会详细说明谁是被指定的继承人，每位继承人可以获得多少遗产，及遗嘱中列出的财产全部被分配给指定继承人以后，剩余的财产怎样处理。

（4）指派条款。这一条款会指定一位遗嘱执行人及负责照顾年龄未满 18 周岁的孩子的监护人。

（5）证明与见证条款。这一条款可以证明遗嘱签署时有两名以上的见证人在场。

（6）更新或更改遗嘱——遗嘱的附录。

（7）遗嘱的附录记载了财产所有者更改或修正遗嘱的记录。你应该定期检查自己的遗嘱，看看目前的情况是否发生变化。如果家庭成员数量增加，或者是你结婚或离婚了，那么你都应当及时地更改遗嘱。如果与以前相比，你现在的境遇变化非常大，那么最好是重新拟订一份遗嘱，并明确宣布之前签署的遗嘱全部作废。如果变化不大，那么对遗嘱的小修改会反映在遗嘱的附录当中。你应当聘请一位律师为你起草遗嘱的附录，在修改时邀请见证人在场，并将遗嘱附录附在遗嘱的后面。

3. 挑选遗嘱执行人

遗嘱执行人要承担双重责任：①确保遗嘱是按照你的意愿被执行的；②在遗产被分配给继承人之间前负责管理遗产。简单地说，遗嘱执行人的角色非常重要，而且要花大量的时间。你应当仔细挑选遗嘱执行人。如果遗产金额比较少的话，你可以指派某一位家庭成员担任遗嘱执行人；不过若是遗嘱数额比较大的话，那么你应当选择一位有过相关经验的律师作为遗嘱执行人。

（二）遗嘱的撤销

遗嘱的撤销是指遗嘱人在设立遗嘱后又取消其所立的遗嘱；遗嘱的变更是指遗嘱人在遗嘱设立后对遗嘱的内容做出部分修改。遗嘱的撤销和变更都是遗嘱人对其处分财产的意思表示内容的改变，只不过撤销改变全部内容，变更仅变更部分内容。遗嘱撤销的方法：

（1）遗嘱人另立遗嘱并在新的遗嘱中声明撤销或变更原来所立的遗嘱。

（2）遗嘱人直接将所立的遗嘱销毁或在所立的遗嘱上进行变更。

（3）遗嘱人可以通过自己的与遗嘱内容相抵触的行为，变更、撤销原来所立的遗嘱。《最高人民法院关于贯彻执行〈中华人民共和国继承法〉若干问题的意见》第三十九条规定，遗嘱人生前的行为与遗嘱的意思表示相反，而使遗嘱处分的财产在继承开始前灭失，部分灭失或所有权发生转移、部分转移的，遗嘱视为被撤销或部分被撤销。

（4）遗嘱人前后立了几个遗嘱，虽然在后面的遗嘱中并未明确宣布前面的遗嘱被撤销或予以变更，但如果前后遗嘱的内容矛盾，则应当以后面的遗嘱为准，前面所立的遗嘱视为被撤销或被变更，但不相抵触的部分继续有效。不过，根据《最高人民法院关于贯彻执行〈中华人民共和国继承法〉若干问题的意见》第四十二条的规定，遗嘱人以不同形式立有数份内容相抵触的遗嘱的，其中有公证遗嘱的，以最后所立公证遗嘱为准。没有公证遗嘱的，以最后所立的遗嘱为准。

【例 10-7】孙某的老伴早年去世，其一直与儿子和儿媳共同生活。刚开始几年时间里，孙某和儿子、儿媳的关系不错，孙某同意在其百年后，将其名下的两套房屋由儿子继承，并到公证处办理了遗嘱公证。但最近几年，孙某与儿媳之间产生了矛盾，双方曾为一些事情争吵过。为此，孙某想撤销公证遗嘱，并在儿子不知情的情况下前往公证处又办理了一份公证遗嘱，将上述两套房屋交由女儿继承。孙某去世后，儿子和女儿各自拿着公证遗嘱走上法庭，要求继承孙某的两套房产。法院审理后认为，两份公证遗嘱在形式上均合法有效，但是在内容上却是相互冲突的。根据法律规定，遗嘱人立有数份内容相抵触的遗嘱时，以最后所立的公证遗嘱为准。于是，判决孙某的两套房屋归王某的女儿所有。

试问，公证遗嘱能否变更或撤销？

【解析】根据《中华人民共和国民法典》第一千一百四十二条的规定，遗嘱人可以撤销、变更自己所立的遗嘱。立有数份遗嘱，内容相抵触的，以最后的遗嘱为准。法律保证遗嘱人有根据情况变化而变更遗嘱的权利，几份遗嘱内容相互冲突时，只能依据订立时间先后确定其效力。但是，如果公证遗嘱与其以外的遗嘱形式相冲突时，无论公证遗嘱所立的时间在前在后，都以公证遗嘱为准。

第三节 遗产及赠与税

一、遗产及赠与税含义

所谓遗产税，是指一个国家或地区以自然人去世以后遗留下来的财产作为征税对象，向遗产的继承人与受赠人所征收的税收。从遗产税的定义可知，被继承人死亡是征收遗产税的一个前提条件，如果没有被继承人死亡，即未发生财产继承，那么也就不会有缴纳遗产税的义务发生。在有些国家，遗产税也称为继承税，因为对于继承人来说，被继承人死亡后遗留下来的遗产也就是继承人所继承的遗产，因此，对遗产征税也就相当于是对继承财产征税。

而赠与税则是当自然人向他人赠与自己的财产时，一个国家或地区以赠与的财产作为课税对象，依法向赠与人或受赠人所课征的税款。赠与的财产是赠与税的课税客体，除包括赠与人向受赠人无偿赠送的货币和实物外，还包括为他人无偿承担的债务或为债务人无偿免除的债务，及无偿为他人提供的可预期实现的财产。通常，赠与税和遗产税同时实行，目的在于防止财产所有人利用生前赠与的方式来逃避死后缴纳遗产税的义务。因此，在实行了遗产税制度的国家和地区，只有通过同时建立遗产税与赠与税的税收制度，才能更加规范、严密地执行财税制度和完善税收管理。

二、世界各国遗产税概况

目前世界上有 100 多个国家或地区已经开征遗产税，我们先了解一下世界上主要国家遗产税的基本情况。

美国：采用统一税收体系，将遗产税和赠与税合并计算，并采用 40%的统一税率。遗产额在 1 292 万美元以下者免征遗产税。非居民只需对在美国境内的资产支付遗产税，最低税率为 6%，最高税率为 40%。

日本：采用继承税制，即根据每个继承人实际继承的遗产数额征税，而非对遗产总额征税，是典型的分遗产税制。对居民而言，不论其继承的遗产是在境内还是在境外，都要对其遗产征税；对非居民，仅就其在日本继承的遗产承担纳税义务。日本继承税税率采用累进税率，共分 8 个档次，从 10%到 55%。

意大利：亲疏关系决定税率，实行混合遗产税制的国家。其征税方法是先按遗产总额征收遗产税，然后再按不同亲属关系，征收比例不一的继承税。纳税人分为两类：一类是遗嘱执行人和遗产管理人，另一类是继承人或受赠人。对第一类纳税人，统一征收 4%的遗产税和 8%的继承税；对第二类纳税人，除配偶或直系亲属统一征收 4%的遗产税，根据亲疏关系分别征收 4%、6%和 8%的继承税。

英国：遗产税率40%，英国居民在世界各地的所有资产都要付遗产税，而非英籍人士只有在英国境内拥有的资产才需要支付遗产税。

德国：遗产税和赠与税采用超额累进税率，税率根据继承人或受赠人与被继承人或赠与人的亲疏关系分为三档，税率从7%到50%不等。免税规定：被继承人或赠与人的配偶享有50万欧元的免税额。每一个子女可免税40万欧元，每一个孙子女免税额为20万欧元。丧葬管理费用和死亡人债务允许扣除。慈善公益捐赠全额免税。

三、我国遗产税开征的历史及现状

早在1940年我国就曾经开征过遗产税。中华人民共和国成立后，我国曾经准备开征遗产税。可是在中华人民共和国成立初期，我国经济相较于其他已经开征遗产税的国家来说是落后的，尤其是相较于发达国家，开征此税种是不切实际的，而且各方面的条件都不允许，所以到最后并没有成功实行征收遗产税。接下来，我国一直把开征遗产税列在重要的计划中，随着中国的经济形式越来越好，人民的可支配收入持续增长，相关法律也在逐渐完善，这些都将为开征遗产税提供了一个良好的基础。

目前，我国仍旧没有开征遗产税，并且大部分学者和专家都认为对目前的中国来说，正式把遗产税列入开征的行列还存在一些困难。首先，人们普遍对遗产税缺乏基本认知。在中国人的普遍观念中，个人财产是一辈子辛辛苦苦通过劳动得到的，而把这些财产交给下一代是理所应当的事，对这些财产进行征税是国人所不能理解并且不能接受的。其次，个人财政评估制度存在缺陷，征收遗产税关键点之一是对个人财产进行合理有效的评估，而这又是一项技术性很强的工作，尤其是现在我国市场机制建设及相关法律政策不完善的情况下，对个人资产的评估是极困难的。最后，部分纳税人依法纳税意识不强。

第四节　遗产规划的概念、目标及过程

一、遗产规划的概念

遗产规划，是指当事人健在时通过选择不同的遗产规划工具，将自己拥有的各种资产或负债进行处理安排，从而保证在自己去世或丧失行为能力时尽可能实现个人为其家庭所确定的目标安排。

遗产规划是财务规划中不可缺少的一部分。在西方发达国家，政府对居民的遗产有严格的管理和税收规定，所以一般公民对遗产规划服务有着相当的需求，遗产规划是其财务规划中相当重要的一部分。但对于像我国这样的发展中国家而言，遗产规划还是一个相对陌生的领域，一方面是因为我国还没有对遗产实行征税，另一方面是因为价值观

不同，人们不愿意去了解及谈论这些话题。

二、遗产规划的目标

首先，遗产规划是按照遗产规划制定者自己的真实意愿进行分配，保证依赖你生活的亲人能够获得这笔遗产并有所保障。这里的“有所保障”的另一层含义是如果你去世时孩子们尚未年满18周岁，那么你必须为他们指定一位监护人。这是每一个遗产规划制定者利用遗产规划工具最想要实现的目标，这也是他们制定遗产规划的初衷。

其次，你想把自己积累的财产尽可能多地留给继承者，所以要尽可能地减少遗产税和继承税的额度。当然，从避税角度来看，制订遗产规划的确能够减少遗产税和继承税。虽然当前我国并没有开征遗产税，但是从国外目前遗产规划的角度来看，由于遗产税的税率较高，因而遗产规划制定者为了留给继承者更多的财产，避税也成为其中的一个目标。因而，我们也要了解在遗产规划过程中如何利用相关遗产工具有效合法地减少税收。

最后，你还希望能够降低遗产税的处理成本，包括法律费用和会计费用。从本质上说，你的终极目标就是要制定一个全面的计划，尽可能多地把财富留给继承人，同时又要保证尽可能少地缴纳遗产税并降低其他遗产处理成本。遗产规划过程也许会让你感觉有些不舒服，因为它迫使你不断地想到死亡。幸运的是，在遗产规划过程中，有一种情况是与死亡无关的。然而不幸的是，这种情况就是指法律裁定你丧失分配遗产的资格。所以，遗产规划的最后一个目标就是指定一位财产处理决策人，一旦你由于身体或心理疾病无法正确表达自己的意愿时，这位决策人将会代替你决定如何分配遗产。

目前社会上出现很多遗产纠纷的事件，在金钱面前很多人丧失了基本的伦理道德，主要原因还是在于财产所有者生前缺乏遗产规划的意识而没有制定遗产规划，进而出现很多令人咋舌的遗产纠纷事件。为了避免这样的事情发生，我们应该改变旧有的观念，认识到遗产规划是很有必要的。

三、遗产规划的过程

（一）计算遗产的总价值

遗产规划的第一步就是计算一下自己到底拥有多少资产。前面的章节介绍了家庭资产负债表的制作。查看你家庭的资产负债表：

你拥有的资产净价值=资产的总价值-负债的总价值

在个人资产负债表上，用个人资产的总价值减去个人负债的总价值就可计算出你拥有的个人净资产是多少了。

（二）选择继承人并决定他们各自能够获得多少遗产

了解了你自己大致的资产净值，接下来就要选定你的遗产的继承人了。一般而言，遗产的继承人大多都是配偶或者子女。当然，选择遗产的继承人还是在于你去考虑为何选择其作为遗产的继承人，是出于哪些考虑因素等。

（三）判断应该保持多高比例的流动资产

你已经知道你自己的资产金额，也挑中了继承人，在将你的遗产分配给各位继承人之前，你的家人必须先把尚未支付的医疗费用、丧葬费用、所有的法律费用、你个人尚未偿还的债务、遗产税和继承税全部付清才行。所以，你必须持有充足的流动性资产——国库券、股票或债券来支付这些费用。

（四）挑选并使用遗产规划工具

最后一步是选择最有助于实现个人目标的遗产规划工具。一般来说，你需要同时使用多种遗产规划工具。绝大多数人使用的遗产规划工具或手段包括遗嘱、信托、人寿保险和赠与。在使用这些遗产规划工具时要掌握一定的技巧，如果使用上述工具或手段，那么你的遗产规划计划将会变得比较复杂。所以，在执行遗产规划时，你必须聘请一位法律专家帮助你更好地了解每种遗产规划工具的特点，并协助你处理遗产规划执行过程中出现的问题。

本章小结

（1）本章主要介绍了四个方面的内容：遗产、遗嘱、遗产税和遗产规划的制定。

（2）遗产的相关基础知识是我们制定遗产规划的必备基础，包括遗产的概念、范围、遗产的继承及遗产的法律特征。遗产是指自然人在死亡之后遗留下来的个人合法财产，它包括不动产、动产及法律规定的其他可以继承的财产权益，它是财产继承权的客体。遗产必须具备以下特征：第一，必须是公民死亡时遗留的财产；第二，必须是公民个人所有的财产；第三，必须是合法财产。这三个条件必须同时具备，才能成为遗产，这也是订立遗嘱时被继承遗产的法律界定。遗产的继承方式有法定继承、遗嘱继承两大类，当然包括特殊的遗产继承方式：转继承和代位继承。遗产的法律特征有时间上的有效性、性质上的财产性、财产的可转移性、财产的生前个人合法性及权利义务统一性。

（3）遗嘱指遗嘱人生前在法律允许的范围内，按照法律规定的方式对其遗产或其他事务所做的个人处分，并于遗嘱人死亡时发生效力的法律行为。遗嘱主要包括：公证遗嘱、自书遗嘱、代书遗嘱、口头遗嘱、录音遗嘱。其中公证遗嘱是所有的遗嘱形式中最具有效力的一种，《中华人民共和国民法典》规定："自书、代书、录音、口头遗嘱，不得撤销、变更公证遗嘱。"

（4）遗产税对于一个国家发展具有重要的意义，虽然目前我国在开征遗产税方面还不具备客观条件，但是我们有必要对目前主要国家或地区遗产税的征收状况做一定的了解。我们要重点理解目前我国尚不具备开征遗产税的客观条件有哪些并能够思考未来这些因素能否有效解决。

（5）遗产规划的过程包含四个步骤：计算遗产的总价值；选择继承人并决定他们能够获得多少遗产；判断应该保持多高比例的流动资产；挑选并使用相关的遗产规划工具。遗产规划是本章的核心，要熟悉遗产规划的整个过程。

思考题

1. 简述遗产的特征及范围。
2. 转继承和代位继承的区别是什么？
3. 简述遗产规划的过程。
4. 查阅相关资料及利用相关知识对迈克尔的遗嘱进行分析。

第十一章

家庭风险与保险规划

我长期给商业银行和保险公司讲解财富管理的课程，学员们比较感兴趣的内容之一为如何管理自己和家庭的风险。我通常会问他们一个问题：你单身，或是结婚，哪个状态的风险更高一些。大部分有学员说是单身，因为单身状态下风险无法分担，当你遇到风险时，没有另一半给你提供庇护。于是，我接着又问他们一个问题，是结婚无子女，还是结婚有子女，哪个状态的风险更高一些。此时，很多学员不知道怎么回答了。我告诉他们，结婚有子女的风险要更高一些，因为未成年的子女是一个风险产品。学员们哈哈大笑，似乎理解了我所说的家庭风险。

在生活中，我们除了对资产的保值增值需求外，我们还要管理好家庭资产的风险，降低其风险暴露，或在发生风险时使损失最低，这也是财富管理重要的工作。正如上述案例，家庭有新生儿降生，因为婴儿缺乏自我保护能力和对风险的识别防范能力，家庭为了规避此类风险，需要购买一些保险产品为婴幼儿成长提供保护。这就是典型的家庭风险与保险规划案例。

第一节　家庭风险分析

风险是指财产或生命在未来的不确定性损失，或与人们期望产生偏差而造成的经济损失。在金融中，一般用期望的标准差来衡量风险。期望的标准差越大，风险越高；反之，风险较低。

风险态度和风险承受能力是衡量人们对待风险的两个维度标尺。风险态度衡量人们愿不愿意承担风险，风险承受能力衡量人们能不能承担风险。

有的人厌恶风险，有的人喜好风险，有的人对风险无所谓，从而形成了风险厌恶型、风险偏好型和风险中立型等风险偏好类型。

风险承受能力主要与财富、教育水平、年龄、性别、婚姻状况、就业类型有关。富人、高学历者、年轻人、男性、已婚、公职人员等具有较高的风险承受能力。

偏好风险的投资者，可能更愿意配置高风险的金融产品。风险承受能力强的投资者，可以配置高风险的金融产品。

一、人身风险

人身风险指在日常工作和生活中，个人和家庭成员因生命或身体遭受损害造成经济收入下降或灭失的风险。例如死亡、伤残、生病、退休等造成劳动力丧失或损害。

人身风险对应的一个概念是人身价值，即人身价值损失的风险。一个人拥有的财产包括已获财产和潜在财产。已获财产指个人已拥有的财产，潜在财产指个人赚取收入的能力。人身价值是一个人预期净收入的现值。

人身价值的计算步骤是：

（1）确定个人的工作年限；

（2）估计未来工作期间的年收入；

（3）从预期年收入中扣除消费等各类支出，得到净收入；

（4）基于贴现率计算预期净收入的现值。

人身价值可测度人身损失风险的大小，成为人身保险定价的经济学基础。

（1）死亡风险。每个人最终都会死亡，但什么时候发生不知道，重点是那些各种风险引发的意外事故，具有偶发性，无法做出事前预测，一旦发生，会让人措不及防和措手不及。例如意外交通事故，家庭不仅可能失去唯一的经济来源，且会严重影响遗产继承人的生活质量。死亡风险虽不可避免，也不知道何时发生，但人们可以提前做出风险管理计划。

（2）养老风险。人们退休之后，工资收入几乎终止，人身价值非常有限，死亡损失已经很小。退休后，个人主要支出为日常生活支出和健康医疗费用。个人面临的风险有：物价上涨，生活费用上涨风险；年龄越来越大，身体健康问题越来越多，生病住院等各种医疗费用支出增加风险。工薪阶层通过工作期间缴纳的退休金管理养老风险，个体或无固定职业者通过自身财富积累或养儿防老防范养老风险。如果物价上涨过快，或寿命过长，可能会出现预留养老资金无法覆盖退休后个人和家庭的生活和就医开支的情况。

（3）健康风险。健康风险主要指个人疾病和残疾风险，造成家庭收入损失和高额医疗费用风险。收入损失风险因疾病或残疾使得个人暂时或永久丧失部分或全部收入能力。医疗费用风险因个人遭遇疾病或身体伤害使得家庭医疗费用支出急剧上升。例如，个人身患肿瘤，各种治疗方案价格高昂，医疗费用支出增加，康复后恢复也是一笔不小的支出，长此以往，家庭不堪重负。

（4）失业风险。因技术进步、设备升级、岗位要求等，个人技术和能力与岗位不匹配或达不到要求，个人被辞退或主动离职，造成收入不稳定风险。失业风险不同于健康风险和死亡风险，人身价值并未部分或完全丧失，具有暂时性和可恢复性特征，个人可以通过继续教育再就业，再次释放人身价值，降低失业风险损失。

二、财产损失风险

家庭的财产主要包括不动产和个人财产。前者主要包括住房、固定设备等，后者主要包括金钱、黄金、珠宝、字画、玉石、汽车、股票、债券、其他金融资产凭证等。住房等不动产、汽车等个人有形财产易遭受水灾、火灾、地震、盗窃、碰撞、恶意破坏等发生价值损失，股票、债券等个人无形财产易遭受公司破产、利率波动等发生价值损失。

家庭财产损失主要包括直接损失和丧失财产使用权。家庭财产直接损失指当家庭财产直接被损坏或损毁时，其价值的减损。例如火灾对房屋的损毁，房子价值减少。丧失财产使用权指当家庭财产被损坏或销毁时，其使用价值丧失，其使用权消亡或转移。例如火灾对房屋的破坏，一切化为灰烬，家庭已无法居住，需要重新购买或新建新房，丧失对原房屋的财产使用权。

三、责任损失风险

责任损失风险指个人、家庭或任何机构造成其他人伤害时，对受害方的经济损失负有法律责任。此外，他人或机构的行为也可能导致拥有法律关系的个人承担法律责任，例如连带责任，通常发生在雇主与雇员、委托人与代理人、合伙人与其他合伙人及家庭成员之间，例如父母负有未成年子女损害他人财产的赔偿责任。伤害包括身体伤害、财产损失、声誉损害、精神折磨、隐私侵犯等。

（1）个人和家庭民事责任的法律基础。民事责任主要分为违约责任和侵权责任。违约责任是指当事人因违反合同或协议约定引起的民事赔偿责任。例如，借贷合同中约定按期还本付息，若借款人未履行合约，则要承担相应的罚息等违约责任。侵权责任是指当事人侵害他人合法或自然的财产权和人身权引起的民事赔偿责任。例如，企业未经个人同意以明星头像印发广告，就侵犯了其个人肖像权。

（2）源自房产的责任损失风险。房屋所有者必须对房子内发生的事情负责。例如，客户在快餐店用餐时，不慎滑到并受伤，餐馆因未做到安全提示义务，应承担客户医疗费和误工费。又例如，家里阳台上的花盆因未妥善放置，大风坠落，砸伤行人，家庭应承担行人的医疗费和误工费。

（3）源自机动车的责任损失风险。机动车所有者必须对驾驶机动车引发的事情负责。例如，驾驶过程中，不小心撞到行人，造成行人身体和财产损害发生，应承担赔偿责任。又例如，驾驶过程中，与前车追尾，造成前面机动车损害和随车人员身体伤害，应承担赔偿责任。

（4）源自个人劳务关系的责任损失风险。个人或家庭必须对雇佣劳动力在雇佣期间引发的事情负责。例如，家庭雇佣保姆帮忙照看老人、小孩、生活无法自理的人，或雇佣家政人员做保洁，相关雇佣人员在雇佣期间发生的无过错过失的人身伤害，需由雇主承担相应法律责任，并对雇员伤害其他人的行为负连带责任。

（5）源自其他个人活动的责任损失风险。个人或家庭要对日常活动对其他人造成损害的事情负责。例如，家庭饲养的宠物咬人、明知他人有危害行为还将危险品或工具借给他人等。

第二节　保险基本原理

一、保险的概述

（一）保险的定义

根据《中华人民共和国保险法》（2015 年修订）第二条，保险是指投保人根据合同约定，向保险人支付保险费，保险人对于合同约定的可能发生的事故因其发生所造成的财产损失承担赔偿保险金责任，或者当被保险人死亡、伤残、疾病或者达到合同约定的年龄、期限等条件时承担给付保险金责任的商业保险行为。

根据国际财富管理标准委员会的定义，保险是集合具有同类风险的多数个人和单位，通过合理计算分担金（保险费）的形式，将风险转移给保险人（保险公司），由保险人对因风险事故（事件）引发经济损失的被保险人提供赔偿或给付的商业行为。例如人身意外伤害保险。对每个人来说，意外伤害并不经常发生，对某个群体来说，可能以给定的概率发生。因此，人们可以通过众多个人购买意外伤害保险为这类群体中某些发生意外事故的个人提供意外伤害赔偿。

（二）保险的职能

保险产品和保险公司分别作为金融体系重要的融资产品和机构，除具备金融的基本职能外，还拥有保险的特殊职能。

（1）资金融通。金融本质为资金融通，保险公司作为金融机构之一，通过发行非标准化的保险产品募集资金，然后再将保费收入转化为投资。在这个过程中，保险公司将有资金盈余又有管理风险需求的投保人暂时闲置不用的资金，通过购买保险产品，提供给那些需要资金又有投资机会的投资者，从而实现了资金从盈余方向赤字方的融通。此外，更重要的是，在资金融通过程中，保险公司可以将小而散的个人或家庭资金聚集成规模庞大的资金池，发挥资金规模效益，完成个人和家庭很难参与的大额项目投资。

（2）风险管理。相对于金融机构，个人和家庭投资知识有限，很难有效识别投资项目和金融产品风险，或识别的成本很高，为了降低投资风险和交易成本，个人或家庭一般通过金融机构进行投资。金融机构是市场专家和投资专家，基于专业的知识和高效风控水平，将个人或家庭资金聚集起来再通过构造投资组合，实现投资风险分散。除了金融产品的投资属性外，保险产品设立初衷兼有风险转移和分散的价值属性。保险的风险转移价值属性指投保人通过购买保险产品将各类风险转嫁给其他投保人。保险的风险分散价值属性是指投保人通过购买保险产品将损失发生的费用分摊给那些购买了该产品但未发生事故的其他投保人。

（3）经济补偿或给付。保险公司把众多投保人的保费集中起来，除了投资之外，更重要的是完成对某些被保险人因约定保险事故发生造成的损失给予经济补偿或给付保险金。这是保险产品最基本最本质的保障功能。

（三）保险的作用

在微观层面，从个人和家庭角度来说，保险可以帮助个人管理健康、失业、死亡等各类风险，规避各类风险的短期和长期冲击，实现个人和家庭各类资源的跨期配置。从企业角度来说，保险可以帮助企业管理生产经营活动中的各类风险，提高生产要素配置效率。

在宏观层面，从政府层面来说，保险是国家各类产业和金融政策的重要工具。2023年10月，中央金融工作会议提出科技金融、绿色金融、普惠金融、养老金融、数字金融“五篇大文章”，保险可以发挥社会资源再调节再配置功能。例如，通过设立社会再保险，鼓励金融机构加大对科技企业的信贷支持，推动科技强国建设。

（四）保险的种类

目前，我国的商业保险主要有人身保险和财产保险。

人身保险指以人的寿命和身体为保险标的的保险，主要有人寿保险、年金保险、健康保险和意外伤害保险。财产保险指以财产及其有关利益为保险标的的保险，主要有财产损失保险、责任保险和信用保证保险。

二、基本原则

（一）最大诚信原则

1. 最大诚信原则的含义

最大诚信原则是指保险合同当事人签订合同及在合同存续期内，应依法向对方提供影响其做出签订与履约决策的全部实质性重要事实，同时遵守契约约定，履行相关的约定。实质性重要事实是指那些影响合同双方当事人做出是否签约、如何确定签约条件、是否继续履约、如何履约等决定的每一项事实。对保险人而言，其是指那些影响保险人确定收费金额或影响其是否承保以及确定承保条件的每一项事实。对投保人而言，其是指费率、保险条款等那些会影响其做出投保决定的事实。

《中华人民共和国保险法》（2015年修正）第五条规定：“保险活动当事人行使权利、履行义务应当遵循诚实信用原则。”最大诚信要求合约当事人最大限度自愿向对方披露所有与合约相关的真实重要事实，不存在任何虚假、隐瞒、欺骗行为。

2. 最大诚信原则的内容

（1）告知，也被称为披露或陈述，指合同签订前后，投保人实事求是、毫无保留地向对方所做的事实陈述。订立合同时告知义务人为投保人，合同订立后告知义务人为投保人，也可能是保险人，甚至为受益人。告知的内容包括：保险标的、被保险人有关情况、事故发生及时告知、保险标的变更和转移、重复保险等。告知方式包括无限告知和询问回答告知。无限告知又称为客观告知，指法律或保险人对告知内容无明确确定，投保人应将与保险标的相关的危险状况及重要事实告知保险人。询问回答告知又称主观告知，指投保人只对保险人询问的问题做出如实回答，而对询问之外的问题则无需告知。我国保险采用的是询问回答告知方式。投保人违反告知义务的主要表现形式为隐瞒、误告和欺诈。

（2）保证，指投保人或被保险人保证对某事项作为或不作为，或保证某事项符合事实所做的约定。如果投保人所述情况不属实，则保险人有权解除合同，并不承担赔款责任。保证可划分为明示保证和默示保证。明示保证为以书面形式在保险合同中载明。默示保证指一种约定俗成，未在保险合同中载明，通常是国际通行准则、习惯或共同遵守的规定。

（3）说明，指合同订立前保险人应将保险合同及保险经营中与投保人或被保险人利害相关的事实真实无误通告投保人或被保险人。其中，说明义务的履行主体包括保险人与保险代理人。说明的内容为保险合同条款的主要内容，尤其是免责条款。说明义务的履行方式主要有明确列明和明确说明。

（4）弃权与禁止反言。弃权是指保险合同当事人放弃自己在合同中的某种权利；禁止反言是指保险人放弃某项权利后，不得再向投保人或被保险人主张该项权利。弃权可以分为明示弃权和默示弃权。明示弃权可以采用书面或口头形式。默示弃权指当事人虽未明确表示其放弃某项权利的意图，但可以从言语或者行为中明确推断其放弃权利的意图。

（二）保险利益原则

1. 保险利益原则的含义

保险利益原则的主要内容是要求投保人或者被保险人必须对保险标的具有保险利益。当投保人以不具有保险利益的标的投保或者投保人或被保险人失去了对保险标的拥有的保险利益时，保险合同失效。当保险标的因保险责任事故的发生遭到损失时，被保险人不得因保险而获得保险利益限度以外的额外利益。

2. 各类保险的保险利益确定

（1）财产损失保险的保险利益确定

财产损失保险的保险标的是财产及其有关利益。被保险人拥有的所有权、管理权、使用权、收益权、看护权等权利财产具有保险利益。

（2）责任保险的保险利益确定

责任保险的保险标的是被保险人依法对他人财产损失或人身伤亡承担的民事损害的经济赔偿责任。被保险人与其所负的经济赔偿责任之间的法律关系构成了责任保险的保险利益。

（3）信用保险的保险利益确定

信用保险的保险标的是各种信用行为。在各类经济关系中，义务人不能履约时，会使权利人遭受经济损失。因此，权利人对义务人的信用具有保险利益，而义务人对自身的信用具有当然的保险利益。权利人以义务人的信用为标的购买保险，称为信用保险；而保证保险是义务人以其自己的信用为标的购买保险。

（4）人身保险的保险利益确定

人身保险的保险标的是人的生命或身体。投保人只有对被保险人的生命或身体具有某种利害关系时，才对被保险人具有保险利益。

《中华人民共和国保险法》第三十一条规定：

投保人对下列人员具有保险利益：

（1）本人。

（2）配偶、子女、父母。

（3）前项以外与投保人有抚养、赡养或者扶养关系的家庭其他成员、近亲属。

（4）与投保人有劳动关系的劳动者。

除前款规定外，被保险人同意投保人为其订立合同的，视为投保人对被保险人具有保险利益。

订立合同时，投保人对被保险人不具有保险利益的，合同无效。

3. 不同保险对保险利益的不同要求

人身与财产保险合同中对保险利益的存在有着不同的要求。其中，财产保险要求损失发生时必须存在保险利益关系。人身保险的保险利益必须在保险合同订立时存在。

（三）近因原则

1. 近因原则的含义

近因原则是分析风险事故与保险标的损失之间的因果关系，以确定保险责任的一项基本原则。只有被保险人的损失直接由于保险责任范围内的事故造成，保险人才给予赔付。

2. 近因原则的实际应用

（1）近因的认定方法主要分为两种：第一种从事件链上的最初事件出发，按逻辑推理，依次判断发生的事件，直至最终事件即损失。如果推理判断与实际事实相符，最初事件即为最后事件的近因。第二种与上述相反，从最终事件链出发，层层剖析原因，如果追溯到最初事件且没有中断，最初事件即为近因。

（2）近因的认定与保险责任的确定情形。

单一原因，即损失由单一原因造成。如果该近因属于保险人承保的风险，则保险人应承担对损失赔付的责任；如果该近因属于保险人不予承担的风险，则保险人不予赔付。

多种原因同时并存发生，即损失由多种原因造成，时间上几乎同时发生，且对损失都起决定性作用，则它们都是近因。此时应区分两种情况，第一，如果这些原因均属于保险风险，保险人则承担赔付责任；若这些原因都属于除外风险，保险人则不承担赔付责任。第二，若原因中既有保险风险，也有除外风险，损失结果可以计算的条件下，保险人需承担赔付责任。

多种原因连续发生，即损失由若干个连续发生的原因造成，且各原因之间的因果关系没有中断。此时，保险人是否承担赔付责任，分为两种情况：第一，如果这些原因都属于保险风险，则这些保险风险即损失的近因，保险人应负赔付责任；若这些原因都属于除外风险，即不是损失的近因，则保险人不承担损失的赔付责任。第二，若这些原因中既有保险风险又有除外风险，则要看损失的前因是保险风险还是除外风险，从而判定保险人是否承担赔付责任。

多种原因间断发生，即损失是由两个以上相互独立的原因引起，如果造成损失的原因中有保险风险，则保险人仅对由保险风险造成的损失承担责任。

（四）补偿原则

1. 补偿原则的含义

补偿原则的基本含义是只有保险事故发生，造成保险标的毁损致使被保险人遭受经济损失时，保险人才承担损失补偿的责任。被保险人可获得的补偿量，仅以其保险标的遭受的实际损失为限。

2. 补偿原则的内容

（1）补偿范围具体包括：补偿被保险人因保险事故造成的经济损失；被保险人因保险事故发生而引起的各种合理费用。

（2）补偿的实现方式：现金赔付、修理、更换和重置。

（3）补偿原则的补偿限制：补偿以被保险人的实际损失为限；以保险合同约定的保险金额为限；以被保险人对受损标的拥有的保险利益为限。

（五）补偿原则的派生原则

1. 代位原则

（1）代位原则的含义

代位原则是指保险人依照法律或保险合同约定，对被保险人因保险事故发生所遭受的损失进行赔偿后，依法取得向对此损失负有责任的第三者进行求偿的权利或者取得被保险人对受损的保险标的的所有权。

（2）代位分类

代位主要分为权利代位和物上代位。权利代位是指当保险标的由于遭受保险事故而造成损失，依法应当由第三方承担赔偿责任时，保险人自支付保险赔偿金之日起，取得向对此损失负有责任的第三方请求赔偿的权利。物上代位是指保险标的因遭受保险事故而发生全损或推定全损，保险人在全额支付保险赔偿金之后，即拥有对该保险标的物的所有权，即代位取得对受损保险标的的权利与义务。

2. 重复保险的分摊原则

重复保险的分摊原则是指当被保险人存在重复保险的情况时，被保险人所能得到的赔偿金由各保险人采用适当的方法进行分摊，从而使其所得到的总赔偿金不超过实际损失额。因此，并不是投保越多，理赔就越多。

第三节 家庭保险规划

一、家庭保险的可保范围

究其本质，保险是一种借助合同或协议将风险损失转移给其他单位或个人的风险管理办法。家庭在面对风险时，需要借助保险降低风险损失。但是，并不是所有风险都可以通过保险规划进行转移。一般情况下，保险公司承保的风险必须具备以下特征：第一，必须是纯粹风险；第二，必须是偶然风险和意外风险；第三，风险发生的概率必须可以预测；第四，风险造成的损失必须是明确的；第五，风险不会对保险人造成灾难性的打击。

根据不同种类的家庭风险，我们需要搭配不同险种进行投保，如表 11-1 所示：

表 11-1　险种搭配

风险类型	具体风险	风险损失	所需保险
人身风险	死亡	永久失去生产能力，收入中断	人寿保险
	残疾	永久或部分失去生产能力，收入中断或显著下降	人寿保险；意外伤害保险
	疾病	收入不同程度减少；高昂医疗费用	重疾险；医疗险
财产风险	房屋损毁	直接经济损失：因房屋损毁而增加的间接支出，如另寻住处产生的费用	房屋保险
	汽车损毁或被盗	修车费用；直接经济损失	车损险；盗抢险
	家庭财产损毁或被盗	直接经济损失	家财险
责任风险	驾车致他人受伤	高昂赔偿费用	第三者责任险

二、家庭保险规划的核心

保险规划是从家庭的经济状况出发，结合相应的保险需求，选择合适的保险种类，确定合理的保险期限和保险金额，从而进行相应的保障。由于保险期限和保险金额均是保费的重要计算依据，而保费作为家庭的一项额外保障性支出，直接关系到家庭的剩余可支配收入，影响家庭生活质量，因此，保险规划应该在个人或家庭财务规划的基础上，充分考虑个人或家庭的经济实力，量力而行。综上，作为保险规划中最核心、最重要的环节之一，我们在确定保险期限和保险金额时，应根据家庭当前的收入支出及资产储备情况，做出相应安排。

保险金额的确定一般以保险标的的实际价值或经济价值为依据。财产险的保险金额很容易确定，可根据财产的实际价值或重置价值来确定。人身险的保险金额不好确定，人的价值无法用货币来计量，只能根据性别、年龄、收入水平等进行估算。这里介绍两种常用的估算人寿保险中保险需求额度的方法。

（一）生命价值法

生命价值是指个人未来收入或个人服务价值扣除个人衣食住行等生活费用后的资本价值，此价值就是身故损失的估算值。在利用生命价值法进行实际估算时，我们可按以下步骤进行：第一步，估计被保险人以后的年收入，以及税收、本人生活费等支出；第二步，确定工作年限；第三步，选择合适的贴现率，据以计算以后年收入在扣除税收、本人生活费等支出后的现金价值，此价值即保险需求额度。

（二）需求分析法

需求分析法是通过计算未来可预期的家庭成员支出的累计现值来估算保险需求的方法。在实际估算中，我们可按以下步骤进行：第一步，估算家庭成员的所有经济需求；第二步，估计家庭可预期的财务来源；第三步，确定经济需求和财务来源之间的缺口，该缺口即当前的保险需求。

三、家庭保险规划的原则

面对众多保险类型，如果全部配备，将会是一笔不小的开支。因此，购买保险需要按照以下原则进行规划：

（一）全面性原则

保险规划应涵盖个人或家庭可能面临的各种风险，包括生命、健康、财产等。

（二）优先级原则

根据风险的严重性和发生的可能性，确定保险的优先购买顺序。

（三）持续性原则

保险是一种长期的风险管理工具，应持续持有，以应对未来可能发生的风险。

（四）适时调整原则

不同家庭或不同认识阶段所具备的特点差别较大，随着个人或家庭情况的变化，如收入增加、家庭成员变化等，其应适时调整保险计划。

（五）成本效益原则

在满足保障需求的同时，考虑保险的成本，选择性价比高的保险产品。

（六）风险自留与转移相结合原则

对于一些小额或可控的风险，可以选择自留；对于大额或不可控的风险，应通过保险进行风险转移。

（七）保障与投资相结合原则

在满足基本保障需求的基础上，可以考虑一些具有投资功能的保险产品，实现资产增值。

（八）教育与传承规划原则

保险规划也应考虑到子女教育和财产传承的需求。

（九）个性化原则

每个人的风险承受能力、财务状况和保险需求都是不同的，保险规划应根据个人情况进行个性化设计。

（十）双十原则

双十原则适用于在解决温饱问题后，年收入仍有盈余，但这种盈余非常“脆弱”，一旦发生意外事故、重大疾病等，家庭可能面临掏空家底，一夜返贫的情况。双十原则的核心是指，保费支出占年收入的10%，保额是年收入的10倍。

四、六险两金

（一）六险两金的内容

前述保险都属于商业性质的保险，除此以外，对于一般在职人员，所在单位会对其员工购买相应保险和公积金。通常所说的“五险一金”中的“五险”是指以下五种社会保险：

1. 养老保险

养老保险为员工提供退休后的基本养老金。养老保险缴费金额为：养老缴费金额=缴费基数×缴费比例。企业职工以本人上一年度月平均工资为缴费基数，本人上一年度月平均工资低于上一年度全省全口径城镇单位就业人员月平均工资60%的，按60%核定；超过全省上一年度全口径城镇单位就业人员月平均工资300%的，按300%核定。无雇工的个体工商户、灵活就业人员可在全省全口径城镇单位就业人员平均工资60%~300%规定的档次范围内，自主选择缴费基数。一般情况下，企业职工的单位缴费比例为16%，个人缴费比例8%。职工个人缴费部分由企业代扣代缴。个体劳动者包括个体工商户和自由职业者按缴费基数的20%缴费，全部由自己负担。

2. 医疗保险

医疗保险为员工提供基本的医疗保障，包括门诊和住院费用的报销。医疗保险的缴纳比例因地区和参保类型（职工医保或居民医保）而有所不同。以下是一些主要的规定：

职工医保：单位缴费比例通常在职工工资总额的8%左右。个人缴费比例通常为本人工资收入的2%，个人缴纳部分由单位代扣代缴。

居民医保：2022年，国家规定的人均财政补助标准达到每人每年不低于610元，个人缴费标准为每人每年350元。2023年的筹资标准为1 020元/人，其中财政补助不低于640元/人，个人缴费标准为380元。

3. 失业保险

失业保险为失业的员工提供一定的经济援助。个人缴纳1%，单位缴纳2%，个人缴纳部分由单位代扣代缴。

4. 工伤保险

工伤保险是为因工作原因受伤或患职业病的员工提供医疗费用和生活费用的保障。个人不缴纳，单位缴纳0.5%~1.2%。

5. 生育保险

生育保险为女性员工提供生育期间的经济补助和医疗保障。不论员工性别，由员工所在单位缴纳0.8%，个人不缴纳。

6. 住房公积金

它是依据《住房公积金管理条例》规定的，企业和员工共同缴纳的住房储蓄，用于员工的住房消费，如购房、租房等。需要注意的是，不同地区可能会有一些具体实施细则上的差异，企业在执行时需要遵守当地的具体规定。同时，随着政策的调整，具体的缴纳比例和实施细节可能会有所变化。一般情况下，个人缴纳5%~12%，单位缴纳5%~12%。

有些企业单位会为员工在购买五险一金的基础上，多增加一项“补充医疗保险”和“企业年金”，即“六险两金”。

7. 补充医疗保险

这种保险可以提供额外的医疗费用保障，帮助员工应对一些基本医疗保险不能覆盖的医疗费用。个人不缴纳，单位约缴纳 4%。

8. 企业年金

企业年金是一种补充养老保险，由企业和员工共同缴纳，旨在提高员工退休后的生活水平。个人缴纳 0~4%，单位缴纳 0~8%。

（二）六险两金的使用

1. 养老保险

使用条件：符合退休年龄。

注意事项：交满 15 年，交得时间越久领得越多。在多个城市缴费，按退休地城市政策领取，个人账户可合并。

断交后果：不支持一次性补交，如果到了退休年龄还没交满 15 年，只能再交 5 年。

2. 医疗保险

使用方法：门诊拿药直接刷医保卡，不用自己付，大病住院先自行垫付后报销。

领取条件：保持缴费 6 个月以上。

断交后果：断交小于 3 个月，补交后次月可用；断交 3~6 个月，补交之日起 6 个月可用；断交大于 12 个月，补交后一年可用。

3. 失业保险

领取条件：企业为员工个人累计缴纳 1 年以上失业保险，在被公司开除/辞退/公司破产的情况下，失业人员在失业 60 天内办理失业登记，方可领取失业保险。

领取时间：累计缴费在 1~5 年，最长可领取 12 个月；累计缴费在 5~10 年之间，最长可领取 18 个月；累计缴费大于 10 年，最长可领取 24 个月。

断交后果：按累计年限计算，无等待期，影响不大。

4. 工伤保险

领取条件：在未断交的情况下，发生工伤时可以赔偿。工伤根据相关鉴定，不仅包括工作期间所导致的人身伤害，也包括上下班途中发生的事故。

注意事项：工资代扣，个人不能交。记得保存相关证据，不要使用医保卡。有工伤第一时间给公司或者 110 打电话。根据伤残等级进行一次性赔付。

断交后果：一旦工伤保险断交，员工在断交期间因工受伤或患职业病将无法享受工伤保险的相关待遇，包括医疗费用报销、伤残津贴、一次性伤残补助金等。

5. 生育保险

使用条件：需要在单位连续交满 1 年并且在当地生育，符合国家计划生育政策，公司给你缴纳 1 年以上生育保险。

注意事项：无论男女都要交，男职工爱人也可以享受生育医疗费，但没有生育津贴，产假工资和生育津贴只能 2 选 1。

断交后果：需再连续交费半年或一年才能享受，断交后的次月 1 日起停止保障。

6. 住房公积金

领取条件：贷款买房后每年可提取一次公积金直到贷款还清为止，每套房屋提取的金额不能超过贷款的当年还款额。

注意事项：各地政策不同，会有出入和差异。买房、租房、装修都可以用。

断交后果：如果一年内不着急贷款买房，短期断交影响不大。但不要断交太久，多交多得，断交期间会影响贷款资格和额度。

7. 补充医疗保险

使用方法：遵循基本医疗先行赔付原则，可以用于报销一些基本的医疗保险无法报销的部分。

注意事项：单位和个人自愿缴纳，不同单位会购买不同保险机构的补充医疗保险，如果单位缴纳了补充医疗保险，你要向单位要使用说明书，方便后续赔付一般的补充医疗报销，在使用医保卡的医院，在医保范围内的消费，自费部分都可以报销。看病时一定要和医生说涉及二次报销，让医生写好病例诊断，一定要开具发票。

8. 企业年金

领取条件：退休一次性领取。完全丧失劳动能力、死亡非因职工过错、单位解除劳动合同离职，按特定比例返还。

注意事项：没有缴费年限要求，公司缴费越高，收益越高。若每月提取扣税较多。

本章小结

（1）本章主要介绍了以下几个方面的内容：家庭的风险类型、保险基本原理、家庭保险规划、六险两金相关的基本知识。

（2）家庭风险主要包括人身风险、财产损失风险和责任损失风险。

（3）针对家庭可能的风险，我们可以运用不同类型的保险进行风险规避。保险的基本原则包括：最大诚信原则、保险利益原则、近因原则、补偿原则、补偿原则的派生原则。

（4）并不是所有风险都可以通过保险规划进行转移。风险必须具备以下特征：第一，必须是纯粹风险；第二，必须是偶然风险和意外风险；第三，风险发生的概率必须可以预测；第四，风险造成的损失必须是明确的；第五，风险不会对保险人造成灾难性的打击。

（5）保险规划应根据家庭当前的收入支出及资产储备情况，做出相应安排。

（6）家庭保险规划的原则包括：全面性原则、优先级原则、持续性原则、适时调整原则、成本效益原则、风险自留与转移相结合原则、保障与投资相结合原则、教育与传承规划原则、个性化原则、双十原则。

（7）六险两金包括：养老保险、医疗保险、失业保险、工伤保险、生育保险、住房公积金、补充医疗保险、企业年金。

思考题

1. 家庭可能面临哪些风险？有哪些保险与之对应？

2. 保险的基本原则有哪些？

3. 六险两金有哪些缴纳规则、领取条件和注意事项？